TESI GREGORIANA
Serie Diritto Canonico

———————— 67 ————————

Finito di stampare
nel mese di Novembre 2004

presso la tipografia
"Giovanni Olivieri" di E. Montefoschi
00187 Roma • Via dell'Archetto, 10, 11, 12
Tel. 06 6792327 • E-mail: tip.olivieri@libero.it

MYKHAYLO TKHOROVSKYY

PROCEDURA PER LA NOMINA DEI VESCOVI

Evoluzione dal Codice del 1917 al Codice del 1983

EDITRICE PONTIFICIA UNIVERSITÀ GREGORIANA
Roma 2004

Vidimus et approbamus ad normam Statutorum Universitatis

Romae, ex Pontificia Universitate Gregoriana
die 15 mensis iunii anni 2004

R.P. Prof. GIANFRANCO GHIRLANDA, S.J.
R.P. Prof. CARLOS CORRAL SALVADOR, S.J.

ISBN 88-7839-013-5
© Iura editionis et versionis reservantur
PRINTED IN ITALY

GREGORIAN UNIVERSITY PRESS
Piazza della Pilotta, 35 - 00187 Rome, Italy

INTRODUZIONE

«Nos quidem in Beati Petri Cathedra positi deque totius Dominici gregis bono solliciti, [...] te vero, dilecte fili, arbitrantes idoneum huiusmodi exequendo officio ob comprobatas tuas dotes rerumque ecclesialium loci peritiam, summa Apostolica potestate renuntiamus [Antistitem Ecclesiae *N.*] simulque nominamus Episcopum [...], cunctis tributis iuribus impositisque obligationibus episcopali dignitati ac tali muneri ob normam iuris abnexis»[1]. Con queste, o simili parole del Romano Pontefice viene compiuto l'atto di nomina dei vescovi nella Chiesa cattolica. Si tratta di un atto che, normalmente, viene preceduto da una lunga e complessa procedura di designazione della persona del candidato all'ufficio episcopale, procedura che «deve essere fatta in modo da porre al governo della Chiesa pastori "che di tutto cuore siano modelli del gregge" (1Pt 5,3)»[2].

La nomina dei vescovi lungo la storia è sempre stata una questione importante per la vita della Chiesa cattolica, anzitutto a livello pastorale. Nell'arco della formazione della legislazione canonica ha vissuto un'evoluzione con una serie di cambiamenti. Anche oggi, dopo il Concilio Vaticano II, e a più di venti anni dalla promulgazione del nuovo Codice, essa si presenta come un argomento di particolare interesse, il quale suscita spesso attese e interesse non solo nelle diocesi che ricevono un nuovo pastore ma anche negli Organismi Romani e nelle Chiese locali. Nel nostro tempo la nomina dei vescovi suscita ancora non pochi interrogativi circa le modalità, gli strumenti e le procedure canoniche seguite. Si tratta, dunque, di una procedura che esige la massima attenzione e l'osservanza scrupolosa delle norme stabilite dalla Chiesa.

---

[1] Cf. p. 123.
[2] CONSILIUM PRO PUBLICIS ECCLESIAE NEGOTIIS, decr. *Episcoporum delectum*, *AAS* 64 (1972) 386.

La presente dissertazione, è uno studio esegetico-storico con impostazione analitico-interpretativa dell'evoluzione della normativa che regge la procedura della nomina dei vescovi nella Chiesa latina (cf. can. 1). Considerando che la Chiesa cattolica segue oggi diversi sistemi che risentono sia delle diverse ecclesiologie di riferimento, sia, soprattutto, delle molteplici vicissitudini che la questione ha conosciuto lungo la storia, questa nostra ricerca, basandosi su numerose fonti bibliografiche, cercherà di evidenziare quanto la storia abbia influito, in genere, sulla vitale questione della nomina dei vescovi e, in particolare, sullo sviluppo e le modifiche delle relative norme ecclesiastiche e canoniche. La scelta del tema nasce, anzitutto, dall'attualità della problematica relativa alla procedura per la nomina dei pastori delle diocesi e dalla mancanza di uno studio specifico che mostri tutti i suoi elementi costitutivi, tracciando contemporaneamente un percorso storico-giuridico dello sviluppo delle norme. L'altro motivo della scelta è sicuramente l'interesse per la varietà delle procedure di designazione dei candidati all'episcopato che, a seconda dei paesi e dei relativi diritti o privilegi vigenti in essi, assume le varie fisionomie della collaborazione e dei rapporti con la Santa Sede in questo campo. Questo studio, dunque, riguarda un lasso di tempo assai vasto, in quanto comprende una panoramica iniziale su tutta la storia della designazione dei vescovi, quindi il Codice di Diritto Canonico del 1917 e il periodo successivo ad esso, per finire con la normativa del Codice di Diritto Canonico del 1983. La ricerca non sarà estesa al Codice dei Canoni delle Chiese Orientali.

La tesi è così strutturata in tre capitoli.

Il primo capitolo è incentrato sulla descrizione generale della storia della designazione dei vescovi nella Chiesa. Il discorso contiene un *excursus* storico, diviso in tre periodi, in cui si cercherà di spiegare come, attraverso i diversi sistemi della scelta dei vescovi e non poche lotte contro gli abusi in questo campo, si è arrivati alla libertà del Romano Pontefice nel nominare i vescovi: risultato sancito nel can. 329 §2 del *Codex Iuris Canonici* del 1917.

Il secondo capitolo è dedicato all'analisi delle norme relative alla designazione dei vescovi contenute nella normativa del Codice Piano-Benedettino e nelle altre norme successivamente promulgate. L'analisi prenderà, dunque, l'avvio dalla presentazione di un quadro delle norme riguardanti la provvista dell'ufficio ecclesiastico e, alla luce di queste, verrà presa in considerazione la procedura per la nomina, con lo specifico riferimento alle prescrizioni stabilite in merito a tale procedura dagli accordi tra la Santa Sede e diversi Paesi, compresi tra il periodo precedente il Codice del 1917 fino alla data della promulgazione del

Codice vigente. L'ultima tappa di questo capitolo sarà l'analisi delle norme nei recenti documenti del Vaticano II e del post-concilio.

Il terzo capitolo illustra l'attuale procedura di nomina. Per affrontare l'argomento di questo capitolo sarà applicato lo schema del capitolo precedente. Si partirà, dunque, dalla provvista dell'ufficio ecclesiastico, tramite un'analisi dettagliata di tutto l'*iter* dell'evoluzione degli attuali canoni 364, 4°, 377 e 403 che costituiscono la normativa principale di tutta la procedura. Come nel capitolo precedente, si farà un riferimento alle relative prescrizioni concordatarie, nonché ai documenti conciliari e post-conciliari (in modo speciale alle norme *Episcopis facultas* del 1972) che fanno parte delle fonti dei summenzionati canoni.

Dal momento che tutta la procedura della provvista dell'ufficio ecclesiastico e, dunque, anche dell'ufficio episcopale, concerne tre atti distinti – scelta del candidato, conferimento del titolo e presa di possesso – sebbene il tema della tesi si concentri piuttosto sulla procedura della designazione dei candidati all'episcopato, non saranno per questo trascurati gli altri due atti essenziali, di cui quello del conferimento del titolo è centrale. A tale scopo, a conclusione sia del capitolo secondo sia del capitolo terzo, saranno affrontati anche questi due atti. Alla fine di tutti e tre i capitoli cercheremo di riassumere l'argomento trattato in essi, mentre nelle conclusioni generali, presenteremo una sintesi, raccogliendo i risultati della ricerca e mostrando le prospettive per il futuro sviluppo della complessa problematica della procedura per la nomina dei vescovi.

CAPITOLO I

Designazione dei vescovi nella storia fino al Codice del 1917

La designazione dei vescovi lungo la storia è una questione che ha riguardato più soggetti. Prima che tale processo venisse definito dalla norma codiciale, il ruolo principale nella nomina dei vescovi apparteneva, con le più svariate combinazioni e sfumature, al clero e al popolo, alle autorità civili, ai vescovi e al Romano Pontefice. Le modalità di elezione sono mutate nel corso del tempo. In questo capitolo, dunque, cercheremo di presentare una visione generale della procedura, indicando nei diversi periodi della storia della Chiesa le forze che sono prevalse nella nomina dei vescovi. Cercheremo poi di capire quali sono state le cause dell'evoluzione che hanno portato alla formulazione delle norme, contenute nei cann. 329 §2 e §3, 331 §2 e 332 §1 del Codice del 1917.

In conformità alle diverse tappe, modificazioni e cambiamenti del diritto di elezione dei vescovi, dividiamo la storia del suo sviluppo in tre grandi periodi[1].

Il primo, partendo dall'elezione dei primi ἐπίσκοποι da parte degli Apostoli e dell'intera comunità alle origini del cristianesimo, arriva fino al secolo XII, fino cioè alla possibilità della partecipazione degli elementi locali, sia laici che ecclesiastici, alla nomina del vescovo.

---

[1] Cf. P.V. AIMONE BRAIDA, *L'intervento dello stato*, 19-36 e ESPASA-CALPE SA, *Enciclopedia universal*, voce «Obispo», 302-303. Gli altri dividono in più periodi: cf. F.J. RAMOS, *Le Diocesi*, 115-125. D. GEMMITI, *Il processo*, 19-106. J.I. GONZÁLEZ FAUS, *Ningún obispo impuesto*, 13-149. W.M. PLÖCHL, *Storia del diritto canonico*, I, 191-193.390-395; II, 191-204. P. PASCHINI, «Vescovo (In Diritto canonico)», 1315-1316. W. WÓJCIK, «Biskup (Zarys historyczny)», 589. P. VERMIGLIOLI, *Lezioni di diritto canonico*, 105-137. T. MUNIZ, *Procedimientos eclesiasticos*, 17-19. R. KOTTJE, «L'elezione dei capi ecclesiastici», 134-145. G. DUQUE BOTERO, *El nombramiento de los Obispos en Colombia*, 133-165.

Il secondo periodo è caratterizzato anzitutto dalla restrizione del diritto elettorale al solo capitolo della cattedrale. Progressivamente limitato dalle riserve papali della nomina diretta e dai privilegi o abusi dei principi, verso la metà del XIV secolo, tale diritto scompare quasi totalmente.

Il XV secolo, contrassegnato dallo sviluppo delle nomine regie, dà inizio al terzo periodo. Mentre il diritto di consacrazione rimane esclusiva del papato, il diritto di nomina o di presentazione della persona viene ormai assunto dallo Stato e, per esso, dal re o dai vari principi sovrani. La conclusione di questa tappa, prima cioè del Codice del 1917, mostra l'ampiamento dei poteri della Sede Apostolica che, nel campo della nomina dei vescovi, accresce sempre più la propria libera competenza, eccetto i casi di presentazione-nomina da parte dell'autorità politica e l'elezione da parte di chi ne ha diritto.

1. Dai primi secoli al Concordato di Worms (1122)

1.1 *La scelta nel Nuovo Testamento*

A partire dal periodo apostolico possiamo osservare due modalità nella scelta del vescovo. Secondo la prima, i vescovi erano designati dagli Apostoli (At 14,23; 1 Tm 4,14; Tt 1,5). Su loro disposizione e con loro mandato i discepoli dei Dodici fecero lo stesso[2]. Secondo l'altra modalità, invece, la scelta avveniva con la collaborazione della comunità. Tale procedimento si mostra chiaramente nell'elezione di Mattia (At 1,15-26)[3] e nella scelta dei sette aiutanti degli Apostoli (At 6,1-7)[4],

---

[2] Cf. F.X. WERNZ – P. VIDAL, *Ius Canonicum*, n. 582, 618-619. M.C. A CORONATA, *Institutiones*, 454. P. PASCHINI, «Vescovo (In Diritto canonico)», 1315. K. BIHLMEYER – H. TUECHLE, *Storia della Chiesa*, I, §19, 134. Nella lettera di Clemente I ai Corinzi troviamo una riconferma del fatto che gli Apostoli sceglievano i primi vescovi: «[Apostoli] 4. Per regiones igitur et urbes verbum praedicantes [et eos, qui obediebant volutati Dei baptizantes], primitias earum spiritu cum probassent, constituerunt episcopos et diaconos eorum, qui credituri erant» (n. XLII), I. VIZZINI, *Bibliotheca Sanctorum Patrum*, 177.

[3] «Nel Nuovo Testamento il termine "elezione" è impiegato spesso nel senso della scelta divina di grazia, la quale implica un elemento pneumatico, il che non è escluso nel caso di una scelta operata dalla comunità concreta come organo di scelta», P. STOCKMEIER, «La scelta del vescovo», 22. Cf. G. ALBERIGO, «Elezione – consenso – ricezione», 21-22. G. BARTELINK, «"Electio" e "consensus"», 203. Mattia è stato scelto per mezzo della sorte (At 1,26). Era questo un antico procedimento che serviva a conoscere la volontà divina e che era in uso nel servizio al tempio di Gerusalemme, cf. P. STOCKMEIER, «La scelta del vescovo», 21. R. SCHNACKENBURG, «La cooperazione della comunità», 35-36.

nelle quali prese parte l'intera comunità dei discepoli. Questi e altri testi del Nuovo Testamento[5] non disegnano un'immagine unitaria del modo in cui venivano costituiti i capi ecclesiastici, però accennano fortemente al fatto della partecipazione e del ruolo della comunità nell'elezione. Tale atteggiamento è spiegabile sia a partire dalla tradizione giudaica che dal profondo senso comunitario. Per questa ragione l'elemento della partecipazione, considerato come tradizionale, si riscontra anche nel periodo seguente[6].

1.2 La partecipazione del clero e del popolo

Nei secoli II-III si fa strada un altro sistema, compreso nella norma della «Traditio Apostolica» di Ippolito: «Episcopus ordinatur electus ab omni populo»[7]. Nell'elezione dei vescovi interveniva il clero e il popolo[8] nell'ambito della propria chiesa particolare. Tutto il processo dell'elezione si svolgeva tramite la testimonianza dei chierici sul candidato e il voto del popolo, oppure tramite il voto di tutta la comunità, sia del

---

[4] Cf. R. SCHNACKENBURG, «La cooperazione della comunità», 36-37. Alla partecipazione della comunità accenna anche Clemente I nella sua letterea ai Corinzi: «Apostoli quoque nostri per Iesum Christum Dominum nostrum cognoverunt, contentionem de nomine episcopatus oborituram. 2. Ob eam ergo causam, perfecta praescientia praediti, constituerunt praedictos ac deinceps ordinationem dederunt, ut cum illi decessissent, ministerium eorum alii viri probati exciperent. 3. Itaque qui costituti sunt ab illis vel deinceps ab aliis viris electis consentiente universa Ecclesia, quique inculpate gregi Christi deservierunt cum humilitate, quiete nec illiberaliter, et longo tempore ab omnibus testimonium praeclarum reportarunt, hos iudicamus munere suo non iuste deici» (n. XLIV), I. VIZZINI, Bibliotheca Sanctorum Patrum, 179.

[5] Come esempio si può presentare il caso della scelta di alcuni che dovevano essere stati inviati ad Antiochia (At 15,22-29) in occasione del cosiddetto Concilio di Gerusalemme (At 15,1-35). Altro testo che parla della scelta è At 13,1-3, in cui dei profeti e dottori, sotto la diretta influenza dello Spirito Santo, scelsero Paolo e Barnaba per conferire loro il ministero missionario, cf. P. STOCKMEIER, «La scelta del vescovo», 22. R. SCHNACKENBURG, «La cooperazione della comunità», 37-46.

[6] Cf. F.J. RAMOS, Le Diocesi, 116. J. EUGUI, «La partecipazione della comunità», 50-51.

[7] Comentato in P. STOCKMEIER, «La scelta del vescovo», 24. J.I. GONZÁLEZ FAUS, Ningún obispo impuesto, 13-14. J. GAUDEMET, «La scelta dei vescovi», 92-93.

[8] In questi tempi la parte del *clerus* era formato più da cittadini che da contadini – i presbiteri, i diaconi e il resto dei gradi inferiori. Il settore laico della comunità formava la *plebs*, considerato in senso molto ampio, cioè quelli che non erano costituiti nella gerarchia ecclesiastica. Per parlare invece di tutta la comunità della chiesa locale si usavano i termini *populus* e *fraternitas*, cf. J. EUGUI, «La partecipazione della comunità», 51-52.

clero, sia del popolo⁹. Se non si trovava un candidato idoneo nella propria comunità, si cercava nelle diocesi vicine. Una volta trovato e fatto lo *iudicium* sulla legittimità della scelta e le capacità dell'eletto, il vescovo della città o quello più vicino, con l'assistenza di altri due vescovi, gli conferiva la consacrazione¹⁰. È necessario, a questo punto, sottolineare l'importanza del ruolo costitutivo del popolo, del clero e dei vescovi nello svolgimento della designazione, considerati come elementi indispensabili per la sua legittimità e come l'espressione unanime del *iudicium Dei*¹¹. Si rileva qui anche una gerarchia nella procedura consistente nel fatto che i vescovi erano i giudici ultimi dell'elezione prima di consacrare l'eletto, facendo sì che la Chiesa si mantenesse libera dai poteri civili interessati. Questa forma di corresponsabilità della comunità, di *clerus populusque*, nella designazione dei vescovi viene confermata dalle diverse testimonianze di questi primi secoli¹².

1.3 *Intervento delle diverse autorità nelle elezioni*

Un essenziale mutamento nelle elezioni episcopali si verifica con l'inizio del IV secolo, dopo il riconoscimento civile del cristianesimo sotto l'imperatore Costantino il Grande. Se nel secolo III s'incontra già costituita la struttura tripartita del ministero ordinato – vescovi, presbiteri e diaconi – nel secolo IV si approfondisce lo schema di una teologia dell'episcopato che rappresenta ogni vescovo come successore degli Apostoli e la successione come trasmessa per l'imposizione delle mani da parte di altri vescovi. Il ministero episcopale comincia ad assumere un rilievo anche civile che finisce per influenzare il modo di designare i capi ecclesiastici. I vescovi vengono ad avere importanza politi-

---

⁹ Cf. J. EUGUI, «La partecipazione della comunità», 51-53. P. STOCKMEIER, «La scelta del vescovo», 26-27. F.X. WERNZ – P. VIDAL, *Ius Canonicum*, n. 583, 619. ESPASA-CALPE SA, *Enciclopedia universal*, voce «Obispo», 302. A. DE MEESTER, *Juris canonici*, n. 666, 133. C. BERUTTI, «De episcoporum nominatione», 605. H.-M. LEGRAND, «Il senso teologico delle elezioni», 66-67. J.T. FINNEGAN, «The present canonical practice», 87.

¹⁰ Cf. C. FLORISTÁN, «L'elezione dei vescovi», 201. R. TUCCI, «La scelta dei candidati», 423. H.-M. LEGRAND, «Il senso teologico delle elezioni», 67-68. K. BIHLMEYER – H. TUECHLE, *Storia della Chiesa*, I, §19, 135. J.T. FINNEGAN, «The present canonical practice», 88.

¹¹ Cf. J. EUGUI, «La partecipazione della comunità», 58-59. P. STOCKMEIER, «La scelta del vescovo», 26-27.

¹² Cf. P. STOCKMEIER, «La scelta del vescovo», 23-26. F.J. RAMOS, *Le Diocesi*, 116. J. EUGUI, «La partecipazione della comunità», 60.64. G. BARTELINK, «"Electio" e "consensus"», 203-205. J.I. GONZÁLEZ FAUS, *Ningún obispo impuesto*, 23-29.

ca. La Chiesa favorisce sempre di più gli interventi da parte dello Stato. In dipendenza da questi fatti nascono ambizioni e si giunge a elezioni discutibili. Anche se continua la prassi della scelta dei vescovi da parte del popolo e del clero, si presentano alcune forti modifiche in vista di un ampliamento del potere dei vescovi. Si sviluppa la pratica dei sinodi a vari livelli.

In questo periodo si evidenziano i diversi cambiamenti nella modalità delle elezioni. Anzitutto, si fa sempre più forte l'intervento dei vescovi della stessa provincia ecclesiastica e del metropolita secondo le disposizioni dei Canoni 4 e 6 del Concilio di Nicea (325)[13]. Con queste norme si stabiliva che «l'elezione del nuovo vescovo fosse fatta da tutti i vescovi della provincia e che in caso di particolari difficoltà la consacrazione fosse fatta da almeno tre vescovi con il consenso scritto di quelli assenti (Can. 4); inoltre riconosceva il diritto del metropolita di approvare il vescovo eletto, il quale altrimenti non avrebbe potuto essere consacrato (Can. 6)»[14]. Tale impostazione del Concilio di Nicea sarà confermata dai concili successivi[15]. È da sottolineare il fatto che viene ancora osservata la pratica della partecipazione del popolo e del clero

---

[13] Can. IV: «Episcopum convenit maxime quidam ab omnibus qui sunt in provincia episcopis ordinari. Si autem hoc difficile fuerit, aut propter instantem necessitatem aut propter itineris longitudinem: modis omnibus tamen tribus in id ipsum convenientibus et absentibus episcopis pariter decernentibus et per scripta consentientibus tunc ordinatio celebretur. Firmitas autem eorum, quae geruntur per unamquamque provinciam, metropolitano tribuatur episcopo». Can. VI (secondo capoverso): «Illud autem generaliter clarum est, quod si quis praeter consilium metropolitani fuerit factus episcopus, hunc magna synodus definivit episcopum exsistere non debere. Sin autem communi cunctorum decreto rationabili et secundum ecclesiasticam regulam comprobato duo vel tres propter contentiones proprias contradicunt, obtineat sententia plurimorum», COD, 7.9.

[14] G. GHIRLANDA, Il Diritto della Chiesa, 571. Cf. F.X. WERNZ – P. VIDAL, Ius Canonicum, n. 584, 619. W.M. PLÖCHL, Storia del diritto canonico, I, 191-192. F.J. RAMOS, Le Diocesi, 117. P. STOCKMEIER, «La scelta del vescovo», 27-28. C. FLORISTÁN, «L'elezione dei vescovi», 202. R. TUCCI, «La scelta dei candidati», 423-424. J.E. LYNCH, «Co-responsibility», 41-42. J.I. GONZÁLEZ FAUS, Ningún obispo impuesto, 36-37. P. VERMIGLIOLI, Lezioni di diritto canonico, 108. G. DUQUE BOTERO, El nombramiento de los Obispos en Colombia, 134-135.

[15] La pratica giuridica universale veniva continuata dal Concilio di Antiochia (341) che nel Can. 16 riconosceva la pratica di deferire la nomina episcopale ai vescovi riuniti in sinodo invece di farli venire alla sede vacante per svolgere la nomina. Dichiarava anche nulla la nomina ad una sede senza l'approvazione del sinodo, anche se tutto il popolo avrebbe scelto un candidato particolare, cf. J.E. LYNCH, «Co-responsibility», 43. Il Concilio di Costantinopoli (381) pur non dicendo niente sulla scelta, nel Can. 1 dichiarava solo «ut ea quae apud Niceam costituta sunt, immota permaneant», cf. W.M. PLÖCHL, Storia del diritto canonico, I, 192. ESPASA-CALPE SA, Enciclopedia universal, voce «Obispo», 302.

come un elemento integrativo della nomina. A partire, però, dalla seconda metà del IV secolo, si nota la decadenza del principio della corresponsabilità della comunità nella scelta dei vescovi. Benché il clero svolgesse ancora un ruolo importante nelle elezioni, nella partecipazione del popolo si evidenzia, invece, una tendenza alla restrizione del diritto del voto e si distinguono chiaramente due livelli di influenza: il consenso della nobiltà cittadina, *consensus meliorum civitatis* e la semplice acclamazione della massa del popolo, *acclamatio totius populis*[16].

Come mutamento ulteriore si fa strada nel V secolo un'evidente ingerenza della potestà civile, soprattutto degli imperatori o dei suoi rappresentanti, che rivendica a sé un ruolo nelle elezioni dei vescovi. Questo porta spesso ad abusi, come la simonia o la nomina dei vescovi a piacere sia di politici, come di ecclesiastici[17]. Per tale ragione in questo secolo si osserva anche l'intervento dei Romani Pontefici[18] nelle nomine episcopali, non però per realizzarle, ma per garantire l'applicazione del principio elettivo e la legislazione antica. Poiché, tuttavia, i Papi sono troppo lontani, il migliore appoggio per garantire il rispetto nelle elezioni è quello dei metropoliti di ogni provincia: essi avranno l'incarico di vegliare che si osservino la piena libertà del clero e del popolo, che il desiderio di nominarsi un successore non faccia dell'episcopato un incarico ereditario e che non si converta in abituale la possibilità eccezionale di nominare un vescovo di fuori[19].

---

[16] Come esempio della riduzione del ruolo della maggioranza del popolo è il Concilio di Laodicea (343-381) che nel Can. 13 trattava di impedire gli eccessi turbolenti nelle elezioni. La distinzione, invece, tra nobili e popolo appare anche nel Concilio di Calcedonia (451), cf. J. EUGUI, «La partecipazione della comunità», 57-58. P.V. AIMONE BRAIDA, *L'intervento dello stato*, 20-21. A. LONGHITANO, «Le chiese particolari», 40. ESPASA-CALPE SA, *Enciclopedia universal*, voce «Obispo», 302-303. J.I. GONZÁLEZ FAUS, *Ningún obispo impuesto*, 41-43. J.E. LYNCH, «Co-responsibility», 43. J. WROCEŃSKI, «Nominacje biskupów», 79.

[17] Il Concilio di Calcedonia (451) nel Can. 2 impediva la consacrazione di un vescovo per denaro, Cf. *COD*, 87-88. F.X. WERNZ – P. VIDAL, *Ius Canonicum*, n. 587, 621.

[18] «Leone Magno, ad esempio, si rivolge contro una esagerata influenza dell'opinione pubblica, ma si adopera anche affinché l'elezione avvenga nella forma canonica, con il concorso cioè dei vescovi *viciniori*, clero e popolo; anche se per popolo è da intendersi piuttosto la nobiltà cittadina», P.V. AIMONE BRAIDA, *L'intervento dello stato*, 22. Cf. J.I. GONZÁLEZ FAUS, *Ningún obispo impuesto*, 44-49. C. FLORISTÁN, «L'elezione dei vescovi», 202. R. TUCCI, «La scelta dei candidati», 424. F.X. WERNZ – P. VIDAL, *Ius Canonicum*, n. 586, 620-621. F.J. RAMOS, *Le Diocesi*, 117. R.L. BENSON, «Election by community and chapter», 57-58. J.E. LYNCH, «Co-responsibility», 48-49.

[19] Cf. J.I. GONZÁLEZ FAUS, *Ningún obispo impuesto*, 43-44.

1.4 La lotta della Chiesa contro gli abusi nelle elezioni

Nei secoli successivi, dopo la conversione dei re franchi in Gallia (sec. VI) e dei visigoti in Spagna (sec. VII), la nomina dei vescovi si converte in una pratica degenerata: da una parte aumenta l'ingerenza costante dei re, usurpando non solo le prerogative del popolo e del clero, ma anche i diritti dei metropoliti e dei vescovi comprovinciali, dall'altra parte si crea la tendenza dei singoli vescovi a nominare i propri successori. La lotta contro tale pratica abusiva è testimoniata anzitutto dai numerosi concili tenutisi in questi due regni. Tra i concili franchi possiamo ricordare quelli che combattevano in una duplice linea: contro l'intervento dei re e la simonia[20], e contro la tendenza dei singoli vescovi a nominare i propri successori[21]. Tra quelli spagnoli, possiamo rilevare il IV Concilio di Toledo (633) che, prima di procedere all'elezione canonica, cioè con la partecipazione del clero e del popolo della propria città, tramite l'approvazione del metropolita e il consenso dei vescovi della provincia, decretava una lunga serie di condizioni che si dovevano riscontrare nei candidati all'episcopato (Can. 19), assicurando così l'irreprensibilità degli stessi. Il XII Concilio di Toledo (681), invece, nel Can. 6, autorizzava l'arcivescovo di questa

---

[20] Abbiamo il II Concilio di Orléans (533) che combatteva contro la simonia (Can. 4) e il V Concilio di Orléans (549), che per la prima volta stabilì una sanzione ecclesiastica riguardo il diritto di approvazione reale come conseguenza della politica merovingia, la quale veniva sempre più a interferire nelle elezioni dei vescovi. A parte questa sanzione, questo Concilio nel Can. 10 tendeva, tuttavia, a trovare una via accettabile tra libertà dell'elezione canonica con partecipazione di *clerus populusque* e imposizione del re, richiedendo solo la sua approvazione. Un'altra attitudine si incontra nel III Concilio di Parigi (557) che nel Can. 8 cercò di eliminare il potere reale e di instaurare elezioni canoniche libere, cf. W.M. PLÖCHL, *Storia del diritto canonico*, I, 193. J.I. GONZÁLEZ FAUS, *Ningún obispo impuesto*, 56-57.62-63. P.V. AIMONE BRAIDA, *L'intervento dello stato*, 22. F.X. WERNZ – P. VIDAL, *Ius Canonicum*, n. 588, 621-622. R.L. BENSON, «Election by community and chapter», 56. G. DUQUE BOTERO, *El nombramiento de los Obispos en Colombia*, 137.

[21] Il II Concilio di Orléans (533) nel Can. 3 ha dichiarato che nessun vescovo pretendesse di appropriarsi delle ordinazioni episcopali; perché il [Sommo] Sacerdozio non si corrompesse per la venalità dell'ambizione. Il V Concilio di Orléans (549) riconfermava tale norma del summenzionato Concilio e il V Concilio di Parigi (615) la ripeteva, dicendo che al posto di nessun vescovo vivente fosse messo un altro vescovo. Un altro esempio è il Concilio di Reims (625 o 630) che nel Can. 25 rinnovava le norme già esistenti e vietava che, morto un vescovo, si mettesse al suo posto uno al di fuori della chiesa, che dovrà presiedere. Come candidato doveva essere un indigeno, scelto per voto universale di tutto il popolo e col consenso dei vescovi provinciali, cf. J.I. GONZÁLEZ FAUS, *Ningún obispo impuesto*, 61-63. G. DUQUE BOTERO, *El nombramiento de los Obispos en Colombia*, 138.

città a promuovere all'episcopato «quoscumque regalis potestas elegerit», salva la condizione necessaria che il vescovo consacrante ritenesse idonei canonicamente i candidati[22]. Oltre i summenzionati concili, è da sottolineare il grande ruolo di Papa Gregorio Magno (590-604) che difese, prima di tutto, le capacità spirituali e intellettuali dei candidati all'episcopato e il principio elettivo, aggiungendo la riserva di un esame o approvazione dell'eletto da compiersi dal metropolita o dal Papa medesimo[23].

Questa era, dunque, la dinamica consolidatasi per giungere alla nomina del vescovo, per la quale lottava strenuamente la Chiesa durante i secoli VI e VII[24], opponendosi al potere dei re e cercando di tutelare, soprattutto, la dignità del candidato, a costo di dimenticare, a volte, il principio elettivo[25].

1.5 La pluralità delle pratiche elettive

La caratteristica più evidente del periodo dei secoli VIII-X sembra essere quella della pluralità delle pratiche elettive. Non è oramai possibile trovare un tipo di pratica uniforme. In ogni caso, l'aspetto più dominante è il progressivo impossessamento delle sedi episcopali da parte del potere civile, con abusi connessi, ma non senza esempi di protesta e tentativi di ritornare a forme più fedeli alla tradizione.

Come inizio, diamo uno sguardo alla situazione dopo la decadenza del tardo periodo merovingio. Si fa sempre più crescente e pressante l'ingerenza del potere civile nelle elezioni, fino a disporre a piacimento, con sempre maggiore frequenza, dei vescovadi e delle relative nomine. Si arriva così all'epoca feudale, durante la quale si ha l'ingerenza più completa del potere civile nelle elezioni dei vescovi. Esiste una pluralità di modi di elezione, tra i quali si possono evidenziare i seguenti. L'istituzione dei vescovi da parte dei re, dopo aver sentito il consiglio di altri vescovi e dei grandi dell'impero; l'insediamento, senza elezione, del primo titolare in caso di erezione di una nuova diocesi che dal

---

[22] Cf. J.I. GONZÁLEZ FAUS, *Ningún obispo impuesto*, 59-61. W.M. PLÖCHL, *Storia del diritto canonico*, I, 193. F.X. WERNZ – P. VIDAL, *Ius Canonicum*, n. 589, 622. P.V. AIMONE BRAIDA, *L'intervento dello stato*, 23. R.L. BENSON, «Election by community and chapter», 56-57. G. DUQUE BOTERO, *El nombramiento de los Obispos en Colombia*, 139.

[23] Cf. J.I. GONZÁLEZ FAUS, *Ningún obispo impuesto*, 64-71. C. FLORISTÁN, «L'elezione dei vescovi», 202. J.E. LYNCH, «Co-responsibility», 51-52.

[24] Cf. K. BIHLMEYER – H. TUECHLE, *Storia della Chiesa*, I, §60, 364-365.

[25] Cf. J.I. GONZÁLEZ FAUS, *Ningún obispo impuesto*, 57-59. W.M. PLÖCHL, *Storia del diritto canonico*, I, 193.

secolo IX incominciano a essere considerate come benefici dei re; si osserva anche un ritorno, per breve tempo, al diritto di voto del clero e del popolo; esisteva pure un permesso dell'imperatore per effettuare l'elezione. Nell'impero franco orientale, per es., l'elezione vescovile non è più legata a un permesso reale, tuttavia il re si riservava il diritto di conferma. Nell'impero centrale della Lotaringia esisteva, accanto alla libera elezione canonica, la nomina del candidato da parte del signore del luogo cui apparteneva la sede vescovile, il quale doveva, prima di procedere, rivolgersi all'imperatore con una richiesta di permesso. Nell'impero franco occidentale si affermò il diritto di nominare i vescovi *ex palatio*, con la sola condizione che i candidati fossero canonicamente idonei. Nel corso del tempo, tuttavia, il diritto di nomina e di scelta, esercitato dai re, cominciò ad avere una grande importanza politica, dal momento che gli imperatori con la scelta dei vescovi, cercavano un appoggio alla loro posizione politica. Simile situazione si ritrova anche nel regno dei Visigoti, dove in genere erano i governanti ad assegnare i vescovi alle diocesi[26].

Riassumendo, si può dire con P.V. Aimone Braida, che

> l'accrescersi progressivo dell'influenza del potere civile nelle nomine ecclesiastiche, ulteriormente allargatosi dopo che i vescovi accentuarono la loro autorità politica e possedettero feudi temporali, con conseguente diffondersi del vizio di simonia, giunse al suo apice nei secoli X-XI, allorché i sovrani, per mezzo dell'anello e del pastorale, segni dell'ufficio spirituale, erano soliti conferire l'investitura ai vescovi, cosicché sembrava che la potestà ecclesiastica fosse conferita dai laici e l'episcopato fosse di proprietà e dominio del principe[27].

Dopo aver presentato questo quadro della situazione, è da sottolineare l'opposizione della Chiesa all'intromissione nell'insediamento canonico, cercando continuamente di ricordare che l'elezione dei vescovi era un diritto tradizionale del clero e del popolo con il consenso del metropolita. Questo atteggiamento della Chiesa, per evitare l'intromissione del potere civile, viene confortato dal riferimento a due

---

[26] Cf. W.M. PLÖCHL, *Storia del diritto canonico*, I, 390-393. P.V. AIMONE BRAIDA, *L'intervento dello stato*, 23-26. J.I. GONZÁLEZ FAUS, *Ningún obispo impuesto*, 93-100. J. GAUDEMET, «Dalla elezione alla nomina», 33. W. ULLMANN, «I re di Francia e l'elezione dei vescovi», 123-129. F.X. WERNZ – P. VIDAL, *Ius Canonicum*, n. 590, 622. R. TUCCI, «La scelta dei candidati», 424. K. BIHLMEYER – H. TUECHLE, *Storia della Chiesa*, II, §97, 134. ESPASA-CALPE SA, *Enciclopedia universal*, voce «Obispo», 303.

[27] P.V. AIMONE BRAIDA, *L'intervento dello stato*, 26-27. Cf. K. BIHLMEYER – H. TUECHLE, *Storia della Chiesa*, II, §97, 135.

importanti concili ecumenici: dal II Concilio di Nicea (787) che nel Can. 3[28] vietava ai signori secolari di eleggere i vescovi e dal Concilio Costantinopolitano IV (869-870) che nel Can. 12[29] non riconosceva l'elezione fatta sotto l'influenza del potere politico, stabilendo nel Can. 22[30] il divieto dell'interferenza di tale potestà o di un personaggio potente nelle elezioni. Queste norme però non hanno portato buoni risultati, perché la Chiesa non era abbastanza forte per far valere il diritto ecclesiastico in linea generale. Questa debolezza della Chiesa dava motivo a tante voci di protesta di levarsi a difesa delle norme stabilite dai concili ecumenici contro il potere civile, contro la simonia e, anzitutto, contro la possibilità dell'elezione da parte di soli vescovi, volendo così recuperare il conosciuto binomio *clerus populusque*[31].

Si evidenziano in questa epoca tanti casi di appello al Papa da parte non solo dei vescovi, ma anche del potere civile. L'appello veniva fatto, per esempio, nel caso di doppia elezione, nel caso di destituzione illegittima di vescovi o in occasione di trasferimento ad altra sede contro le disposizioni canoniche. Si deve, tuttavia, rilevare che, nonostante l'opposizione all'influsso statale da parte dei Romani Pontefici, anche loro erano molto spesso costretti a concedere il diritto di investitura che andava sviluppandosi molto velocemente[32].

---

[28] «Omnis electio a principibus facta episcopi aut presbiteri aut diaconi, irrita maneat [...]. Oportet enim ut qui provehendus est in episcopum, ab episcopis eligatur; quemadmodum a sanctis patribus qui apud Nicaeam convenerunt, in regula definitum est», *COD*, 140. Cf. J.I. GONZÁLEZ FAUS, *Ningún obispo impuesto*, 75-76. P. VERMIGLIOLI, *Lezioni di diritto canonico*, 106.131 – nota 3.

[29] «Apostolicis et synodicis canonibus, promotiones et consecrationes episcoporum et potentia et praeceptione principum factas penitus interdicentibus, concordantes definimus et sententiam nos quoque proferimus, ut si quis episcopus per versutiam vel tyrannidem principum huiusmodi dignitatis consecrationem susceperit, deponatur omnimodis, utpote qui non ex voluntate Dei, et ritu ac decreto ecclesiastico, sed ex voluntate carnalis sensus ex hominibus et per homines Dei donum possidere voluit vel consensit», *COD*, 175. Cf. J.I. GONZÁLEZ FAUS, *Ningún obispo impuesto*, 76-77.

[30] «Promotiones atque consecrationes episcoporum, concordans prioribus conciliis, electione ac decreto episcoporum collegii fieri sancta haec et universalis synodus definit et statuit; atque iure promulgat, neminem laicorum principum vel potentum semet inserere electioni vel promotioni patriarchae, vel metropolitae, aut cuiuslibet episcopi», *COD*, 182-183. Cf. P. VERMIGLIOLI, *Lezioni di diritto canonico*, 106.131 - nota 3.

[31] Cf. J.I. GONZÁLEZ FAUS, *Ningún obispo impuesto*, 77-83. J. GAUDEMET, «Dalla elezione alla nomina», 33-34.

[32] Cf. W.M. PLÖCHL, *Storia del diritto canonico*, I, 394-395. J.I. GONZÁLEZ FAUS, *Ningún obispo impuesto*, 100-104.

1.6 Elezioni nel periodo della lotta per le investiture

All'inizio del secondo millennio, nel periodo detto il «secolo di ferro» del pontificato, la necessità di riforma nella Chiesa si imponeva ormai a livello universale. Il contenuto di quella riforma riguardava, non solo le abitudini personali dei Papi e dei vescovi, ma anzitutto le questioni strutturali o canoniche, come l'eliminazione dell'influsso secolare nelle nomine episcopali, la ricostituzione della libera elezione canonica e la lotta alla simonia. Tutto questo portò ad una lotta, soprattutto in occidente, che durò parecchio tempo sotto il nome di lotta per le investiture[33]. La strada per affrontare seriamente tale problematica è stata aperta dal Concilio di Reims (1049), affermando nel Can. 1 che il vescovo deve essere eletto dal clero e dal popolo[34]. Era questa una ripresa del vecchio principio dell'elezione che in seguito verrà sostenuto, sotto forme diverse, dai riformatori dei secoli XI e XII.

L'ultima fase della lotta inizia con il Sinodo Romano del 1059, nel quale si proibisce, in via generale, di accettare le chiese da mano laica. Numerosi contrasti, però, negli anni precedenti e successivi tra il potere ecclesiastico e quello secolare nella questione del conferimento delle sedi vescovili, fanno sì che la riforma divenga sempre più aspra. Nella seconda metà dell'XI secolo, sotto il pontificato di Gregorio VII (1073-1085), essa raggiunge il suo vertice e a motivo del vigore dell'azione di questo Papa[35], ne prende il nome. Anche dopo la morte di Gregorio VII, i Pontefici successivi[36] continuano l'opera di riforma, ripetendo spesso il divieto dell'investitura.

Con questa riforma la storia del diritto e della prassi delle nomine episcopali entra in una nuova fase di sviluppo. Le istanze del rinnovamento si oppongono decisamente anzitutto alla consuetudine che affidava in massima parte al re o all'alta nobiltà il diritto di scegliere e di

---

[33] Cf. J.I. GONZÁLEZ FAUS, *Ningún obispo impuesto*, 107-117. W.M. PLÖCHL, *Storia del diritto canonico*, II, 191-199. P.V. AIMONE BRAIDA, *L'intervento dello stato*, 27-28.29-31.

[34] Cf. W.M. PLÖCHL, *Storia del diritto canonico*, I, 395. F.J. RAMOS, *Le Diocesi*, 119. J. GAUDEMET, «La scelta dei vescovi», 94. ID., «Dalla elezione alla nomina», 34. R.L. BENSON, «Election by community and chapter», 59-61.

[35] La battaglia di Gregorio VII era rivolta, anzitutto, contro l'imperatore Enrico IV (1056-1106), il quale conferiva in modo simoniaco diverse sedi vescovili perciò fu due volte scomunicato da questo Papa, cf. W.M. PLÖCHL, *Storia del diritto canonico*, II, 192. J.I. GONZÁLEZ FAUS, *Ningún obispo impuesto*, 108-110.

[36] Sono questi i Pontefici che continuavano la lotta: Vittore III (1086-1087), Urbano II (1088-1099), Pasquale II (1099-1118), cf. W.M. PLÖCHL, *Storia del diritto canonico*, II, 192-193. P.V. AIMONE BRAIDA, *L'intervento dello stato*, 27.

costituire (investire) i vescovi. Viene sottolineato il carattere ecclesiale e spirituale delle nomine e si pretende un ritorno ai modelli della Chiesa primitiva, sollecitando così una partecipazione più ampia e determinante del *clerus populusque*. Si rivendica poi il diritto del Papa di sorvegliare le elezioni mediante i suoi rappresentanti e la riserva, nei casi controversi, di risolvere i problemi delle sedi vacanti. Infine, viene riaffermato il ruolo stesso del papato e si sviluppa la convinzione che tutte le nomine sono soggette al controllo dei legati pontifici[37].

È di notevole rilevanza storica il trattato di Sutri del 1111. L'imperatore Enrico V, il quale continuava a conferire le sedi vescovili nel solito modo anche di fronte ai rinnovati divieti di investitura[38], a partire da questa data si impegna ad assicurare la libertà dell'elezione canonica e a rinunciare all'investitura[39]. Però, la rinuncia dell'imperatore, non dura a lungo e i tentativi di pace falliscono.

La fine della riforma e della lotta per le investiture avviene nell'anno 1122, quando si riesce ad addivenire a un compromesso tra il Papa Callisto II ed Enrico V a Lobwisen, poi proclamato a Worms. Nel Concordato di Worms l'imperatore si obbligò a non seguire più l'investitura e garantì che nell'impero germanico sarebbero state osservate le elezioni canoniche e le libere consacrazioni[40]. Il Papa, in cambio, concedette al sovrano il privilegio di assistere alle elezioni dei vescovi e degli abati. In caso di qualche discordia tra le parti del corpo elettorale, l'imperatore, dopo aver sentito il consiglio e il giudizio del metropolita

---

[37] Cf. R. KOTTJE, «L'elezione dei capi ecclesiastici», 139-140. R. TUCCI, «La scelta dei candidati», 424. R.L. BENSON, «Election by community and chapter», 61-62. B. SCHIMMELPFENNIG, «Il principio della "sanior pars"», 44. W. KÖLMEL, «In che modo», 109-110. In questo periodo sono sorti anche diversi partiti. Il partito papale reclamava la completa libertà dell'elezione canonica, senza alcun diritto di conferma dei principi. Il partito del re esigeva un influsso determinante sulle elezioni vescovili. Il partito di compromesso che stava in mezzo, invocava una mitigazione delle pretese canoniche della libera elezione sull'investitura. Questo ultimo partito è riuscito a far prevalere le sue tesi, cf. W.M. PLÖCHL, *Storia del diritto canonico*, II, 193.

[38] Cf. MERCATI, I, 10-18.

[39] «Ego Heinricus Dei gratia Romanorum imperator augustus affirmo Deo et sancto Petro, omnibus episcopis, abbatibus et omnibus ecclesiis omnia quae antecessores mei reges vel imperatores eis concesserunt vel tradiderunt. Et quae illi pro spe eternae retributionis obtulerunt Deo, ego peccator pro timore terribilis iudicii ullo modo subtrahere recuso», MERCATI, I, 13. Cf. A. PERUGINI, «De episcoporum electione in iure concordatario», 178-179.

[40] «Ego Heinricus [...] dimitto [...] omnem investituram per anulum et baculum, et concedo in omnibus ecclesiis, que in regno vel imperio meo sunt, canonicam fieri electionem et liberam consecrationem», MERCATI, I, 18-19. Cf. A. PERUGINI, «De episcoporum electione in iure concordatario», 179-180.

e dei comprovinciali, era tenuto a dare consenso e aiuto alla *sanior pars*[41], nonché a consegnare all'eletto le *regalia* per mezzo dello scettro. Se qualcuno veniva consacrato vescovo nelle altre regioni dell'impero, l'imperatore doveva concedergli le *regalia* entro sei mesi, per mezzo dello scettro. La ricezione delle *regalia* da parte dell'eletto, comportava l'obbligo di esibizione, secondo giustizia, dei doveri verso l'imperatore[42]. Il Concordato fu solennemente approvato nel 1123 durante il Concilio Lateranense I che restaurò l'elezione canonica (Can. 3) e l'assegnazione dei benefici (Can. 8)[43], debellando definitivamente l'investitura laica.

Questo importante avvenimento nella storia della Chiesa, definito *pax Wormatiensis*, regolò questioni fondamentali e ristabilì nelle sue linee essenziali la genuina tradizione ecclesiastica, rappresentando un effettivo *modus vivendi* tra il potere della Chiesa e il potere secolare. La separazione delle questioni spirituali da quelle temporali e secolari, eliminò la fusione della sfera ecclesiastica e statale, favorendo l'indipendenza della Chiesa, anche se questa separazione non giunse mai dove volevano portarla le aspirazioni più radicali[44].

2. Dal Concordato di Worms allo scisma d'occidente (1378-1417)

2.1 *Situazione dopo il Concordato*

Se anche, come abbiamo visto, il Concordato di Worms rappresentò una delle più importanti soluzioni di adattamento circa lo sviluppo del potere ecclesiastico e secolare, la sua esecuzione non avvenne senza

---

[41] Cf. B. SCHIMMELPFENNIG, «Il principio della "sanior pars"», 42-54.

[42] «Ego Calixtus episcopus servus servorum Dei tibi dilecto filio Heinrico Dei gratia Romanorum imperatori augusto concedo, electiones episcoporum et abbatum Teutonici regni, qui ad regnum pertinent, in praesentia tua fieri, absque simonia et aliqua violentia; ut si qua inter partes discordia emerserit, metropolitani et conprovincialium consilio vel iudicio, saniori parti assensum et auxilium praebeas. Electus autem regalia absque omni exactione per sceptrum a te recipiat et quae ex his jure tibi debet faciat. Ex aliis vero partibus imperii consecratus infra sex menses regalia absque omni exactione per sceptrum a te recipiat et quae ex his iure tibi debet faciat», MERCATI, I, 19. Cf. A. PERUGINI, «De episcoporum electione in iure concordatario», 180. G. DUQUE BOTERO, *El nombramiento de los Obispos en Colombia*, 148-150.

[43] Can. 3: «Nullus in episcopum nisi canonice electum consecret». Can. 8: «statuimus ut laici, quamvis religiosi sint, nullam tamen de ecclesiasticis rebus aliquid disponendi habeant facultatem», *COD*, 190.191.

[44] Cf. W.M. PLÖCHL, *Storia del diritto canonico*, II, 195. P.V. AIMONE BRAIDA, *L'intervento dello stato*, 28. R. TUCCI, «La scelta dei candidati», 424. R.L. BENSON, «Election by community and chapter», 69.

difficoltà a causa della genericità delle norme e di vari tipi d'ingerenza[45]. Da questo compromesso divenne esplicita una tendenza che caratterizzerà il successivo sviluppo della prassi elettiva. In questo periodo, quando si parla dell'elezione di un vescovo, si fa il ricorso ad un'espressione ancora viva nel tempo: l'elezione mediante il *clerus populusque*. Tuttavia, questo principio, pur così fondamentale e caratteristico anche nella mentalità di Gregorio VII, con il corso del tempo divenne una formula vuota. Accanto alla tendenza a una diminuzione dell'influsso statale, comincia a delinearsi anche una tendenza, sempre più marcata, a limitare il diritto di voto, non soltanto praticamente ma anche giuridicamente, a una cerchia più ristretta di elettori, formata da elementi della classe clericale, eliminando così il popolo. Si cambia progressivamente anche il diritto di conferimento canonico. Le prime più importanti disposizioni per l'eliminazione dell'elemento laico nell'elezione vescovile le abbiamo incontrate già nel I Concilio Lateranense (1123)[46]. In maniera analoga fu ridotto il numero degli elettori ecclesiastici, colpendo particolarmente la partecipazione del clero regolare. In realtà solo il clero della città episcopale aveva la possibilità di parteciparvi nel luogo dell'elezione. Così l'elezione dei vescovi diventa affare dei capitoli, la presenza dei quali viene a occupare progressivamente un posto sempre più rilevante nella designazione, fino a configurarsi come un loro privilegio. E ciò, nonostante che il II Concilio Lateranense (1139) si fosse pronunciato apertamente contro l'esclusivismo capitolare[47].

2.2 *Capitolo della cattedrale come unico elettore*

La riduzione del diritto di elezione ai soli capitoli della cattedrale, da una parte «favoriva la loro posizione di potenza, che essi tentarono di rafforzare con l'introduzione di capitolazioni di elezioni, onde assicu-

---

[45] Cf. W.M. PLÖCHL, *Storia del diritto canonico*, II, 195-196. Già nel tempo della preparazione del Concordato di Worms, Alberto di Magonza, uno dei negoziatori di questo Concordato, si lamentava del fatto che, a motivo della presenza del re durante l'elezione, «la Chiesa di Dio dovrà soffrire la stessa schiavitù del passato, od anche una maggiore», Cf. W. KÖLMEL, «In che modo», 111.

[46] Can. 3: «nullus in episcopum nisi canonice electum consecret», *COD*, 190.

[47] Can. 28: «sub anathemate interdicimus, ne canonici de sede episcopali ab electione episcoporum excludant religiosos viros, sed eorum consilio honesta et idonea persona in episcopum eligatur», *COD*, 203. Cf. W. KÖLMEL, «In che modo», 109-110. R. KOTTJE, «L'elezione dei capi ecclesiastici», 140. W.M. PLÖCHL, *Storia del diritto canonico*, II, 199-200. J. GAUDEMET, «Dalla elezione alla nomina», 35-37. D. GEMMITI, *Il processo*, 34. K. BIHLMEYER – H. TUECHLE, *Storia della Chiesa*, II, §112, 234.

rarsi l'influsso decisivo sul governo diocesano»[48]; dall'altra parte, il corpo elettorale dava troppo spesso prova della propria inefficienza. Frequentemente l'elezione dei vescovi diventava occasione di scontri che non poche volte degeneravano in battaglie. Di questo parleremo più avanti. Bisogna a questo punto tener presente che nel periodo dopo il Concordato di Worms, salve rare eccezioni, i canonisti difendono la libertà della Chiesa restaurando il sistema dell'elezione[49] senza fare appello a un papato lontano e talvolta privo di prestigio. È, appunto, di questo regime che verso il 1140 il Decreto di Graziano ci dà una testimonianza, ricordando il principio dell'elezione e nello stesso tempo attaccando le intrusioni laiche. Lo stesso testimoniano anche le Decretali.

2.2.1 Elezione nel Decreto di Graziano

Le questioni riguardanti direttamente l'elezione dei vescovi si trovano nelle Distinzioni 62 e 63, anche se già nella Distinzione 61[50] ci sono delle esigenze pertinenti alla scelta del candidato all'episcopato. L'opinione personale di Graziano, presente nei *dicta*, rispecchia, anzitutto, la mentalità della riforma gregoriana ma anche dei documenti dei Papi e dei vari concili[51]. Il conferimento dell'episcopato si compie in due passi:[52] l'elezione, considerata come una scelta effettuata da diverse persone che esprimevano la loro volontà o individualmente o collettivamente, e la consacrazione.

Tornando tuttavia alla questione dell'elezione, bisogna dire che l'affermazione principale di Graziano è che il compito di eleggere appartiene ai chierici; il popolo, invece, ha solo la possibilità di dare consenso[53]. Si evidenzia qui una tendenza a eliminare i laici dalle elezioni,

---

[48] W.M. PLÖCHL, *Storia del diritto canonico*, II, 200. Cf. K. BIHLMEYER – H. TUECHLE, *Storia della Chiesa*, II, §112, 235.

[49] Cf. J. GAUDEMET, «Dalla elezione alla nomina», 32-34. D. GEMMITI, *Il processo*, 31-32. J.I. GONZÁLEZ FAUS, *Ningún obispo impuesto*, 114-118.

[50] Si possono confrontare specialmente i seguenti canoni della *Distinctio* 61: cc. 6, 8, 10, 11, 13-18, Cf. FRIEDBERG, I, 229-233.

[51] Cf. R.L. BENSON, «Election by community and chapter», 64-65.

[52] Già nel prologo di Graziano alla *Distinctio* 62 possiamo osservare una chiara distinzione tra l'elezione e la consacrazione: «uidendum est, a quibus sunt eligendi et consecrandi», FRIEDBERG, I, 234. Cf. P. ERDÖ, «I criteri per la designazione dei vescovi», 110.

[53] *Dictum* introduttivo della *Distinctio* 62: «Electio clericorum est, consensus plebis», viene, appunto, qualificato come centrale di tutta la teoria di Graziano che tende a interpretare o persino, fino a un certo punto, rifiutare il modello di elezione, FRIEDBERG, I, 234. Cf. P. ERDÖ, «I criteri per la designazione dei vescovi», 110.

attribuendo loro un ruolo secondario. Tale tendenza, però, già nel *dictum antea* alla prima parte della *Distinctio* 63 si trasforma, senza equivoci, in un rifiuto totale della partecipazione diretta, dichiarando che i laici non devono intromettersi in alcun modo nell'elezione[54]. A questo punto, dunque, i laici sono definitivamente esclusi dalle elezioni, anche se poi, negli altri testi, viene affermato il diritto del principe di intervenire nella scelta del vescovo[55]. Graziano però, riconoscendo la partecipazione dei principi, come anche dei laici, precisa che questo intervento non consiste nell'elezione del vescovo, ma nel dare il proprio consenso[56], non precedendo l'elezione ma seguendola in successione[57]. Tale consenso successivamente sembra essere una specie di accettazione o recezione[58].

Prescindendo dai testi presi in considerazione che riguardano la partecipazione dei principi e del popolo, anche le altre autorità, riportate nei primi sette canoni della *Distinctio* 63, costituiscono argomenti contro la partecipazione laica all'elezione[59], sottolineando in questo

---

[54] *Dictum* iniziale della *Distinctio* 63: «Laici uero nullo modo se debent inscrere electioni», FRIEDBERG, I, 234.

[55] I testi riguardanti la partecipazione dei principi vengono raccolti nei canoni 8-25 della *Distinctio* 63, cf. FRIEDBERG, I, 237-243. P. ERDÖ, «I criteri per la designazione dei vescovi», 111.

[56] D. 63, *dictum post* c. 25: «Quibus exemplis et premissis auctoritatibus liquido colligitur, laicos non excludendos esse ab electione, neque principes esse reiciendos ab ordinatione ecclesiarum. Sed quod populus iubetur electioni interesse non precipitur aduocari ad electionem faciendam, sed ad consensum electioni adhibendum. Sacerdotum enim (...) est electio, et fidelis populi est humiliter consentire». D. 63, c. 26: «Plebis non est eligere, sed electioni consentire», FRIEDBERG, I, 242-243. Cf. F.J. RAMOS, *Le Diocesi*, 119-120. J. GAUDEMET, «Dalla elezione alla nomina», 35. R.L. BENSON, «Election by community and chapter», 66.

[57] D. 62, c. 2 nel sommario afferma che: «Populus non debet preire sed subsequi», riassumendo un testo di Celestino I, compreso nello stesso canone, secondo cui: «docendus est populus, non sequendus», FRIEDBERG, I, 234. Cf. P. ERDÖ, «I criteri per la designazione dei vescovi», 111. J. GAUDEMET, «Dalla elezione alla nomina», 35.

[58] D. 62, *dictum ante* c. 1: «Non sunt habenti inter episcopos, qui nec a clericis eliguntur, nec a plebis expetutntur»; nel c. 1: «Nulla ratio sinit, ut inter episcopos habeantur, qui nec a clericis sunt electi, nec a plebibus expetiti, nec a conprouincialibus episcopis cum metropolitani sudicio consacrati», FRIEDBERG, I, 234. D. 63, c. 12: «Sacerdotum quippe est electio, et fidelis populi consensus adhibendus est; quia docendus est populus, non sequendus», FRIEDBERG, I, 238. Sul significato della recezione: cf. G. ALBERIGO, «Elezione – consenso – ricezione», 19-21. Y. CONGAR, «La ricezione», 75-106.

[59] Tra i canoni che ci interessano di più ne citiamo tre: 4, 5 e 7. Essi costituiscono una delle fonti del can. 332 §1 del CIC'17 che tratta della provvisione canonica, che dev'essere concessa dal Romano Pontefice nel caso dell'elezione, presentazione o designazione del candidato all'episcopato dall'autorità civile. Già nel Decreto di

modo che i vescovi devono essere scelti dal clero. Nella definizione di clero, tuttavia, non rientra solo il vescovo predecessore che, tra l'altro, non può nominare il proprio successore[60] o il capitolo della cattedrale, ma rientrano anche i chierici religiosi[61]. L'ultima tappa nella designazione del vescovo è la conferma da parte dell'autorità ecclesiastica superiore, cioè dal metropolita o, se c'è, anche dal primate[62]. Nel Decreto non si accenna a interventi pontifici.

2.2.2 Decretisti sulla nomina dei vescovi

La storia del diritto canonico ci presenta un rilevante numero di decretisti che commentarono il Decreto di Graziano. In generale, riguardo al tema delle elezioni, tutti questi seguirono il metodo grazianeo, dedicandogli un titolo nelle proprie *Summae*. Non mancano però anche veri e propri trattati a sé stanti. Come esempio, presenteremo qui un trattato sull'elezione composto poco prima del III Concilio del Laterano (1179) da Bernardo di Pavia[63].

La sua *Summa de electione* fu il primo trattato canonistico sull'elezione. L'opera di Bernardo si basava su recenti decretali papali e, in modo speciele, sul *Decretum* di Graziano, esponendo sommariamente lo *status quaestionis*. Secondo lui gli elementi essenziali che devono

---

Graziano era richiesta l'approvazione dell'eletto da parte dell'autorità apostolica al posto di quella reale (c. 4). Tra le autorità che intervengono nell'elezione, oltre il principe (c. 7), ci sono anche i Vescovi comprovinciali, ai quali viene vietato di ricevere un candidato «qui regia ordinatione episcopale culmen adipiscitur» (c. 5). Incontriamo gli argomenti contro la partecipazione laica anche nella seconda parte del Decreto, specialmente nei canoni 12-15 della C. 16, q. 7 che a loro volta fanno parte delle fonti del can 332 §1, cf. FRIEDBERG, I, 236-237.804-805.

[60] C. 8, q. 1, *dictum post* c. 7: «his omnibus auctoritatibus prohibentur episcopi successores sibi instituere», FRIEDBERG, I, 591.

[61] D. 63, c. 35: «Absque religiosorum uirorum consilio canonici maioris ecclesiae episcopum non eligat», FRIEDBERG, I, 247. Graziano riporta qui il testo del Can. 28 del II Concilio Lateranense (1139), cf. *COD*, 203. P. ERDÖ, «I criteri per la designazione dei vescovi», 112.

[62] D. 64, c. 1: «potestas sane uel confirmatio pertinebit per singulas prouincias ad metropolitanum episcopum», FRIEDBERG, I, 248. Questa norma viene riportata dal testo di Can. 4 del I Concilio di Nicea (325), cf. *COD*, 7. In quelle regioni dove si trovava un primate veniva richiesto anche il suo consenso: D. 65, *dictum post* c. 3: «si autem prouinciam primatem habere constiterit, nec etiam metropolitano absque eius conscientia episcopum consacrare licebit»; D. 65, c. 4: «absque primatis consensu metropolitanus episcopum non ordinet», FRIEDBERG, I, 250. Cf. P. ERDÖ, «I criteri per la designazione dei vescovi», 116-117.

[63] Questo punto della nostra ricerca è basato su R.L. BENSON, «Election by community and chapter», 75-80.

essere considerati in un'elezione sono: la potestà per eleggere, le qualità dell'eletto e la forma dell'elezione[64].

Riguardo alla potestà per eleggere essa apparteneva al capitolo se una chiesa lo possedeva[65]. Elaborando le distinzioni semantiche che già furono disegnate nel *Decretum*, Bernardo indicò che, nell'uso comune, il termine «eleggere» (*eligere*) può essere applicato in quattro sensi diversi, ovvero, può essere considerato sinonimo di quattro altri termini. Nel primo senso, uno poteva richiedere (*postulare*) qualcuno che non era eleggibile per elezione. Nel secondo, il clero poteva eleggere (*eligere*), ciò che propriamente rappresenta l'elezione. Il terzo senso riguardava una probabilità di consenso (*consentire*) a un'elezione da parte del laicato. Finalmente, il superiore gerarchico poteva confermare (*confirmare*) un'elezione[66]. In particolare, con queste distinzioni, Bernardo seguì la tradizione di contrapporre il diritto del clero di eleggere al diritto del laicato di consentire.

Come principio fondamentale, Bernardo accolse una massima dedotta ultimamente da Leone Magno, basata sul principio che, in generale, un prelato doveva essere eletto da quei chierici sui quali aveva autorità[67]. Tale principio assai importante non poteva tuttavia essere adattato alle realtà che lui vedeva intorno a sé. La ragione era che Bernardo voleva limitare il corpo elettorale. Molto interessante è il suo ragionamento in tale questione. La domanda che si poneva era perché i canonici del capitolo della cattedrale avrebbero dovuto avere da soli il diritto di eleggere il vescovo, quando tanti chierici delle parrocchie erano parimenti soggetti al vescovo. La risposta si trova nell'affermazione di Bernardo che, anche se i parroci avessero dovuto essere presenti all'elezione e il loro consenso avesse dovuto essere preso in considerazione, i canonici avrebbero dovuto avere, ciononostante, la prima voce nell'elezione[68].

---

[64] N. 2: «Notandum est igitur, quod in electione tria consideranda occurrunt, potestas eligendi, qualitas electi et forma electionis», E.A.T. LASPEYRES, *Summa decretalium*, 308.

[65] N. 2,1 §1: «Sane si ecclesia collegium habet, ipsius collegii est electio», E.A.T. LASPEYRES, *Summa decretalium*, 308.

[66] Cf. N 2,1 §1, E.A.T. LASPEYRES, *Summa decretalium*, 308-309.

[67] N. 2,1 §1: «Generaliter autem hoc scire debemus, praelatum ab illis clericis esse eligendum, quibus praeficitur», E.A.T. LASPEYRES, *Summa decretalium*, 308.

[68] N. 2,1 §2: «Diximus enim, quod ille qui eligitur ab his, quibus praeficitur, est eligendus; quaeritur ergo, an ad electionem archipresbiteri plebanive sufficiat canonicorum capitulum, an eidem electioni capellani parochiarum debeant interesse? Pro canonicis facere videtur, quod cum sint unum collegium, liberam debent habere pote-

Più cruciale era un'ulteriore domanda sorgente dallo stesso principio: se chiamare in causa il clero intero di una diocesi all'elezione dei vescovi? In risposta, Bernardo accortamente dice che, se il principio fosse spinto alla sua logica conclusione, tutti i chierici nel mondo dovrebbero essere ammessi all'elezione del Romano Pontefice, per il fatto che con la sua elezione egli è posto in autorità su tutti[69]. Per analogia, dunque, in un'elezione episcopale il capitolo della cattedrale dovrebbe chiamare non solo gli abati e prelati principali della diocesi, ma anche i parroci della città episcopale. In appoggio a questa procedura, Bernardo invocava un altro principio, acconsentendo alla presenza all'elezione vescovile solo a quelli che specificamente devono rispondere al vescovo. Nel caso dell'elezione di un metropolita, a essa devono assistere i suoi vescovi suffraganei[70]. Questa analogia con l'elezione papale creava però nuove difficoltà. Un'altra domanda che poneva Bernardo era perché i primati, patriarchi e gli altri che specificamente devono rendere conto al Romano Pontefice, non sono chiamati alla sua elezione[71]. A questo proposito egli, giustamente, afferma che se tutti costoro partecipassero alle elezioni papali, la prerogativa della Chiesa romana sarebbe diminuita e un carico gravoso sarebbe imposto su coloro che sono stati chiamati in causa[72].

Un'altra questione che si era evidenziata nella *Summa de electione* era la partecipazione dei religiosi all'elezione episcopale. Per risolverla, da una parte Bernardo ricordò che i canonici hanno la prima voce in un'elezione e, come modello, alludeva al ruolo decisivo dei cardinali nell'elezione papale. Dall'altra parte egli offrì anche un argomento più rivelatore, vedendo i diritti di questi «chierici religiosi» come analogo

---

statem, sibi eligere dominum, et liberum de eo, qui eos recrutus est, habere iudicium», E.A.T. LASPEYRES, *Summa decretalium*, 309.

[69] N. 2,1 §3: «Subsequenter quoque super episcopi electione hoc dubitale invenitur, an videl. ad hanc electione clerici urbis et villarum debeant a maioris ecclesiae canonicis advocari, cum secundum praecedentem regulam ille qui praeest ab omnibus, quibus praeest, sit eligendus; quod si usque quaque protenditur, iam ad electionem Romani pontificis omnes, qui sunt in mundo, admittentur clerici, cum ex ipsa electione omnibus praeponatur», E.A.T. LASPEYRES, *Summa decretalium*, 309.

[70] N. 2,1 §3: «Quod autem dictum est, electioni episcopi eos interesse debere, qui debent episcopo specialiter respondere, argui potest ad instar electionis archiepiscopi, in qua episcopi, qui specialiter respondent archiepiscopo, debent de iure canonico interesse», E.A.T. LASPEYRES, *Summa decretalium*, 310.

[71] N. 2,1 §5: «Quaerendum forte videbitur, cur primates et patriarchae aliique, qui specialiter Romano pontifici reddituri sunt rationem, ad cuius non vocantur electionem?», E.A.T. LASPEYRES, *Summa decretalium*, 311.

[72] Cf. n. 2,1 §5, E.A.T. LASPEYRES, *Summa decretalium*, 311.

al ruolo elettorale del popolo, limitato solo al consenso. In qualche caso, l'obbligo cruciale per il capitolo era convocare tutti quelli che avevano diritto ad essere presenti[73]. Qualora avvenisse che, all'interno di una riunione elettorale, i canonici rappresentassero una minoranza, la loro voce comunque prevaleva su quella degli abati e degli altri prelati, facendo sì che la scelta dei canonici fosse decisiva[74].

Per Graziano il problema di un'elezione duplice fu risolto semplicemente, citando un testo ben conosciuto di Leone Magno: «Se accade che i voti delle parti sono divisi in favore di una seconda persona, attraverso la decisione del metropolita dovrebbe essere dato preferenza sull'altro a colui che è assistito dal più grande zelo e merito»[75]. La soluzione di Leone non solo divenne *standard* ma per di più iniziò una tradizione caratteristica del pensiero medievale circa l'elezione ecclesiastica e consistente nel fatto che si dovevano valutare le qualità dei candidati e degli elettori, piuttosto che contare soltanto i voti. Affrontando, dunque, il caso di un'elezione duplice, Bernardo sottolineò le tre qualità che dovevano essere esaminate nelle due parti: il loro numero, il loro buon zelo e la loro dignità o autorità. Chi fra loro si distingueva maggiormente in due di queste tre qualità, doveva prevalere. Accettando questa dottrina, Bernardo aggiunse che se le due parti erano in parità, si doveva ricorrere al superiore per la conferma dell'elezione[76].

---

[73] N. 2,1 §4: «Ad haec, cum religiosi clerici, sicut praedictum est, electioni futuri pontificis debeant interesse [...], quaeritur, si in illa electione a canonicis discordaverint, et canonicis unanimiter eligentibus vel contradixerint vel alium elegerint, quid sit in talibus iudicandum? Plane videtur dicendum, ut, quia canonici primam vocem in electione habent, eorum debeat sententia prevalere, ad instar eius, quod dicitur de electione Romani pontificis [...], et exemplo illius, quod dicitur de populo ad consensum electionis vocando», E.A.T. LASPEYRES, *Summa decretalium*, 310.

[74] Un ulteriore argomento sulla posizione di Bernardo fu portato da Uguccio, il più grande dei decretisti, nella sua *Summa* scritta circa il 1190. Lui affermava che, se tutti i canonici sono d'accordo su qualcuno e tutti i religiosi sono d'accordo su un altro, anche se i religiosi sono numerosi o anche più numerosi di canonici e se le persone elette sono trovate essere uguali in ogni rispetto, l'elezione dei canonici doveva essere preferita, cf. R.L. BENSON, «Election by community and chapter», 77.

[75] Cf. D. 63, c. 36: «Si forte, quod nec reprehensibile, nec inreligiosum iudicamus, uota eligentium in duas se diuiserint partes, ius metropolitani sudicio alteri preferatur, qui maioribus iuuatur studiis et meritis», FRIEDBERG, I, 247.

[76] N. 2,1 §9: «In dissensionibus partium eligentium circa personas tria sunt attendenda, videl. numerus et bonus zelus et dignitas vel auctoritas; quaecumque autem pars duobus horum praeeminet, in electione debet obtinere. Huic autem adiiciendum putavi: quod si in his omnibus patres pares fuerint, erit ad superiorem iudicem recurrendum, cuius est confirmatio», E.A.T. LASPEYRES, *Summa decretalium*, 316. L'argomento delle qualità in modo particolare viene trattato nel n. 2,2 §1, cf. E.A.T. LASPEYRES, *Summa decretalium*, 316-317.

L'ultimo elemento essenziale della *Summa* di Bernardo era la sua idea sulla procedura elettorale. Egli la considerava come una serie di atti: indagine di voti, annuncio del risultato, sottoscrizione del decreto elettorale, presa di possesso, installazione e conferma[77]. Il punto importante è che Bernardo anticipò in modo chiaro la legge procedurale che è associata col IV Concilio di Laterano (1215), distinguendo due generi di elettori ai quali il capitolo poteva affidare lo svolgimento dell'elezione. I primi erano gli elettori con poteri limitati, precisamente, con solo una parte della responsabilità (*pars sollicitudinis*). In altre parole, questi elettori avevano soltanto il dovere di determinare i desideri dei canonici[78]. Questo, precisamente, era il modo conosciuto nel tredicesimo secolo come *electio per scrutinium*. In secondo luogo, gli elettori ricevevano il pieno potere (*plenum arbitrium*), così che dopo aver determinato la volontà del capitolo, essi stessi avevano il potere per eleggere in uno dei modi stabiliti dal capitolo[79]. Questo, più tardi, divenne il modo conosciuto come *electio per compromissum*.

2.2.3 Stabilizzazione delle norme elettive

Si deve riconoscere che Graziano, pur avendo fornito molti elementi provenienti dalla storia della disciplina per l'elezione dei vescovi e pur riconoscendo i chierici – canonici della cattedrale e certi monaci – come unici elettori, escludendo categoricamente i laici, non ha, tuttavia, offerto un quadro giuridico elaborato delle elezioni capitolari. Commentando il Decreto e specialmente la *Distinctio* 63, i decretisti del XII secolo, come per esempio Rufino e Stefano di Tournai[80] seguono il

---

[77] Cf. n. 2,3 §§2-4, E.A.T. LASPEYRES, *Summa decretalium*, 318-320.

[78] N. 2,3 §1: «De electoribus autem notandum, quod quandoque pars eis sollicitudinis imponitur, quandoque plenum electionis arbitrium indulgetur. In partem sollicitudinis vocantur, cum de inquirendis fratrum voluntatibus eis onus imponitur, ut videt illum eligant, quem omnium vel maioris partis arbitrio viderint praelectum [...]; hi autem nocesse habent omnium voluntates inquirere nec ultra fines mandati aliquatenus evagari», E.A.T. LASPEYRES, *Summa decretalium*, 317.

[79] N. 2,3 §1: «Plenum autem electores habent electionis arbitrium, cim sic eliguntur, ut per omnia eorum arbitrio stetur, et hi necesse non habent fratrum voluntatem intuirere, sed sua voluntate, quem idoneum viderint, eligendo praeferre [possunt]», E.A.T. LASPEYRES, *Summa decretalium*, 317-318.

[80] Nonostante l'evidenza di certi testi nella *Distinctio* 63 che affermano il diritto dell'imperatore di confermare l'eletto, Rufino nella sua *Summa decretorum* (1157-1159), commentando suddetta *Distinctio*, negò che tale conferma è legale e che qualsiasi laico può mettere le mani nell'elezione. Stefano di Tournai nella sua *Summa* (1160), ripetendo quasi alla lettera l'affermazione di Rufino, dichiarò che il popolo, dando il suo consenso, non fa altro che seguire la via segnata dal clero che elegge, cf.

metodo grazianeo, non proponendo un modo stabile di elezione. La mancanza di un preciso regolamento e di uniformità nelle elezioni nei secoli XII-XIII è rilevabile in diversi paesi[81].

Nonostante la scarsità dei modi nell'elezione dei vescovi, all'inizio del XIII secolo comincia a evidenziarsi una stabilizzazione delle norme e una insistenza del papato sulla libertà degli elettori. È a questo che si riferiscono le Costituzioni 23-26[82] del IV Concilio Lateranense (1215), nelle quali, per la prima volta, viene regolata, in modo più esteso e chiaro, la forma della procedura elettorale, indicando tra gli elettori solo i canonici della cattedrale. Il Concilio del resto ha stabilito che il capitolo, se non elegge entro tre mesi il vescovo, perde per quella volta il proprio diritto di elezione e l'autorità immediatamente superiore, cioè il metropolita, ottiene per devoluzione il diritto di provvedere entro tre mesi alla chiesa vacante, scegliendo un candidato idoneo[83], sentito, tuttavia, il consiglio del capitolo e di altre persone prudenti (Cost. 23)[84].

R.L. BENSON, «Election by community and chapter», 66-67. J. GAUDEMET, «Dalla elezione alla nomina», nota 60, 33.36.

[81] In Francia viene seguito questo procedimento: autorizzazione del re per l'elezione; conferma del metropolita; richiesta da parte dell'eletto al re del feudo dei beni temporali e infine il giuramento. In Irlanda e Scozia vige l'elezione canonica, completamente ristabilita. Nell'Italia centro-settentrionale, il Concordato di Worms attribuì al Papa la nomina delle sedi vescovili o il diritto di conferma in luogo dei metropoliti. Nella parte meridionale normanna, invece, viene conservato il diritto di nomina da parte del sovrano. In Danimarca e Norvegia la situazione era analoga: a metà del XII sec. il diritto di nomina è passato dai governanti ai capitoli cattedrali, se anche fino al XIII sec. il re manteneva ancora il diritto di conferma. In Svezia il diritto di nomina è passato dai regnanti al capitolo nel secolo XIII, non senza, però, gli interventi dello stato. In Ungheria, per speciale privilegio, continuava ad avere vigore il diritto canonico di elezione, cf. W.M. PLÖCHL, *Storia del diritto canonico*, II, 196-199. P.V. AIMONE BRAIDA, *L'intervento dello stato*, 29-31. R.L. BENSON, «Election by community and chapter», 68-71. In Inghilterra all'inizio del secolo XII era conservata l'investitura. Nonostante la ricezione nel 1215 nella *Magna Charta Libertatum* della libertà dell'elezione ecclesiastica, l'influsso reale si evidenzia di nuovo, consistente nel dare il consenso per effettuare l'elezione ed approvare l'eletto, cf. P.V. AIMONE BRAIDA, *L'intervento dello stato*, 30. In modo speciale per le elezioni in Inghilterra nel XIII secolo, cf. B.E. FERME, «The election of bishops», 157-169.

[82] Cf. *COD*, 246-248.

[83] Per ciò che riguarda l'idoneità del candidato, era il III Concilio Lateranense (1179) a stabilire le norme nel Can 3: «presenti decreto statuimus, ut nullus in episcopum eligatur, nisi qui iam trigesimum aetatis annum egerit et de legitimo sit matrimonio natus, qui etiam vita et scientia commendabilis demonstretur», *COD*, 212. Cf. D. GEMMITI, *Il processo*, 24.37. J.I. GONZÁLEZ FAUS, *Ningún obispo impuesto*, 119.

[84] Cf. *COD*, 246. P. ERDÖ, «I criteri per la designazione dei vescovi», 114-115. D. GEMMITI, *Il processo*, 35-36.

CAP. I: DESIGNAZIONE NELLA STORIA FINO AL CIC'17   31

Per quanto riguarda la procedura stessa dell'elezione, tre erano le modalità offerte dal diritto nella *Constitutio* 24. Come prima era l'elezione per scrutinio, mediante la quale, in votazione segreta, si eleggevano tre che erano di maggior fiducia degli elettori. Si considerava senza esitazione eletto colui che aveva i voti favorevoli sia della *maior* sia della *sanior*[85] parte degli elettori stessi[86]. L'elezione per compromesso, invece, si effettuava quando tutto il capitolo affidava il diritto di elezione a due o tre del corpo elettorale. Dovevano essere osservati i limiti, le forme e le ingiunzioni del compromesso, altrimenti l'elezione era invalida, mancando la volontà e il potere degli elettori[87]. L'elezione per acclamazione ovvero ispirazione unanime, senza cioè impegno, parzialità, dubbio e contraddizione si attuava quando tutti gli elettori convenivano nel medesimo sentimento, eleggendo uno a vescovo. Dato che, questo tipo di elezione si considerava come proveniente dallo Spirito Santo, se uno degli elettori dubitava o dissentiva, l'elezione era senza nessun effetto[88]. In virtù della *Constitutio* 25 veniva esclusa totalmente l'elezione da parte del potere secolare come contraria alla libertà canonica[89]. Infine il Concilio ha stabilito regole riguardanti le elezioni irregolari, imponendo sanzioni[90].

---

[85] «Per più sana parte s'intendono quelli, che nella elezione scrupolosamente osservano le regole, e le forme Canoniche nella elezione, mentre la maggior parte si riferisce al numero, la più sana allo zelo», P. VERMIGLIOLI, *Lezioni di diritto canonico*, 107.

[86] «Statuimus ut cum electio fuerit celebranda, praesentibus omnibus qui debent et volunt et possunt comode interesse, assumantur tres de collegio fide digni, qui secreto et singulatim voces cunctorum diligenter exquirant, et in scriptis redacta, mox publicent in communi, nullo prorsus appellationis obstaculo interiecto, ut is collatione adibita eligatur, in quem omnes vel maior vel sanior pars capituli consentit», *COD*, 246. Cf. D. GEMMITI, *Il processo*, 36. B. SCHIMMELPFENNIG, «Il principio della "sanior pars"», 42-43. P. VERMIGLIOLI, *Lezioni di diritto canonico*, 107.

[87] «[...] vel saltem eligendi potestas aliquibus viris idoneis committatur, qui vice omnium ecclesiae viduatae provideant de pastore», *COD*, 246. Cf. D. GEMMITI, *Il processo*, 36-37. P. VERMIGLIOLI, *Lezioni di diritto canonico*, 107.

[88] «[...] aliter electio facta non valeat, nisi forte communiter esset ab omnibus quasi per inspirationem divinam absque vitio celebrata», *COD*, 246. Cf. D. GEMMITI, *Il processo*, 37. P. VERMIGLIOLI, *Lezioni di diritto canonico*, 107-108.

[89] *Constitutio* 25: «[...] quisquis electioni de se factae per secularis potestatis abusum consentire praesumpserit contra canonicam libertatem, et electionis comodo careat et inelegibilis fiat», *COD*, 247. Cf. D. GEMMITI, *Il processo*, 37.

[90] *Constitutio* 26: «[...] irrefragabili constitutione sancimus, quatenus cum quisquam fuerit ad regimen animarum assumptus, is ad quem pertinet ipsius confirmatio, diligenter examinet et electionis processum et personam electi, ut cum omnia rite concurrerint, minus ei confirmationis impendat; quia si secus fuerit incaute praesumptum, non solum deiciendus est indigne promotus, verum etiam indigne promovens puniendus», *COD*, 247. Cf. D. GEMMITI, *Il processo*, 37-38.

2.3 Passaggio dall'elezione alla nomina

Un nuovo cambiamento del modo di provvedere all'ufficio episcopale avviene quando la riduzione del corpo elettorale solo al capitolo della cattedrale comincia a dare troppo spesso prova di inefficienza e incapacità. La scelta del vescovo fu sfruttata da molti capitoli proprio per influire sulla guida delle diocesi per mezzo di capitolazioni elettorali e mediante la scelta di candidati docili, sviluppando spesso, laddove questo non riusciva, un controgoverno in opposizione al vescovo. Insomma, la situazione non era facile. A tutto questo si aggiungevano la composizione personale dei capitoli delle cattedrali e tanti altri fatti:

> Conflitto tra gli uomini che formano un corpo elettorale troppo ridotto; conflitto tra due principi di scelta: elezione a maggioranza o da parte dei più saggi (*maior* oppure *sanior pars*)? Opposizioni feroci sfociano in disordini e provocano scandali e lunghe vacanze della sede, deleterie per tutti. A partire dal XIII secolo, i vizi del sistema sono evidenti. A chi rivolgersi per mettere fine ai conflitti, designare un prelato, far cessare i disordini? Il metropolita non ne ha né il potere né l'autorità. Tra l'altro, a volte è proprio la sua sede che è in questione. I canonici stessi ricorrono all'arbitrato di Roma. Il papato non ha forse «la sollecitudine di tutte le chiese»? Fino ad allora era intervenuto solo raramente e in casi di crisi (in particolare durante l'epoca gregoriana): ma ora viene chiamato sempre più spesso a designare il vescovo[91].

Questa situazione che diventava sempre più frequente era il motivo di offrire al papato l'occasione di sostituirsi agli elettori. Infatti nella seconda metà del XIII secolo il diritto di elezione da parte del capitolo della cattedrale incomincia a declinare. Da qui in avanti aumentano sempre più le nomine pontificie dirette, fino a essere, nel XIV secolo, la maggior parte. È, appunto, la *Sollicitudo omnium ecclesiasrum* che affida al Romano Pontefice la tutela di tutta la Chiesa, abilita il Papa a collocare in ogni diocesi un pastore idoneo, intervenendo con energia per restaurare la dignità dell'episcopato[92].

Un altro motivo dell'intervento romano era l'importanza politica dell'episcopato. La nomina viene praticata specialmente da Innocenzo IV (1243-1254) in occasione del conflitto che l'oppose a Federico II. Le ragioni politiche spiegano pure alcune nomine fatte in Portogallo,

---

[91] J. GAUDEMET, «La scelta dei vescovi», 95. Cf. ID., «Dalla elezione alla nomina», 36-37. B. SCHIMMELPFENNIG, «Il principio della "sanior pars"», 50.

[92] Cf. W.M. PLÖCHL, *Storia del diritto canonico*, II, 201. P.V. AIMONE BRAIDA, *L'intervento dello stato*, 32. J. GAUDEMET, «Dalla elezione alla nomina», 37-38. F.J. RAMOS, *Le Diocesi*, 120. W. KÖLMEL, «In che modo», 110-111.

Scozia e Ungheria. Al tempo di Gregorio IX (1227-1241) e poi di Innocenzo IV si evidenzia inoltre il ruolo dei legati, che approvano l'eletto designato dal capitolo. I casi che vengono riservati al Romano Pontefice si estendono a partire da Nicolò III (1277-1280) con la sua decretale *Cupientis* (1278)[93] fino a Urbano V (1362-1370) che nel 1363 afferma il suo diritto di nominare in tutta la cristianità i patriarchi, metropoliti, arcivescovi, vescovi, abati e abadesse. Salvo rare eccezioni, la nomina in questo periodo si era sostituita pienamente all'elezione[94].

Ci sono diverse spiegazioni circa il fatto per cui si è giunti alla sostituzione dell'elezione con la nomina e perché tale passaggio non sia avvenuto in un solo colpo. Le cause consistono, anzitutto, nella diversità delle situazioni locali e nell'insistenza più o meno forte dei Pontefici e dei richiedenti. L'elezione però in alcuni casi veniva ancora conservata, assieme alla nomina, che, tuttavia, guadagnava sempre più terreno[95].

Così i vescovi scelti dal Papa appartengono spesso al seguito pontificio o a quello dei sollecitatori. Tali designazioni da parte di Roma, e poi anche da parte di Avignone[96], «si inseriscono nel contesto del rafforzamento dell'autorità del Pontefice in tutta la cristianità. Esse esprimono e servono lo sviluppo della centralizzazione romana in continuo aumento»[97].

---

[93] La decretale di Nicolò III, riportata dal *Liber VI* (VI° 1,6,16), sembra attribuire una forma giuridica della procedura solo in quanto essa viene denominata *processus*, alla quale si riferiscono i seguenti passaggi della decretale: «sancimus, ut omnes electi cathedralium vel regularium ecclesiarum [...] ad sedem ipsam [apostolicam] iter arripiant [...] petituri suarum electionum confirmationis [...] comparere cum omnibus actis, iuribus et munimentis suis, et processus suos contingentibus coram nobis personaliter teneantur [...] [vel] duae personae ad minus [...] de parte electi», FRIEDBERG, II, 955-956. Cf. H. JEDIN, *Chiesa della fede,* 316. È necessario inoltre notare che la decretale non solo costituisce la prima importante e vera normativa circa il *modus procedenti* nella nomina dei vescovi, ma pone altresì in rilievo l'intervento pontificio nel conferimento della dignità episcopale, cf. D. GEMMITI, *Il processo,* 38-39.

[94] Cf. J. GAUDEMET, «Dalla elezione alla nomina», 38. F.J. RAMOS, *Le Diocesi,* 120-121.

[95] Tra il 1227 e il 1303, per esempio, si sono potute registrare più di 1400 provvisioni pontificie di vescovadi. A Bordeaux 3 nomine tra il 1200 e il 1247, 21 dal 1261 al 1314 e tra il 1327 e il 1378 ce ne sono 4. Nella provincia di Tolosa 46, 81 in quella di Bourges. Infine ci sono 780 provvisioni pontificie per tutta la cristianità durante i diciotto anni del pontificato di Giovanni XXII, cf. J. GAUDEMET, «Dalla elezione alla nomina», 40.

[96] Cf. J.I. GONZÁLEZ FAUS, *Ningún obispo impuesto,* 123-126.

[97] J. GAUDEMET, «La scelta dei vescovi», 95. Cf. ID., «Dalla elezione alla nomina», 41. F.J. RAMOS, *Le Diocesi,* 121-122.

Tuttavia, la situazione alla fine del XIV secolo cambia. Ai vescovi nominati dal Romano Pontefice vengono spesso conferite sedi loro sconosciute. Dopo pochi anni di residenza essi, per decisione di Roma o per proprio desiderio, passano a un'altra sede. Questi trasferimenti, determinati piuttosto da motivi famigliari, dall'attrattiva di una residenza più confortevole o di un beneficio più ricco, essendo contrari al principio del legame tra il vescovo e la sua chiesa e mal visti per lungo tempo, diventano una cosa normale. È, appunto, questo che spinge gli imperatori a interessarsi molto di tale tipo d'episcopato, instaurando rapporti con Roma. Ben presto, l'autorità del papato, già messa in difficoltà da alcuni eccessi dei Papi di Avignone e da dottrine conciliariste, viene gravemente minata dalla crisi del Grande scisma di Occidente (1378-1417). Il risveglio, nei secoli XIII e XIV, dell'influsso statale che in tutta l'Europa prevale sui poteri locali, conduce, verso la metà del XV secolo, alla formazione di un nuovo istituto giuridico: il diritto di nomina da parte del principe secolare[98].

3. Dal secolo XV al Codice del 1917

3.1 *Sviluppo delle nomine regie*

La designazione dei vescovi dopo il Grande scisma è caratterizzata anzittutto da una continua interferenza statale, sempre presente e incline a insediare nelle sedi dei rispettivi territori persone di proprio gradimento, spesso anche senza spirito ecclesiastico, con mentalità politica o, quanto meno, profana. Di qui crebbe sempre di più l'opposizione della Chiesa, rafforzando la procedura per la nomina dei vescovi e cercando di prenderla completamente nelle proprie mani[99]. Come si svolse questo processo lo vedremo più avanti. Ora ci fermiamo ad analizzare la questione della designazione dei vescovi da parte delle autorità civili.

La centralizzazione dell'autorità nella Curia Romana, specialmente durante il soggiorno avignonese, la cupidigia che la caratterizzava, lo scisma d'Occidente, favorirono lo sviluppo delle idee conciliariste. I primi tentantivi li troviamo, appunto, nel Concilio di Basilea (1431-1445) che, volendo riformare la Chiesa, rigettò nella XII Sessione (13 luglio 1433) tutte le riserve generali non contenute nel *Corpus Iuris*

---

[98] Cf. J. GAUDEMET, «Dalla elezione alla nomina», 41. ID., «La scelta dei vescovi», 95-96. F.J. RAMOS, *Le Diocesi*, 122. W.M. PLÖCHL, *Storia del diritto canonico*, II, 201. P.V. AIMONE BRAIDA, *L'intervento dello stato*, 32. W. KÖLMEL, «In che modo», 112-113.

[99] Cf. D. GEMMITI, *Il processo*, 39-40. F.J. RAMOS, *Le Diocesi*, 122.

Canonici e provò a sostituire la nomina pontificia con la restaurazione dell'elezione capitolare[100]. A tale procedimento si arrivò, per poco tempo, in Francia[101] e nei vescovadi dell'impero tedesco in forza del concordato di Vienna (1448)[102], il quale disponeva che la nomina dei vescovi e degli abati esenti venisse effetuata di regola per mezzo dell'elezione canonica, alla quale doveva seguire la conferma papale dell'eletto[103].

A causa della prevalenza dell'autorità regia sui poteri locali, verso la metà del XV secolo, comincia a evidenziarsi la formazione di un istituto giuridico che va sotto il nome di nomina regia. Bisogna a questo punto sottolineare che questo tipo di nomina

> va distinto dalle ingerenze che per l'intero Alto Medio Evo (prima cioè delle elezioni capitolari) i sovrani avevano esercitato nelle provviste dei benefici ecclesiastici. Affermatasi infatti sempre più la prerogativa del Papa a provvedere nelle vacanze delle chiese locali, scomparsa quindi del tutto la partecipazione laicale, il diritto di nomina regia si basò esclusivamente sull'indulto o privilegio che il Romano Pontefice concedeva singolarmente e per diritto particolare ai singoli sovrani[104].

La prima autentica nomina regia può essere considerato l'indulto temporaneo (1446) dato all'imperatore Federico III da parte del Papa Eugenio IV. In base a tale concessione l'imperatore aveva, come diritto

---

[100] Cf. *COD*, 469-470. J.I. GONZÁLEZ FAUS, *Ningún obispo impuesto*, 128-131. W. KÖLMEL, «In che modo», 112.

[101] In Francia, le decisioni di Basilea furono riprese da Carlo VII (1438) che nella sua Prammatica sanzione di Bourges, accettata solo da una parte del clero, ristabilì l'elezione dei vescovi da parte dei capitoli. Roma non riconobbe questa decisione unilaterale. Appena salito al trono, Luigi XI, nonostante l'opposizione del parlamento e anche della Sorbona, abrogò la Prammatica (1461). Pose fine al sistema d'elezione dei vescovi da parte dei capitoli delle cattedrali, che sopraviveva più o meno bene, il concordato del 1516, concluso tra Leone X e Francesco I, cf. J. GAUDEMET, «La scelta dei vescovi», 96. W. KÖLMEL, «In che modo», 113-114.

[102] «Item in Ecclesijs Metropolitanis et Cathedralibus etiam Apostolice Sedi immediate non subiectis, et in Monasterijs, Apostolice Sedi immediate subiecti fiant Electiones canonice, que ad Sedem Apostolicam deferantur, quas eciam ad tempus constitutum in constitucione Nicolai que incipit *Cupientes* papa expectet quo facto si non fuerit presentate vel si presentate minus Canonice fuerint, papa provideat, Si vero Canonice fuerint, papa eas confirmet, nisi ex causa rationabili et evidenti, et de fratrum consilio, de digniori et utiliori, persona duxerit providendum, Proviso quod Confirmati et provisi per Papam Nichilominus Metropolitanis et alijs prestent debita juramenta, et alia ad que de jure tenentur», A. MERCATI, I, 179.

[103] Cf. F.J. RAMOS, *Le Diocesi*, 122-123. K. BIHLMEYER – H. TUECHLE, *Storia della Chiesa*, III, §144, 85-87. W. KÖLMEL, «In che modo», 112-113.

[104] P.V. AIMONE BRAIDA, *L'intervento dello stato*, 32-33.

personale, la potestà di nominare i candidati per le diocesi di Bressanone, Gurk, Trieste, Coira e Seben. Negli anni successivi questo privileggio viene confermato da Nicolò V (1447)[105] e alle diocesi sopraelencate si aggiunsero quelle di Lubiana, Vienna e Wiener Neustadt (1469), per le quali nel 1480 il Papa Sisto IV cambiò gli indulti in un privileggio perpetuo per tutti gli arciduchi austriaci[106]. Nel 1452 il summenzionato Nicolò V, concede l'indulto circa le nomine ecclesiastiche a Lodovico, duca di Savoia[107].

Nell'anno 1487 il Papa Sisto IV concede il diritto di nomina a Ferdinando il Cattolico, per la Sicilia, per il regno di Granada e in seguito per tutte le diocesi del suo regno.

Nel 1493 comincia il patronato spagnolo sulle terre conquistate e pochi anni dopo, nel 1508, il re di Spagna ottiene dal Papa Giulio II il privilegio, secondo il quale nell'intero paese, in tutte le sue provincie e anche nei possedimenti d'oltre mare, nessun vescovo o prelato doveva essere nominato nel concistoro senza la presentazione del re. Il re di Portogallo, al quale, nel 1455, era stato concesso il privilegio di designare i vescovi per le sedi del Nord dell'Africa, nel 1514 ottenne diritti simili alla Spagna[108].

A questo punto occorre sottolineare che in tutti questi casi, finora presi in considerazione, si trattava di indulti o privilegi. Il diritto di nomina fu concesso per la prima volta nel 1516 in un concordato tra il Papa Leone X e il re francese Francesco I[109]. In base a questo documento scompare il diritto di elezione da parte del capitolo[110] ed entra in vigore il diritto di nomina dal re[111], concesso stabilmente anche ai suoi

---

[105] Cf. A. MERCATI, I, 176-177.

[106] Cf. W.M. PLÖCHL, *Storia del diritto canonico*, II, 201. P.V. AIMONE BRAIDA, *L'intervento dello stato*, 33. W. KÖLMEL, «In che modo», 113.

[107] Cf. MERCATI, I, 195-196.

[108] Cf. W.M. PLÖCHL, *Storia del diritto canonico*, II, 202. P.V. AIMONE BRAIDA, *L'intervento dello stato*, 33. F.J. RAMOS, *Le Diocesi*, 123-124.

[109] Cf. MERCATI, I, 233-251.

[110] «[...] statuimus et ordinamus quod de cetero, perpetuis futuris temporibus, loco dicte Pragmatice [cf. nota 101] constitucionis ac omnium et singolorum capitulorum in ea contentorum, [...] nunc et pro tempore, etiam per cessionem in manibus nostris et successorum nostrorum pontificum romanorum canonice intrantium sponte factam, vacantibus, illarum capitula et canonici ad electionem seu postulacionem inibi futuri prelati procedere non possint», MERCATI, I, 236.

[111] «[...] statuimus et ordinamus quod [...] rex Franciae pro tempore existens [vengono elencate le qualità dei candidati] infra sex menses a die vacationis ecclesiarum earumdem computandos, nobis et successoribus nostris romanis pontificibus seu Sedi predictae nominare, et de persona per regem huiusmodi nominata, per nos et successores nostros seu Sedem predictam, provideri», MERCATI, I, 236.

successori. Nel concordato intanto venivano descritte esattamente le esigenze personali e materiali, prevedendovi altresì delle eccezioni. Così le diocesi che passavano sotto la corona francese divennero di nomina regia, con la sola eccezione di Strasburgo. In simile modo, sotto tale diritto caddero nel 1551 le diocesi olandesi. Nel 1561, anche Ferdinando I d'Asburgo ottenne il diritto per la diocesi di Praga e le altre diocesi boeme, che erano state unite alla casa d'Asburgo, con l'eccezzione di Olmütz. Infine Giuseppe II l'ottenne anche per Ungheria, Galizia e tutto l'impero asburgico. Alla fine questo diritto fu visto come una specie di patronato, trovando nel secolo XVIII una larga diffusione in Francia, Spagna, Portogallo, Baviera, Sassonia e Austria. Nel secolo XIX il diritto di patronato di Spagna e di Portogallo fu esteso ai territori d'oltremare. Il diritto di nomina, regolato attraverso concordati, lo ritennero anche le repubbliche centro-sudamericane[112].

Tanti altri sovrani che non potevano ottenere il diritto di nomina regia, cercavano di influenzare la provvisione dei vescovi. A tale tendenza in seguito si aggiungeva la prassi di escludere le *personae minus gratae*[113].

3.2 Diritto di prima rogazione

Questo tipo di diritto ha origine nel basso Medio Evo, particolarmente nella tendenza dei re carolingi e dei loro successori a interessarsi personalmente alla concessione di titoli di uffici ecclesiastici a favore di determinati candidati. Tale istituto, il cui sviluppo terminò verso la fine del periodo carolingio, non era originariamente un'istituzione ecclesiastica. Era una prassi dei re germanici di presentare le candidature a colui che era autorizzato alla concessione dei benefici ecclesiastici. Tale procedimento, trasformatosi progressivamente in un atto di sovranità, non fu giuridicamente riconosciuto dalla Chiesa, benchè tollerato.

Il primo caso di *ius primarium precum* si può trovare in una bolla di Innocenzo IV del 1248 in cui il Papa assicurava Guglielmo d'Olanda che al candidato da lui proposto verrà data la preferenza sugli altri. Di questa possibilità fece uso anche Rodolfo d'Asburgo. Nel 1437 il Concilio di Basilea concesse un solenne privilegio all'imperatore Sigismondo, con il quale, a lui e ai suoi successori, si confermavano e assicuravano le riserve, le spettanze e il diritto di prima rogazione

---

[112] Cf. W.M. PLÖCHL, *Storia del diritto canonico*, II, 202. P.V. AIMONE BRAIDA, *L'intervento dello stato*, 34-35. J. GAUDEMET, «La scelta dei vescovi», 96. F.J. RAMOS, *Le Diocesi*, 124.

[113] Cf. W. KÖLMEL, «In che modo», 113. F.J. RAMOS, *Le Diocesi*, 124.

esercitato dai suoi predecessori in forza di un antico privilegio e per approvata e osservata consuetudine. Successivamente, si era fatto anche un altro passo, compreso nella codificazione di una pretesa, finora esercitata dall'autorità secolare. Con il rafforzamento della Curia Romana, il diritto di concessione degli indulti, diventato uno strumento importante dal punto di vista economico ed ecclesiastico, passa nelle sue mani. Gli indulti che erano concessi agli imperatori, come pure agli altri principi, conferivano un diritto di proposta di investitura per determinati uffici e benefici in particolari occasioni. In breve tempo, il diritto di prima rogazione che si concedeva tramite detti indulti cominciò, tuttavia, ad essere in strettissima relazione con la concessione del diritto di nomina ad alcuni principi secolari, ciò che in seguito portò all'allargamento a numerosi regnanti. Praticamente questi indulti cominciarono a rappresentare un ampliamento del diritto di nomina da parte del sovrano[114].

3.3 *Processi informativi nel periodo del Concilio di Trento*

3.3.1 Situazione alla vigilia del Concilio

La libera nomina da parte del Sommo Pontefice, ancorché continuamente limitata da particolari concessioni giuridiche e dalle pretese avanzate degli stati, rimane tuttavia in vigore. Bisogna anche aggiungere che, a parte la situazione un poco caotica nei conferimenti dei privilegi e dei diritti di nominare i vescovi, troviamo in uso un processo ben costituito e formato.

Già nella sessione IX del V Concilio Lateranense (1512-1517) possiamo vedere una vera e propria procedura della nomina, compresa nella bolla *Supernae dispositionis* (5 maggio 1514) di Papa Leone X. Il documento nel §5[115] propone il seguente procedimento: le indagini sul

---

[114] Cf. W.M. PLÖCHL, *Storia del diritto canonico*, II, 203.

[115] «[...] statuimus, ut Cardinalis, cui electionis, postulationis, aut provisionis Ecclesiae, seu Monasterii relatio committetur, antequam in sacro Concistorio, ut moris est, referat commissionem examinis, ac relationis huiusmodi sibi datam, uni cuiuslibet ordinis antiquiori Cardinali in ipso Concistorio per seipsum, vel, si ea die, qua sibi commissionis onus iniunctum fuerit, Concistorium non fuerit, per Secretarium suum, aut alium quemlibet ex suis domesticis familiaribus, notam illam facere debeat, qui tres priores aliis quam primum sui ordinis Cardinalibus eqam significare teneantur, negotiumque electionis, administrationis, postulationisve, aut promotionis, summarie, et de plano per seipsum dictus relator examinet, et si qui contradixerint, his vocatis, idoneos, graves, et fide dignos testes, et si expediens, opusve fuerit, alios ex officio assumere, processusque, et iura eiusmodi relationis, una cum dictis testium, die faciendae relationis secum ad Concistorium deferre debeat, neque ullo modo refe-

candidato spettavano al cardinale proponente-relatore, che mandava il risultato al capo di ciascuno dei tre ordini del Collegio cardinalizio. Ciascuno dei tre, a sua volta, doveva informare i membri del proprio ordine. Se il candidato si trovava nella Curia, doveva presentarsi alla maggioranza dei cardinali affinché quelli potessero constatare *de visu* ciò che avevano sentito riferire in merito alla persona del promovendo. Avveniva poi la preconizzazione da parte di tutti i cardinali e alla fine interveniva il Papa con la provvista canonica. Era questo il modello di processo informativo, che si reggeva sul concistoro, alla vigilia del Concilio tridentino[116].

3.3.2 Il Concilio di Trento (1545-1563)

Quanto al Concilio di Trento, ci soffermeremo solo sull'analisi delle sue varie sessioni riguardanti il nostro tema[117].

Nel primo periodo conciliare (sessioni I-X: 13 dicembre 1545 – 2 giugno 1547) ci sono due momenti che ci interessano. Il primo è il periodo immediatamente successivo alla VI sessione (13 gennaio 1547), nel quale si è svolto un dibattito riguardante la riforma della nomina dei vescovi, basato sull'intervento di due prelati. Essi proponevano che il processo informativo non fosse più istruito presso la Curia Romana ma fuori di essa, cioè *in partibus*. Tale proposta trovò subito un'opposizione da parte dei diversi circoli curiali. Il secondo momento è la VII sessione (3 marzo 1547), nella quale venivano ricordate le qualità per i candidati all'episcopato[118] già richieste dal Can. 3 del Concilio Lateranense III (1179)[119].

Il secondo periodo (sessioni XI-XVI: 1 maggio 1551 – 28 aprile 1552) non ha trattato della designazione dei vescovi. Invece,

---

rat, si presens in Curia promovendus maiorem Cardinalium partem antea non adiverit, ut quae a referente collega sint Cardinales audituri, oculata fide, quantum ad personam promovendi attinet, cognoscere possint», GASPARRI, n. 65, 102-103.

[116] Cf. D. GEMMITI, *Il processo*, 41-48. H. JEDIN, *Chiesa della fede,* 317-322. J.I. GONZÁLEZ FAUS, *Ningún obispo impuesto*, 131-133.

[117] Cf. D. GEMMITI, *Il processo*, 49-65. H. JEDIN, *Chiesa della fede,* 322-336. J. BERNHARD, «Il Concilio di Trento e l'elezione», 55-67. J.I. GONZÁLEZ FAUS, *Ningún obispo impuesto*, 133-140.

[118] «1. Ad cathedralium ecclesiarum regimen nullus nisi ex legitimo matrimonio natus et aetate matura, gravitate morum litterarumque scientia, iuxta constitutionem Alexandri III, quae incipit *Cum in cunctis* in concilio Lateranensi promulgatam, preditus assumatur», COD, 687.

[119] Cf. COD, 212-213. D. GEMMITI, *Il processo*, 50-51. H. JEDIN, *Chiesa della fede*, 322.

proseguendo nell'analisi del Concilio, nell'anno 1553, riguardo alla «Bolla di riforma generale», preparata un anno prima dal Papa Giulio III, sono state presentate due proposte che interessano direttamente il nostro tema. La prima suggeriva un concistoro dal quale sarebbe demandata al Sacro Collegio la proposta dei candidati. La facoltà di svolgerla, però, sarebbe tolta ai protettori e affidata, a turno, ai cardinali. L'altra proposta, mirando allo stesso scopo, rimetteva le indagini sui candidati ai nunzi apostolici, suggerendo poi la votazione segreta sul merito di essi nel concistoro. Tali proposte, tuttavia, non sono state accettate e nelle due redazioni della summenzionata bolla è stata inserita soltanto la norma del Concilio Lateranense V[120], il che provocò una dupplice linea di condotta da parte del Collegio dei Cardinali[121].

I due periodi presi in considerazione ci hanno presentato solamente le proposte dello svolgimento del procedimento. Dal periodo III (sessioni XVII-XXV: 18 gennaio 1562 – 3-4 dicembre 1563), invece, si pongono le basi giuridiche essenziali del processo informativo per la nomina dei vescovi.

L'inizio di questo ultimo periodo non ci offre dati particolari riguardanti il dibattito conciliare sul processo informativo[122]. Soltanto nel Can. 2 del *Decretum de reformatione* della XXII sessione (17 settembre 1562) si trova un elenco di qualità richieste per un candidato all'episcopato, e si dice che le indagini sulla nascita, sull'età, sui costumi e sulla consacrazione del candidato devono essere effettuate dal nunzio apostolico o dall'ordinario del luogo, o da un vescovo *viciniore*[123].

Un altro passo avanti nello sviluppo del processo informativo fu compiuto grazie all'arrivo a Trento dei vescovi francesi con delle proposte proprie in riguardo. Una particolare attenzione era concentrata sulla proposta del cardinale Guisa di Lorena. Per lui

> l'effettivo promotore del processo è l'arcivescovo o il vescovo più anziano della provincia ecclesiastica interessata alla nomina episcopale; a detto prelato vengono affiancati altri due vescovi della stessa provincia; in fine lo

---

[120] Cf. nota 115.
[121] Cf. D. GEMMITI, *Il processo*, 53-55. H. JEDIN, *Chiesa della fede*, 322-324.
[122] Cf. H. JEDIN, *Chiesa della fede*, 324-325.
[123] Sess. XXII, *Decretum de reformatione*, Can. 2: «Quicumque posthac ad ecclesias cathedrales erit assumendus, is non solum natalibus, aetate, moribus, vita ac aliis, quae a sacris canonibus requiruntur, plene sit praeditus, verum etiam in sacro ordine antea, saltem sex mensium spatio, constitutus. Quarum rerum instructio, si eius notitia nulla aut recens in curia fuerit, a sedis apostolicae legatis seu nuntiis provinciarum, aut eius ordinario, eoque deficiente a vicinioribus ordinaris sumatur», *COD*, 738. Cf. D. GEMMITI, *Il processo*, 56-58. H. JEDIN, *Chiesa della fede,* 325-326.

scrutinio, tenuto da questa commissione prelatizia alla presenza e con la collaborazione del Capitolo della cattedrale, si configura come un solenne atto ecclesiastico, non molto dissimile ad un sinodo diocesano[124].

Tale suggerimento del cardinale di Lorena fu accolto sostanzialmente dalla proposta di riforma, sotto il Can. 1, con l'aggiunta però di due dati importanti: ai sensi del Can. 2 del *Decretum de reformatione* della XXII sessione[125] come ulteriori fonti dell'informazione del Papa venivano nominati i nunzi apostolici e i legati; l'attività del metropolita e dei suoi suffraganei nel processo doveva svolgersi non in forza di un loro diritto ma nella veste di *Sedis Apostolicae delegati*. La proposta, così formulata, rivelava anche lo scopo della Curia di distinguere nettamente i vescovati di conferimento pontificio da quelli di designazione regia, il che provocò l'opposizione dei due principi, quello spagnolo e quello portoghese, aventi diritto di nomina[126].

La *forma* del Can. 1 fu posta, dunque, di nuovo in discussione. Si cercava di limitare l'esame di esso ad alcune proposte veramente concrete. Ma si deve subito affermare che esse furono relativamente poche[127].

È di rilevante importanza l'intervento del Papa durante il dibattito conciliare. Con un decreto apportò importanti novità rispetto alla prassi tradizionale del processo informativo, stabilendo che esso deve essere istituito personalmente dai proponenti e non mediante i suddelegati e che «le informazioni devono essere assunte non solo dai testimoni citati dal candidato, ma anche da altri di libera scelta dei proponenti stessi e – se necessario – dai nunzi apostolici»[128].

Alla vigilia della XXIII sessione, il 6 luglio 1563, dopo lunghi dibattiti, fu fatta una nuova proposta. Si stabiliva che la testimonianza sui candidati doveva essere fatta dal metropolita e da due o tre vescovi suffraganei della provincia della sede vacante. Se tale provincia era molto lontana l'indagine doveva essere svolta nella provincia in cui era domiciliato il candidato. Per ciò che riguarda la testimonianza stessa, essa doveva essere fondata su accurate indagini o su di un esame. Dopo la redazione in forma di atto notarile, doveva essere inviata a Roma quale documento fondamentale della proposta da parte del *cardinalis*

---

[124] D. GEMMITI, *Il processo*, 59. Cf. H. JEDIN, *Chiesa della fede,* 327. Sullo svolgimento dei dibattiti cf. J. BERNHARD, «Il Concilio di Trento e l'elezione», 57-65.
[125] Cf. nota 123.
[126] Cf. D. GEMMITI, *Il processo*, 59-60. H. JEDIN, *Chiesa della fede,* 327-328.
[127] Cf. H. JEDIN, *Chiesa della fede,* 328-332.
[128] D. GEMMITI, *Il processo*, 61. H. JEDIN, *Chiesa della fede,* 332-333.

proponens e di altri tre cardinali incaricati, uno per ogni ordine del Sacro Collegio. Questo nuovo ordinamento del processo informativo valeva solo per le diocesi sottoposte al diritto di designazione regia o di libera elezione da parte del Capitolo della cattedrale. Invece per le diocesi di libera provvisione papale, in luogo della testimonianza dei vescovi (metropolita o suffraganei), raccolta *in partibus*, bastava la testimonianza di tre cardinali[129].

Tale formulazione del progetto di luglio, che era una continuazione del suaccennato Can. 1, da una parte accontentò la richiesta delle nazioni oltramontane di svolgere indagini sui candidati *in partibus*, dall'altra provocò un'opposizione da parte della maggioranza italiana, il che portò a nuove discussioni. Siccome era già fissata la sessione solenne per il 15 luglio, per questa ragione i dibattiti furono rimandati a più tardi.

La sessione XXIII del 15 luglio 1563, svoltasi con calma, approvando i decreti sottoposti all'approvazione, in merito al nostro tema si accontentò di affermare solo che «si quis dixerit, episcopos, qui auctoritate Romani pontificis assumuntur, non esse legitimos et veros episcopos, sed figmentum humanum: anathema sit»[130].

Da ultimo la sessione XXIV dell'11 novembre 1563, riprendendo i dibattiti sulla designazione dei vescovi che erano stati sospesi a causa dell'inizio della sessione precedente, approvò il Can. 1 del nuovo decreto di riforma[131], quale risultato del lungo e laborioso dibattito conciliare[132]. Gli elementi essenziali sono i seguenti:

1) la menzione dei canoni fissati in precedenti sessioni; 2) il fine principale del processo, cioè la gloria di Dio e la salvezza delle anime; 3) una scelta equanime del candidato (e, quindi, alla sede vacante); 4) la presenza di precise qualifiche nel candidato: nascita dal matrimonio legittimo, integrità di vita, età prescritta e dottrina; 5) forma del processo demandata ai sinodi provinciali, meglio rispondente alle esigenze locali e da sottoporsi all'approvazione pontificia; 6) immediata rimessa al Sommo Pontefice di tutto il processo (compresa la professione di fede del candidato), redatto sotto forma notarile; 7) esame degli atti processuali sul candidato e sullo stato della sede vacante (anche nella Curia romana) da parte del cardinale, che ne darà relazione in concistoro, e di altri tre cardinali; 8) convocazione di un dupli-

---

[129] Cf. D. GEMMITI, *Il processo*, 61. H. JEDIN, *Chiesa della fede*, 333-334. J. BERNHARD, «Il Concilio di Trento e l'elezione», 64-65.
[130] Sess. XXIII, *Canones de sacramento ordinis*, Can. 8, COD, 744. Cf. J.I. GONZÁLEZ FAUS, *Ningún obispo impuesto*, 133-134.
[131] Sess. XXIV, *Decretum de reformatione*, Can. 1, COD, 759-761.
[132] Sulle discussioni, precedenti all'approvazione: cf. D. GEMMITI, *Il processo*, 62. H. JEDIN, *Chiesa della fede*, 334. J. BERNHARD, «Il Concilio di Trento e l'elezione», 66.

ce concistoro: l'uno, per la relazione dei suddetti quattro cardinali che l'hanno sottoscritta e per consentire una più matura riflessione sull'intero processo istruito; l'altro, per il giudizio da pronunciare in merito a detto processo[133].

Fu così che vennero preparati i testi della riforma del Concilio riguardanti le designazioni episcopali, i quali, da una parte, non giunsero mai all'istituzione diretta di un nuovo regolamento giuridico, dall'altra, però, dimostrarono la sua forza innovatrice sulle strutture giuridiche.

3.3.3 Processi informativi post-conciliari

Lo sviluppo successivo degli eventi ha confermato che l'esiguo risultato del lungo dibattito conciliare fu una piena vittoria della Curia romana. Infatti, già dopo breve tempo dalla conclusione del Concilio di Trento quasi tutti i sinodi provinciali, oggetto del Can. 1, *Decretum de reformatione*[134], della XXIV sessione (11 novembre 1563), che avevano l'obbligo di fissare una forma dell'esame dei candidati all'episcopato, non si interessarono a tale normativa. In compenso anche le indagini sulle qualifiche dei candidati e, in generale, la cura per l'elezione o la scelta dei vescovi idonei che, ai sensi del Can. 2, *Decretum de reformatione*[135], della XXII sessione (17 settembre 1562), venivano demandate ai nunzi apostolici, furono intraprese dalla congregazione concistoriale, istituita da Sisto V[136].

La prassi del processo, avviata in questo modo, trovò in breve tempo la sua istituzione giuridica nella bolla *Onus apostolicae servitutis* (15 maggio 1591) di Gregorio XIV[137]. Ci limiteremo qui solo a questo documento, considerandolo come uno degli esempi della procedura da seguire prima della nomina. Le norme incluse nella bolla si basano

---

[133] D. GEMMITI, *Il processo*, 64-65. Cf. J.I. GONZÁLEZ FAUS, *Ningún obispo impuesto*, 135-137.

[134] «Quoniam vero in sumendo de praedictis omnibus qualitatibus gravi idoneoque bonorum et doctorum virorum testimonio non uniformis ratio ubique, ex nationum, populorum ac morum varietate, potest adhiberi: mandat sancta synodus, ut in provinciali synodo, per metropolitanum habenda, praescribatur quibusque locis et provinciis propria examinis seu inquisitionis aut instructionis faciendae forma, sanctissimi Romani pontificis arbitrio approbanda», *COD*, 760.

[135] Cf. nota 123.

[136] Cf. D. GEMMITI, *Il processo*, 67-68. H. JEDIN, *Chiesa della fede*, 335.

[137] GREGORIUS XIV, Constitutio *Onus Apostolicae*, 15 maii 1591, in GASPARRI, n. 171, 321-327. Gli altri modelli dei processi informativi si possono trovare nel: D. GEMMITI, *Il processo*, 76-106. Cf. L. DE ECHEVERRÍA, «Funciones de los Legados», 618.

anzitutto sul richiamo del Papa alla sua partecipazione personale al Concilio e alle osservazioni ivi fatte e, quasi in ogni suo capitolo, sui decreti conciliari. Tralasciando tutto ciò che la bolla dice sulle qualità nei candidati all'episcopato[138], passiamo subito all'analisi della procedura stessa. Distinguiamo qui una duplice forma di prassi, la quale evidenzia una continuazione della linea seguita dalla Curia coerente con le proposte di riforma e le istruzioni precedenti e coeve al Concilio. La prima forma si attua quando tutto il processo si svolge fuori della Curia. Competenti per eseguire le indagini sono i legati pontifici, i nunzi pontifici, l'ordinario del candidato e l'ordinario *viciniore*, con la specificazione che, a volte, il successivo abbia a subentrare solo nel caso in cui manchi il precedente[139]. Per certi casi la bolla propone anche la possibilità di ammettere per le singole funzioni e non per l'intero processo la suddelega dell'indagine[140]. La seconda forma prevede che il processo venga realizzato presso la Curia. Allora, la raccolta delle informazioni restano affidate ancora ai cardinali, delegati all'uopo dal Pontefice o al competente cardinale protettore[141]. In questa maniera venivano elimina-

---

[138] §1: «[...] viri doctrina, pietate, prudentiaque excellentes, et in Ecclesiasticis functionibus diu multumque versati, Ecclesiis Cathedralibus praeficerentur», GASPARRI, n. 171, 322. § 9: «[...] qualitates omnes promovendorum [...] sunt natum esse ex legitimo matrimonio, atque ex parentibus Cartholicis, annum trigesimum iam explevisse, sacris Ordinibus, saltem ante sex menses initiatum esse, gradum Doctoratus, aut licentiae in Theologia, vel in Iure Canonico, aut certe publicum alicuius Academiae testimonium obtinuisse, quo ad alios docendos idoneus esse declaretur, ad haec in Ecclesiasticis functionibus diu esse versatum, item fidei puritate, innocentia vitae, prudentia, usu rerum, integra fama, doctrina denique praeditum esse», GASPARRI, n. 171, 324.

[139] §5: «[...] decernimus, ut cum extra Romanam Curiam, examen, instructio, sive inquisitio facienda erit, nemo omnino cuiuscumque status, gradus, conditionisve fuerit, inquisitionem praedictam sibi arrogare praesumat, sed integrum hoc negocium [...] Apostolicae videlicet Sedis Legatis, seu Nunciis Provinciarum, aut eius de quo inquisitio fit, Ordinario, eoque deficiente, Ordinariis vicinioribus relinquatur [...]. [In certi casi] si Legatus excludendus erit, ad Nuncium, si Nuncius, ad Ordinarium, si Ordinarius, ad viciniorem Ordinarium inquisitionis officium deferatur», GASPARRI, n. 171, 323. Cf. D. GEMMITI, *Il processo*, 71-72. H. JEDIN, *Chiesa della fede*, 335.

[140] §7: «[...] declaramus, et statuimus, tam Legatos, sive Nuncios, quam Ordinarios, vel alios ab hac Sancta Sede forte delegandos, non per Auditores, aut Vicarios, aliosve ministros, sed per seipsos inquirendi munus exercere debere, quamvis ab huiusmodi personis, aliisque viris peritis adiuvari possint. Et si Praelatus inquiriens, per se non posset ob locorum distantiam testes examinare circa articulum aliquem [...], licebit ei articulum illum alteri personae in dignitate Ecclesiastica constitutae subdelegare, non autem universam inquisitionem», GASPARRI, n. 171, 323.

[141] §6: «In Curia vero haec functio spectet, vel ad eos Cardinales qui a Nobis, vel pro tempore existente Romano Pontifice deligentur, vel ad Cardinales earum Provinciarum, seu Regnorum, apud Nos, et Sedem Apostolicam Protectores, in quibus

ti i progetti e i tentativi tendenti a sottrarre alla Santa Sede una decisiva influenza sull'esame dei candidati all'episcopato.

Per quanto riguarda i testimoni, la bolla prevede il divieto della loro citazione da parte dello stesso candidato e richiede per essi determinate qualifiche[142]. Secondo la forma autentica dell'intero processo, i cui elementi essenziali vengono fissati nel §10[143], tutta l'indagine deve riferirsi altresì allo stato della sede residenziale vacante e ciò perché l'indagine stessa risulti completa e seria in tutti i suoi elementi, elencati già nel paragrafo introduttivo. Al termine della summenzionata duplice indagine al promovendo, alla presenza di un pubblico notaio e di due testi, si impone la professione della fede cattolica, sottoscritta dallo stesso candidato. L'intero processo redatto viene poi trasmesso alla Santa Sede[144]. In merito all'esame degli atti trasmessi alla Curia e alla visita che il candidato deve fare ai membri del Sacro Collegio, nel caso che egli soggiorni presso la sede della Curia, la bolla ripete le disposizioni della XXIV sessione, *Decretum de reformatione*, Can. 1, del Concilio di Trento e della IX sessione del Concilio Lateranense V[145]. Inoltre il processo non si limita solo alla designazione dei vescovi, ma si estende anche all'abbaziato, priorato o prepositura, governo di monasteri e altre prefetture del clero sia regolare che secolare[146]. Riguardo a tutti coloro che sono interessati al processo, cioè hanno il diritto di nominare, presentare i candidati o eleggere i futuri vescovi o abati, la bolla esorta che ricordino sempre la rilevante importanza del processo stesso[147].

Riassumendo tutta la procedura dell'indagine informativa offerta dalla bolla, si può rilevare insieme con Gemmiti che «in non poche

---

Ecclesiae ipsae consistunt, si tamen ad ipsos huiusmodi vacantium Ecclesiarum relatio pertinebit», GASPARRI, n. 171, 323. Cf. D. GEMMITI, *Il processo*, 72. H. JEDIN, *Chiesa della fede*, 335.

[142] Cf. §7 e §8, GASPARRI, n. 171, 323-324.

[143] «[...] intelligatur de informatione de statu Ecclesiae accipienda [...]. Recipiet autem Praelatus professionem promovendo, presente Nortario publico, ac testibus, atque eam a se admissam, ac receptam propriae manus subscriptione testabitur [...]. Ubi vero totum examen, seu inquisitio de persona promovenda perfecta fuerit, ea in instrumentum publicum redacta, cum toto testimonio ac professione fidei emissa, ad hanc Sanctam Sedem [...] transmittenda erit», GASPARRI, n. 171, 325-326.

[144] Cf. D. GEMMITI, *Il processo*, 73-74.

[145] Cf. § 11, GASPARRI, n. 171, 326. H. JEDIN, *Chiesa della fede*, 336. D. GEMMITI, *Il processo*, 74.

[146] Cf. §12 e §13, GASPARRI, n. 171, 326.

[147] §14: «[...]monemus eos omnes, qui ab hac Sancta Sede nominandi, praesentandi, vel etiam eligendi futuros Episcopos, vel Abbates ius habent, ut serio apud se cogitent, quanti momenti sit hoc negocium», GASPARRI, n. 171, 326. Cf. D. GEMMITI, *Il processo*, 74-75.

disposizioni gregoriane, traspare evidente una precisa finalità sottesa in tutto il documento pontificio, cioè quella di configurare il processo del candidato non già come una semplice formalità, bensì come un esame vero e proprio, nel quale devono sempre coniugarsi due caratteristiche essenziali: la severità e l'accuratezza»[148].

3.4 La designazione dei vescovi fino al Codice del 1917

Prima di procedere con il nostro lavoro, dobbiamo tornare al periodo precedente al Concilio di Trento. Nei punti precedenti, abbiamo esaminato il tema riguardante le nomine regie. Come risulta, dunque, tale tipo di nomine non si è sviluppato dopo Trento. Si era insinuato soprattutto nel XV secolo, perché i Papi, davanti alle minacce del conciliarismo e i tentativi di riforma dei concili di Costanza e Basilea, avevano preferito allearsi coi re e cercare appoggio in essi, concedendo in cambio la nomina dei vescovi.

Generalizzando la pratica delle nomine regie, si può evidenziare tutta una serie di inconvenienti che meritano di essere notati. Anzitutto i re trasformarono gli episcopati nelle prebende per i loro parenti o amici. Una volta avanzati in questa dinamica politica, l'età del candidato diventava un fattore irrilevante, per il quale non era molto difficile ottenere la dispensa papale. Come secondo inconveniente era la progressiva estrazione dei vescovi dalla classe dei nobili, che creava in essi la mancanza assoluta di senso sociale. Un altro ostacolo costituivano le cosiddette capitolazioni, per le quali i pretendenti all'episcopato si impegnavano a compiere una serie di punti durante il governo della diocesi, in cambio di ottenere la nomina[149].

Le difficoltà tuttavia non erano solo queste. Il sistema concordatario, sviluppatosi nel XV secolo negli stati europei e poi diffusosi anche oltreoceano, costringeva i Papi a lasciare il conferimento dei vescovadi, in misura più o meno grande, nelle mani del potere laico, cioè dei principi. A causa dei privilegi o regalie concessi dalla Santa Sede ad alcuni capi di Stato, in rapporto alla scelta dei vescovi, i secoli XVII e XVIII furono particolarmente funesti:

> il procedimento usato nella nomina da parte del capo dello Stato presentò complicate combinazioni per la procedura statale o ecclesiastica e il sistema burocratico fu una delle cause principali del fatto che, per alcune diocesi, il processo di nomina risultava faticosissimo; mentre, per eccesso opposto,

---

[148] D. GEMMITI, *Il processo*, 76. Cf. H. JEDIN, *Chiesa della fede*, 336.
[149] Cf. J.I. GONZÁLEZ FAUS, *Ningún obispo impuesto*, 142-145.

accadeva che i vescovi venissero nominati con troppa fretta, come ad esempio in Francia, dove le nomine regie o presidenziali avvenivano dopo pochi giorni[150].

All'inizio del XX secolo la libertà della Chiesa nella nomina dei vescovi si trovava tuttavia in un grave pericolo, eccetto determinati paesi[151], nei quali era vigente la libera collazione, secondo la quale al Papa spettava l'intero procedimento di provvista, ossia, nomina, designazione della persona, giudizio di idoneità ed istituzione canonica. La difficoltà consisteva nella realizzazione della proposta di libera nomina da parte del Papa che avrebbe dovuto neutralizzare l'intervento, politicamente interessato, dei governanti laici[152] e rimuovere tensioni e discussioni pericolose tra i membri del capitolo della cattedrale[153]. Per recuperare gradualmente la libertà in questo settore da parte della Chiesa, bisognava attendere la caduta delle monarchie tradizionalmente cattoliche (Francia, Portogallo, Baviera, Austria, Spagna) e la secolarizzazione crescente degli Stati. In quei paesi dove la pressione politica non si faceva sentire, non vigendo più un regime concordatario o non essendovi mai esistito, insieme con l'azione di recupero si allargava

---

[150] P.V. AIMONE BRAIDA, *L'intervento dello stato*, 35.

[151] I paesi nei quali non vi era l'intervento dell'autorità civile sono i seguenti: Belgio, Olanda, Lussemburgo, Inghilterra, Irlanda, Malta, Montenegro, Russia; inoltre Brasile, San Domingo, Uruguay, Messico, USA e Australia, cf. P.V. AIMONE BRAIDA, *L'intervento dello stato*, 37. Si possono consultare i vari documenti di questo periodo, che riservavano la nomina al Romano Pontefice. Per esempio: la lettera di Benedetto XIV *In postremo* del 20 ottobre 1756 che nel §15 diceva: «Verum [...] dicemus, sublatis Electionibus olim celebrari solitis a Canonicis vacantis Ecclesiae, ob gravia inde profluentia incommoda, restitutaque veteri disciplina, providendi Episcopatibus per Apostolicam Sedem; salvis tamen Concordatis initis cum aliquibus Nationibus, in quibus, retentis Electionibus, earum confirmatio reservatur Romano Pontifici, in eumdem quoque recidit ius consecrandi Episcopos, vel constituendi delegatos ad Consecrationem peragendam», GASPARRI, n. 442, 545.

[152] «Il diritto di nomina o presentazione (o patronato) da parte del potere civile apparteneva ad Austria, Baviera, Portogallo, (Italia), Spagna, Ungheria, Argentina, Bolivia, Cile, Equador, Perù, Costarica, Guatemala, Haiti, Honduras, Nicaragua, S. Salvador, Venezuela. In questi paesi pertanto l'autorità ecclesiastica non procedeva al primo atto della "provisio canonica", cioè alla designazione della persona», P.V. AIMONE BRAIDA, *L'intervento dello stato*, 37.

[153] Cf. W. KÖLMEL, «In che modo», 114-117. Tra i paesi, nei quali l'elezione spettava agli elettori, si distinguevano Prussia, Hannover, Province dell'Alto Reno e Svizzera. Inoltre in essi era l'autorità religiosa locale ad esercitare il primo stadio della provvista canonica. Alla Sede Apostolica invece spettava sia il giudizio dell'idoneità, ossia la conferma, sia l'*istitutio canonica*, cf. P.V. AIMONE BRAIDA, *L'intervento dello stato*, 37-38.

l'intervento di Roma nelle nomine episcopali. Solo l'inizio del XX secolo, con la prima guerra mondiale e i grandi cambiamenti prodottisi, portò al Romano Pontefice un'aumentata potestà e prestigio e la libertà di nomina, non solo di diritto, ma anche di fatto, trovando la sua consacrazione nel Codice di Diritto Canonico, promulgato da Benedetto XV il 27 maggio del 1917[154].

4. Conclusione

Lo sguardo che abbiamo gettato sulla storia della designazione dei vescovi permette di formulare alcuni osservazioni. Anzitutto bisogna sottolineare il fatto che il modo di eleggere i vescovi non fu sempre uniforme. La ragione della molteplicità delle forme si basa sul fatto che, da una parte, le diverse circostanze storiche, apportando il proprio contributo, dirigevano con una maggiore o minore intensità la vita della Chiesa e dall'altra parte, le diverse autorità, sia quelle ecclesiali sia quelle civili, volevano sempre giocare un ruolo principale in un avvenimento così importante come quello della designazione dei pastori delle diocesi, dato che le circoscrizioni ecclesiastiche si trovano nei confini dello stato ed i candidati all'episcopato ne sono cittadini.

Riguardo alle autorità ecclesiali che sono state prese in considerazione, possiamo dire che il loro intervento ha subito un'evoluzione progressiva, consistente nel fatto che la designazione dei vescovi passava dalla competenza delle autorità inferiori a quelle superiori, fino a riservarla esclusivamente al Romano Pontefice. Perciò, lungo la storia, divisa da noi per comodità in tre periodi, possiamo individuare i seguenti soggetti che sono intervenuti nel designare i vescovi: in principio lo erano gli Apostoli; in seguito le comunità dei primi cristiani che eleggevano i propri pastori; in Oriente l'elezione avveniva in presenza del metropolita che era il giudice delle qualità e, in special modo, dell'ortodossia dell'eletto, cui conferiva la consacrazione; in Occidente vigeva il principio canonico che il vescovo dovesse essere eletto con il concorso del clero e del popolo, sotto la legittima assistenza del superiore ecclesiastico; la lotta per le investiture condusse poi alla restrizione del corpo elettorale ai soli capitoli cattedrali; la loro inefficienza e incapacità in seguito portarono alla riserva pontificia, sottomettendo ogni nomina al Romano Pontefice.

---

[154] Cf. R. TUCCI, «La scelta dei candidati», 425. C. FLORISTÁN, «L'elezione dei vescovi», 203. J.I. GONZÁLEZ FAUS, *Ningún obispo impuesto*, 146-149. P.V. AIMONE BRAIDA, *L'intervento dello stato*, 35.117-118. P. CIPROTTI, «La notifica preventiva», 257.

Riguardo alle autorità civili, il legame della Chiesa con esse nel campo della designazione dei vescovi, nel corso del tempo è stato oggetto di un significativo sviluppo. Come possiamo vedere, tale progresso è consistito nell'intervento, in un primo momento dei sovrani, visto piuttosto come usurpazione del diritto di nomina o di elezione nei tempi dell'infeudazione e la lotta per le investiture; poi nelle nomine regie, che prevedevano vari tipi di privilegi e diritti; fino allo sviluppo dei concordati, nei quali si stabilivano in modo chiaro le diverse competenze proprie delle autorità civili ed ecclesiali.

Un'altra osservazione che possiamo trarre dal presente capitolo è la continua consapevolezza, presente lungo la storia, che la designazione dei vescovi era ed è questione tipicamente interna alla Chiesa riservata alla competente autorità ecclesiastica. Tale consapevolezza che favorì sempre di più la restrizione del diritto di designazione dei vescovi alla sola nomina pontificia, accrebbe col passare del tempo l'importanza del principio di libertà, cioè d'autonomia della Chiesa di fronte allo Stato. In tale procedura, si poneva infatti sempre più in rilievo la funzione del Romano Pontefice e si assicurava così la scelta di candidati veramente idonei all'alto ministero pastorale. Corrobora questa nostra affermazione la parola di F.M. Cappello:

> Se la Chiesa dev'essere libera e indipendente nell'esercizio di tutti i suoi diritti, deve specialmente godere piena libertà e assoluta indipendenza in ordine alla nomina dei propri ministri, massime di quelli che sono preposti al governo delle diocesi, poiché dal ministero di questi Pastori, e quindi dalla loro nomina, dipende il governo della Chiesa stessa e la salute eterna dei fedeli[155].

---

[155] F.M. CAPPELLO, *I diritti e i privilegi*, 6.

CAPITOLO II

Designazione dei vescovi dal Codice del 1917 fino al Codice del 1983

Lo scopo di questo II capitolo è di esporre la disciplina sulla designazione dei vescovi che vigeva nel Codice Piano-Benedittino fino al Codice del 1983. Dall'*excursus* storico, presentato nel capitolo precedente, risulta che «ogni epoca della storia della Chiesa, con le sue particolari vicende, ha lasciato la sua impronta sullo sviluppo alterno della prassi concernente la procedura per la nomina dei vescovi»[1]. Questa varietà di normative e di modalità in uso nella Chiesa circa la designazione dei pastori delle diocesi che, lungo la storia, era dispersa nei diversi trattati, documenti e conservata dalle tradizioni, fu alla fine raccolta e sistematizzata dal legislatore ecclesiastico nei canoni del Codice del 1917. Seguendo il sistema del Codice, prima getteremo uno sguardo generale sulla normativa riguardante la nozione e la provvista degli uffici ecclesiastici e poi ci concentreremo sull'interpretazione delle norme relative alla designazione dei vescovi, quale uno dei tre gradi nella gerarchia d'ordine e quale uno degli uffici più importanti nella Chiesa. Dato che la procedura della designazione dei vescovi è strettamente collegata con la prassi concordataria, analizzeremo anche i diversi accordi tra la Santa Sede e gli Stati, trattando i modi ivi contenuti. Nella parte conclusiva daremo uno sguardo alle disposizioni conciliari e postconciliari riguardanti il tema in esame.

---

[1] R. TUCCI, «La scelta dei candidati», 426.

1. Normativa generale

1.1 Normativa sulla provvista degli uffici ecclesiastici

Il can. 145 §1 del Codice Piano-Benedittino costituiva il testo legale nel quale per la prima volta si definiva l'ufficio ecclesiastico: «Officium ecclesiasticum lato sensu est quodlibet munus quod in spiritualem finem legitime exercetur; stricto autem sensu est munus ordinatione sive divina sive ecclesiastica stabiliter constitutum, ad normam sacrorum canonum conferendum, aliquam saltem secumferens participationem ecclesiasticae potestatis sive ordinis sive iurisdictionis». Dalla definizione si potevano specificare i seguenti elementi essenziali: l'ufficio, *lato sensu*[2], era una qualsiasi funzione che si esercitava legittimamente per un fine spirituale o soprannaturale; *sensu stricto*[3], era la funzione, stabilita o da Cristo stesso, ovvero divina, come quella del Papa e del vescovo (cf. can. 108 §3), o dalla Chiesa, ovvero ecclesiastica, come quella del patriarca, del metropolita, del parroco. L'ufficio ecclesiastico era oggettivamente stabile, nel senso che esso – in virtù dell'istituzione divina o ecclesiastica – era costituito nella Chiesa da un insieme di diritti, obblighi e potestà in modo perpetuo, cioè, nella sua oggettività, senza limiti temporali e senza la dipendenza né da un superiore, né da un titolare, né dalla determinazione stessa dei diritti e degli obblighi che costituiscono tale ufficio. La provvisione dell'ufficio ecclesiastico si svolgeva in conformità con le disposizioni dei canoni. Nel nostro caso prenderemo in considerazione piuttosto i canoni che riguardavano la provvista dell'ufficio episcopale. L'ultimo elemento della definizione era la partecipazione nella potestà ecclesiastica sia di ordine, sia di giurisdizione. Secondo la disposizione del can. 118[4], tale partecipazione spettava solo ai chierici[5].

La nozione di provvista canonica era determinata dal can. 147 §2 come l'atto con il quale la competente autorità ecclesiastica concedeva,

---

[2] Cf. A. ALONSO LOBO, n. 441, I, 451. M.C. A CORONATA, *Institutiones*, n. 204, 224. A. VERMEERSCH – I. CREUSEN, *Epistome*, I, n. 263, 233. F.M. CAPPELLO, *Summa Iuris Canonici*, I, n. 271, 330-331.

[3] Cf. A. ALONSO LOBO, n. 442, I, 451-453. M.C. A CORONATA, *Institutiones*, n. 204, 224-225. A. VERMEERSCH – I. CREUSEN, *Epistome*, I, n. 263, 233. F.M. CAPPELLO, *Summa Iuris Canonici*, I, n. 271, 330-331. J.A. ABBO – J.D. HANNAN, *The Sacred Canons*, 208-209.

[4] «Soli clerici possunt potestatem sive ordinis sive iurisdictionis ecclesiasticae et beneficia ac pensiones ecclesiasticas obtenere».

[5] Cf. can. 108. A. VERMEERSCH – I. CREUSEN, *Epistome*, I, nn. 232-234, 203-205. F.M. CAPPELLO, *Summa Iuris Canonici*, I, nn. 216-218, 254-257. J.A. SOUTO, *La noción*, 61-64.261-264.

CAP. II: DESIGNAZIONE NEL CIC'17 FINO AL CIC'83 53

a norma dei sacri canoni, un ufficio ecclesiastico. Nessun ufficio ecclesiastico, secondo la disposizione del §1 dello stesso canone, poteva essere validamente ottenuto senza la provvista canonica[6]. Tale principio rafforzato dalla prescrizione del can. 1431[7], riassumeva la dottrina sempre coraggiosamente riaffermata dalla Chiesa attraverso secolari lotte contro le ingerenze che, dall'esterno, cercavano di comprometterne la piena libertà[8].

La provvista canonica, normalmente, consta di tre atti distinti: 1) la designazione della persona; 2) la concessione del titolo o consegna giuridica dell'ufficio, con tutti i suoi obblighi e diritti; 3) l'istituzione o presa di possesso. Sostanzialmente, la provvista consiste nel secondo atto, ovvero nel conferimento del titolo, che può essere effettuata unicamente dal superiore ecclesiastico e che, secondo D'Ostilio, «è centrale ed essenziale, in quanto la provvista dell'ufficio ecclesiastico non sarebbe neppure concepibile senza di esso»[9]. Il primo ed il terzo atto sono complementari: la designazione, complementare antecedente; e l'immissione in servizio, complementare susseguente. In alcuni casi li possono eseguire, per concessione dell'autorità ecclesiastica, anche le autorità civili[10]. Ciascuno dei tre atti, comunque, produce un proprio effetto giuridico[11]. Ciò si dica anche in riferimento alla designazione dei vescovi, la quale, come vedremo avanti, ha proprie modalità di attuazione.

Riguardo allo svolgimento della provvista canonica, si differenziavano le seguenti forme, prescritte dal can. 148 §1[12].

Come prima modalità abbiamo la libera collazione che si attuava quando, in conformità ai cann. 152-159, lo stesso superiore, a cui

---

[6] Can. 147 §1: «Officium ecclesiasticum nequit sine provisione canonica valide obtineri»; §2 «Nomine "canonicae provisionis" venit concessio officii ecclesiastici a competente auctoritate ecclesiastica ad normam sacrorum canonum facta».

[7] «Ius Romano Pontifici est beneficia in universa Ecclesia conferendi eorumque collationem sibimet reservandi».

[8] Cf. A. BERTOLA, «Provvista canonica», 224. P. ERDÖ, «Quaestiones quaedam de provisione officiorum», 365-368. A. BLAT, *Commentarium textus Codicis*, n. 88, 113-114.

[9] F. D'OSTILIO, «La provvista degli uffici ecclesiali», 58.

[10] Cf. A. ALONSO LOBO, n. 444, I, 455. H. JONE, *Commentarium*, 154. A. BERTOLA, «Provvista canonica», 225-226.

[11] Cf. F. D'OSTILIO, «La provvista degli uffici ecclesiali», 73-76.

[12] «Provvisio officii ecclesiastici fit vel per liberam collationem a legitimo Superiore, vel per eius institutionem, si praecesserit praesentatio a patrono aut nominatio, vel per eius confirmationem aut admissionem, si praecesserit electio aut postulatio, vel tandem per simplicem electionem et electi acceptationem, si electio non egeat confirmatione».

spettava il conferimento del titolo, designava la persona del candidato[13]. Nel caso della designazione dei vescovi il diritto di libera collazione o conferimento apparteneva al Romano Pontefice (can. 329 §2). Egli esercitava questo suo diritto secondo una duplice modalità: ordinaria, quando lo esercitava da solo, e straordinaria, quando conferiva l'ufficio della collazione a coloro che ne hanno diritto.

Nella provvista canonica per istituzione si procedeva, in corrispondenza ai cann. 1448-1471, quando qualcuno, in forza del diritto di patronato, aveva la facoltà di presentare la persona o nominarla, alla quale il superiore doveva in seguito comunicare l'ufficio[14]. Facendo riferimento alla nostra materia (cf. can. 331 §2 e 332 §1), la Santa Sede, nei concordati conclusi con i diversi stati prima e dopo la promulgazione del Codice del 1917 (fino al 1983), ha sempre cercato di rivendicare la propria piena e assoluta libertà nella designazione dei vescovi, limitando nel maggior modo possibile il diritto di presentazione. La maggior parte dei sistemi concordatari, infatti, ha risolto il problema della partecipazione del potere civile alle nomine vescovili col diritto di prenotificazione.

La terza forma della provvista era l'elezione, seguita dalla conferma da parte del superiore ecclesiastico[15]. Si utilizzava questa forma, quando la persona doveva essere eletta da un collegio, secondo quanto disponevano i cann. 160-178[16] e, in nostro caso, il can. 329 §3. L'elezione

---

[13] Cf. A. ALONSO LOBO, nn. 448-453, I, 458-464. F. D'OSTILIO, «La provvista degli uffici ecclesiali», 58-60. F.M. CAPPELLO, *Summa Iuris Canonici*, I, n. 281, 343-345. A. BLAT, *Commentarium*, nn. 94-101, 119-125. M.C. A CORONATA, *Institutiones*, nn. 219-221, 243-246. A. VERMEERSCH – I. CREUSEN, *Epistome*, I, nn. 270-277, 237-240. A. BERTOLA, «Provvista canonica», 227.

[14] Cf. S. ALONSO MORÁN – M. CABREROS DE ANTA, *Comentarios al Código*, III, nn. 116-139, 114-128. F. D'OSTILIO, «La provvista degli uffici ecclesiali», 60-62. A. BERTOLA, «Provvista canonica», col. 227.

[15] Come precisa D'Ostilio, l'elezione «si differenzia: dalla libera collazione, la quale, il più delle volte, viene fatta da una persona singolare e, una volta accettata, concede lo *ius in re*; dalla postulazione, con la quale il postulato non acquista alcun diritto, poiché rientra nelle categorie delle grazie; dalla presentazione, che viene fatta dai Patroni, i quali propongono il candidato e non sempre agiscono collegialmente; dalla nomina, che sostanzialmente è la presentazione fatta in forza di uno speciale privilegio apostolico; dalla raccomandazione, con la quale vengono proposte al Superiore persone determinate, affinché egli, liberamente e non necessariamente, ne designi una cui conferire l'Ufficio sacro», F. D'OSTILIO, «La provvista degli uffici ecclesiali», nota 39, 63. Cf. A. ALONSO LOBO, n. 454, I, 464-465. M.C. A CORONATA, *Institutiones*, n. 222, 247.

[16] Cf. A. ALONSO LOBO, nn. 454-467, I, 464-476. F. D'OSTILIO, «La provvista degli uffici ecclesiali», 63-64. F.M. CAPPELLO, *Summa Iuris Canonici*, I, nn. 282-290,

avveniva in una delle tre modalità, stabilite per prima volta dal Concilio Lateranense IV (1215) nella *Constitutio* 24: per scrutinio (can. 171), per compromesso (cann. 172-173) e per quasi ispirazione o acclamazione unanime. Quest'ultima forma, fino al 1996, era permessa solo nelle elezioni del Romano Pontefice[17]. Per ragione dell'effetto, nell'elezione episcopale si aveva quella semplice o confermativa, cioè quella che concedeva lo *ius ad rem*, ossia alla conferma del superiore. Una volta accettata o confermata dal superiore ecclesiastico, la persona riceveva lo *ius in re* e poteva prendere possesso dell'ufficio[18].

L'ultima forma della provvista era la postulazione che, secondo i cann. 179-182, si esercitava quando un collegio di elettori, cui competeva il diritto di eleggere, chiedeva o postulava al superiore di conferire il titolo a una persona, eletta validamente, la quale, tuttavia, per il diritto positivo ecclesiastico, era incapace a ricevere l'incarico[19]. In sostanza, la postulazione era la designazione di una persona eminente o, almeno, degna, però giuridicamente inidonea. Alla postulazione, dopo aver ricevuto la dispensa, seguiva l'immissione del postulato nell'ufficio ecclesiastico.

Per ciò che riguarda il conferimento dell'ufficio ecclesiastico – l'atto centrale ed essenziale della provvista – dall'analisi del can. 148 e dei canoni ad esso collegati, risulta che il conferimento poteva essere duplice: libero, se veniva compiuto unicamente dal competente superiore ecclesiastico, escluso qualsiasi intervento di persona estranea, ecclesiastica o laica; necessario, se la designazione del candidato era fatta da una persona fisica o morale alla quale la Chiesa aveva concesso il diritto di presentazione, di designazione, di elezione o di postulazione[20].

345-356. M.C. A CORONATA, *Institutiones*, nn. 222-251, 246-290. A. VERMEERSCH – I. CREUSEN, *Epistome*, I, nn. 278-296, 240-249. A. BERTOLA, «Provvista canonica», 227-228.

[17] Tale forma dell'elezione veniva regolata dal n. 55 della Costituzione di Pio X *Vacante Sede Apostolica* del 25 dicembre 1904. Questo documento poi era sostituito dalla Costituzione *Vacante Sede Apostolica* di Pio XII dell'8 dicembre del 1945 e, in seguito, il 5 settembre 1962, dopo alcune modificazioni, dal motu proprio *Summi Pontificis electio* di Giovanni XXIII, cf. M. A. ALONSO LOBO, n. 455, I, 465. Nell'anno 1975 il documento precedente era sostituito dalla costituzione *Romano Pontifici eligendo* di Paolo VI. Nel 1996, tale forma di elezione pontificia fu abolita dalla costituzione *Universi Domini Gregis* di Giovanni Paolo II.

[18] Cf. A. VERMEERSCH – I. CREUSEN, *Epistome*, I, n. 267, 235-236.

[19] Cf. A. ALONSO LOBO, nn. 468-471, I, 476-480. F. D'OSTILIO, «La provvista degli uffici ecclesiali», 64-66. F.M. CAPPELLO, *Summa Iuris Canonici*, I, nn. 291-295, 356-363. M.C. A CORONATA, *Institutiones*, nn. 252-254, 291-295. A. VERMEERSCH – I. CREUSEN, *Epistome*, I, nn. 297-300, 249-251. A. BERTOLA, «Provvista canonica», 228.

[20] Cf. F. D'OSTILIO, «La provvista degli uffici ecclesiali», 66-70.

Il passo conclusivo della provvista era l'istituzione o presa di possesso, chiamato anche immissione in possesso, che era l'atto complementare susseguente e, in relazione ai vescovi, si attuava secondo il can. 334[21].

1.2 *Normativa sulla designazione dei vescovi*

Il Codice conteneva una normativa molto semplice ed essenziale. A prima vista sembrerebbe che l'unica modalità per la designazione dei vescovi fosse la libera nomina da parte del Romano Pontefice, secondo il can. 329 §2: «Eos [episcopos] libere nominat Romanus Pontifex». La libera nomina fatta dal Papa era e rimane lo *ius commune* nella Chiesa. Da un'attenta lettura dei canoni seguenti, però, risultavano possibili altre due modalità, che facevano parte dello *ius particulare*. Il primo di questi era l'elezione da parte del capitolo che – tenendo presente quanto disponeva il can. 321[22] – in forza del diritto concessogli dalla Santa Sede, poteva eleggere il vescovo (cf. can. 329 §3). L'altro modo era l'elezione, la presentazione o la designazione da parte di un Governo civile che si attuava in conformità alla disposizione del can. 332 §1: «Cuilibet ad episcopatum promovendo, etiam electo, presentato vel designato a civili quoque Gubernio, necessaria est canonica provisio, seu institutio, qua Episcopus vacantis dioecesis constituitur, quaeque ab uno Romano Pontifice datur». Anche a questi due casi si applicava quanto prescriveva il can. 331 §2: «Etiam electus, praesentatus vel quoquo modo ab illis designatus, qui privilegio a Sancta Sede concesso eligendi, praesentandi seu designandi gaudent, debet memoratis qualitatibus pollere»[23]. A ciò si deve aggiungere la norma del can. 350 che riguardava l'assegnazione ad un vescovo di un coadiutore e quella del can. 628 relativa all'elevazione di un religioso alla dignità episcopale.

Ci fermiamo qui, con uno sguardo molto generale, delle norme in materia. Nei punti seguenti, alla luce delle norme sulla provvista degli uffici ecclesiastici, analizzeremo singolarmente i summenzionati cano-

---

[21] Cf. F. D'OSTILIO, «La provvista degli uffici ecclesiali», 70-73.
[22] «Si cui collegio est ius eligendi Abbatem vel Praelatum "nullius", ad validam electionem requiritur numerus suffragiorum absolute maior, demptis suffragiis nullis, firmo peculiari iure quod maiorem suffragiorum numerum exigat».
[23] Cf. A. DE MEESTER, *Juris canonici*, II, n. 667, 135. A. VERMEERSCH – I. CREUSEN, *Epistome Iuris Canonici*, I, n. 447, 339. F.X. WERNZ – P. VIDAL, *Ius Canonicum*, nn. 593-594, 623-626. G. CORBELLINI, «Le modalità per la scelta», 331-332. G. FELICIANI, «Il Vescovo diocesano», 30-31. H. ZAPP, «La nomina del vescovo», 107. T.G. BARBERENA, «Commentario a nuevas normas», 664.

ni. Sinteticamente, si può dire con Feliciani che «in effetti, la disciplina della nomina dei vescovi risulta, oltre che da queste poche e scarne norme, da molteplici e dettagliate disposizioni di diritto particolare contenute sia nei concordati che in atti legislativi emanati autonomamente dai pontefici»[24].

2. Designazione del candidato all'episcopato

2.1 *Libera nomina da parte del Romano Pontefice (can. 329 §2)*

2.1.1 Analisi delle fonti

I vescovi sono nominati liberamente dal Romano Pontefice. Era questo il principio fondamentale del can. 329 §2, il principio dell'esclusivo ed assoluto diritto pontificio che non era solo il risultato di un'evoluzione determinata, esclusivamente o prevalentemente, dal pensiero ecclesiastico. Le ragioni che hanno indotto il legislatore a porre per la prima volta in questo canone una così forte asserzione della libertà del Papa nella nomina dei vescovi, non erano solo di natura puramente ecclesiastica, ma anche di natura tradizionale e politico-sociale. Infatti, lungo la storia del diritto ecclesiastico non troviamo una continuità del suo sviluppo. Basta dare uno sguardo alle fonti del §2 del can. 329 per notare che questo paragrafo costituì un esempio significativo del compimento di un lungo, contrastato e multisecolare processo di accentramento della Chiesa cattolica[25].

Così già nel Libro 3, Tit. 4, Cap. 2 del *Liber VI* possiamo incontrare una direttiva, secondo la quale, nel caso di vacanza di una sede vescovile, al Romano Pontefice apparteneva il pieno diritto della disposizione delle dignità e dei benefici ecclesiastici[26]. Questo valeva anche per il trasferimento dei vescovi in base alla Decretale *Liber Extra* di Gregorio

---

[24] G. FELICIANI, «Il Vescovo diocesano», 31. Cf. P.V. AIMONE BRAIDA, *L'intervento dello stato*, 45-46.

[25] Cf. H. ZAPP, «La nomina del vescovo», 108. R. KOTTJE, «L'elezione dei capi ecclesiastici», 143-145. A. LONGHITANO, «Le chiese particolari», 40-41. P. COLELLA, «Considerazioni in tema di nomine», 473-475. ID., «Considerazioni sulle nomine», 119-120. J. GAUDEMET, «La scelta dei vescovi», 97.

[26] VI°. 3,4,2: «Licet ecclesiarum, personatuum, dignitatum aliorumque beneficiorum ecclesiasticorum plenaria dispositio ad Romanum noscatur Pontificem pertinere ita, quod non solum ipsa, quum vacant, potest de iure conferre, verum etiam ius in ipsis tribuere vacaturis: collationem tamen ecclesiarum, personatum, dignitatum et beneficiorum apud sedem apostolicam vacantium specialius ceteris antiqua consuetudo Romanis Pontificibus reservavit», FRIEDBERG, II, 1021. Cf. A. BLAT, *Commentarium*, n. 350, 342.

IX (1234), dove nel Libro 1, Tit. 7, Cap. 1 si può rilevare un altro fatto importante sulla libertà, cioè che essa proveniva dal privilegio generale concesso dal Signore a Pietro e attraverso lui alla Chiesa Romana[27]. Un simile atteggiamento derivava dalla lettera *In postremo* di Benedetto XIV il quale nel §15 stabiliva la riserva della conferma e della consacrazione dei vescovi al Romano Pontefice[28]. Ancora più fortemente si esprimeva il Concilio di Trento nel Can. 8 della XXIII sessione, stabilendo che se qualcuno dirà che i vescovi istituiti dal Romano Pontefice non sono legittimi e veri, ma un'invenzione umana, sia anatema[29].

Un gran contributo allo sviluppo di quanto contenuto nel §2 del can. 329 è dato dai vari documenti di Papa Pio IX, ai quali faceva riferimento il legislatore. La questione comune di questi documenti era la sollecitudine del Sommo Pontefice per la retta osservanza della fede, della legge ecclesiastica, delle diverse norme e dei principi essenziali, come – in riguardo al nostro tema – quello della libertà della Chiesa di provvedere gli uffici ecclesiastici. Anzitutto, abbiamo la lettera apostolica *Multiplices inter*, nella quale il Pontefice, condannando e proibendo un certo libro, imponeva, addirittura, la pena della scomunica a chi lo leggesse, tenesse o ne facesse qualche uso. Il passo della lettera che c'interessa era il richiamo del Papa, nel punto 3, all'affermazione dell'autore del libro il quale, tra le altre cose, attribuiva a un governo laico il diritto di deporre dall'esercizio del ministero pastorale i vescovi, che, invece, lo Spirito Santo ha posto per reggere la Chiesa di Dio e ciò era contrario alle disposizioni che riguardano l'episcopato ed i vescovi[30]. Un altro documento era l'allocuzione *Acerbissimum*, in cui il Papa faceva riferimento agli atti legislativi del Governo Colombiano

---

[27] X. 1,7,1: «Quum ex illo generali privilegio, quod beato Petro et per eum ecclesiae Romanae Dominus noster indulsit, canonica postmodum manaverint instituta, continentia maiores ecclesiae causas esse ad sedem apostolicam perferendas, ac per hoc translationes episcoporum, sicut depositiones eorum, et medium mutationes ad summum apostolicae sedis antistitem de iure pertineant», FRIEDBERG, II, 96. Cf. A. BLAT, *Commentarium*, n. 350, 342.

[28] BENEDICTUS XIV, Epistola *In postremo*, §15: «[...] salvis tamen Concordatis initis cum aliquibus Nationibus, in quibus, retentis Electionibus, earum confirmatio reservatur Romano Pontifici», in GASPARRI, II, n. 442, 545.

[29] Sess. XXIII, *Canones de sacramento ordinis*, Can. 8: «Si quis dixerit, episcopos, qui auctoritate Romani pontificis assumuntur, non esse legitimos et veros episcopos, sed figmentum humanum: anathema sint», *COD*, 744.

[30] PIUS IX, Littera apostolica *Multiplices inter*: «Auctor enim [...] Gubernio laico attribuit ius deponendi ab exercitio pastoralis ministerii Episcopos, quos Spiritus Sanctus posuit regere Ecclesiam Dei: suadere nititur iis, qui clavum tenent publicarum rerum, ne obediant Romano Pontifici in iis, quae Episcopatuum, et Episcoporum respiciunt institutionem», in GASPARRI, II, n. 510, 856.

CAP. II: DESIGNAZIONE NEL CIC'17 FINO AL CIC'83   59

che ledevano la libertà della Chiesa nella provvista delle sedi episcopali e degli altri uffici ecclesiastici[31]. Tali atti furono condannati e dichiarati completamente nulli[32]. Dello stesso tenore era l'allocuzione *Nunquam fore*, riguardante i casi simili del Messico[33] e dei paesi sudamericani, soggetti al Regno di Spagna[34]. A questo punto bisogna osservare che i summenzionati tre documenti, come tanti altri di questo Pontefice, nel corso del tempo, sono stati oggetto di correzioni che, raccolte nel *Syllabus errorum*, sottolineavano il fatto che il Governo o le altre autorità civili non avevano il diritto per sé o in sé di nominare o presentare i

---

[31] PIUS IX, Allocutio *Acerbissimum*: «Atque eo magis dolemus, quod adhuc irritae fuere curae omnes tum ab eodem Praedecessore Nostro, tum a Nobis ipsis summa contetione apud illud Gubernium adhibitae, ut tot catolicae religioni illata amoverentur damna, ac nefariae, et iniustissimae de medio tollerentur leges ibi a civili potestate cum maximo fidelium detrimento contra divinam Ecclesiae institutionem, eiusque veneranda iura et libertatem, contra supremam huius Apostolicae Sedis potestatem, contra sacrorum Antistites et ecclesiasticos viros latae, atque sancitae. Noverat enim idem Decessor Noster, legem ibi mense Aprili anno 1845 fuisse promulgatam, qua inter alia statuitur, ut, vix dum aliqua apud illa laicae potestatis Tribunalia accusatio, adversus ecclesiasticos viros, ac vel ipsos Episcopos fuisset admissa, non solum Sacerdotes Domini, aliique Clerici, sed etiam Episcopi, quos Spiritus Sanctus posuit regere Ecclesiam Dei, ab omni sui ministerii exercitio se abstinere, ac proprii muneris partes aliis committere debeant, constitutis quoque carceris, exilii, et aliis poenis in eos omnes, qui id agere noluissent», in GASPARRI, II, n. 515, 873.

[32] PIUS IX, Allocutio *Acerbissimum*: «Itaque ut fideles illic degentes sciant et universus orbis agnoscant quam vehementer a Nobis improbentur ea omnia, quae ab illius Reipublicae Moderatoribus contra Religionem, Ecclesiam, Eiusque leges, Pastores, Ministros et contra huius Beati Petri Cathedrae iura et auctoritatem gesta sunt, pastoralem Nostram in amplissimo Vestro consessu vocem apostolica libertate attollentes praedicta omnia decreta, quae ibi a civili potestate tanto cum Ecclesiasticae auctoritatis et huius S. Sedis contemptu ac tanta cum Religionis et sacrorum Antistitum iactura ac detrimento sancita sunt improbamus, damnamus et irrita prorsus ac nulla declaramus», in GASPARRI, II, n. 515, 878. Cf. G. DUQUE BOTERO, *El nombramiento de los Obispos en Colombia*, 23.

[33] Qui viene usata la stessa forma della condanna e annullamento degli atti legislativi del Governo che abbiamo citato nella nota precedente, cf. PIUS IX, Allocutio *Nunquam fore*, in GASPARRI, II, n. 522, 914.

[34] PIUS IX, Allocutio *Nunquam fore*: «In illis enim regionibus laica potestas, inter alia, sibi temere arrogat ius praesentandi Episcopos, et ab illis exigit ut ineant Dioecesium procurationem, antequam ipsi canonicam ab hac Sancta Sede institutionem, et Apostolicas Litteras accipiant. Atque in iisdem regionibus prohibentur Episcopi libere damnare acattolica scripta, nec fas est sine Gubernii venia vel ipsas Apostolicas Litteras promulgare [...]. In una autem ex ipsis regionibus non solum haec omnia contra Ecclesiae potestatem et iura geruntur, verum etiam civile Gubernium novam de Episcopis eligendis normam praescripsit, qua disciplina ab Ecclesia statuta labefactatur, et legem sancivit, qua ecclesiastici fori privilegium, decimae, et parochorum emolumenta de medio sublata sunt», in GASPARRI, II, n. 522, 914-915.

vescovi, o rimuoverli, se questo non era concesso loro da parte dell'autorità ecclesiastica[35]. L'ultimo documento di Pio IX, al quale faceva riferimento il can. 329 §2, era la lettera enciclica *Levate*. Il Papa, facendo accenno agli avvenimenti in Italia, Russia e Polonia, esprimeva la sua preoccupazione circa i fatti pertinenti alla separazione e rimozione forzata dei vescovi dalle proprie diocesi in forza dei decreti emanati dal Governo civile[36]. Tali decisioni erano condannate e respinte, perché erano contrarie all'ordinamento e disciplina della Chiesa e opposte alla potestà, autorità e pastorale libertà del Romano Pontefice[37].

Un atteggiamento ancora più concreto rispetto a quello che abbiamo esaminato era contenuto negli ultimi due documenti che chiudevano la lista delle fonti. La costituzione *Sapienti Consilio*, con la quale Pio X riformò la Curia Romana, nel §I, n. 2°, 2 trattava della Congregazione

---

[35] In riferimento all'allocuzione *Nunquam fore* che diceva «[...] laica potestas, inter alia, *sibi temere arrogat* ius praesentandi Episcopos et *ab illis exigit* ut ineant Dioecesium procurationem, antequam ipsi canonicam ab hac Sancta Sede institutionem, et Apostolicas Litteras accipiant» (cf. nota 34), il *Syllabus* nella *propositio* 50 coregge questo testo e condanna il principio che «laica potestas *habet per se ius* praesentandi episcopos et *potest ab illis exigere* [...]». Riguardo all'espressione «auctor enim [...] Gubernio laico *attribuit ius deponendi* ab exercitio pastoralis ministerii Episcopos, [...] *ne obediant* Romano Pontifici in iis, quae Episcopatuum, et Episcoporum respiciunt institutionem» della lettera apostolica *Multiplici inter* (cf. nota 30) e a quella «noverat enim idem Decessor Noster, legem ibi mense Aprili anno 1845 fuisse promulgatam, qua inter alia *statuitur, ut, vix* dum aliqua apud illa laicae potestatis Tribunalia accusatio, adversus ecclesiasticos viros, ac vel ipsos Episcopos *fuisset admissa*, non solum Sacerdotes Domini, aliique Clerici, sed etiam Episcopi, [...] ab omni sui ministerii exercitio *se abstinere*» dell'allocuzione *Acerbissimum* (cf. nota 31), il *Syllabus*, nella *propositio* 51, esclude il diritto dell'autorità statale di rimuovere i vescovi: «immo laicum Gubernium *habet ius deponendi* ab exercitio pastoralis mnisterii episcopos, *neque tenetur obedire* Romano Pontifici [...]», PIUS IX, *Syllabus errorum*, in GASPARRI, II, n. 543, 1006. Cf. ESPASA-CALPE SA, *Enciclopedia universal*, voce «Obispo», 303. G. DUQUE BOTERO, *El nombramiento de los Obispos en Colombia*, 23. A. BLAT, *Commentarium*, n. 350, 342. A. TALAMANCA, «I procedimenti concordatari», nota 4, 103-104. G. SARZI SARTORI, «La designazione», nota 17, 14.

[36] PIUS IX, Epistola encyclica *Levate*: «Cum incredibili animi Nostri moerore Vobis significamus, duo nuper decreta ab illo [Russico] Gubernio [...] edita fuisse». Secondo il primo decreto «eiusdem dioecesis Episcopus a suo grege divulsus, coactus a dioecesis finibus continuo discedere» e secondo l'altro «proprium Antistitem ab illa dioecesi violenter abripere», in GASPARRI, III, n. 549, 16.

[37] PIUS IX, Epistola encyclica *Levate*: «Videtis profecto, Venerabiles Fratres, quam vehementer reprobandum ac damnandum sit huiusmodi Decretum a laica et schismatica potestate latum, quo et divina catholicae Ecclesiae constitutio destruitur, et ecclesiastica disciplina subvertitur, et maxima supremae Nostrae Pontificiae, atque huius Sanctae Sedis et Episcoporum potestati auctoritatique iniuria infertur, et summi omnium fidelium Pastoris libertas impeditur», in GASPARRI, III, n. 549, 17.

CAP. II: DESIGNAZIONE NEL CIC'17 FINO AL CIC'83   61

Concistoriale alla quale spettava, nei luoghi non soggetti alla Congregazione *De Propaganda Fide*, di costituire le nuove diocesi ed i capitoli, sia cattedrali sia collegiali; dividere le diocesi già costituite; eleggere i vescovi e provvedere gli altri uffici; ordinare l'indagine ovvero il processo canonico sui candidati e mandare gli atti raccolti, in base ai quali gli officiali dell'Ufficio degli Affari Pubblici dovevano esprimere la propria opinione[38]. Lo stesso prevedevano le norme particolari dell'*Ordo servandus in Sacris Congregationibus Officiis Romanae Curiae* che, nel n. 6°, tra l'atro, affidavano alla piena competenza della Congregazione Concistoriale tutte le nomine dei vescovi, alle quali, nei casi di sua competenza, si doveva proseguire secondo le norme stabilite nella costituzione *Romanis Pontificibus* del 17 dicembre 1903. Infine, tutte le nomine, secondo il n. 10° dell'*Ordo*, che di solito venivano rese pubbliche in Concistoro, dovevano essere spedite sempre e solamente per bolla, con il sigillo del Romano Pontefice[39].

Riassumendo la nostra analisi delle fonti si può dire che la norma del can. 329 §2 oltre ad essere una norma disciplinare, deve essere considerata anche come la chiara testimonianza di una coscienza ecclesiale, consistente nella preoccupazione di garantire la libertà della Chiesa dall'ingerenza del potere politico, di assicurare la scelta di candidati veramente idonei al ministero episcopale e di porre sempre più in rilievo la funzione del Romano Pontefice.

2.1.2 Analisi della norma del §2

Di per sé, come già dicevamo, la norma del §2, con la sua enunciazione «eos [episcopos] libere nominat Romanus Pontifex», affermava il

---

[38] PIUS X, Constitutio *Sapienti Consilio*, §I, n. 2°, 2: «Ad primam spectat non modo parare agenda in Consistoriis, sed praeterea in locis Congregationi de Propaganda Fide non obnoxiis novas dioeceses et *capitula* tum *cathedralia* tum collegiata constituere; dioecesis iam constitutas dividere; Episcopos, Administratores Apostolicos, Adiutores et Auxiliarios Episcoporum eligere; canonicas inquisitiones seu *processus* super eligendis indicare actosque diligenter expendere [...]. At si viri eligendi [...] sint extra Italiam, administri Officii a publicis Negotiis, vulgo *Secretariae Status*, ipsi documenta excipient et *positionem* conficient, Congregationi Consistoriali subiiciendam», in GASPARRI, III, n. 682, 728. Cf. P.V. AIMONE BRAIDA, *L'intervento dello stato*, 49-50.

[39] R. MERRY DEL VAL, «Ordo servandus», n. 6°: «Plenae Congregationi ius competit nominandi Episcopos omnes [...]. In Episcopis nominandis, quoties id ei competat, Congregatio Consistorialis inhaerebit normis Constitutionis *Romanis Pontificibus*, diei XVII mensis Decembris MDCCCCIII» e n. 10°: «Nominationes omnes, quae solent in Consistorio promulgari, non aliter fient, nisi per litteras signo Romani Pontificis impressas, seu per *Bullam*», *ASS* 41 (1908) 714.716.

principio generale, salvo il mantenimento di qualche eccezione, che era diritto esclusivo del Sommo Pontefice scegliere e nominare i vescovi. Era questa una manifestazione concreta della *libertas Ecclesiae* dal momento che i vescovi, rivestiti della sacra potestà, sono i membri del collegio episcopale, successori degli Apostoli e sono preposti alle singole chiese perché le governino con potestà ordinaria, sotto l'autorità del Romano Pontefice (cf. can. 329 §1).

Per capire bene in che senso debba essere interpretato il can. 329 §2, bisogna subito distinguere fra l'istituzione o nomina dei vescovi (di qualsiasi vescovo), intesa come l'atto del conferimento dell'ufficio episcopale che era sempre riservato al Papa e che egli poteva esercitare liberamente, e la designazione della persona che nel nostro caso veniva fatta con la libera nomina del Romano Pontefice, non escludendo gli altri due modi (cf. cann. 329 §3, 331 §2 e 332 §1)[40]. Il passo seguente è la specificazione della designazione della persona tramite la libera nomina del Romano Pontefice, come forma del diritto comune. A questo punto, F. D'Ostilio spiega che il Papa, senza alcun intervento di persona fisica o morale, civile o ecclesiastica:

> in virtù del suo Primato di giurisdizione, *libere et pleno iure* può designare la persona del candidato riguardo a tutti gli uffici della Chiesa Universale, perché a lui compete la potestà cumulativa con tutti i Superiori subalterni. Egli sempre e dovunque può esercitare validamente questo diritto, perché non può essere ostacolato da nessuna potestà umana; anche lecitamente può esercitare tale diritto, eccetto il caso che non sia obbligato ad agire diversamente con un patto particolare. In materia, il Romano Pontefice non è obbligato neppure a seguire una determinata forma: nel conferire gli uffici ecclesiastici, Egli può agire *reservatione, praeventione* o anche in altri modi legittimi[41].

Questa libera nomina o collazione, in pratica, si attuava in duplice modo. Il primo era la nomina assolutamente libera, quella cioè che il Sommo Pontefice esercitava nominando i vescovi titolari, vicari e prefetti apostolici per le terre di missione, muniti della dignità episcopale (can. 293), nominando pure i vescovi coadiutori che, senza il diritto di successione, avevano il nome di ausiliari (can. 350 §§1 e 3). Il secondo era la nomina libera, ma collegata, sia con la prenotificazione ufficiosa

---

[40] Cf. S. SIPOS, *Enchiridion iuris canonici*, §50, 203. F.X. WERNZ – P. VIDAL, *Ius Canonicum*, n. 593, 624. J. WROCEŃSKI, «Nominacje biskupów», nota 55, 81.

[41] F. D'OSTILIO, «La provvista degli uffici ecclesiali», 58-59. Cf. M.C. A CORONATA, *Institutiones*, n. 220, 244. F.M. CAPPELLO, *Summa Iuris Canonici*, I, n. 281, 343-344. A. ALONSO LOBO, n. 448, I, 459. A. VERMEERSCH – I. CREUSEN, *Epistome*, n. 270, I, 237. N. LODA, «Sul concetto di nomina», 446-454.

CAP. II: DESIGNAZIONE NEL CIC'17 FINO AL CIC'83 63

da parte della Santa Sede allo Stato, informandolo prima della nomina definitiva sul nome dei candidati, sia con la previa raccomandazione. Qui si trattava piuttosto dei vescovi residenziali (can. 334), dei prelati *nullius* (can. 320), dei coadiutori con il diritto di successione (can. 350 §§1 e 2)[42] e degli ordinari castrensi. La procedura per la designazione di questi vescovi – salvo sempre il principio della libera collazione pontificia – era retta, sia dai testi concordatari che concedevano ai governi civili vari diritti e privilegi, in forza dei quali essi potevano intervenire nelle nomine, sia dai decreti della Congregazione Concistoriale che stabiliva per i diversi paesi i procedimenti da seguire.

2.1.3 Diversi procedimenti della libera nomina

a) *Diritto di prenotificazione ufficiosa*

Tale diritto, a motivo dello sviluppo storico[43] e terminologico[44] che ha subito, risulta come il più rispondente sia alle esigenze della Chiesa, la quale lo riconosce come un privilegio non lesivo della sua fondamentale libertà nelle nomine dei vescovi, sia alle esigenze dello Stato, nel senso che quest'ultimo non ritiene di rimanere completamente estraneo al procedimento di nomina agli uffici episcopali. In teoria dunque,

> nel diritto della prenotificazione ufficiosa la Santa Sede assume l'obbligazione di comunicare, prima di rendere pubblica la nomina, il nome della persona che si intende nominare ad un ufficio ecclesiastico alle autorità civili, le quali corrispettivamente acquisiscono il diritto di ricevere la comunicazione del nome avanti la pubblicazione della nomina e anche generalmente il diritto di muovere obiezioni (per lo più indicate come obiezioni politiche[45] di carattere generale) nel caso la persona indicata non sia gradita, e

---

[42] Cf. A. VALLINI, «De figura episcopi», 182-183.184.198-200. E. SZTAFROWSKI, «Biskupi koadiutorzy i pomocniczy», 66-68.

[43] Cf. P.V. AIMONE BRAIDA, *L'intervento dello stato*, 94-116. C.M. CORRAL SALVADOR, «Libertad de la Iglesia», 75-78.

[44] Cf. P.V. AIMONE BRAIDA, *L'intervento dello stato*, 118-125. P. CIPROTTI, «La notifica preventiva», 258-260. J.L. HAROUEL, «La designazione», 119.

[45] Secondo S. Sipos «"obiectiones ordinis politici" significant iuxta communiorem et saniorem sententiam rationes, quae respiciunt tuitionem unitatis nationalis, integritatis territorii et pacis socialis. Gubernia ad has rationes indicandas obligari concordata explicite quidem non dicunt, sed aequum est, ut indicentur. Neque id ex concordatis probari potest, clausulam politicam Ecclesiae imponere obligationem iuridicam standi obiectionibus prolatis, imo contrarium ex pluribus concordatibus erui potest», S. SIPOS, *Enchiridion iuris canonici*, § 50, nota 7, 203. Cf. G. DUQUE BOTERO, *El nombramiento de los Obispos en Colombia*, 161-162.

di far conoscere, entro un certo tempo, tali obiezioni all'Autorità ecclesiastica competente[46].

In pratica, il diritto della prenotificazione ufficiosa veniva usato, sia nella designazione dei vescovi residenziali sia degli ordinari castrensi.

+ Nella designazione dei vescovi residenziali e dei coadiutori

Definitivamente, tale tipo di diritto si stabilì solo dopo la fine della prima guerra mondiale, quando fu concesso ai governi civili tramite i concordati che, a partire da Pio XI, costituirono una nuova epoca. Tuttavia, gettando uno sguardo alla storia, tale diritto, antecedentemente chiamato di previa notifica, fu concesso per la prima volta il 10 gennaio del 1452 da Nicolò V a Lodovico, duca di Savoia[47]. Bisognerà poi aspettare la fine del XIX sec. per ritrovarlo nella convenzione del 1886 tra Leone XIII e Nicolò I, principe di Montenegro[48] e nel concordato con la Repubblica di Colombia del 1887[49]. In seguito, nell'accordo del 20-26 marzo 1890, tale diritto fu concesso all'Inghilterra, in riferimento alle sedi residenziali di Malta e Gozo[50] e alla Serbia, in forza del con-

---

[46] P.V. AIMONE BRAIDA, *L'intervento dello stato*, 86. Cf. ID., 125-126.137-138. P. CIPROTTI, «La notifica preventiva», 260-262. C.M. CORRAL SALVADOR, «Libertad de la Iglesia», 78-84. J.L. HAROUEL, «La designazione», 119. G. DUQUE BOTERO, *El nombramiento de los Obispos en Colombia*, 160-161. L. GUTIÉRREZ MARTÍN, *El privilegio*, 135-143.

[47] «[...] praefatum Ducem harum serie certum, et sibi promittimus, quod ipso, et dominio huiusmodi in integritate dictae obedientiae persistentibus ad quarumcumque Metropolitanarum, et aliarum Cathedralium Ecclesiarum regimina, aut dignitates Abbatiales infra districtum praedictum neminem praeficiemus, seu illis de quorumcumque personis non providebimus, nisi habitis prius per nos intentione et consensu ipsius Ducis de personis idoneis ad huiusmodi regimina, seu dignitatis promovendis [...]», MERCATI, I, 195. Cf. P.V. AIMONE BRAIDA, *L'intervento dello stato*, 94-95.

[48] Art. 2: «Sua Santità, prima di nominare definitivamente l'Arcivescovo di Antivari, parteciperà al Governo la persona del candidato per conoscere se vi siano fatti o ragioni di ordine politico o civile in contrario», MERCATI, I, 1048.

[49] Art. 15: «Ius Archiepiscopos et Episcopos in vacantibus Ecclesiis costituendi est Sanctae Sedi proprium et peculiare [...]. Vicissim Sancta Sedes priusquam Episcopum quem nuncupet, nomina candidatorum quos provehere animo cogitet, semper presidi praesignificabit eum in finem ut dignoscant num is civilis aut politici ordinis causas habeat cur candidatorum personae sint ipsi minus gratae», MERCATI, I, 1055-1056. Cf. C. BERUTTI, «De episcoporum nominatione», 606.

[50] In una nota del Cardinale Segretario di Stato al Generale Simmons del 20 marzo 1890 comunicava tra l'altro che, a seguito dei desideri espressi a nome del Governo britannico, «intorno alla nomina dei vescovi ed altri oggetti ecclesiastici relativi all'isola di Malta [...] prima di procedere alla nomina ufficiale dei titolari delle menzionati Sedi [Malta e Gozo], non si ometterà in avvenire dalla Segreteria di Stato di

cordato del 24 giugno 1914, in cui si usava la stessa formula della convenzione con il Montenegro[51]. Fu questo l'ultimo concordato nel periodo prebellico e precodiciale concernente la normativa per la nomina dei vescovi.

Dopo la guerra e la promulgazione del Codice i concordati hanno cominciato ad aumentare. Il 30 marzo 1922, nel concordato con la Lettonia, si concedeva il diritto di prenotificazione per la nomina dell'arcivescovo di Riga[52]. Con il concordato con la Baviera del 29 marzo 1924 entriamo nel campo d'un procedimento particolare della nomina, pure riservata alla Santa Sede. Ci interessa, però, solo la prenotificazione che anche in questo caso era prevista[53]. Il concordato seguente fu quello con la Polonia, stipulato il 2 giugno 1925, in cui il diritto di prenotificazione si estendeva non solo agli arcivescovi e vescovi ma anche ai coadiutori con il diritto di successione e ai vicari castrensi[54]. Nel

---

Sua Santità di darne avviso preventivo al Governo inglese secondo la pratica stabilita. La quale pratica si estenderà ancora ai casi di nomine di Amministratori Apostolici e Coadiutori con futura successione», MERCATI, I, 1074. Nella risposta del 26 marzo 1890 il Generale dichiarava che «il Governo di Sua Maestà non ha alcuna intenzione che i diritti del Papa e la sua libertà d'azione riguardo alle nomine alle Sedi vacanti di Malta e Gozo [e accettava la dichiarazione del Secretario di Stato] che prima di procedere a qualsiasi nomina proposta ad una delle dette sedi il Segretario di Stato di Sua Santità non ommetterà di dare sufficiente notizia di ciò, conforme alla pratica stabilita; e che il Santo Padre nel provvedere al maggior bene delle anime dell'Isola di Malta, i suoi diritti e la sua libertà esendo assicurati, non avendo nulla a cuore in tali nomine che d'incontrarsi coi desideri del Governo di Sua Maestà, si assicurerà di ciò previamente con comunicazioni verbali di carattere strettamente confidenziale e privato, ogni volta che il detto Governo gliene fornirà i mezzi e l'occasione», MERCATI, I, 1077. Cf. P.V. AIMONE BRAIDA, *L'intervento dello stato*, 95-97. C.M. CORRAL SALVADOR, «Libertad de la Iglesia», 77.

[51] Art. 4: «Sua Santità, prima di nominare definitivamente l'Arcivescovo di Belgrado ed il Vescovo di Scopia, notificherà al Regio Governo la persona del rispettivo candidato, per conoscere se vi siano fatti o ragioni di ordine politico o civile in contrario», MERCATI, I, 1100.

[52] Punto IV: «Le Saint-Siège avant de nommer l'Archevêque de Riga, notifiera au Gouvernement de Lettonie le candidat qu'il a choisi, pour savoir si, du point de vue politique, le Gouvernement n'a pas d'objections à formuler contre ce choix», MERCATI, II, 6. Cf. M. PETRONCELLI, «La provvista», 49-55. G. STOCCHIERO, *Il beneficio*, 214-216.

[53] Art. 14 §1: «La nomina degli Arcivescovi e dei Vescovi spetta in tutta libertà alla Santa Sede [...]. Prima della pubblicazione della Bolla la Santa Sede si assicurerà in via ufficiosa presso il Governo bavarese, che contro il candidato non vi sono obbiezioni di ordine politico», MERCATI, II, 28. Cf. M. PETRONCELLI, «La provvista», 76-84. G. STOCCHIERO, *Il beneficio*, 220-223.

[54] Art. XI: «Le choix des Archevêques et des Evêques appartient au Saint-Siège. Sa Sainteté consent à s'adresser au Président de la République, avant de nommer les

corso dell'anno 1927 furono firmati solo tre documenti d'intesa tra la Chiesa e lo Stato: il 10 maggio l'accordo con la Romania[55], il 10 dicembre il concordato con la Lituania[56] ed il 17 dicembre il *modus vivendi* con la Repubblica Cecoslovacca, che, oltre al fatto della concessione del diritto della prenotificazione, assumeva una singolare importanza perché determinava che cosa doveva intendersi per obiezioni di carattere politico[57]. L'11 febbraio del 1929 vennero firmati i Patti Lateranensi, contenenti anche il concordato con l'Italia. Nell'articolo 19 del concordato, dopo aver riconosciuto la piena libertà della Santa Sede nella scelta dei vescovi, si prevedeva lo *ius praenotificationis officiosae*[58].

Archevêques et les Evêques diocésain, les coadjuteurs *cum iure successionis*, de même que l'Evêque d'Armée, pour s'assurer que le Président n'a pas de raisons de caractère politique à soulever contre ces choix», MERCATI, II, 33. Cf. M. PETRONCELLI, «La provvista», 55-60. G. STOCCHIERO, *Il beneficio*, 216-219.

[55] Art. V §2: «Le Saint-Siège, avant leur nomination, notifiera au Gouvernement Royal la personne à nommer pour constater, d'un commun accord, s'il n'y aurait pas contre elle des raisons d'ordre politique», MERCATI, II, 47. Cf. M. PETRONCELLI, «La provvista», 95-100. G. STOCCHIERO, *Il beneficio*, 234-236.

[56] Art. XI: « Le choix des Evêques appartient au Saint-Siège. Sa Sainteté consent à s'adresser au Président de la République, avant de nommer les Archevêques et les Evêques diocésain, les coadjuteurs *cum iure successionis*, pour s'assurer que le Président n'a pas de raisons de caractère politique à soulever contre ce choix», MERCATI, II, 62. Cf. M. PETRONCELLI, «La provvista», 66-70. G. STOCCHIERO, *Il beneficio*, 219-220.

[57] N. IV: «Le Saint-Siège avant de procéder à la nomination des Archevêques et des Evêques diocésain, les Coadjuteurs *cum iure successionis* ainsi que de l'Ordinaire de l'armée, communiquera au Gouvernement Tchécoslovaque le nom du candidat pour s'assurer que le Gouvernement n'a pas des raisons de caractère politique à soulever contre ce choix. Les Prélats susmentionnés seront sujets tchécoslovaques. On entend par objections de caractère politique toutes les objections que le Gouvernement serait à même de motiver par des raisons qui ont trait à la sécurité de l'Etat, par exemple que le candidat choisi se soit rendu coupable d'une activité politique irrédentiste, séparatiste ou bien dirigée contre la Constitution ou contre l'ordre publique du pays. Le nom du candidat, indiqué par le Saint-Siège au Gouvernement ainsi que les pourparlers relatifs, resteront secrets», MERCATI, II, 67. Cf. C. BERUTTI, «De episcoporum nominatione», 607. M. PETRONCELLI, «La provvista», 89-95. G. STOCCHIERO, *Il beneficio*, 232-234.

[58] Art. 19: «Prima di procedere alla nomina di un Arcivescovo o di un Vescovo diocesano o di un coadiutore *cum iure successionis*, la Santa Sede comunicherà il nome della persona prescelta al Governo italiano per assicurarsi che il medesimo non abbia ragioni di carattere politico da sollevare contro la nomina. Le pratiche relative si svolgeranno con la maggiore possibile sollecitudine e con ogni riservatezza, in modo che sia mantenuto il segreto sulla persona prescelta, finché non avvenga la nomina della medesima», MERCATI, II, 96. Cf. M. PETRONCELLI, «La provvista», 123-180. G. STOCCHIERO, *Il beneficio*, 255-269.

Con i seguenti quattro concordati conclusi tra la Santa Sede e i paesi di lingua tedesca entriamo nel campo dell'elezione dei vescovi da parte dei capitoli della cattedrale che, però, mette bene in evidenza la concessione dell'ufficio episcopale tramite la libera nomina, secondo la distinzione fatta in precedenza. Tutti i concordati includevano la concessione del diritto di prenotificazione ufficiosa alla determinazione del quale, a differenza dei concordati già esaminati, venivano aggiunte diverse precisazioni e ampliamenti e, inoltre, veniva anche migliorata la stessa formulazione di questo diritto[59]. Due novità che si possono incontrare in due di questi concordati e che d'ora in poi si troveranno nei concordati seguenti erano: la determinazione del termine previsto per comunicare le obiezioni (il concordato con il Reich tedesco nel protocollo finale prevedeva venti giorni, invece quello con l'Austria un termine di quindici giorni) e la normativa riguardante il procedimento nel caso in cui il governo tacesse, trascorso il tempo stabilito per presentare le obiezioni.

Un termine per la prenotificazione veniva previsto anche nel

---

[59] Il concordato con la Prussia del 14 aprile 1929 nell'art. 6,1 prescriveva: «La Santa Sede non nominerà nessuno Arcivescovo o Vescovo, intorno al quale il Capitolo dopo la elezione non si sia prima assicurato presso il Governo Prussiano che contro di esso non esistono obbiezioni di carattere politico», estendendo nell'art. 7 la stessa regola ai prelati *nullius* e coadiutori dei vescovi diocesani, MERCATI, II, 137-138. Il concordato con il Baden del 12 ottobre 1932 rivela le difficoltà alle quali si andò incontro nella definizione del contenuto del diritto di prenotificazione. Infatti, al punto 2 dell'art. III il quale diceva: «Prima della conferma dell'eletto, la Santa Sede si assicurerà presso il Ministero di Stato del Baden, se contro di lui esistano da parte del Governo obbiezioni di carattere politico generale, rimanendo escluse quelle riguardanti il partito politico» si dovevano aggiungere le precisazioni contenute al n. 1 del protocollo finale circa l'art. III capoverso 1: «In caso di nomina di un Coadiutore *cum iure successionis* dell'Arcivescovo di Friburgo, la Santa Sede agirà dopo aver preso contatto col Governo di Baden» e quelle del protocollo addizionale sull'art. III capoverso 2 di cui il n. 1 dichiarava: «nel caso in cui il Governo del Baden muovesse una obiezione di carattere politico generale, deve essere fatto il tentativo di giungere ad una intesa fra la Santa Sede ed il Governo stesso [...]; ma qualora tale tentativo rimanesse senza risultato, la Santa Sede è libera di effettuare la provvista della sede arcivescovile di Friburgo. Lo stesso vale anche per la nomina di un Coadiutore *cum iuris successionis*», MERCATI, II, rispettivamente: 150.156.159. A causa della complessità ed estensione degli articoli dei rimanenti due concordati, facciamo solo un riferimento ad essi, indicando la loro collocazione in MERCATI, II: il concordato con l'Austria del 5 giugno 1933, l'art. IV §§ 1 e 2 – *pp.* 162-163 ed il protocollo finale all'art. IV §2 – *pp.* 177-178; il concordato con il Reich tedesco del 20 luglio 1933, l'art. 14 – *p.* 190 ed il protocollo finale all'art. 14 capov. 2 n. 2 – *p.* 199. Cf. P.V. AIMONE BRAIDA, *L'intervento dello stato*, 101-105. M. PETRONCELLI, «La provvista», 70-89. G. STOCCHIERO, *Il beneficio*, 223-232.

concordato con la Jugoslavia del 25 luglio 1935[60], mai entrato in vigore, e nel *modus vivendi* con l'Ecuador del 24 luglio 1937[61].

Un'evoluzione positiva del diritto di prenotificazione, considerato sempre come una forma d'ingerenza da parte dello stato nella designazione dei vescovi, hanno apportato gli accordi stipulati nel 1940 tra la Santa Sede ed il Portogallo, ponendo fine a una secolare ingerenza del potere civile nelle nomine vescovili in forza del diritto di patronato[62].

Un nuovo esempio di concessione dello *ius praenotificationis officiosae* dopo la Seconda Guerra Mondiale, si aveva nella convenzione con il Governo Belga a riguardo del Congo Belga dell'8 dicembre 1953[63] e

---

[60] Art. III: «[...] Avant de procéder à la nomination des Archevêques et Evêques diocésains, comme aussi des Coadjuteurs avec droit de succession, le Saint-Siège interrogera confidentiellement le Gouvernement yougoslave, pour savoir s'il y a contre le candidat des objections de caractère politique général. Les noms des candidats seront tenus secrets jusqu'à la publication officielle. En vue de pourvoir promptement aux vacances des diocèses, le Gouvernement répondra au plus tôt à la susdite interrogation. Si dans le terme de 30 jours cette réponse n'a pas été donnée, le Saint-Siège aura le droit de juger qu'il peut sans plus procéder à la publication de la nomination», MERCATI, II, 204.

[61] Settimo: «Spetta alla Santa Sede la elezione dei vescovi. Tuttavia, in virtù di questo Patto, la Santa Sede comunicherà previamente al Governo Equatoriano il nome della persona preeletta ad Arcivescovo, Vescovo o Coadiutore con diritto di successione, onde procedere di comune accordo a constatare che non vi sono ragioni di carattere politico generale le quali ostino a tale nomina. Le pratiche corrispondenti si effettueranno con la maggiore sollecitudine e riserva da ambe le Parti. Trascorso un mese dalla comunicazione fatta al Governo, il suo silenzio s'interpreterà nel senso che non ha obiezione alcuna per la nomina», MERCATI, II, 219.

[62] Concordato del 7 maggio 1940, art. X: «La Santa Sede, prima di procedere alla nomina di un Arcivescovo o Vescovo residenziale, o di un Coadiutore *cum iure successionis*, salvo quanto è disposto nei riguardi del Patronato e del Semi-Patronato, comunicherà il nome della persona scelta al Governo Portoghese per sapere se contro di essa vi siano obiezioni di carattere politico generale. Il silenzio del Governo, dopo trenta giorni dalla suddetta comunicazione, sarà interpretato nel senso che non vi siano obiezioni. Tutte le pratiche contemplate in questo articolo resteranno segrete». La stessa formula era usata nell'art. VII del seguente accordo missionario, stipulato lo stesso giorno, cf. MERCATI, II, 236-237.246-247. P.V. AIMONE BRAIDA, *L'intervento dello stato*, 106-107.

[63] Art. 3: «La nomination des ordinaires des lieux appartient au Saint-Siège. En reconnaissance des services particuliers rendus par la Belgique aux missions catholiques au Congo, le Saint-Siège, avant de procéder à la nomination d'un archevêque ou d'un evêque résidentiels ou de leurs coadjuters avec droit de succession, consent à communiquer au Gouvernement belge le nom du candidat choisi pour s'assurer qu'il n'existe à son sujet aucune difficulté de caractére politique général. Le silence du Gouvernement après un délai de trente jours à partir de la date de la communication sera interprété dans le sens qu'il n'y a pas de difficultés», E. LORA, *Enchiridion dei Concordati*, n. 2485.

CAP. II: DESIGNAZIONE NEL CIC'17 FINO AL CIC'83 69

nel concordato con la Repubblica Dominicana del 16 giugno 1954[64]. Un rilievo singolare inoltre assumeva la concessione di questo diritto alla Tunisia mediante il *modus vivendi* del 27 giugno 1964[65], trattandosi di una nazione non cristiana. Un'innovazione al diritto della prenotificazione apportava l'accordo con il Venezuela del 6 marzo 1964. Dall'analisi dell'Art. VI[66] del documento si potrebbe giungere alla conclusione che in esso si trovi un vero e proprio diritto di veto[67], consistente nell'affermazione che «la Santa Sede indicherà il nome di altro candidato» se il Governo venezuelano avesse le obiezioni di carattere politico riguardo alla persona proposta. In questo senso, il Governo avrebbe il diritto di pretendere l'esclusione del candidato presentato, che era, però, diverso dallo *ius exclusionis*[68]. Infatti, non si può ritenere

---

[64] Art. V,1: «Quando la Santa Sede proceda alla nomina di un Arcivescovo o Vescovo residenziale o di un loro Coadiutore con diritto di successione, comunicherà al Governo Dominicano il nome della persona prescelta, per sapere se vi siano contro di essa obiezioni di carattere politico generale. Il silenzio di Governo, trascorsi trenta giorni dalla suddetta comunicazione, sarà interpretato nel senso che non esistono obiezioni. Tutte queste pratiche si svolgeranno nel più assoluto segreto», MERCATI, II, 297. Cf. C. BERUTTI, «De episcoporum nominatione», 608.

[65] Art. 10: «Le choix du Prélat *nullius* de Tunis appartient au Saint-Siège. Afin de favoriser l'harmonie entre l'Eglise catholique et l'Etat Tunisien, le Saint-Siège fera connaître dans le secret le plus absolu au Gouvernement de la République Tunisienne, par voie diplomatique, le nom de l'ecclésiastique choisi. Au cas où le Gouvernement de la République Tunisienne aurait quelque objection de caractère politique général au sujet de la personne envisagée il pourra la manifester au Saint-Siège par voie diplomatique, dans le délai d'un mois à partir du jour de la communication», MARTÍN DE AGAR, 840.

[66] Art. VI: «Prima di procedere alla nomina di un Arcivescovo e Vescovo diocesano o di un Prelato *Nullius* o dei loro Coadiutori con diritto di successione, la Santa Sede comunicherà il nome del candidato al Presidente della Repubblica per accertarsi che il medesimo non abbia obiezioni di carattere politico generale da sollevare. Esistendo obiezioni di tale natura, la Santa Sede indicherà il nome di altro candidato per gli stessi fini. Le pratiche relative si svolgeranno con la maggior riservatezza allo scopo di mantenere segreti i nomi dei candidati fino a che non sia stata pubblicata la nomina definitiva. Trascorsi trenta giorni dalla comunicazione fatta al Presidente della Repubblica, il silenzio di questi si interpreterà nel senso che egli non ha alcuna obiezione contro la nomina. In casi eccezionali, detto termine potrà essere esteso fino a sessanta giorni d'accordo con la Nunziatura Apostolica», MARTÍN DE AGAR, 869-870.

[67] Secondo P.V. Aimone Braida il «diritto di veto è la facoltà concessa all'autorità civile di impedire la nomina di un determinato candidato proposto dalla Santa Sede, con l'obbligo per la stessa di proporre un altro candidato eccetto al potere civile», cf. P.V. AIMONE BRAIDA, *L'intervento dello stato*, 79-81.

[68] P.V. Aimone Braida per definire lo *ius exclusionis* si riferisce all'affermazione di Ottaviani, secondo cui esso «est facultas a Romano Pontefice concessa, vi cuius competit privilegiato unam vel alteram personam sibi minus gratam ab elencho

che questo accordo abbia devoluto al Governo del Venezuela un diritto di veto, dato che le obiezioni governative avrebbero valore una sola volta e che la Santa Sede, come risulta dalla procedura regolarmente seguita, era disposta a sostituire solamente una volta il proprio candidato.

Il fatto che merita di essere sottolineato, riguardo agli accordi con la Tunisia e il Venezuela, è la loro stipulazione durante lo svolgimento del Concilio Vaticano II, il quale doveva segnare nello sviluppo di questo problema un punto di partenza fermo, rivendicando la libertà della Chiesa tramite l'invito di non concedere più in futuro alle autorità civili i diritti o i privilegi di elezione, nomina, presentazione o designazione all'ufficio episcopale (cf. CD 20)[69].

Seguendo lo spirito del Vaticano II riguardo al desiderio dei Padri conciliari circa la concessione dei diritti e dei privilegi, il diritto di prenotificazione, ritenuto compatibile con la libertà della Chiesa e con il bene dei fedeli, fu riconosciuto dal concordato, stipulato il 26 febbraio 1965[70], con la Sassonia Inferiore. Una prima attuazione del dettato conciliare si riscontra, tuttavia, in modo più chiaro nell'accordo con l'Argentina del 10 ottobre 1966. L'articolo 3[71] poneva fine alle contro-

---

candidatorum expungere, ne ad aliquod publicum munus sacrum eligatur», cf. P.V. AIMONE BRAIDA, *L'intervento dello stato*, 74-79.

[69] Cf. P.V. AIMONE BRAIDA, *L'intervento dello stato*, 108-110. G. DALLA TORRE, «L'intervento», 489-510.

[70] Art. 3,1: «Per il conferimento di uffici ecclesiastici nell'intero territorio del Land Niedersachsen valgono le norme del Concordato del 14 giugno 1929. L'obbligo di notificazione, previsto nel comma 2 dell'articolo 10, cessa di aver vigore». Oltre alla nomina dei vescovi è soggetta al diritto di prenotificazione anche la nomina del rappresentante del vescovo di Münster, sempre secondo l'art. 3,2: «[...] il vescovo di Münster rende noto in via confidenziale al Governo del Land il nome dell'ecclesiastico preso in considerazione per dare al Governo stesso la possibilità di avanzare entro 20 giorni eventuali obiezioni di carattere politico generale contro la persona designata. Prima dello scadere del termine indicato o dell'esame delle obiezioni sollevate, il Vescovo non procederà alla nomina», MARTÍN DE AGAR, 238. Cf. P.V. AIMONE BRAIDA, «Partecipazione... tra il 1965 e il 1976», 581-583.

[71] Art. III: «La nomina degli Arcivescovi e Vescovi è di competenza della Santa Sede. Prima di procedere alla nomina degli Arcivescovi e Vescovi residenziali, di Prelati o di Coadiutori con diritto di successione, la Santa Sede comunicherà al Governo Argentino il nome della persona prescelta per sapere se questo ha obiezioni di carattere politico generale da sollevare. Il Governo Argentino darà una risposta entro trenta giorni. Trascorso tale termine, il silenzio del Governo si interpreterà nel senso che esso non ha obiezioni da opporre alla nomina. Tutte queste pratiche si svolgeranno nel più rigoroso segreto. Tutto ciò che riguarda il Vicariato Castrense continuerà ad essere regolato dalla convenzione del 28 giugno 1957», MARTÍN DE AGAR, 49-50. Cf. P.V. AIMONE BRAIDA, «Partecipazione... tra il 1965 e il 1976», 578-580. G. DALLA TORRE, «L'intervento», 497.

versie, riservando alla Santa Sede la libera collazione e all'autorità civile la previa notifica.

Tra i primi accordi nei quali la Santa Sede aveva concesso lo *ius praenotificationis officiosae*, vi era il concordato con la Colombia del 1887. Nel nuovo concordato stipulato il 12 luglio 1973[72] tale diritto le fu riconosciuto ancora una volta, ribadendo il contenuto dell'art. 15[73] del concordato precedente e consentendo al Governo la possibilità di sollevare obiezioni di carattere non solo politico ma anche civile[74].

Un vero e proprio esempio di applicazione dell'invito conciliare agli stati che ancora godessero di diritti o di privilegi in ordine alle nomine dei vescovi di rinunciarvi spontaneamente, si può considerare l'accordo tra la Santa Sede e la Spagna del 28 luglio 1976. Infatti, «il problema delle nomine vescovili costituiva un nodo centrale nelle relazioni tra Stato e Chiesa cattolica in Spagna, poiché in seguito agli accordi del 1941, confermati poi nel concordato del 1953, il Capo dello Stato spagnolo godeva del cosiddetto diritto di presentazione-nomina»[75], oltre a quello della prenotificazione[76]. La procedura era alquanto complessa e

---

[72] Art. XIV: «Il diritto di nominare Arcivescovi e Vescovi spetta esclusivamente al Romano Pontefice. Prima di procedere alla nomina di un Arcivescovo o di un Vescovo residenziali, e di un Coadiutore con diritto di successione, nomina che dovrà ricadere su cittadini colombiani, la Santa Sede comunicherà al Presidente della Repubblica il nome della persona prescelta, al fine di sapere se ha obiezioni di carattere civile o politico. Si intenderà che esse non esistono se egli non le manifesta entro trenta giorni. Queste pratiche si svolgeranno da entrambe le parti con la maggiore sollecitudine e riserva», MARTÍN DE AGAR, 132.

[73] Cf. nota 49. L. GUTIÉRREZ MARTÍN, *El privilegio*, 143-145.

[74] Cf. P.V. AIMONE BRAIDA, «Partecipazione... tra il 1965 e il 1976», 580-581. Qui si può fare un accenno anche alla convezione tra la Santa Sede e la Colombia del 22 aprile 1942, la quale non si trova nella raccolta dei concordati di Mercati. Anche in questo caso viene concesso il diritto di prenotificazione. Nell'art. 15 si riconosceva il diritto di nominare gli arcivescovi e vescovi alla Santa Sede. Riguardo il candidato, si doveva comunicare il suo nome al presidente della Repubblica, il quale entro trenta giorni doveva presentare le obiezioni di carattere civile e politico. Trascorso il tempo stabilito, il silenzio del presidente si considerava che non ci sono le obiezioni, cf. C.M. CORRAL SALVADOR, «Libertad de la Iglesia», 76-77.

[75] P.V. AIMONE BRAIDA, «Partecipazione... tra il 1965 e il 1976», 583.

[76] Nell'accordo del 7 giugno 1941, si parlava del diritto di prenotificazione nel n. 3: «[...] el Santo Padre, en su alto criterio [...], de propria iniciativa completará o formulará una terna de candidatos comunicándola, por el mismo conducto, al Gobierno Español. Se éste tuviera objeciones de carácter político general que oponer a todos o a algunos de los nuevos nombres las manifestará a la Santa Sede. En caso de que transcurriesen treinta días desde la fecha de la susodicha comunicación sin una respuesta del Gobierno, su silencio se interpretará en el sentido de que éste no tiene objeciones de aquella índole que oponer a los nuevos nombres [...]. Por el contrario, si el Gobier-

per questa ragione vi erano anche alcuni tentativi dello stesso Pontefice presso il Capo dello Stato spagnolo affinché questi accogliesse il desiderio del Concilio. La risposta, tuttavia, era stata negativa e solamente con l'accordo del 28 luglio 1976, il diritto di presentazione-nomina fu sostituito dal diritto della prenotificazione ufficiosa[77], affidando all'esclusiva competenza della Santa Sede la nomina dei vescovi e mettendo così questo accordo in armonia sia con i principi stabiliti dal Concilio Vaticano II sia con la vigente legislazione dello Stato spagnolo[78].

Dato che la nostra ricerca, per ora, si spinge fino alla promulgazione del Codice nel 1983, riteniamo opportuno interrompere qui l'analisi dei concordati. Dopo l'accordo spagnolo, di fatto, abbiamo solo la convenzione con il Principato di Monaco del 25 luglio 1981 che, oltre il riconoscimento dell'esclusiva competenza della Santa Sede nelle nomine vescovili, prevedeva anche il diritto della prenotificazione ufficiosa[79]. Da ultimo facciamo solo un accenno alla convenzione tra la Sede Apostolica e la Repubblica Perú del 19 luglio 1980. Si deve sottolineare, a questo punto, che l'accordo peruviano, riconoscendo alla Chiesa una totale indipendenza e autonomia, non contemplava più il diritto di prenotificazione ufficiosa, ma introduceva una specie di diritto di comuni-

---

no formula aquellas objeciones, se continuarán las negociaciones, aun transcurridos los treinta días», MERCATI, II, 251. Il concordato del 27 agosto 1953, invece, ha semplicemente stabilito nell'art. VII che «per quel che riguarda la nomina degli Arcivescovi e Vescovi residenziali e dei Coadiutori con diritto di successione, continueranno a valere le norme dell'Accordo stipulato tra la Santa Sede e il Governo spagnolo il 7 giugno 1941», MERCATI, II, 274.

[77] Art. I: «1) El nombramiento de Arzobispos y Obispos es de la exclusiva competencia de la Santa Sede. 2) Antes de proceder al nombramiento de Arzobispos y Obispos residenciales y de Coadjutores con derecho a sucesión, la Santa Sede notificará el nombre del designado al Gobierno español, por si respecto a él existiesen posibles objeciones concretas de índole política general, cuya valoración corresponderá a la prudente consideración de la Santa Sede. Se entenderá que no existen objeciones si el Gobierno no las manifiesta en el término de quince días. Las diligencias correspondientes se mantendrán en secreto por ambas Partes», MARTÍN DE AGAR, 786-787.

[78] Cf. P.V. AIMONE BRAIDA, «Partecipazione... tra il 1965 e il 1976», 583-586. ID., L'intervento dello stato, 112-113.

[79] Art. II: «Le droit de nommer l'Archevêque est de la compétence exclusive du Siège Apostolique. Avant de nommer l'Archevêque ou un Coadjuteur avec droit de succession, le Saint-Siège communiquera confidentiellement le nom de la personne choisie à S.A.S. le Prince de Monaco pour connaître les éventuelles objections de caractère civil ou politique relatives à ladite personne. Les Parties contractantes appliqueront cette procédure avec la sollicitude qui est due et la plus grande réserve. L'annonce de la nomination sera faite simultanément à Rome et à Monaco», MARTIN DE AGAR, 671-672.

cazione[80], effettuato dalla Nunziatura Apostolica, al quale erano ricollegabili alcuni effetti giuridici. In pratica, secondo P.V. Aimone Braida, non è «in potere del governo peruviano di muovere osservazioni politiche sulla persona nominata, ma soltanto in seguito alla comunicazione ufficiale il governo darà alla persona prescelta il corrispondente riconoscimento per gli effetti civili»[81].

+ Nella designazione degli ordinari militari

Considerando la peculiarità e la delicatezza di questo tipo d'ufficio episcopale all'interno dell'ordinamento dei diversi Stati e rilevando che la normativa relativa alla sua provvista in gran parte era descritta dagli accordi appositamente stipulati, merita di soffermarci su questo argomento con un'analisi più dettagliata. Prima di procedere, giova evidenziare due dettagli. Prima di tutto, per definire tale ufficio episcopale si usava una triplice terminologia. Si parlava, infatti, sia dell'ordinario militare sia del vicario castrense come pure del vicario militare. Inoltre, bisogna distinguere due tipi di norme concernenti la designazione di questi vescovi. Le une erano incorporate nei concordati generali, le altre, invece, erano contenute in documenti a sé stanti: convenzioni, accordi o scambi di note riguardanti la giurisdizione castrense e l'assistenza religiosa alle Forze Armate.

In riferimento al primo tipo, la formulazione della norma era molto simile per tanti paesi e nello stesso tempo era molto semplice. Si prescriveva che il vicario castrense o l'ordinario militare doveva essere nominato dalla Santa Sede previo accordo, sia con il Capo dello Stato sia con il Governo. Il vicario castrense o l'ordinario militare era munito del carattere episcopale[82].

---

[80] Art. VII: «Nombrado un eclesiástico por la Santa Sede para ocupar algún cargo de Arzobispo u Obispo o Coadjutor con derecho a sucesión, Prelado o Vicario Apostólico, o para regir alguna diócesis temporalmente, la Nunciatura Apostólica comunicará el nombre del mismo al Presidente de la República antes de su publicación; producida ésta el Gobierno le dará el correspondiente reconocimiento para los efectos civiles», MARTÍN DE AGAR, 679. Cf. P.V. AIMONE BRAIDA, «Partecipazione... (1976-1981)», 208-212.

[81] P.V. AIMONE BRAIDA, «Partecipazione... (1976-1981)», 209.

[82] Cf. in MERCATI, II: art. XI del concordato con la Polonia (10 febbraio 1925), 33; art. IV del *modus vivendi* con la Cecoslovacchia (17 dicembre 1927), 67; art. 13 del concordato con l'Italia (11 febbraio 1929), 95; art. 27 del concordato con il Reich germanico (20 luglio 1933), 195; art. XVIII del concordato con il Portogallo (7 maggio 1940), 238. In MARTÍN DE AGAR: art. XV dell'accordo con Perú (19 luglio 1980), 680. Cf. M. RIVELLA, «Modalità speciali», 43-44.

Riguardo all'altro tipo di norme, il primo documento che parlava del vicario militare fu uno scambio di note, costituenti un accordo tra la Santa Sede e le Filippine circa l'erezione di un vicariato militare. Nella nota del nunzio apostolico al sottosegretario degli Affari esteri delle Filippine del 20 settembre 1952 si prevedeva che la Santa Sede fosse libera nella scelta di un ecclesiastico, filippino di nascita, al quale affidava la carica di vicario militare. Prima di procedere alla sua nomina, la Sede Apostolica si obbligava a comunicare al Governo filippino il nome della persona designata al fine di accertarsi che non vi fosse nessuna seria obiezione da parte del Governo. Se esisteva un'obiezione, essa doveva essere notificata alla nunziatura apostolica di Manila entro trenta giorni. Trascorso questo tempo, senza nessuna risposta, si intendeva che non vi fosse nessuna obiezione e la Santa Sede poteva procedere alla pubblicazione della nomina[83]. Tale formulazione della nota era in seguito riconfermata da parte del sottosegretario degli Affari esteri delle Filippine con una nota del 28 marzo 1952.

Gli accordi successivi con l'Argentina, la Bolivia, il Paraguay, El Salvador e l'Ecuador contenevano una norma simile, ma più semplice. Si stabiliva, infatti, come nel caso precedente, che il vicario doveva essere nominato dalla Santa Sede, previo accordo, sia con il Governo sia con il Presidente della Repubblica[84].

Riassumendo, possiamo dire che la Santa Sede, per salvaguardare la prassi della libera nomina, cercò di concedere agli Stati solo un semplice diritto di prenotificazione ufficiosa, seguendo in questo modo da una

---

[83] N. 2: «The Holy See shall entrust the office of Military Vicar to a Filipino-born member of the Philippine Hierarchy, who will be freely chosen by the Holy See. However, before proceeding to his appointment, the Holy See shall communicate his name to the Philippine Government in order to ensure that there is no serious objection on the part of the Government. Should any such objection exist, it will be notified to the Apostolic Nunciature in Manila within a period of thirty days, after expiration of which it will be understood that the Government has no objection to the appointment, and the Holy See may proceed to the publication of the same without further delay», MARTÍN DE AGAR, 200. Per la risposta, cf. *p.* 202.

[84] Seguendo l'ordine esposto nel testo, cf. in MARTÍN DE AGAR: art. IV dell'accordo con l'Argentina (28 giugno 1957), 44; art. III dell'accordo con la Bolivia (29 novembre 1958) prescriveva anche che, in caso della vacanza del vicariato castrense, l'ispettore generale o, in sua assenza, il cappellano più anziano in carica, doveva assumere interinalmente le funzioni del vicario castrense con le facoltà propri dei vicari capitolari, 108; art. II della convenzione con il Paraguay (26 novembre 1960), 673; art. III della convenzione con El Salvador (11 marzo 1968), 195; art. III dell'accordo con l'Ecuador (3 agosto 1978) prevedeva anche che, nel caso di assenza o impedimento temporanei del vicario castrense o del suo provicario, la Santa Sede doveva provvedere *ad interim* al sostituto, 190. Cf. G. DALLA TORRE, «L'intervento», 498-499.

parte un preciso orientamento conciliare e dall'altra parte realizzando lo scopo di fare alcune concessioni alle autorità civili, senza, tuttavia, compromettere la propria libertà.

b) *Diritto di previa raccomandazione*

Proseguendo nell'analisi della libera nomina da parte del Romano Pontefice e seguendo la divisione operata da S. Sipos[85], ci occuperemo ora dello *ius commendationis*. Per dare la definizione di tale diritto ci riferiamo a P.V. Aimone Braida, il quale spiega che (in genere)

> si ha *ius commendandi*, per quanto concerne la provvista di uffici ecclesiastici, quando a qualcuno sia stato concesso il diritto di raccomandare al collatore dell'ufficio una determinata persona, chiedendo che a tale persona venga conferito l'ufficio, ma in modo tale che il collatore non sia tenuto a conferire l'ufficio alla persona raccomandata, anche se questa sia canonicamente idonea. Dunque non obbligo del collatore, ma semplice possibilità[86].

In pratica, il diritto di raccomandazione si distingueva, prima, come un diritto concesso ad un collegio ecclesiastico, composto dal clero diocesano, dal capitolo della cattedrale e dai vescovi comprovinciali, oppure concesso anche ai singoli vescovi; e poi, come uno dei privilegi che attribuiva giuridicamente un minore influsso del potere civile nelle nomine episcopali. Bisogna a questo proposito sottolineare che, in quanto il Codice non offriva nessuna normativa su come procedere nella designazione dei candidati all'episcopato, i decreti emanati dalla Congregazione Concistoriale presentavano una vera e propria procedura, la quale era diversa per vari paesi e veniva vista come un peculiare aspetto del processo informativo.

+ *Ius commendationis* degli ecclesiastici

Nel raccomandare i candidati da parte dei diversi ecclesiastici si distingueva una duplice procedura, in ragione di due tipi di elenchi dei

---

[85] «Quae libera collatio iterum duplex est: 1. absolute libera [...]; 2. libera quidem, sed coniuncta vel cum praenotificatione officiosa [...], vel coniuncta cum praevia commendatione candidatorum», S. SIPOS, *Enchiridion iuris canonici*, § 50, 203.
[86] P.V. AIMONE BRAIDA, *L'intervento dello stato*, 55-56. M.C. a Coronata definisce il diritto di raccomandazione in modo seguente: «Commendatio est actus legitimus quo determinatae personae, generatim Episcopi provinciae vel regionis in eodem loco adunati, determinatis temporibus, R. Pontifici numerum personarum ad Episcopatus munera exsequenda aptarum praesentant», M.C. A CORONATA, *Institutiones*, n. 393, 455. Cf. F.X. WERNZ – P. VIDAL, *Ius Canonicum*, n. 593, 624-625. P. CIPROTTI, «De commendatione», 148-149.153-155.

candidati: quello relativo e quello assoluto o generale.

Riguardo all'elenco relativo, la raccomandazione dei nuovi candidati spettava al clero della diocesi vacante, avente il diritto particolare di inviare e proporre direttamente alla Santa Sede i nomi degli ecclesiastici idonei all'episcopato. In questo procedimento non venivano forniti elenchi generali, ma ad ogni singola vacanza di sede si provvedeva mediante specifica indicazione di una terna. Un altro caso del sistema di lista relativo, era quello che si aveva quando la formazione della lista era demandata direttamente ai vescovi comprovinciali, che, nel procedimento di raccomandazione, svolgevano solamente un ruolo consultivo. Tra i paesi, in cui lo *ius commendationis* veniva esercitato dai summenzionati ecclesiastici, possiamo evidenziare l'Irlanda, dove il collegio, composto dal capitolo della cattedrale e dai parroci, doveva formare la lista dei candidati, formando in assemblea e con un solo scrutinio la terna. Un po' diverso era il procedimento in Inghilterra e Galles, in Belgio e in Olanda[87], dove solamente il capitolo della cattedrale formava la terna. Una volta fatte le scelte, venivano informati i vescovi comprovinciali ed il rappresentante pontificio, i quali pure avevano la facoltà di aggiungere eventualmente altri nomi[88]. Ad un simile procedimento si ricorreva anche in Baviera, dove, in base al concordato del 29 marzo 1924[89], la nomina dei vescovi spettava in tutta libertà alla Santa Sede, dato che i capitoli delle diocesi di questo *Länder* non avevano il diritto di elezione. Il candidato doveva essere scelto all'interno della lista presentata dal capitolo della cattedrale, come pure tra i nominativi contenuti nelle liste triennali approntate dai vescovi e dai capitoli bavaresi. La cosa interessante di questo concordato era una certa limita-

---

[87] Per il Belgio si confronta l'art. 3 del Concordato fra Leone XII e Guglielmo I, re del Belgio (18 giugno 1827), MERCATI, I, 705-707. Per l'Inghilterra e Galles: Decretum *Ut ecclesiae* 21 aprile 1852 in *Collectanea*, I, n. 1075 (con la nota 1 a piè di pagina), 578; oltre si può vedere M. BOWEN, «La nomina dei vescovi in Gran Bretagna dopo il Vaticano II», 155-161. Per l'Olanda: R. AUWERDA, «Diventare vescovi in Olanda dopo il Vaticano II», 162-171. J. MIÑAMBRES, *La presentazione canonica*, 191-192. In genere per i Paesi Bassi dalla summenzionata Congregazione era redatto il decreto del 7 giugno 1858.

[88] Cf. P.V. AIMONE BRAIDA, *L'intervento dello stato*, 53-57. S. SIPOS, *Enchiridion iuris canonici*, § 50, 203. M. RIVELLA, «Modalità speciali», 41. L. GUTIÉRREZ MARTÍN, *El privilegio*, 124-125.

[89] Art. 14 §1: «La nomina degli Arcivescovi e dei Vescovi spetta in tutta libertà alla Santa Sede. Verificandosi la vacanza di una chiesa arcivescovile o vescovile, il rispettivo Capitolo sottoporrà direttamente alla Santa Sede una lista di candidati degni dell'ufficio episcopale e idonei a reggere la vacante diocesi, tra i quali, come pure tra quelli suggeriti dai Vescovi e dai Capitoli bavaresi, nelle rispettive liste triennali, la Santa Sede si riserva libera scelta», MERCATI, II, 28.

zione della libertà della Santa Sede consistente nell'obbligo di non nominare una persona che non rientrasse nel duplice ordine di elenchi che venivano inviati a Roma. Un obbligo così stretto, come vedremo più avanti, non si riscontra negli altri concordati tedeschi[90].

Un'altra via che si poteva seguire nel procedimento di raccomandazione, era quella dell'elenco assoluto o generale. Qui, nel raccomandare i candidati, intervenivano i vescovi di ciascuna provincia i quali, udito singolarmente il parere dei loro consiglieri diocesani e dei parroci inamovibili, periodicamente – ogni due, tre o cinque anni – inviavano al metropolita uno o due nomi di candidati che ritenevano degni dell'episcopato[91]. Dopo di che, prima di inviare l'elenco dei nomi al Romano Pontefice, gli stessi vescovi si riunivano a discutere le qualità ed i meriti di ciascuno dei proposti e stabilivano, a scrutinio segreto, quali fossero degni di diventare vescovo. Secondo la comune usanza, i nomi dei candidati erano messi in ordine di preferenza[92].

Tra i paesi dove veniva seguita questa procedura abbiamo: gli Stati Uniti d'America, il Canada e le isole di Terranova, la Scozia, il Brasile, il Messico e la Polonia. Per l'analisi dei procedimenti di questi stati ci limiteremo solo a presentare quello degli Stati Uniti, essendo esso la fonte ed il prototipo per gli altri procedimenti, ai quali faremo riferimento.

Negli Stati Uniti d'America, a partire dall'anno 1789, esistevano diversi modi di designazione dei vescovi[93]. Nel 1916, con il decreto *Ratio* del 25 luglio[94], è stata determinata tutta la procedura da seguire

---

[90] Cf. P.V. AIMONE BRAIDA, *L'intervento dello stato*, 55. M. RIVELLA, «Modalità speciali», 41. B. PRIMETSHOFER, «La nomina dei vescovi nell'Austria, Germania e la Svizzera», 522. L. GUTIÉRREZ MARTÍN, *El privilegio*, 123.

[91] Cf. F.X. WERNZ – P. VIDAL, *Ius Canonicum*, n. 593, nota 95, 624. A. TOSO, *Ad Codicem iuris canonici*, nota 1, 153.

[92] Cf. P.V. AIMONE BRAIDA, *L'intervento dello stato*, 58-59.

[93] Le procedure che venivano usate erano tante e diverse. Nel periodo dal 1789 al 1833 si seguivano sei distinte modalità. Successivamente, nel 1833, il Secondo Sinodo Provinciale di Baltimora stabilì un altro sistema, ma simile a quelli in uso. Nel 1859 un rescritto da Roma stabilì, per ogni metropolita, l'obbligo di votare per i candidati alla sede metropolitana vacante. Una variante di questo sistema è attualmente praticato quando muore un cardinale americano. Tutti gli altri cardinali sono invitati a raccomandare i candidati al delegato apostolico. Durante il Terzo Sinodo Plenario di Baltimora fu stabilito un sistema che attribuiva il diritto di stendere la terna dei nomi ai consiglieri diocesani ed ai parroci inamovibili, Cf. J.T. FINNEGAN, «The present canonical practice», 91. T.G. BARBERENA, «Commentario a nuevas normas», 666-668. L. GUTIÉRREZ MARTÍN, *El privilegio*, 125-126.

[94] Cf. Decretum *Ratio*, 25 iul. 1916, *AAS* 8 (1916) 400-404. J.T. FINNEGAN, «The present canonical practice», 92-93. S. SIPOS, *Enchiridion iuris canonici*, § 50, 203. C.

nella designazione dei candidati e la raccomandazione dei loro nomi alla Santa Sede. Nei suoi elementi essenziali, si stabiliva che, all'inizio della Quaresima, a partire dall'anno 1917, ogni due anni, tutti i vescovi dovevano indicare al loro metropolita i nomi di uno o due sacerdoti che, a loro giudizio, erano idonei per l'ufficio episcopale. Si potevano presentare anche sacerdoti provenienti da altre diocesi, diverse da quella vacante, oppure da altre province, indicando, in questo caso, insieme con il nome ed età, il luogo di attuale dimora e l'ufficio precedentemente svolto[95].

Prima di decidere sui nomi, i vescovi dovevano sentire il parere dei consiglieri diocesani e dei parroci inamovibili, ma in modo che questi fossero interrogati singolarmente e non riuniti in un convegno. Se era necessario, i vescovi potevano chiedere l'opinione anche di altre persone prudenti: del clero diocesano e regolare non esclusi, presumibilmente, i laici. Tutti erano tenuti al grave obbligo del segreto[96]. I vescovi,

---

BERUTTI, «De episcoporum nominatione», 609. G. DUQUE BOTERO, *El nombramiento de los Obispos en Colombia*, 162-165. L. PORTERO SÁNCHEZ, «Los obispos y la potestad civil», nota 134, 230-231. L. GUTIÉRREZ MARTÍN, *El privilegio*, 120-123.

[95] Cf. Decretum *Ratio*, per gli Stati Uniti d'America, n. 1, *AAS* 8 (1916) 401. Decretum *Inter suprema*, per Canada e Terranova, nn. 1-5: ogni due anni si doveva radunare il convegno provinciale dei vescovi ed i nomi dei candidati erano presentati al metropolita; nel caso, in cui intervenivano due metropolie, i nomi si doveva presentare all'arcivescovo più anziano; in tale procedura, gli interessi di ogni metropolia venivano curati dai propri vicari apostolici, *AAS* 11 (1919) 125. C. BERUTTI, «De episcoporum nominatione», 609-610. Decretum *Maximam semper*, per la Scozia, nn. 1-3: i candidati venivano presentati ogni tre anni nel convegno dei vescovi, *AAS* 13 (1921) 13-14. C. BERUTTI, «De episcoporum nominatione», 610. Decretum *Quae de eligendis*, per il Brasile, nn. 1-5: il convegno provinciale si doveva radunare ogni tre o, almeno, ogni cinque anni, ed i nomi erano presentati al metropolita o, nel caso di due metropolie, all'arcivescovo più anziano; gli interessi dovevano essere curati dai prelati *nullius*, *AAS* 13 (1921) 223. Decretum *Quo expeditiori*, per il Messico, nn. 1-5: il raduno del convegno provinciale si doveva effettuare ogni tre o, almeno, cinque anni; se convenivano due metropolie, i nomi erano presentati all'arcivescovo più anziano, altresì al proprio metropolita; gli interessi venivano curati dai vicari apostolici, *AAS* 13 (1921) 379-380. C. BERUTTI, «De episcoporum nominatione», 610. Decretum *Ad proponendos*, per la Polonia, nn. 1-3: il convegno dei vescovi di rito latino, convocato dal *praeses*, si doveva radunare ogni tre anni; ciascun vescovo presentava i nomi dei candidati al metropolita più anziano, *AAS* 13 (1921) 430. J. WROCEŃSKI, «Nominacje biskupów», nota 56, 81.

[96] Sulle persone che sono obbligati al segreto: cf. *Dubia*, *AAS* 9 (1917) 232-233. C. BERUTTI, «De episcoporum nominatione», 610. Sull'evoluzione delle norme del segreto che deve essere osservato nella designazione dei vescovi per gli Stati Uniti d'America si può consultare: Decretum *Recta* del 30 marzo 1910, *AAS* 2 (1910) 286-287; Decretum *Rogantibus* del 2 luglio 1910, *AAS* 2 (1910) 648; Declaratio *Dubitantibus* del 28 aprile 1911, *AAS* 3 (1911) 182.

dopo aver raccolto le opinioni, non le potevano rivelare, se non al convegno episcopale. I nomi dell'uno o dei due candidati che venivano proposti dai vescovi non potevano essere annunciati a nessuno se non all'arcivescovo[97].

Dopo aver ricevuto dai suffraganei i nomi di candidati, il metropolita aggiungeva i suoi propri e, formato l'elenco in ordine alfabetico, lo mandava di nuovo ai vescovi suffraganei, perché questi potessero eseguire le investigazioni opportune sulle qualità di quelli che non conoscevano personalmente. Le investigazioni si dovevano svolgere con la massima cautela e segretezza. Sulla causa delle indagini i vescovi erano tenuti a tacere, nonché astenersi da esse, qualora si fosse verificato il pericolo di una loro pubblicizzazione[98].

Dopo Pasqua, stabiliti giorno e luogo dall'arcivescovo, tutti i vescovi della provincia, insieme con il loro metropolita, si riunivano per selezionare tra i candidati quelli che dovevano essere presentati alla Santa Sede. Tale riunione si doveva svolgere in modo discreto, per non attirare l'attenzione. Durante questo raduno, invocato l'aiuto di Dio, si giurava, toccando il Vangelo, di mantenere il segreto, venivano lette le regole riguardanti le elezioni e poi, tra i vescovi, si sceglieva un segretario[99].

---

[97] Cf. Decretum *Ratio*, per gli Stati Uniti d'America, nn. 2-3, *AAS* 8 (1916) 401-402. Decretum *Inter suprema*, per il Canada e Terranova, nn. 6-7: sia i vescovi sia gli arcivescovi, potevano chiedere a ecclesiastici prudenti le notizie necessarie sui candidati; i nomi dei candidati proposti dovevano essere rivelati al metropolita o all'arcivescovo più anziano, *AAS* 11 (1919) 125. Decretum *Maximam semper*, per la Scozia, nn. 4-6: i vescovi, come anche gli arcivescovi, dovevano interrogare singolarmente i canonici circa i candidati; potevano anche chiedere il parere a persone prudenti tra il clero regolare e quello diocesano; dovevano essere presi in considerazione piuttosto i parroci più anziani e più saggi, *AAS* 13 (1921) 14. Decretum *Quae de eligendis*, per il Brasile, nn. 6-7, *AAS* 13 (1921) 223. Decretum *Quo expeditiori*, per il Messico, nn. 6-7, *AAS* 13 (1921) 380. Decretum *Ad proponendos*, per la Polonia, nn. 4-5: i vescovi potevano chiedere agli ausiliari o ai suffraganei e agli altri ecclesiastici più prudenti, compresi i religiosi, le necessarie informazioni che potevano essere raccolte, sia a viva voce sia per iscritto, *AAS* 13 (1919) 430.

[98] Cf. Decretum *Ratio*, per gli Stati Uniti d'America, nn. 5-6, *AAS* 8 (1916) 402. Decretum *Inter suprema*, per il Canada e Terranova, nn. 8-9: i nomi dovevano essere trasmessi oltre ai suffraganei anche agli *antistites* della regione del metropolita o dell'arcivescovo *senior*, *AAS* 11 (1919) 125-126. Decretum *Maximam semper*, per la Scozia, nn. 7-8: dovevano essere trasmessi *singulis Antistitibus regionis*, *AAS* 13 (1921) 14. Decretum *Quae de eligendis*, per il Brasile, nn. 8-9, *AAS* 13 (1921) 223. Decretum *Quo expeditiori*, per il Messico, nn. 8-9, *AAS* 13 (1921) 380. Decretum *Ad proponendos*, per la Polonia, nn. 6-7: le proposte dei candidati doveva raccogliere il *praeses*, *AAS* 13 (1921) 430-431.

[99] Cf. Decretum *Ratio*, per gli Stati Uniti d'America, nn. 7-9, *AAS* 8 (1916) 402. Decretum *Inter suprema*, per il Canada e Terranova, nn. 10-12, *AAS* 11 (1919) 126. Decretum

Un interesse particolare rivestiva la votazione sui candidati proposti, nei quali si dovevano riscontrare i requisiti richiesti dal n. 11 del decreto[100]. Le attenzioni che guidavano le votazioni erano le seguenti: tra i candidati dovevano essere selezionati i più degni e idonei; ogni considerazione umana doveva essere lasciata da parte; nello svolgimento delle discussioni davanti agli occhi dei vescovi doveva esservi il bene supremo della Chiesa, la gloria divina e la salvezza delle anime[101].

La votazione era fatta in segreto su ciascuno dei candidati, cominciando dal primo dell'elenco alfabetico. Non si prendevano in considerazione i nomi di quei candidati che, nella discussione, con comune accordo dei vescovi, erano cancellati dall'elenco; si consideravano solo coloro che erano più stimati, *etiam probatissimi*. Ciascuno dei vescovi, compreso il metropolita, ricevevano, per votare, tre targhette per ogni candidato: bianca significava approvazione, nera rifiuto e una, di diverso colore, per significare l'astensione. Tutti i votanti mettevano segretamente una targhetta in un'urna preparata per quel sacerdote, il cui nome era invocato per la votazione, e che loro credevano degno «coram Deo et graviter onerata conscientia». Le due restanti targhette, pure segretamente, erano deposte insieme in un'altra urna. Una volta fatte tutte le votazioni, il metropolita con l'aiuto del vescovo segretario calcolava i voti e metteva per iscritto i risultati. A libera scelta dei vescovi, o a

---

Maximam semper, per Scozia, nn. 9-11, *AAS* 13 (1921) 14-15. Decretum *Quae de eligendis*, per Brasile, nn. 10-12, *AAS* 13 (1921) 223-224. Decretum *Quo expeditiori*, per Messico, nn. 10-12: il giorno e luogo, stabiliti dal metropolita o dall'arcivescovo più anziano, potevano anche coincidere con quelli assegnati per la conferenza ordinaria dei vescovi, *AAS* 13 (1921) 380. Decretum *Ad proponendos*, per Polonia, nn. 8-10: il giorno e luogo venivano determinati dal *praeses*, *AAS* 13 (1921) 431.

[100] Poiché, ai requisiti dei candidati all'episcopato dedicheremo un'attenzione distinta, qui citeremo solo quanto diceva il n. 11 del decreto *Ratio*: «Candidati maturae sed non nimium provectae aetatis esse debent; prudentia praediti in agendis, quae sit ex ministeriis exercitis comprobata; sanissima et non communi doctrina exornati, et cum debita erga Apostolicam Sedem devotione coniuncta; maxime autem honestate vitae et pietate insignes. Attendendum quoque est ad capacitatem candidati in temporali bonorum administratione, ad conditionem eius familiarem, ad eius indolem et valetudinem. Uno verbo videndum utrum omnibus iis qualitatibus polleat, quae in optimo pastore requiruntur, ut cum fructu et aedificatione populum Dei regere queat», *AAS* 8 (1916) 402. I requisiti per i candidati degli altri paesi sono simili.

[101] Cf. Decretum *Ratio*, per gli Stati Uniti d'America, n. 10, *AAS* 8 (1916) 402. Decretum *Inter suprema*, per il Canada e Terranova, n. 13, *AAS* 11 (1919) 126. Decretum *Maximam semper*, per la Scozia, n. 12, *AAS* 13 (1921) 15. Decretum *Quae de eligendis*, per il Brasile, n. 13, *AAS* 13 (1921) 224. Decretum *Quo expeditiori*, per il Messico, n. 13, *AAS* 13 (1921) 380. Decretum *Ad proponendos*, per la Polonia, n. 11, *AAS* 13 (1921) 431.

postulazione di qualcun altro, con un nuovo scrutinio si poteva designare tra i candidati scelti o votati a parità dei voti quello che si preferiva. In quel caso, i vescovi dovevano segnare in una scheda il nome del candidato preferito, mettendola nell'urna[102].

A volte il Sommo Pontefice si riservava, vacante qualche diocesi o arcidiocesi, tramite il delegato apostolico o in altro modo, di chiedere consiglio ai vescovi o agli arcivescovi, affinché scegliessero tra gli approvati il candidato più idoneo al governo di una certa diocesi. Non era lecito indicare ai vescovi, nemmeno la ragione generale, perché a una certa diocesi si proponevano determinati candidati.

Ogni vescovo in segreto doveva annotare tutto ciò che di ciascun candidato si diceva, quale era la conclusione, chi era scelto durante il primo o, eventualmente, il secondo scrutinio. Per controllo, prima della partenza dei vescovi, si leggeva la relazione, compilata dal segretario, circa i nomi proposti, le qualità dei candidati ed i voti ottenuti. Un esemplare di ogni procedimento, dopo esser stato firmato da tutti i presenti, veniva trasmesso tramite il delegato apostolico alla Congregazione Concistoriale. Un'altra copia degli atti si conservava nell'archivio segreto del metropolita e dopo un anno dalla riunione o anche prima, qualora vi fosse stato pericolo di violazione del segreto, doveva essere distrutta. I vescovi erano sempre liberi di scrivere lettere alla Congregazione in occasione sia della proposta dei candidati sia di una sede vacante, esprimendo il loro parere sulle qualità dei candidati[103].

Negli anni dal 1921 al 1947 furono emanati 17 decreti per altrettanti paesi dell'America Latina e nel 1953 per l'Italia. Il 29 febbraio del 1924, però, con il decreto *Regulas apprime* furono introdotte delle innovazioni ai procedimenti di raccomandazione, riguardanti due testimoni che venivano interrogati sull'idoneità dei candidati secondo le prescrizioni delle antiche costituzioni e, in particolare, secondo l'istruzione particolare di Urbano VIII del 15 maggio 1591. Con questo

---

[102] Cf. Decretum *Ratio*, per gli Stati Uniti d'America, nn. 12-13, *AAS* 8 (1916) 403. Decretum *Inter suprema*, per il Canada e Terranova, nn. 15-16, *AAS* 11 (1919) 126-127. Decretum *Maximam semper*, per la Scozia, nn. 14-15, *AAS* 13 (1921) 15-16. Decretum *Quae de eligendis*, per il Brasile, nn. 15-16, *AAS* 13 (1921) 224-225. Decretum *Quo expeditiori*, per il Messico, nn. 15-16, *AAS* 13 (1921) 381. Decretum *Ad proponendos*, per la Polonia, n. 13, *AAS* 13 (1921) 431-432.

[103] Cf. Decretum *Ratio*, per gli Stati Uniti d'America, nn. 15-18, *AAS* 8 (1916) 403-404. Decretum *Inter suprema*, per il Canada e Terranova, nn. 17-21, *AAS* 11 (1919) 127-128. Decretum *Maximam semper*, per la Scozia, nn. 16-20, *AAS* 13 (1921) 16. Decretum *Quae de eligendis*, per il Brasile, nn. 17-21, *AAS* 13 (1921) 225. Decretum *Quo expeditiori*, per il Messico, nn. 17-21, *AAS* 13 (1921) 381-382. Decretum *Ad proponendos*, per la Polonia, nn. 14-18, *AAS* 13 (1921) 432.

decreto, dunque, si riconfermava lo svolgimento dell'indagine segreta secondo le norme stabilite nelle singole regioni o luoghi e si aboliva l'interrogazione dei due testimoni[104].

+ *Ius commendationis* delle autorità civili

La concessione dello *ius commendationis* alle autorità civili, nel passato più frequenti, attualmente ha una consistenza irrilevante. Tra gli esempi di conferimento di tale diritto possiamo citare l'Argentina, dove all'inizio, esso si riferiva solo ad una diocesi e, dall'anno 1934, ad un'intera provincia ecclesiastica[105]; l'Austria, dove in forza della convenzione del 1881 lo *ius commendationis* riguardava piuttosto la Bosnia e l'Erzegovina[106]; l'Ungheria, dove, dall'anno 1927, in caso di vacanza di una sede arcivescovile o della *prelatura nullius* di San Martino di Pannonia, al Governo ungherese spettava, entro due mesi dalla data di sede vacante, di raccomandare alla Santa Sede i candidati idonei all'ufficio vacante[107]; la Svizzera, per la diocesi di Sion[108]. Un'attenzione speciale merita il concordato con la Colombia del 31 dicembre 1887[109], in cui il diritto di raccomandazione veniva concesso

---

[104] Cf. Decretum *Regulas apprime*, AAS 16 (1924) 160-161. C. BERUTTI, «De episcoporum nominatione», nota 53, 610.

[105] All'inizio il privilegio riguardava la diocesi di S. Giovanni de Cuyo ed il 20 aprile 1934 questo privilegio fu esteso in forza della costituzione *Nobilis Argentinae* di Pio XI a tutta la provincia ecclesiastica, comprendente le diocesi di S. Giovanni de Cuyo, San Luigi e Mendoza, cf. P.V. AIMONE BRAIDA, *L'intervento dello stato*, nota 47, 82.

[106] L'accordo tra la Santa Sede e l'Imperatore d'Austria dell'8 giugno 1881 stabiliva: «Il Santo Padre nel procedere alla nomina dell'Amministratore Apostolico di Banjaluka, riguardo alla scelta della persona, avrà in considerazione i desideri che saranno manifestati da Sua Maestà l'Imperatore», MERCATI, I, 1015.

[107] Cf. P.V. AIMONE BRAIDA, *L'intervento dello stato*, nota 50, 83.

[108] Il diritto della raccomandazione si può ritrovare in una lettera del Segretario di Stato, Cardinale Gasparri, al Governo del Cantone Vallese, il 4 aprile 1919, nella quale si diceva che la Santa Sede sarà disposta a ricevere e ad esaminare con benevolenza i voti che il Governo vorrà sottometterle ogni volta, in vista della nomina, cf. P.V. AIMONE BRAIDA, *L'intervento dello stato*, nota 51, 83-84.220-231. ID., «Elezione e nomina dei Vescovi in Svizzera», 538-542. C.M. CORRAL SALVADOR, «Libertad de la Iglesia», 86.

[109] Art. 15: «Ius Archiepiscopos et Episcopos in vacantibus Ecclesiis costituendi est Sanctae Sedi proprium et peculiare. Nihilominus Sanctitas Sua in specialis observantiae argumentum, atque ut inter Ecclesiam et civilem statum pax et concordia servetur, annuit, ut explorata prius Praesidis Reipublicae sententia num eligenda persona ipsi accepta sit, provisio sedium Episcopalium et Archiepiscopalium peragatur. Quapropter cum Sedem aliquam vacare contingerit, poterit Reipublicae Praeses Sanctae Sedi ecclesiasticos illos viros directe commendare, qui iis omnibus dotibus pollere

insieme a quello di prenotificazione ufficiosa. La procedura era la seguente: il Governo aveva il diritto di suggerire alla Santa Sede i nomi dei candidati idonei; in seguito la Sede Apostolica si occupava di prenderne visione; qualora essa non ritenesse di conferire l'ufficio alle persone raccomandate, era tenuta ad informare il Governo colombiano su un altro candidato, al fine di conoscere se esistessero obiezioni di carattere civile o politico intorno alla persona designata dalla Santa Sede[110]. Fino alla stipulazione del concordato del 1973 questo era l'esempio più rilevante dell'esistenza di detto privilegio.

Riassumendo tutto il procedimento della raccomandazione preliminare, possiamo dire che, anzitutto, esso non aveva la forza di un'elezione canonica ma il suo fine era l'informazione del Papa sui candidati; la Santa Sede, in ogni caso, si riteneva sempre libera nella designazione di una persona per l'episcopato anche se questa persona non era indicata in nessuno degli elenchi, proposti sia dal clero o da un collegio sia dai vescovi, a seconda dei procedimenti usati. La libertà non era limitata né dal sistema di lista relativo, né da quello assoluto.

+ La forma mista nell'esercizio dello *ius commendationis*

Il modo misto, consistente nella proposta dei candidati all'episcopato fatta simultaneamente, sia dall'autorità ecclesiastica sia dalle autorità civili, veniva esercitato solo in due casi riguardanti la designazione dei vicari castrensi.

Il primo di tali casi era l'Austria. Un dettaglio assai interessante che si poteva osservare nel concordato del 1933, riguardava la formulazione delle norme, relative alla designazione di questo tipo dei vescovi. L'art. 8 §1, infatti, non prescriveva semplicemente l'attribuzione della nomina del vicario castrense alla Santa Sede, il cui atto di nomina doveva essere preceduto da una previa informazione in via confidenziale presso il Governo federale, per verificare se contro la persona prescelta non esistessero obiezioni di carattere politico generale. Le particolarità della procedura, invece, derivavano dal protocollo addizionale, all'art. 8 §1. Qui era stabilito che, verificandosi la vacanza dell'ufficio di vicario castrense, prima della designazione del successore, il Governo federale poteva presentare alla Santa Sede, in via confidenziale, il nome di un candidato, risultante idoneo a tale ufficio. Questa presentazione veniva fatta per via diplomatica. Tenendo presente quanto

---

ipsi videantur, quae ad episcopale munus rite obeundum expostulantur», MERCATI, I, 1055. Circa lo *ius praenotificationis* dello stesso concordato e articolo cf. nota 49.
[110] Cf. P.V. AIMONE BRAIDA, *L'intervento dello stato*, 83-85.

disponeva l'art. 4 §1 dello stesso concordato, ogni vescovo diocesano aveva il diritto di presentare una lista di candidati. In tutti e due i casi la Santa Sede non era vincolata ai nomi proposti. Oltre la nomina da parte del Romano Pontefice, aveva luogo anche la nomina da parte dello Stato a norma delle leggi statali, in quanto i vicari castrensi erano i funzionari militari (art. 8 §3)[111].

L'altro caso era quello della Jugoslavia. La designazione dell'ordinario militare era qui retta dall'art. 31 del concordato del 25 luglio 1935 che non fu mai ratificato. Come nel caso precedente, la Santa Sede si riservava, d'accordo con il Governo jugoslavo, di nominare un ordinario militare. La sua nomina doveva essere fatta, dopo che la Sede Apostolica si fosse accordata con il Governo per la designazione d'una persona idonea. Tenendo presente l'art. 3, anche i vescovi diocesani potevano presentare alla Santa Sede una lista di candidati. La Santa Sede non era obbligata da questa lista. Come nel concordato austriaco, anche quello jugoslavo prevedeva la nomina da parte dello Stato successivamente a quella pontificia. La retribuzione degli ordinari militari in Jugoslavia doveva essere fatta dallo Stato[112].

2.2 *Elezione da parte del capitolo cattedrale (can. 329 §3)*

2.2.1 Analisi della norma del §3

Affrontando il tema dell'elezione da parte del capitolo della cattedrale, come secondo modo di designazione di un candidato all'episcopato, occorre mettere in rilievo qualche osservazione.

Anzitutto, è necessario sottolineare che la prescrizione del can. 329 §3 ci dà una chiara testimonianza del fatto che non possiamo limitarci solo alla disposizione del §2 dello stesso canone. Bisogna piuttosto, come dice J. Gaudemet, «sfumarla e completarla mostrando che, come ogni regola, quella della "libera nomina dei vescovi da parte del Romano Pontefice" è soggetta ad alcune eccezioni»[113]. Infatti, essendo di diritto comune la libera collazione del Papa nella designazione episcopale, il tipo di elezione di cui vogliamo trattare ora ci introduce nel campo del diritto particolare che il Romano Pontefice, secondo il §3, può concedere a un collegio, affinché effettui l'elezione, salva la prescrizione del can. 321. Possiamo considerare tale concessione come un

---

[111] Cf. art. VIII §§1 e 3 del concordato e il protocollo addizionale all'art. VIII §1, MERCATI, II, 167.180-181. M. RIVELLA, «Modalità speciali», 44.

[112] Cf. art. XXXI, MERCATI, II, 213-214.

[113] J. GAUDEMET, «La scelta dei vescovi», 97. Cf. H.-M. LEGRAND, «Il senso teologico delle elezioni», 64.

tipo di limitazione della libertà del Papa[114]. Questa limitazione consisteva nella riduzione dell'ambito di azione del Pontefice alla sola conferma, ossia al conferimento dell'ufficio episcopale a colui che è stato eletto. Pertanto, tenendo presente la prescrizione del can. 177 §2, si tratta di un conferimento necessario e, dunque, non libero[115]. Tale necessità, come spiega F. D'Ostilio, «dipende dal fatto che, avvenuta regolarmente la designazione e comprovata la idoneità della persona dalla competente autorità, il Superiore ecclesiastico non può negare al candidato il conferimento del titolo, avendo egli legittimamente acquisito lo *ius ad rem*»[116]. In seguito, parleremo più dettagliatamente sul conferimento dell'ufficio episcopale.

Un altro punto da evidenziare è il fatto che il §3 del can. 329 non parlava del capitolo della cattedrale bensì di un collegio che, se gli veniva concesso il diritto, poteva eleggere il vescovo. Dato che la dottrina canonistica, sotto l'espressione *collegium*, non intendeva altro se non il *capitulum cathedrale*, nell'analisi della norma del paragrafo in questione, ci riferiremo fondamentalmente a questo tipo di collegio.

Un'ultima osservazione è che la prescrizione del §3 non si riferiva al sistema, a rigore, d'elezione da parte del capitolo della cattedrale. Tale sistema, verificatosi per la prima volta nel XIII secolo, veniva retto dalle disposizioni di bolle, brevi o concordati, concessi ai diversi capitoli cattedrali come un loro diritto. A questo tema offriremo un punto distinto.

Passando ora alla norma stessa del §3, possiamo osservare che essa, tenendo presente quanto dispone il can 160, non ci propone nessuna prescrizione peculiare da seguire nell'elezione, richiamando piuttosto le disposizioni delle norme dei cann. 161-178 sull'elezione e del can. 321 sulla maggioranza assoluta dei voti. Tenendo presente quanto abbiamo già detto sull'elezione, ricordiamo che all'elezione di un vescovo si attribuivano le seguenti categorie.

---

[114] Benché, come osserva L. Portero Sánchez, il sistema dell'elezione dei vescovi da parte dei capitoli cattedrali può supporre in qualche modo la mancanza della libertà per la Sede Apostolica, tuttavia ciò non può essere supposto per la libertà della Chiesa, dato che tale tipo di elezione si attua nell'ambito ecclesiastico e non permette nessun intervento da parte delle autorità civili, cf. L. PORTERO SÁNCHEZ, «Los obispos y la potestad civil», nota 40, 207.

[115] «Libera collatio opponitur collationi necessariae qua variae personae ad provisionem faciendam concurrunt, et Superior titulum conferens illum determinatae vel determinatis personis, quibus *ius ad rem* acquisitum est, conferre tenetur», M.C. A CORONATA, *Institutiones Iuris Canonici*, n. 219, 243. Cf. A. VERMEERSCH – I. CREUSEN, *Epitome Iuris Canonici*, n. 270, 237.

[116] F. D'OSTILIO, «La provvista degli uffici ecclesiali», 67-68. Si può anche confrontare la distinzione tra il conferimento libero e necessario, fatta alle pp. 55-56.

In relazione al modo d'elezione, i canoni 161-178 delineavano diverse forme. Come prima, si distingueva l'elezione per scrutinio (can. 171). Questa era la forma ordinaria, consistente nella votazione segreta fatta da ogni membro del collegio, cioè, nel nostro caso, del capitolo della cattedrale, riunito nel luogo dell'elezione. A tenore dei cann. 174 e 101 §1, 1°, si considerava eletto quel candidato che aveva ottenuto la maggioranza assoluta dei voti. La maggioranza assoluta era pure richiesta dal can. 321 per la validità dell'elezione stessa[117]. Un'altra forma di elezione era quella per compromesso (cann. 172-173). Come forma straordinaria d'elezione, essa consisteva nel trasferimento del diritto di elezione, per consenso unanime e scritto di tutti gli elettori, a poche persone, sia del collegio sia estranee, che eleggevano il candidato a nome di tutti i membri del collegio. Tale trasferimento veniva fatto solo per una volta. Fatta legittimamente l'elezione, il collegio non poteva respingerla (cf. can. 173).

Per ragione dell'effetto, riguardo al nostro tema, abbiamo l'elezione confermativa o semplice, cioè quella che concedeva all'eletto lo *ius ad rem* (can. 176 §2) seguito dalla conferma, che, secondo il can. 177 §§1-2, spettava al Romano Pontefice.

2.2.2 Elezione secondo le concessioni dello *ius eligendi*

Lo *ius eligendi*, considerato come un diritto particolare avente la sua fonte nella concessione o in un antico privilegio, di cui godevano i capitoli delle cattedrali di certe diocesi, è rimasto immutato anche dopo la promulgazione del Codice del 1917. Le prescrizioni dei cann. 3 e 4, di fatto, stabilivano che restavano in vigore i patti stipulati tra la Sede Apostolica e le diverse nazioni, e i diritti acquisiti, come anche i privilegi e gli indulti concessi dalla Sede Apostolica alle persone sia fisiche che morali, restanti in uso e non revocati. Anche oggi l'elezione capitolare rimane in vigore in Austria, Germania e Svizzera. Occorre costatare che in tutti questi paesi la base giuridica dell'elezione è costituita

---

[117] Qui si può fare un richiamo alle fonti del can. 329 §3 che affrontano il tema della maggioranza dei voti: X. 1,6,48 già nella glossa diceva che «electio debet fieri verbo, et de illo, in quem consenserit maior pars capituli, et non respectu aliarum partium». Però nel testo del Capitolo 48 si doveva confrontare maggioranza con la minoranza e non ricorrere soltanto alla maggioranza del capitolo; X. 1,6,50 riguardo alla validità dell'elezione diceva nella glossa che «electio facta a non maiori parte capituli et omissa collatione non valet»; X. 1,6,57 sottolineava la necessità per un'elezione della presenza di tutti i membri del capitolo perché «non sufficit ad confirmationem electionis, quod sit facta a maiori parte capituli, nisi etiam illa pars sit sanior», cf. FRIEDBERG, II, 91-92.95-96. N. LODA, «Sul concetto di nomina», 454-457.

sia dal diritto universale, avente il suo riscontro nei canoni esaminati nel punto precedente, sia dal diritto particolare che, a sua volta, proviene dalle bolle, brevi, decreti o diversi concordati, stipulati sia con l'intero paese sia con una sua determinata regione. Dato che nelle differenti diocesi di questi paesi i capitoli delle cattedrali seguono diverse procedure, analizzeremo i casi uno per uno.

a) *Austria*

Come punto di partenza, dobbiamo subito dire che lo *ius eligendi* dei vescovi è stato riconosciuto dal concordato del 1933 solo al capitolo della cattedrale della diocesi di Salisburgo. Dato che tale concordato è stato stipulato sedici anni dopo la promulgazione del Codice è, dunque, necessario gettare un breve sguardo sulla situazione prima del concordato.

Bisogna ritornare agli antichi privilegi dell'arcivescovo di Salisburgo che rimasero in vigore, benché in misura ristretta, fino al summenzionato concordato. In base a questi privilegi l'arcivescovo, uno tempo, godeva del diritto di libera nomina dei vescovi suffraganei di Gurk, Seckau, Lavant e Chiemsee – quattro diocesi fondate da Salisburgo – senza necessità di conferma della nomina da parte della Santa Sede. Nel corso dei secoli i privilegi in questione subirono diversi cambiamenti, e furono oggetto di diverse restrizioni. Il diritto di libera nomina esercitato dall'arcivescovo di Salisburgo, sebbene progressivamente ristretto e trasformato in nomina dipendente dalla conferma pontificia, rimase in vigore fino al concordato del 1933.

In tutto l'Impero austro-ungarico, la nomina dei vescovi, nei secoli scorsi, era caratterizzata da estesi diritti in favore del sovrano, canalizzati nel concordato del 18 agosto 1855 fra Pio IX e l'imperatore Francesco Giuseppe I. In conformità all'articolo 19 di questo concordato, l'imperatore godeva del diritto di presentare alla Santa Sede, sentito prima il consiglio dei vescovi comprovinciali, un candidato per le diocesi vacanti[118]. Nel 1874 con una legge statale questo concordato fu totalmente abolito. Ciò, peraltro, non fu accettato dalla Santa Sede che, a sua volta, considerò la fine del concordato soltanto con il crollo nel 1918 della monarchia austro-ungarica. Nonostante questi avvenimenti, gli imperatori continuarono ad esercitare il diritto di nomina che non

---

[118] Art. XIX: «Maiestas Sua Caesarea in seligendis Episcopis, quos vigore privilegii Apostolici a Serenissimis Antecessoribus suis ad ipsam devoluti a S. Sede canonice instituendos praesentat, seu nominat, in posterum quoque Antistitum in primis comprovincialium consilio utetur», MERCATI, I, 825.

valeva per tutte le diocesi e che era variato in altri sistemi, come quello dell'elezione da parte dei capitoli cattedrali o come quello misto fra nomina imperiale e nomina da parte dell'arcivescovo di Salisburgo. La libera nomina da parte della Santa Sede quasi non compare nella storia dell'impero austro-ungarico[119].

Secondo i primi due capoversi dell'art. 4 §1 del vigente concordato del 1933, la scelta degli arcivescovi, dei vescovi e del prelato *nullius* per tutte le diocesi appartiene alla Santa Sede. Come modo di procedere alla nomina, il concordato stabiliva il sistema relativo delle liste. Questo sistema consisteva nella presentazione, verificandosi la vacanza di una sede arcivescovile o vescovile, di una lista di candidati idonei alla Santa Sede. Tale presentazione veniva fatta da ciascuno dei vescovi delle diocesi austriache. La Santa Sede era libera nella nomina, dato che non era legata alle liste proposte[120].

Unica eccezione che propone il concordato in esame e che appartiene al tema di questo punto del nostro studio è la designazione dei vescovi nella diocesi di Salisburgo. Il documento ci propone una normativa molto scarsa. Infatti non si dice altro se non che «verificandosi la vacanza della Sede Arcivescovile di Salisburgo, la Santa Sede designerà a quel Capitolo Metropolitano tre candidati, fra i quali esso avrà da eleggere per votazione libera e segreta il nuovo Arcivescovo»[121]. Una volta eletto il candidato, la Santa Sede procedeva alla nomina. A tale disposizione non resta altro che applicare le norme dei cann. 171, 174, 101 §1, 1° e 321, relative allo svolgimento dell'elezione per scrutinio.

b) *Germania*

Affrontando la questione dell'elezione dei vescovi in Germania bisogna dire che la situazione concordataria qui è più complessa. A differenza dell'Austria, nello Stato tedesco si hanno più concordati, cioè non soltanto con l'intero Paese, chiamato *Reichskonkordat*, ma anche con i diversi *Länder*. Il concordato con il Reich germanico del 20 luglio 1933 non conteneva disposizioni speciali per la nomina dei vescovi ma faceva richiamo al rispettivo contenuto negli accordi con la Baviera (1924), la Prussia (1929) e il Baden (1932)[122], chiamati *Länderkonkordate*.

---

[119] Cf. B. PRIMETSHOFER, «La nomina dei vescovi nell'Austria, Germania e la Svizzera», 516-519. M. RIVELLA, «Modalità speciali», 39-40.

[120] Cf. art. IV §1, MERCATI, II, 162. B. PRIMETSHOFER, «La nomina dei vescovi nell'Austria, Germania e la Svizzera», 515.

[121] Art. IV §1, MERCATI, II, 162. Cf. R. METZ, «I legati del papa», 298-299.

[122] Cf. art. 2, MERCATI, II, 186. Riguardo all'intero concordato si può vedere E. ROSA, «Il concordato della Santa Sede con la Germania», 331-346.

Visto che il concordato con la Baviera non presenta nessun interesse per tema che ora stiamo trattando e lo abbiamo già esaminato prima, parlando della prenotificazione ufficiosa, passiamo subito all'accordo seguente, cioè quello con la Prussia. Il concordato prussiano, stipulato il 14 aprile 1929, riguardava le sedi metropolitane di Colonia, Paderborn e Berlino, con le diocesi suffraganee di Aachen, Essen, Limburg, Münster, Osnabrück, Trier, Fulda e Hildesheim. Il tema dell'elezione veniva affrontato dall'articolo 6 che in primo luogo trattava delle liste che dovevano essere presentate alla Santa Sede qualora si fosse verificata la vacanza di una sede arcivescovile o vescovile. Verificatasi tale situazione, «il rispettivo Capitolo Metropolitano o Cattedrale come anche gli Arcivescovi e Vescovi diocesani della Prussia presentano alla Santa Sede liste di candidati canonicamente idonei»[123]. Un altro passo era quello da parte della Santa Sede che, tenendo presenti le liste proposte, designava al capitolo tre persone, tra le quali esso doveva eleggere, per votazione libera e segreta, l'arcivescovo o il vescovo. Fatta l'elezione, l'(arci)vescovo veniva nominato dal Romano Pontefice.

Un problema interpretativo si pose in ordine ai tre nomi da presentare al capitolo: ci si domandava se la Santa Sede fosse vincolata o meno ai nominativi proposti dal capitolo e dagli altri vescovi. Questo problema fu affrontato da una nota interpretativa in calce all'articolo 6,1 nel testo ufficiale del concordato prussiano, pubblicato negli *Acta Apostolicae Sedis*. Il testo di questa nota diceva: «Apostolica haec Sedes huiusmodi elenchis non adeo tenetur, ut nequeat, postquam eos mature perpenderit, si necessarium aut conveniens duxerit, alium etiam eligere qui sit extra elenchos»[124]. Dal testo si vede chiaramente che la Santa Sede poteva aggiungere alle liste un altro candidato. Però, più oltre nello stesso volume degli *Acta*, era pubblicata un'interpretazione della presente nota, contenente un cambiamento di notevole importanza. Si trattava del cambiamento della parola *alium* in *alios*[125], ciò, secondo tale interpretazione, significava che alla lista proposta dal capitolo, la Santa Sede poteva liberamente aggiungere, in tutto o in parte, altri nomi. Tale cambiamento da *alium* in *alios* si poteva interpretare, secondo B. Primetshofer, come una possibilità che «la lista proposta al Capitolo

---

[123] Art. 6,1, MERCATI, II, 137.
[124] Nota all'art. 6,1 del concordato prussiano, *AAS* 21 (1929) 527.
[125] «In nota ad art. 6 §1, Sollemnis Conventionis inter Sanctam Sedem et Borussiae Rempublicam, in calce p. 527 huius Commentarii Officialis, verba "alium etiam eligere qui sit extra elenchos" legenda, seu, si mavis, intellegenda sunt ita: "alios etiam eligere qui sint extra elenchos"», *AAS* 21 (1929) 577. Nella *Raccolta di concordati* di A. Mercati mancano ambedue le note.

della sede vacante, non contenga nessun nome proposto alla S. Sede. Con tutto ciò va accennato che la frase "tener presente" (la lista) qui non significa – come secondo il testo del Concordato con la Baviera[126] – che i candidati contenuti nella terna debbano essere presi dalle liste antecedentemente trasmesse alla S. Sede»[127].

Il concordato con il Baden del 12 novembre 1932 si riferiva soltanto alla sede arcivescovile di Freiburg-Breisgau. La procedura da seguire veniva descritta nell'articolo 3, secondo il quale, in caso di vacanza della sede arcivescovile, il capitolo doveva presentare alla Santa Sede una lista di candidati canonicamente idonei. A questa lista si aggiungevano pure quelle che l'arcivescovo di Friburgo doveva rimettere ogni anno. La Santa Sede, a sua volta, tenendo presente dette liste, indicava al capitolo tre candidati, fra i quali esso doveva eleggere, per votazione libera e segreta, il nuovo arcivescovo[128]. Qui bisogna subito aggiungere che tale regolamento fu esteso dal *Reichskonkordat*[129] alle due diocesi suffraganee di Rottenburg e Mainz e alla diocesi di Meißen.

A differenza dei concordati esaminati, in quello badense si incontravano delle novità. La prima era la clausola relativa ai tre candidati designati dalla Santa Sede: almeno uno doveva appartenere all'archidiocesi di Freiburg-Breisgau. Un'altra, che occorre sottolineare, era il fatto che non si parlava più di nomina ma di conferma dell'eletto[130] da parte della Santa Sede. In questo caso l'atto della conferma, in consonanza con il can. 177 §2, era un atto dovuto, perché il Superiore non poteva negare la conferma all'eletto se questo risultava idoneo e l'elezione era fatta secondo le norme giuridiche. Riguardo alle liste proposte alla Santa Sede delle quali essa doveva tener conto, il legame era più forte rispetto al concordato prussiano.

---

[126] A tenore dell'art. 14 del concordato bavarese la Santa Sede si obbligava a non nominare un vescovo, il cui nome non fosse contenuto nelle liste proposte, sia dal capitolo, nel caso della vacanza di una sede, sia dai vescovi e dai capitoli bavaresi che suggerivano i candidati nelle rispettive liste triennali, cf. MERCATI, II, 28. L'art. IV §1 del concordato austriaco accennava espressamente che la Santa Sede non è legata alle liste propostele dai vescovi, cf. MERCATI, II, 162. R. METZ, «I legati del papa», 298.

[127] B. PRIMETSHOFER, «La nomina dei vescovi nell'Austria, Germania e la Svizzera», nota 37, 521. Cf. M. RIVELLA, «Modalità speciali», 40.

[128] Cf. Art. III,1, MERCATI, II, 150. B. PRIMETSHOFER, «La nomina dei vescovi nell'Austria, Germania e la Svizzera», 521-522. M. RIVELLA, «Modalità speciali», 40-41. L. GUTIÉRREZ MARTÍN, *El privilegio*, 129-132.

[129] Art. 14: «Per quel che riguarda la provvista delle Sedi vescovili delle due diocesi suffraganee di Rottenburg e di Magonza, come pure della diocesi di Minia, si applica ad esse, corrispondentemente, la norma fissata per la Sede di Friburgo, Metropolitana della Provincia ecclesiastica dell'Alto Reno», MERCATI, II, 190.

[130] Cf. Art. III,2: «Prima della conferma dell'eletto ...», MERCATI, II, 150.

Riassumendo il nostro esame dei concordati tedeschi, occorre aggiungere che tutti contenevano la clausola politica consistente nell'obbligo di assicurarsi presso le competenti autorità statali se contro il candidato esistessero obiezioni di carattere politico[131]. Un interessante dettaglio da notare era: chi doveva fare tale domanda. In Prussia, prima della nomina, l'obbligo di assicurarsi se esistessero tali obiezioni apparteneva al capitolo della sede vacante. Nel caso di Baden invece, prima della conferma dell'eletto, lo doveva fare la Santa Sede. Oltre questo, riguardo allo stesso capitolo della sede vacante, i concordati prussiano e badense prevedevano che alla formazione della lista dei candidati e all'elezione dovevano partecipare anche i canonici onorari[132].

Un'ultima cosa da aggiungere riguardo ai concordati tedeschi è il giuramento di fedeltà che i nuovi vescovi, prima di prendere possesso delle loro diocesi, dovevano prestare nelle mani del Luogotenente nel competente Stato o del Presidente del Reich. Tale obbligo non esisteva nei *Länderkonkordate*, ma soltanto nel *Reichskonkordat*[133].

c) *Svizzera*

La Svizzera rimane fino ad oggi uno dei principali paesi a regime elettorale, caratterizzato da diverse particolarità. Occorre ricordare che

---

[131] Art. 14, punto 2 del *Reichskonkordat*: «Prima di spedire le Bolle di nomina per gli Arcivescovi, Vescovi, per un Coadiutore *cum iure successionis* o per un Prelato *nullius*, si comunicherà al Luogotenente (*Reichsstatthalter*) nel competente Stato il nome della persona prescelta per accertare che contro di essa non esistono obiezioni di carattere politico generale», MERCATI, II, 190. Art. 6,1 del concordato prussiano: «La Santa Sede non nominerà nessuno Arcivescovo o Vescovo, intorno al quale il Capitolo dopo la elezione non si sia prima assicurato presso il Governo Prussiano che contro di esso non esistono obiezioni di carattere politico», MERCATI, II, 137. Art. III,2 del concordato badense: «Prima della conferma dell'eletto, la Santa Sede si assicurerà presso il Ministero di Stato del Baden, se contro di lui esistano da parte del Governo obiezioni di carattere politico generale, rimanendo escluse quelle riguardanti il partito politico», MERCATI, II, 150.

[132] Cf. Art. 6,2 del concordato prussiano, MERCATI, II, 137. Quello badense, oltre questo, nell'art. III,3 aggiungeva che i canonici onorari partecipavano cogli stessi diritti dei canonici effettivi, MERCATI, II, 150.

[133] Art. 16 del *Reichskonkordat* prescriveva la seguente forma del giuramento: «Davanti a Dio e suoi Santi Vangeli, giuro e prometto, come si conviene ad un Vescovo, fedeltà al Reich Germanico e allo Stato... Giuro e prometto di rispettare e di far rispettare dal mio clero il Governo stabilito secondo le leggi costituzionali dello Stato. Preoccupandomi com'è mio dovere, del bene e dell'interesse dello Stato Germanico, cercherò, nell'esercizio del sacro ministero affidatomi, di impedire ogni danno che possa minacciarlo», MERCATI, II, 191-192. Cf. B. PRIMETSHOFER, «La nomina dei vescovi nell'Austria, Germania e la Svizzera», 523-524.

la Svizzera è uno stato federale. Ai diversi cantoni di questo paese è demandata una relativa sovranità, in particolare in relazione a questioni di carattere religioso. Riguardo alla struttura ecclesiastica, le sei diocesi sono immediatamente soggette alla Santa Sede e non includono sedi metropolitane. I loro territori sono molto diversi: vi sono diocesi piccole, limitate ad un solo cantone e altre assai estese, comprendenti anche fino a dieci cantoni.

Riguardo al diritto della provvista delle chiese in Svizzera, bisogna dire che la designazione dei vescovi, presente qui con quasi tutti e tre i modi sopra ricordati, si intreccia con il diritto cantonale. Sebbene, infatti, non sussista più alcun diritto di nomina da parte delle autorità secolari, esse conservano tuttavia, in qualche caso, un limitato diritto di ingerenza, consistente nell'esclusione dei candidati che risultassero meno graditi al governo. In una parte delle diocesi svizzere vige il diritto di elezione, anche se in diverse forme; nella restante parte la libera collazione del Romano Pontefice. L'elezione – oggetto del nostro tema, dopo la promulgazione del Codice del 1917, restando salvi i privilegi concessi, i diritti acquisiti e gli speciali modi di procedere pattuiti o altrimenti approvati dalla Santa Sede – resta praticata per le sedi di Basilea, San Gallo e Coira. Soggetto dell'elezione delle dette diocesi sono i loro capitoli cattedrali[134].

Nella diocesi di Basilea, alla quale appartengono i cantoni di Lucerna, Berna, Soletta, Zug, dal 2 dicembre 1828 Argovia, dal 10 aprile 1829 Turgovia e dal 2 maggio 1978 Basilea-città e Sciaffusa[135], il diritto di eleggere il vescovo diocesano spetta al capitolo della cattedrale. Tale *ius* che era rimasto immutato anche dopo la promulgazione del Codice del 1917, in quanto gli compete in base al concordato del 26 marzo 1828.

Secondo l'art. 12 di questo concordato i canonici componevano il Senato del vescovo che aveva il diritto di eleggere il vescovo, al quale il Santo Padre doveva dare l'istituzione canonica, qualora le sue qualità

---

[134] Cf. P.V. AIMONE BRAIDA, «Elezione e nomina dei Vescovi in Svizzera», 533-537. ID., *L'intervento dello stato*, 177-182. B. PRIMETSHOFER, «La nomina dei vescovi nell'Austria, Germania e la Svizzera», 524-525.

[135] Riguardo i cantoni di Argovia e Turgovia, la loro annessione alla diocesi di Basilea fu preceduta dalla bolla *Inter praecipua* del 7 maggio del 1828 e dal breve *Quod ad rem sacram* del 15 settembre 1828 emanati da Leone XII. Tali annessioni furono approvate da Pio VIII con la bolla *De animarum salute* del 23 marzo 1830, cf. MERCATI, I, 714-724. Riguardo i cantoni di Basilea-città e Sciaffusa, essi furono annessi a detta diocesi con la convenzione addizionale firmata il 2 maggio 1978 tra la Santa Sede e il Consiglio Federale Svizzero, cf. Art. 1, MARTÍN DE AGAR, 837. P.V. AIMONE BRAIDA, *L'intervento dello stato*, nota 12, 183-184. H. KÜNG, «La libertà dell'elezione del vescovo di Basilea», 172-179.

canoniche fossero provate secondo le consuete forme delle chiese elvetiche[136]. Un dettaglio particolare che si incontra nel concordato riguarda il collegio elettorale. In consonanza con l'art. 4[137], formavano il Senato del vescovo i dieci canonici, proporzionalmente ripartiti fra tutti i cantoni che formavano la diocesi prima dell'annessione dei nuovi cantoni (cf. nota 135). Con le annessioni successive il numero degli aventi diritto al voto era aumentato portando così il collegio a 17 membri. Ai menzionati dieci canonici erano aggiunti tre dal cantone di Argovia e uno da quello di Turgovia[138] e poi altri tre, provenienti dai cantoni di Basilea campagna e città e Sciaffusa[139]. Il concordato designava pertanto sia gli elettori attivi, cioè quelli che formavano il *Senatus episcopi* sia quelli passivi, cioè i sacerdoti incardinati nella diocesi. Nel collegio degli elettori attivi, potevano essere ammessi solo quei canonici che erano originari dei cantoni ai quali apparteneva la Prebenda o che, almeno, esercitavano qualche ufficio ecclesiastico. Inoltre, dovevano essere preti secolari, in servizio di cura d'anime o titolari di un beneficio da almeno quattro anni, oppure svolgere un lavoro di aiuto al vescovo o in seminario, quale professori di teologia o di diritto canonico[140].

Circa la procedura da seguire nell'elezione, essa si è sviluppata poi a partire dalle indicazioni assai concise del testo concordatario della bolla *Inter praecipua* e, in qualche misura, da quelle del breve *Quod ad rem sacram*, emanati da Leone XII. In forza di tali disposizioni al Senato del vescovo era conferito il diritto di eleggere entro tre mesi dalla vacanza della sede il nuovo vescovo. Al nuovo eletto si conferiva l'istituzione canonica, dopo che la sua elezione veniva confermata secondo le

---

[136] Art. 12: «Les Chanoines formant le Sénat ont le droit de nommer l'Evêque parmi le Clergé du Diocèse. L'Evêque élût recevra l'institution du St. Père aussitôt, que ses qualités canoniques auront été constatées selon les formes usitées pour les Eglises de la Suisse», MERCATI, I, 713.

[137] Art. 4: «Les dix chanoines nommés dans l'article précédent formeront le Sénat de l'Evêque», MERCATI, I, 712.

[138] Riguardo i dieci canonici, la loro nomina era regolata dall'art. 12 del concordato del 26 marzo 1828. Annessione del cantone di Argovia del 2 dicembre 1828, art. 2: «L'élection des trois Chanoines, que le Canton d'Argovie à fournir au Chapitre Cathédral, savoir d'un Chanoine résidant et deux non résidants se fera d'après le mode établi par l'Art. 12 de la Convention citée du 26 Mars 1828». Annessione del cantone di Turgovia del 10 aprile 1829, art. 2: «L'élection du Chanoine non résidant à fournir au chapitre Cathédral, se fera d'après le mode stipulé par l'article 12 de la Convention citée du 26 Mars 1828», MERCATI, I, 713.721.722.

[139] Art. 2 a): «Pour chacun des Cantons de Bâle-Campagne, de Bâle-Ville et de Schaffhouse sera nommé un chanoine non résidant», MARTIN DE AGAR, 837.

[140] Cf. concordato del 1828, art. 12, MERCATI, I, 713. P.V. AIMONE BRAIDA, *L'intervento dello stato*, 184.

norme canoniche, dalla Santa Sede. In pratica, il collegio elettorale, ovvero il Senato del vescovo, dopo aver consultato informalmente clero locale, religiosi, parrocchie, associazioni e consigli formava un elenco di sei nomi di sacerdoti diocesani, giudicati idonei ed eleggibili. Da questo elenco il suddetto collegio eleggeva il vescovo, seguendo le disposizioni generali del diritto canonico per l'elezione a un ufficio (cf. cann. 171-173, 174, 101 §1, 1° e 321). Avvenuta l'elezione, il nome dell'eletto, rimanendo segreto, veniva comunicato alla Santa Sede, la quale procedeva al consueto processo informativo. Se il processo risultava positivo e il Papa lo riteneva opportuno, l'elezione era confermata (cf. cann. 176 §§1 e 2, 177) e il nome veniva reso pubblico[141]. Qualora l'elezione non fosse avvenuta secondo il diritto canonico, oppure l'eletto non otteneva la conferma dalla Santa Sede, il collegio elettorale doveva procedere a una nuova elezione canonica[142]. Giova inoltre ricordare che al vescovo di Basilea era attribuito il diritto di nominare un suffraganeo, salva sempre la conferma della Santa Sede[143].

Per quanto il concordato del 1828 non prevedesse alcun intervento da parte delle autorità pubbliche nella procedura d'elezione, possiamo considerare tale ingerenza presente nella *mens* del breve *Quod ad rem sacram* del 15 settembre dello stesso anno. Questo documento pontificio aveva come scopo principale quello di dare una speciale direttiva

---

[141] Cf. P.V. AIMONE BRAIDA, «Elezione e nomina dei Vescovi in Svizzera», 546-547. M. RIVELLA, «Modalità speciali», 38.

[142] La bolla *Inter praecipua* stabiliva: «Novo autem sic efformato Cathedrali Capitulo, Decem Canonicis [dato che la bolla è stata scritta prima delle accessioni, perciò si parla dei dieci canonici. A quelli si aggiungono altri sette ricordati prima] Senatum Episcopi constituentibus tribuimus jus eligendi infra tres Menses ex dioecesano Clero, servatis Canonicis Regulis, futurum ac pro tempore Episcopum Basileensem; jubentes insimul, ut peractae Electionis instrumentum authentica forma exaratum Summo Pontifici de more mittatur, a quo, si Electio canonice peracta agnoscetur et ex inquisitionis processu juxta formam pro Episcopatibus in Helvetia usitatam confecto, de ipsius Electi qualitatibus ad Sacrorum Canonum normam rite constiterit, electio hujusmodi a Sancta Sede confirmabitur et ab ea deinde per Apostolicas literas Canonica Electo dabitur institutio. Quod si aut electio minime fuerit canonice peracta, aut Promovendus praedictis qualitatibus instructus non reperiatur, ex speciali gratia indulgemus, ut Cathedrale Capitulum ad novam electionem canonica similiter methodo valeat procedere», MERCATI, I, 716. Cf. P.V. AIMONE BRAIDA, *L'intervento dello stato*, 185-186.

[143] La bolla *Inter praecipua*: «[...] Episcopali Sedi Basileensi [...] jus confirmamus habendi Suffraganeum Episcopum Titularem ad ea per totam Dioecesim obeunda munia, quae Ordinem Episcopalem requirunt; cujus quidem Suffraganei nominatio Summo Pontifici de more facienda ad Episcopum Basileensem pro tempore semper libere spectabit», MERCATI, I, 717. Cf. concordato del 26 marzo 1828, art. 16, MERCATI, I, 714.

sull'uso del diritto elettorale conferito al detto Senato dal concordato del 1828 e dalla successiva bolla *Inter praecipua*, i quali accennavano alla libertà come elemento essenziale all'elezione, sia di fronte all'autorità della Santa Sede, sia di fronte ai governi civili. Dato che l'elezione assumeva un'importanza rilevante per l'utilità della religione e per la salvezza delle anime, il breve ribadiva che il capitolo degli elettori non aveva il diritto di allontanarsi dai documenti apostolici e di introdurre nella procedura dell'elezione norme e procedimenti contrari alle prescrizioni canoniche. Il capitolo era esortato a eleggere il candidato più degno e quello che poteva rendersi massimamente utile alla Chiesa. Inoltre il documento precisava quale doveva essere il rapporto del collegio elettorale con i governi cantonali e quali ingerenze questi potevano esercitare nei confronti dell'elezione. Un esempio di tali rapporti si riscontrava nell'affermazione di Ivo di Chartres, citata dal documento pontificio. Secondo lui la Chiesa fioriva quando «imperium et sacerdotium inter se conveniunt». Nella parte conclusiva vi era un invito agli elettori a scegliere candidati canonicamente idonei, sapendo che essi dovevano essere graditi al governo[144].

La ragione di tali precisazioni ed esortazioni nel breve esaminato era data dal fatto che esistevano comunque delle difficoltà di accordo circa l'ambito riservato al collegio elettorale e ai governi cantonali e sulla precisa determinazione dei loro rapporti in periodo elettorale. In realtà si trattava dell'interpretazione della clausola *noveritis*, vale a dire, di un accertamento da parte del collegio elettorale presso la conferenza diocesana se i candidati erano ad essa graditi o meno[145]. In teoria tale collegio, ossia il Senato del vescovo, doveva presentare alla conferenza diocesana una lista di sei candidati per sapere se questi saranno graditi o no alla conferenza diocesana stessa, composta dai rappresentanti cattolici di tutti gli stati cantonali. Per considerare un candidato come *persona minus grata* contro di lui si dovevano avere quattro (o cinque)[146] voti. Il

---

[144] Cf. Breve *Quod ad rem sacram*, MERCATI, I, 719-720. P.V. AIMONE BRAIDA, *L'intervento dello stato*, 186-187.

[145] Breve *Quod ad rem sacram*: «Vestram proinde erit partium, eos adsciscere, quos ante solemnem electionis actum noveritis nedum praefinitis qualitatibus praefulgere, sed gubernio etiam minus gratos non esse», MERCATI, I, 720.

[146] Prima dell'annessione (cf. nota 135) dei cantoni di Basilea-città e Sciaffusa (1978) la conferenza diocesana era formata da quattordici membri – due per cantone – designati dai governi di sette cantoni. I membri erano i componenti della religione cattolica. I due rappresentanti di ognuno dei sette cantoni poteva dare un solo voto. Perciò, un candidato che riceveva quattro voti (maggioranza) negativi, veniva qualificato come meno grato e in conseguenza cancellato dalla lista, cf. P.V. AIMONE BRAIDA, *L'intervento dello stato*, nota 26, 192-193.

nodo del problema, dunque, consisteva nell'interpretazione di tale procedura di accertamento che da parte della Santa Sede era intesa nel senso del semplice accertamento soggettivo. I governi cantonali, invece, si sono battuti per un'interpretazione in senso oggettivo, riuscendo a imporre la procedura della lista aperta. Perciò, in pratica, nella diocesi di Basilea si era instaurato[147] un procedimento di lista non previsto da un accordo, e senza che vi fosse stato un riconoscimento ecclesiastico del diritto di esclusione, in base al quale la conferenza diocesana, al posto di qualificare, poteva ora cancellare dalla lista dei sei candidati i nominativi meno graditi. A sua volta, la Santa Sede con lo scopo di garantire un'elezione canonica, si limitò ad esigere, che in caso di non gradimento dei candidati, almeno tre dovevano rimanere eleggibili[148].

Un altro caso in cui, nella designazione del vescovo diocesano, si ricorreva all'elezione capitolare era la diocesi di San Gallo, il territorio della quale era lo stesso del cantone. In forza delle disposizioni della convenzione del 7 novembre 1845 fra la Santa Sede e il Gran Consiglio cattolico del cantone[149] e della seguente bolla *Instabilis rerum* dell'8 aprile 1847 il diritto di eleggere il vescovo spettava al capitolo della cattedrale della diocesi. Una curiosità che era presente nella detta convenzione riguardava la prima elezione del vescovo. Essa veniva fatta dal Romano Pontefice che, dalla lista di cinque sacerdoti eleggibili presentata dal Gran Consiglio cattolico, ne sceglieva uno e gli conferiva l'istituzione canonica[150]. Per le scelte successive era stabilito il seguente procedimento.

Il capitolo della cattedrale[151] si riuniva qualche tempo dopo l'inizio della vacanza della sede, ma non più tardi di tre mesi, e formava un

---

[147] Riguardo agli esempi del percorso delle elezioni, si può vedere P.V. AIMONE BRAIDA, *L'intervento dello stato*, 193-201. ID., «Elezione e nomina dei Vescovi in Svizzera», 549-551.

[148] Cf. P.V. AIMONE BRAIDA, «Elezione e nomina dei Vescovi in Svizzera», 548-549. ID., *L'intervento dello stato*, 188-193. B. PRIMETSHOFER, «La nomina dei vescovi nell'Austria, Germania e la Svizzera», 527-528. M. RIVELLA, «Modalità speciali», 38. R. METZ, «I legati del papa», 299.

[149] Art. 7: «Quovis modo eveniente vacatione sedis episcopalis Sangallensis jus electionis novi Episcopi penes Capitulum cathedrale residet», MERCATI, I, 748.

[150] Si potrebbe presumere, che si trattava della prima elezione dopo l'entrata in vigore della convenzione. Art. 6: «Pro prima electione Episcopi supremus Senatus catholicus Pagi Sangallensis Sedi Apostolicae exhibebit notulam quinque clericorum eligibilium, ex quibus S. Pater Episcopum nominabit, cui insimul institutionem canonicam conferet», MERCATI, I, 748.

[151] Secondo l'art. 3: «Novum Ecclesiae cathedralis Sangallensis Capitulum quinque constabit Capitularibus residentialibus, unica nempe digitate Decani, et quatuor

elenco di sei nomi. I candidati venivano scelti tra i sacerdoti diocesani, nei quali, a parte i requisiti richiesti dal diritto canonico, si dovevano riscontrare le qualità richieste dal concordato: incardinazione nella diocesi di San Gallo, lo svolgimento da diversi anni di un sevizio pastorale diretto, sia nell'insegnamento sia nell'amministrazione diocesana, con merito e distinzione[152]. Formalmente non era richiesta la cittadinanza cantonale o almeno svizzera, però si doveva tener presente che «electus supremo Consilio catholico persona non ingrata esse debet» (art. 7). L'elenco dei sacerdoti veniva trasmesso segretamente alla Santa Sede che si accertava circa l'idoneità dei candidati, approvandoli o meno. Il capitolo procedeva poi all'elezione a maggioranza semplice (cf. cann. 171-173, 174, 101 §1, 1° e 321). Se tale elezione era riconosciuta come avvenuta regolarmente e l'eletto constava avere qualità canoniche (cf. can. 331 §1) e quelle richieste dell'art. 9 della *conventio*, il Sommo Pontefice conferiva all'eletto l'istituzione canonica[153]. Secondo l'art. 10 della convenzione, il vescovo eletto doveva emettere un giuramento di fedeltà davanti ai deputati del Gran Consiglio, giuramento che nel 1959 fu abolito.

Come nel caso della diocesi di Basilea anche a San Gallo l'autorità civile rivendicava un diritto d'ingerenza nella procedura della designazione del vescovo. L'autorità civile veniva qui rappresentata dal Consiglio cattolico, detto anche Collegio, formato dai membri cattolici del Gran Consiglio. L'ingerenza si basava sulla convenzione, che, nell'art. 7, richiedeva che la persona eletta non doveva essere meno gradita al Gran Consiglio del cantone. Dato che, nella *conventio* del 1845 non esistevano le norme esecutorie circa la procedura da osservarsi nell'accertamento da parte del Consiglio cattolico se un candidato fosse gradito,

---

Canonicis, atque in super octo Canonicis foraneis sive ruralibus vel titularibus nuncupandis, ac tribus Presbyteris auxiliariis vel Vicariis», MERCATI, I, 747.

[152] Art. 7: «[...] jus electionis novi Episcopi penes Capitulum residet, atque a Canonicis tam residentibus quam foraneis seu titularibus infra spatium trium mensium a die obitus Episcopi computandum exequendum est». Art. 9: «Ut quis ad dignitatem Episcopi eligibilis sit, praeter qualitates canonicas requiritur, ut eligendus sit Presbyter e Clero dioecesano, et in Dioecesi ipsa Sangallensi per plures annos curae animarum, tradendis litteris, vel administrandae Dioecesi merito et distinctione incubuerit», MERCATI, I, 748. Cf. P.V. AIMONE BRAIDA, *L'intervento dello stato*, 207-211. ID., «Elezione e nomina dei Vescovi in Svizzera», 551-552. B. PRIMETSHOFER, «La nomina dei vescovi nell'Austria, Germania e la Svizzera», 528-529. M. RIVELLA, «Modalità speciali», 38-39.

[153] Art. 8: «Si electio canonice peracta agnoscetur, et juxta formam pro Episcopatibus in Helvetia usitatam de ipsius Electi qualitatibus ad sacrorum canonum normam rite constiterit, Summus Pontifex Electo canonicam institutionem praestabit», MERCATI, I, 748.

allora, questo Consiglio, il 18 febbraio 1846, emanò autonomamente un «Regulativ» riguardante la sua partecipazione alla scelta del vescovo.

Secondo tale regolamento, il capitolo della cattedrale, entro quattordici giorni dalla data della vacanza della sede vescovile, doveva formare una lista di sei sacerdoti eleggibili. Tale lista, fatte prima le copie dello stesso modello per tutti i membri del Consiglio cattolico, doveva essere inviata al consiglio amministrativo cattolico che in seguito la trasmetteva al presidente del Consiglio. Il presidente, entro quattordici giorni dalla data di ricezione, convocava un'adunanza del Collegio, al quale veniva comunicata e presentata la lista, finora non aperta. Fatta la comunicazione della lista, subito si poneva la domanda se la lista sottoposta fosse gradita o no al Collegio. Rispondendo, ogni membro del Collegio votava segretamente in favore o meno della lista. Se la maggioranza approvava tale lista, la scelta dei candidati proposti dal capitolo era interamente rimessa al capitolo stesso. Se, invece, la maggioranza rispondeva negativamente alla domanda di gradimento della lista proposta, ciascuno dei componenti del Collegio poteva cancellare uno, due o, al massimo, tre nomi, oppure lasciarli tutti, senza cancellarne alcuno. La lista stessa fungeva da scheda elettorale. Ogni scheda veniva raccolta ed esaminata dal presidente. Le schede, nelle quali non era cancellato nessun nome o ne erano cancellati più di tre non avevano valore. I candidati, i cui nomi erano cancellati dalla maggioranza assoluta dei votanti, erano esclusi dalla lista e considerati come persone meno gradite per l'imminente elezione. Dai nomi dei sacerdoti restanti il Consiglio cattolico formava la nuova lista, contenente non meno di tre nomi, e la comunicava al capitolo della cattedrale, il quale, in base ad essa, eleggeva il vescovo di San Gallo[154].

L'ultima diocesi rimasta da esaminare è quella di Coira. Essa è tra le diocesi svizzere più antiche, nelle quali il capitolo della cattedrale eleggeva, tra i suoi membri, il vescovo diocesano. Ufficialmente, il diritto di eleggere fu riconosciuto al capitolo della cattedrale dal concordato di Vienna-Aschaffenburg del 1448[155]. Nulla, peraltro, era cambiato dopo l'abrogazione, nel 1803, del concordato di Vienna. L'antica prassi dell'elezione capitolare rimaneva in vigore anche con la promulgazione del Codice del 1917, il quale, con le norme dei canoni 4, 27, 29 e 63, costituiva una base giuridica sufficiente per il mantenimento della procedura dell'elezione dei vescovi da parte del capitolo. Il vigente decreto

---

[154] Cf. P.V. AIMONE BRAIDA, *L'intervento dello stato*, 212-213. B. PRIMETSHOFER, «La nomina dei vescovi nell'Austria, Germania e la Svizzera», 530-531. R. METZ, «I legati del papa», 299.

[155] Cf. Concordato di Vienna del 17 febbraio 1448, MERCATI, I, 177-181.

Etsi salva del 26 giugno 1948[156], emanato dalla Congregazione Concistoriale, pose fine a molti anni di incertezze e di discussioni sulla portata degli antichi privilegi e consuetudini del capitolo. In forza di tale decreto che abrogava ogni precedente privilegio, il capitolo della cattedrale aveva il diritto di eleggere il vescovo all'interno di una terna formulata dalla Santa Sede. Tale norma, in seguito, ebbe la sua prima formulazione statuaria nel §11 degli Statuti del Capitolo della Cattedrale della diocesi di Coira del 10 dicembre 1973. Dall'entrata in vigore di questo statuto, oltre al diritto di elezione, il capitolo della cattedrale doveva inviare al vescovo diocesano in carica una proposta di tre candidati che doveva essere riesaminata o completata ogni due anni[157].

2.3 Nomina o presentazione dalle autorità civili (can. 332 §1)

2.3.1 Analisi delle fonti del §1

L'intervento delle autorità civili nella designazione dei vescovi era una prassi molto antica. Oltre a quanto abbiamo già detto su questo tema nel capitolo precedente, per avere una visione sullo sviluppo delle norme, daremo ora uno sguardo alle fonti del can. 332 §1.

Per comporre la norma del canone in esame, il legislatore ha fatto riferimento a una grande varietà di disposizioni. Tra le più antiche, incontriamo il Can. 12 del Concilio Costantinopolitano IV (869-870) che, categoricamente, vietava che un'elezione episcopale avvenisse con

---

[156] *Electionis Episcopi Curiensis Decretum* del 28 giugno 1948: «Etsi salva semper manere debeat Sedis Apostolicae libertas in nominandis Episcopis et certa, aequalis methodus in hoc gravissimo negotio exoptetur, tamen quandoque graves rationes normas peculiares in electione Episcoporum, praecipue consuetudinibus regionum accomodatas, suadere possunt. Hac mente SSmus Dominus Noster PIUS Div. Prov. PP. XII, pro sua sapientia ac benevolentia, utilitati Ecclesiae Curiensis per idonei Pastoris electionem prospiciens, re mature perpensa, Capitulo Cathedrali supradictae dioecesis privilegium conferre dignatus est proprium Episcopum eligendi intra tres sacerdotes ab Apostolica Sede propositos. Porro SSmus Dominus, abrogato, quatenus opus sit, quolibet alio privilegio, hoc Consistoriali Decreto statuit ut in futurum, Sede Curiensi vacante, eiusdem dioecesis Capitulum Cathedrale ecclesiasticum virum intra tres candidatos ab Apostolica Sede propositos eligat in Curiensem Episcopum. Contrariis quibuscumque non obstantibus», la citazione del decreto è presa da W. GUT, «Coira, una controversa elezione episcopale», 583.

[157] Cf. W. GUT, «Coira, una controversa elezione episcopale», 583-593. P.V. AIMONE BRAIDA, «Elezione e nomina dei Vescovi in Svizzera», 555-559. ID., *L'intervento dello stato*, 201-207. B. PRIMETSHOFER, «La nomina dei vescovi nell'Austria, Germania e la Svizzera», 525-526. M. RIVELLA, «Modalità speciali», 39. R. METZ, «I legati del papa», 299.

il concorso e sotto l'influenza del potere politico[158]. Dalle successive disposizioni della *Distinctio* 63 del Decreto di Graziano appare chiaramente che, secondo il diritto comune, l'elezione dei vescovi apparteneva all'autorità apostolica e non ai sovrani. Se fatta da questi ultimi, l'elezione era nulla[159]. Tale atteggiamento rimase immutato anche nella seconda parte del Decreto[160]. Un così forte richiamo all'esclusiva competenza del Romano Pontefice sui vescovi, si poteva rilevare altresì dalle norme che riguardavano il loro trasferimento[161]. Un piccolo cambiamento, nel senso di un «ammorbidimento» delle norme, si può ricavare dal cap. 5 delle *Clementine*. Là si prevedeva che, sia per il clero sia per i laici, per poter intervenire nella provvisione delle chiese cattedrali, ci voleva una speciale licenza del Papa[162].

I vari documenti dei Romani Pontefici, ai quali faceva riferimento il legislatore, erano in linea sia con il Decreto sia con le Decretali. Dopo gli argomenti proposti nelle costituzioni *In supremo* di Clemente XI e

---

[158] Il Can. XII nel titolo diceva: «De non recipiendis ullo modo electionibus episcoporum per principale suffragium et potentiam factis» e nel testo stesso «Apostolicis et synodicis canonibus, promotiones et consecrationes episcoporum et potentia et praeceptione principum factas penitus interdicentibus [...]», *COD*, 175.

[159] D. 63, *dictum ante* c. 4: «Apostolica auctoritate, non regio fauore episcopus est eligendus». D. 63, *dictum ante* c. 5: «Non recipiatur a conprouincialibus qui regia ordinatione episcopale culmen adipiscitur». D. 63, *dictum ante* c. 7: «Irrita sit electio episcopi, aut presbiteri a principibus facta» e ancora nel canone stesso: «Omnis electio episcopi [...] a principibus facta irrita maneat secundum regulam [= C. 16, q. 7, c. 14], que dicit: "Si quis episcopus, secularibus potestatibus usus, ecclesias per ipsas obtinuerit, deponatur, et segregatur omnesque, qui illi communicant"», FRIEDBERG, I, 236-237.

[160] C. 16, q. 7 *dictum ante* c. 12: «De manu laici episcopatus uel abbatia suscipi non debet» e, ancora, se «quis deinceps episcopatum uel abbatiam de manu alicuius laicae personae susceperit, nullatenus inter episcopos uel abbates habeatur, nec ulla ei ut episcopo seu abbati audientia concedatur». C. 16, q. 7, c. 13: «[...] decernimus, ut nullus clericorum inuestituras episcopatus, uel abbatiae, uel ecclesiae de manu imperatoris, uel regis, uel alicuius laicae personae, uiri uel feminae, suscipiat», FRIEDBERG, I, 804.

[161] X. 1,7,3: «Potestatem [enim] transferendi pontifices ita sibi retinuit Dominus et magister, quod soli beato Petro vicario suo, et per ipsum successoribus suis, [...] speciali privilegio tribuit et concessit». X. 1,7, *dictum ante capitulum* 4: «Solus Papa transfert episcopos; et indulgentia, per eum super tali translatione concessa, ad litteram servanda est», FRIEDBERG, II, 99.

[162] Clem. 1,3, *dictum ante cap.* 5: «Sine speciali licentia Papae nullus providere potest ecclesiae cathedrali, clero carenti et populo Christiano»; in seguito nello stesso capitolo, «[...] statuimus, ut nullus de cetero, quantacunque dignitate praepollens, nisi speciali super hoc auctoritate sedis apostolicae fulciatur, de pastore provideat cathedrali ecclesiae», FRIEDBERG, II, 1137.

Super soliditate di Pio VI[163], poco rilevanti per il nostro tema e relativi piuttosto alla seconda parte del §1 del can. 332, un'attenzione particolare attira l'enciclica *Charitas* di Pio VI. Il Papa nelle pagine del documento, tra tante preoccupazioni a motivo di quanto avvenuto in Francia, circa la designazione di alcuni vescovi, ricordava che per nessuna ragione un politico poteva, di proprio arbitrio, regolare le elezioni dei vescovi, per non dire dei laici, degli eretici, dei non credenti e degli ebrei, da parte dei quali l'elezione nemmeno avrebbe dovuto aver luogo[164]. La Chiesa rifuggiva sempre non solo da tali modi d'elezione, ma anche da quelle persone che erano state scelte «a laicorum turba, et colluvione»[165]. Perciò, per salvaguardare questo atteggiamento della Chiesa, il Papa Pio VI, a conclusione della costituzione relativa alle elezioni avvenute in Francia, dichiarò che esse erano illegittime, sacrileghe e nulle[166].

Riguardo all'allocuzione *Nunquam fore* di Pio IX e al *Syllabus errorum*, rimandiamo a quanto già detto nelle pagine precedenti di questo capitolo[167].

Riprendendo il tema della designazione dei vescovi da parte delle autorità civili, dobbiamo considerare il decreto *Inter damna* del 30 aprile 1873, emanato dalla Congregazione concistoriale. Si trattava qui di un caso «nominationis seu praesentationis» da parte della potestà laica avvenuto in Cuba. Tale atto fu dichiarato nullo dalla Santa Sede[168].

Occorre a questo punto sottolineare il fatto che i documenti finora esaminati, non riconoscevano alle autorità civili nessuna possibilità di

---

[163] Cf. CLEMENS XI, Constitutio *In supremo*, §2, in GASPARRI, I, n. 266, 524-526. PIUS VI, Constitutio *Super soliditate*, §16, in GASPARRI, II, n. 473, 668.

[164] PIUS VI, Epistola encyclica *Charitas*, §2: «Nulla enim ratione fieri poterat, ut politicus hominum [...] episcoporum electiones arbitratu suo moderaretur»; §7: «neminem, qui confirmare se posse crederet novos episcopos, per laicos, per haereticos, per infideles, et per iudaeos in municipalibus districtibus electos, veluti edita decreta imperabant; vidensque insuper absurdam hanc regiminis formam nullo loco posse subsistere», in GASPARRI, II, n. 474, 672.673.

[165] Cf. PIUS VI, Epistola encyclica *Charitas*, § 16, in GASPARRI, II, n. 474, 677.

[166] PIUS VI, Epistola encyclica *Charitas*, § 21: «[...] declaramus, electiones [...] in episcopos [...] illegitimas, sacrilegas, et prorsus nullas fuisse, et esse, prout eas rescindimus, delemus, abrogamus», in GASPARRI, II, n. 474, 679.

[167] Cf. pp. 59-60 con le relative note a piè di pagina. A. TOSO, *Ad Codicem iuris canonici*, II, 157.

[168] S.C. CONSISTORIALIS, Decretum *Inter damna*, n. I: «Petrum Llorente a Gubernio Hispanico ad Archiepiscopalem Ecclesiam S. Iacobi de Cuba nominatum, licet huius nominationis seu praesentationis nullum apud S. Sedem extet authenticum documentum», in SERÉDI, VI, n. 42225, 571.

intervenire nella designazione dei vescovi e dichiaravano nulli gli atti in qualsiasi modo posti da queste. La costituzione *Romanus Pontifex* di Pio IX, invece, quasi con le stesse parole del paragrafo in esame, riconfermando quanto già era stabilito in precedenza, dichiarava che i vescovi si dovevano intendere come eletti o presentati da parte dei moderatori supremi degli affari pubblici, ossia degli imperatori, re, duchi o presidenti, se questi, in forza, sia di una concessione da parte della Santa Sede sia di un privilegio, avevano il diritto di nominare e presentare i vescovi alle rispettive sedi vacanti[169]. Questa formulazione della norma, alla fine della costituzione, era rafforzata con la dichiarazione del Pontefice che nulla e da nessuno poteva essere infranto, impugnato o contraddetto ciò che il documento prescriveva[170].

Prima di procedere con l'analisi dell'ultimo documento, giova ricordare che il caso della Francia era già stato affrontato dall'enciclica *Charitas* di Pio VI di poco anteriore (1791) del concordato del 1801 che, come vedremo, riconosceva al primo console della repubblica francese il diritto di nominare i vescovi. L'allocuzione *Duplicem* di Pio X, invece, è dell'anno 1904, perciò, anche la sua *mens* era un po' differente dall'enciclica di Pio VI. Di fatto, il documento, riferendosi al menzionato concordato, prescriveva che la Chiesa attribuiva alla repubblica francese la facoltà di nominare coloro ai quali doveva essere attribuito il *munus*. Senza l'istituzione canonica, tuttavia, tale facoltà non aveva valore. Perciò, la Santa Sede, dato che non poteva far partecipare l'autorità civile a questo atto, riservava a sé l'attribuzione dell'ufficio episcopale, come un diritto proprio e peculiare. Nel procedimento della nomina dei vescovi era importante che nessuno volesse altro se non designare e presentare alla Santa Sede quel candidato, che il Pontefice, dopo averlo riconosciuto idoneo, promuoveva all'ufficio

---

[169] PIUS IX, Constitutio *Romanus Pontifex*, § 7: «[...] declaramus etiam, et decernimus [...] comprehendere etiam nominatos, et praesentatos a Supremis publicarum rerum Moderatoribus, sive Imperatores sint, sive Reges, sive Duces, vel Praesides, et quomodocumque nuncupentur, qui ex S. Sedis concessione, seu privilegio iure gaudent nominandi, et praesentandi ad Sedes Episcopales in suis respectivis ditionibus vacantes», in GASPARRI, III, n. 565, 75.

[170] PIUS IX, Constitutio *Romanus Pontifex*, § 13: «Haec volumus, statuimus, ac mandamus, decernentes has Nostras Litteras, et omnia in eis contenta nullo unquam tempore a nemine cuiusque conditionis, et dignitatis etiam Imperialis, et Regiae, sub quovis titulo, quaesito colore, ac praetenso et asserto privilegio, quod si forte sit, cassamus, et annullamus, infringi, impugnari, vel in controversiam revocari posse, sed semper firmas et efficaces existere et fore, suosque plenarios, et integros effectus semper sortiri et obtinere debere», in GASPARRI, III, n. 565, 77.

episcopale[171]. Tale diritto della Repubblica francese di nominare i vescovi, a partire dalla stipulazione del concordato fino all'allocuzione del 1904, non era stato revocato. Per di più, a gran parte dei candidati, proposti dalla Repubblica, veniva concessa l'istituzione canonica[172]. Ovviamente, secondo una consuetudine della Sede Apostolica, il Pontefice non promuoveva all'episcopato tutti quei candidati che la Repubblica designava. Essi erano valutati e quelli che erano ritenuti idonei venivano assunti all'ufficio; gli altri erano respinti[173].

Riassumendo quest'analisi, possiamo dire che dalle posizioni proposte si vede chiaramente uno sviluppo dell'atteggiamento della Chiesa riguardo alla partecipazione del potere civile nella designazione dei pastori delle diocesi. Tale sviluppo consisteva nel passaggio da una forte restrizione del diritto della designazione dei vescovi alla sola autorità ecclesiastica, alla sua concessione all'autorità civile, dandole così la possibilità di nominare o presentare i candidati all'episcopato, il risultato di ciò era la norma del §1.

2.3.2 Analisi della norma del §1

Con tre termini distinti la norma del §1, nella sua prima parte, esponeva la modalità di designare i vescovi, anche da parte delle autorità civili. La scelta, dunque, veniva fatta tramite elezione, presentazione o designazione. In effetti, della lista terminologica proposta il termine che più esattamente rifletteva il contenuto reale era quello della presenta-

---

[171] PIUS X, Allocutio *Duplicem*, n. 5: «Nihilominus in hac re, nempe concordiae facilius retinendae gratia, aliquid de severitate iuris sui remittit Ecclesia, facultatemque tribuit reipublicae eos nominandi, quibus episcopale mandetur munus. At vero facultas eiusmodi nequaquam valet aut valere idem potest, quod institutio canonica. Etenim assumere et collocare quempiam in sacrae dignitatis gradu, eique parem dignitati attribuere potestatem, iust est Ecclesiae ita proprium et peculiare, ut id cum civitate communicare, salva ratione divini muneris sui, non possit. Relinquitur ut concessa reipublicae nominatio nihil sibi velit aliud, nisi designare et sistere Apostolicae Sedi quem Pontifex, si quidem idoneum et ipse agnoverit, ad episcopatus honorem promoveat», in GASPARRI, III, n. 662, 628.

[172] PIUS X, Allocutio *Duplicem*, n. 9: «Num Ecclesia ius datum reipublicae nominandi Episcopos unquam retractavit? Immo vero candidatos, quos respublica proposuisset, partem longe maximam, canonice instituit», in GASPARRI, III, n. 662, 628-629.

[173] PIUS X, Allocutio *Duplicem*, n. 15: «[...] Pontifex non omnes, quos respublica sibi designarit, continuo ad episcopatum promovendos putat; verum probe explorato qualis quisque sit, alios, quos repererit idoneos, assumit, alios, quos minus, relinquit scilicet: admonitamque de consilio suo rempublicam rogat, ut pro illis quidem legitime incepta perficere, his vero sufficere meliores velit. Huiusmodi consuetudinem Apostolica Sedes usque ad nostram memoriam tenuit sine offensione, quamdiu utriusque potestatis concordia stetit incolumis», in GASPARRI, III, n. 662, 630.

zione. Era questa la facoltà o privilegio concessi dalla Chiesa a un governo civile, in ordine ai candidati da istituire vescovi per una determinata sede episcopale. Meno esatto, per essere più comprensivo, era il termine *designatio* o nomina. Dato che, tuttavia, anche per questo caso si richiedeva alla Santa Sede l'istituzione canonica, lo si può considerare come una presentazione. L'elezione, nel caso di presentazione da parte delle autorità civili era un procedimento molto irrilevante. Poiché, nel suo significato tecnico, l'elezione era un atto collegiale, in pratica, in un certo senso, essa veniva esercitata nei cantoni svizzeri. Di questo abbiamo parlato nel punto precedente. Un dettaglio interessante da rilevare è quello che la norma del §1 non diceva nulla circa il diritto di patronato che, in precedenza, era comune per i paesi dell'America latina. Ciò, perché, da una parte, il diritto di patronato includeva altri privilegi oltre a quello di presentazione (cf. cann. 1448, 1455, 1°) e per questo era accuratamente distinto dal Codice (cf. can. 1471); dall'altra parte, quando il Codice fu promulgato, esso era vigente solo in Portogallo.

L'esercizio del privilegio di presentazione, o qualsiasi fosse la sua forma, era sempre soggetto ad un triplice principio: anzitutto, si concedeva il privilegio di proporre un candidato idoneo secondo le leggi canoniche (cf. can. 332 §1) in tale modo che la Chiesa potesse sempre respingere quello che giudicasse inidoneo per l'ufficio episcopale; il giudizio definitivo sulle capacità dei candidati per l'episcopato, proposti alla Santa Sede, spettava esclusivamente ai superiori ecclesiastici (cf. can. 331 §3); il conferimento dell'ufficio ecclesiastico o l'istituzione canonica competeva solamente al Romano Pontefice, perché solo lui poteva trasmettere le potestà, affidate da Cristo alla Chiesa[174].

A questo punto, dopo aver esaminato le fonti del §1, la terminologia e i principi che reggevano il diritto di presentazione, possiamo passare ad affrontare la prassi che, di tale diritto, vigeva nei diversi paesi e che resta vigente in Francia. Si distinguono le seguenti tre forme di procedura.

a) *La presentazione uninominale*

In forza del concordato del 15 luglio 1801 questo tipo di presentazione vigeva in Francia. Era questo il primo accordo dopo gli anni della rivoluzione che aveva come scopo la riorganizzazione della Chiesa nella Repubblica francese. Riguardo al nostro tema, due erano gli articoli che regolamentavano la procedura per la designazione dei vescovi.

---

[174] Cf. C.M. CORRAL SALVADOR, «Libertad de la Iglesia», 65-66. L. PORTERO SÁNCHEZ, «Los obispos y la potestad civil», 208-209.

L'art. 4, che stabiliva che la nomina degli (arci)vescovi apparteneva al primo console della repubblica francese. Il Sommo Pontefice si riservava di dare l'istituzione canonica. Il console, secondo la prescrizione dell'art. 5, quando si verificava la vacanza di una sede, doveva nominare i nuovi vescovi, ai quali la Santa Sede poteva dare l'istituzione canonica[175]. Poiché il diritto di nomina era un privilegio che la Santa Sede concedeva solamente ai governi cattolici, l'art. 17 stabiliva che, qualora i successori del primo console non avessero professato la religione cattolica, per quanto concerneva i diritti e i privilegi concessi, nonché il diritto di nominare i vescovi, si doveva provvedere con una nuova convenzione[176].

Particolare interesse rivestono le vicissitudini storiche avvenute dopo l'anno 1801[177]. Il concordato, infatti, sopravvisse, nonostante gli sconvolgimenti e le modifiche verificatisi in quel periodo, fino alla separazione dello stato dalla Chiesa (1905). A partire da quest'anno, riguardo alle relazioni con la Chiesa, si iniziò il regime di separazione che, anch'oggi, ha vigore in tutto il territorio del paese, eccetto l'Alsazia e parte della Lorena. Con la separazione, anche la prassi della nomina dei vescovi subì un'interessante modifica: la scelta dei vescovi divenne di libera collazione e disposizione del Romano Pontefice. In seguito, mutatisi dopo la prima guerra mondiale i rapporti tra la Chiesa e il Francia, a motivo della lunga tradizione politico-culturale che riservava alle autorità statali un'estesa ingerenza nelle nomine dei vescovi, alla repubblica francese fu concesso da parte della Santa Sede il diritto della prenotificazione ufficiosa (1918). Nell'anno 1920 furono ristabilite le relazioni diplomatiche e, un anno dopo, entrò in vigore il disposto del can. 255 che trasferiva alla Congregazione per gli Affari Ecclesiastici

---

[175] Art. 4: «Consul Primus Gallicanae reipublicae, intra tres menses qui promulgationem constitutionis apostolicae consequentur, archiepiscopos et episcopos novae circumscriptionis dioecesibus praeficiendos nominabit. Summus Pontifex institutionem canonicam dabit juxta formas, relate ad Gallias ante regiminis commutationem status». Art. 5: «Item Consul Primus ad episcopales sedes quae in posterum vacaverint, novos antistites nominabit, iisque, ut in articulo praecedenti constitutum est, Apostolica Sedes canonicam dabit institutionem», MERCATI, I, 562-563.

[176] Art. 17: «Utrinque conventum est, quod, in casu quo aliquis ex successoribus hodierni Primi Consulis catholicam religionem non profiteretur, super juribus et privilegiis in superiori articulo commemoratis, necnon super nominatione ad archiepiscopatus et episcopatus, respectu ipsius, nova conventio fiet», MERCATI, I, 564-565. Cf. M. RIVELLA, «Modalità speciali», 42. J. MIÑAMBRES, *La presentazione canonica*, 187-188. P.V. AIMONE BRAIDA, «Nomina agli uffici ecclesiastici», nota 4, 276. ID., *L'intervento dello stato*, 149-150.

[177] Cf. P.V. AIMONE BRAIDA, *L'intervento dello stato*, 151-154.

Straordinari la competenza per quanto, nella designazione dei vescovi, si riferiva all'intervento delle autorità civili[178]. Dunque, d'ora in poi, in forza del diritto di prenotificazione, la Santa Sede si impegnava a non nominare alcun vescovo senza aver precedentemente comunicato al Governo il nome del candidato. Il Governo, da parte sua, doveva presentare le obiezioni di carattere politico che, eventualmente, si riscontravano nel candidato proposto[179].

Un altro regime che esiste in Francia, a differenza del descritto, è il regime concordatario. La legge di separazione del 1905 modificò la legislazione ecclesiastica in Francia, non però in Alsazia e Lorena, appartenenti, in quel tempo, alla Germania, ma, a partire dal 1944, definitivamente annesse alla repubblica francese. In queste regioni, comprendenti le diocesi di Strasburgo e Metz, rimaneva in vigore il concordato del 1801. Perciò, in forza degli art. 4 e 5, il Presidente della repubblica aveva il diritto di nominare i vescovi diocesani. Se il candidato, designato dal capo dello stato francese, aveva le qualità canonicamente richieste (cf. can. 331 §1), il Romano Pontefice era tenuto a conferirgli l'istituzione canonica. In pratica, però, veniva seguito e ancora lo è attualmente[180], questo procedimento:

> la Segreteria di Stato comunica all'Ambasciatore di Francia il nome del designato affinché il Presidente francese provveda a nominarlo – a presentarlo – e il Romano Pontefice possa conferirgli l'istituzione canonica. Il Presidente della Repubblica emana un decreto di ricevimento della bolla d'istituzione e, d'intesa fra la Santa Sede e il governo, viene fissata la data della pubblicazione simultanea del provvedimento su «L'Osservatore Romano» e sul «Journal Officiel»[181].

Un altro paese in cui veniva utilizzata la forma della presentazione uninominale era la repubblica di Haïti. A partire dal 28 marzo 1860, data della stipulazione del concordato con la repubblica haitiana, in

---

[178] Cf. Nota della Segreteria di Stato circa la nomina dei vescovi in Francia (maggio 1921), E. LORA, *Enchiridion dei Concordati*, n. 1146.

[179] Cf. P.V. AIMONE BRAIDA, *L'intervento dello stato*, 154-162. W. KÖLMEL, «In che modo», 116. J. MIÑAMBRES, *La presentazione canonica*, 188.

[180] Oggi, quello della Francia, è l'unico caso di sopravvivenza della nomina da parte del capo dello Stato che, come dice J. Gaudemet, «stupisce a volte più di quanto possa preoccupare, mostra quale sia il peso della storia nelle procedure delle scelte episcopali», J. GAUDEMET, «La scelta dei vescovi», 99.

[181] J. MIÑAMBRES, *La presentazione canonica*, 188-189. Cf. P.V. AIMONE BRAIDA, *L'intervento dello stato*, 162-172. M. RIVELLA, «Modalità speciali», 42. C.M. CORRAL SALVADOR, «Libertad de la Iglesia», 66-67. L. GUTIÉRREZ MARTÍN, *El privilegio*, 154-156.

forza dell'art. 4, il diritto di nominare gli (arci)vescovi per le cinque diocesi dell'isola apparteneva al presidente. La Santa Sede si riservava di dare l'istituzione canonica, qualora le persone presentate avessero avuto le qualità richieste dai canoni[182]. Bisogna osservare, che in questo concordato, a differenza di quello francese, esisteva una clausola riguardante il conferimento dell'istituzione canonica, senza la quale gli (arci)vescovi nominati non potevano esercitare la loro giurisdizione. Inoltre, veniva prevista anche la possibilità del differimento o dell'astensione, da parte della Santa Sede, del conferimento dell'istituzione. In questo caso, veniva informato il Presidente d'Haïti, il quale doveva nominare un altro ecclesiastico[183].

Nel periodo dal 1851 fino al 1884 furono stipulati accordi con molti paesi sudamericani concernenti il riconoscimento del privilegio di presentazione uninominale ai Presidenti delle rispettive repubbliche. Per facilità, si possono distinguere tre serie dei concordati. La prima serie, dal 1851 al 1862, comprendente i concordati con la Bolivia, il Costarica, il Guatemala (primo concordato), l'Honduras, il Nicaragua e San Salvador, era relativa alla concessione del diritto di presentazione, detto anche patronato (*concedit patronatus ius, seu privilegium designandi seu praesentandi*). La seconda serie, dal 1862 al 1881, comprendente i concordati con il Venezuela, l'Ecuador (due concordati) e il Perú, nei quali, a differenza della serie precedente, veniva concesso un vero e proprio diritto di patronato (*concedit ius patronatus et privilegium proponendi*). La terza serie riguardava i concordati stipulati nel periodo dal 1884 fino alla promulgazione del Codice del 1983. Questa era la serie dei concordati nei quali si rinunciava al diritto di patronato o presentazione a favore della prenotificazione ufficiosa.

Dato che, in tutti questi concordati il privilegio della presentazione veniva conferito in termini molto simili, limiteremo la nostra analisi solo all'esposizione degli elementi comuni e delle differenze tra di essi.

---

[182] Art. 4 (primo capoverso): «Le Président d'Haïti jouira du privilège de nommer les Archevêques et les Evêques, et si le Saint-Siège leur trouve les qualités requises par les Saints Canons, il leur donnera l'Institution Canonique», MERCATI, I, 930.

[183] Art. 4 (secondo capoverso): «Il est entendu que les ecclésiastiques nommés aux Archevêchés et aux Evêchés, ne pourront exercer leur jurisdiction avant de recevoir l'Institution Canonique; et dans le cas où le Saint-Siège croirait devoir ajourner ou ne pas conférer cette Institution, il en informera le Président d'Haïti lequel dans ce dernier cas, nommera un autre ecclésiastique», MERCATI, I, 930-931. Cf. C.M. CORRAL SALVADOR, «Libertad de la Iglesia», 67-68. L. GUTIÉRREZ MARTÍN, *El privilegio*, 153-154.

Riguardo alla prima serie, come punto di riferimento, presenteremo il concordato con la Bolivia del 29 maggio 1851. L'art. 7 stabiliva che il Sommo Pontefice concedeva al Presidente della Repubblica boliviana e ai suoi successori, il diritto di patronato ossia il privilegio di presentare per qualsiasi sede vacante di chiese arcivescovili o vescovili, ecclesiastici degni e idonei, muniti di tutte le qualità richieste dai sacri canoni. Il Sommo Pontefice, in conformità alle regole prescritte dalla Chiesa, si impegnava a conferire ai candidati l'istituzione canonica nelle forme in uso. Tuttavia, i candidati designati non potevano intervenire in alcun modo nel regime o amministrazione delle chiese, prima di ricevere le bolle d'istituzione canonica, come era prescritto dai sacri canoni. Il Presidente della Repubblica doveva procedere alla presentazione entro il termine di otto mesi, a partire dal giorno di vacanza della sede[184]. Occorre, tuttavia, osservare che da questo articolo sembrerebbe che non si trattasse tanto della presentazione uninominale, quanto piuttosto, dell'affermazione che ai designati si dovesse dare l'istituzione canonica; poiché non si diceva che la Santa Sede doveva scegliere uno tra i presentati, si può presumere che si trattava di un solo candidato per ogni diocesi vacante.

Confrontando la disposizione dell'art. 7 del concordato boliviano con gli articoli corrispondenti alla prima serie di concordati, giova dire che in tutti i concordati la formulazione era la stessa (uguale era anche il numero dell'articolo). Le uniche differenze che apparivano, riguardavano il termine entro il quale il Presidente doveva fare la presentazione: in Bolivia entro otto mesi, in tutti altri non più tardi di un anno; e la terminologia usata nel determinare il privilegio di presentazione: nel concordato boliviano si parlava dello *ius patronatus, seu privilegium designandi seu praesentandi*, negli altri, invece, dello *ius patronatus, seu privilegium proponendi* (Costarica, Honduras, Nicaragua ed El Salvador) o, semplicemente, dello *ius proponendi* (Guatemala)[185].

---

[184] Art. 7: «[...] Summus Pontifex concedit Praesidi, et suis successoribus in munere, Reipublicae Bolivianae ius patronatus, seu privilegium designandi seu praesentandi ad quascumque sedes Archiepiscopales et Episcopales vacantes dignos et idoneos Ecclesiasticos viros iis praedictos dotibus, quas Sacri Canones requirunt. Talibus autem viris Sanctitas Sua iuxta regulas ab Ecclesia praescriptas, et formas consuetas canonicam dabit institutionem. Priusquam vero canonicae huius institutionis litteras Apostolicas obtinuerint nullo modo se immiscere poterunt regimini seu administrationi Ecclesiarum, ad quas designati fuerint prout a SS. Canonibus sancitum est. Reipublicae autem Praeses non ultra octo menses a vacationis die nominatos praesentabit», MERCATI, II, *Supplemento*, 5. Cf. C.M. CORRAL SALVADOR, «Libertad de la Iglesia», 68-69.

[185] Cf. in MERCATI, I: concordato con la Repubblica di Costarica del 7 ottobre 1852

Per presentare la seconda serie di concordati, come punto di riferimento prenderemo quello con il Venezuela del 26 luglio 1862. In base all'art. 7, a motivo degli impegni contratti dal governo, il Sommo Pontefice concedeva al Presidente della Repubblica Venezuelana il diritto di patronato e il privilegio di proporre i vescovi. In forza, dunque, di questa disposizione, secondo l'art 8, il Presidente doveva proporre a Sua Santità per la sede arcivescovile o qualunque altra sede vescovile vacante, ecclesiastici degni e idonei, muniti delle qualità richieste dai sacri canoni. Il Sommo Pontefice si riservava di dare loro l'istituzione canonica nella forma d'uso e in conformità alle disposizioni della Chiesa. Questi ecclesiastici, prima di ricevere le bolle d'istituzione canonica, in nessun modo potevano ingerirsi nel governo o nell'amministrazione delle chiese per le quali erano stati designati. Il Presidente della Repubblica doveva proporre questi ecclesiastici il più presto possibile[186].

Tra i concordati più simili a quello venezuelano, possiamo considerare la bolla *Praeclara inter beneficia* per il Perú, nonché, in un certo grado, i due concordati con l'Ecuador.

In Perú, come negli altri paesi, il diritto di presentare i candidati per l'episcopato fu concesso al Presidente della Repubblica da Pio IX con bolla *Praeclara inter beneficia* del 5 marzo 1875. Quel diritto di presentazione, in verità, era un vero e proprio diritto di patronato, di cui in precedenza godevano i re cattolici della Spagna nei confronti dei diversi paesi sudamericani[187]. In riferimento alla designazione dei vescovi, il

---

(art. 7), 802; concordato con la Repubblica di Guatemala del 7 ottobre 1852 (art. 7), 813-814; concordato con la Repubblica di Honduras del 9 luglio 1861 (art. 7), 939-940; concordato con la Repubblica di Nicaragua del 2 novembre 1861 (art. 7), 951-952; concordato con la Repubblica di El Salvador del 22 aprile 1862 (art. 7), 962-963.

[186] Art. VII: «Obligationum causa quibus Gubernium se obstringit, Summus Pontifex concedit Praesidi Reipublicae de Venezuela ius patronatus et privilegium proponendi Episcopos, iuxta rationem quae in praesenti Conventione constituitur». Art. VIII: «Consequenter Reipublicae Praeses Sanctitati Suae proponet ad Sedem Archiepiscopalem, et ad quascumque Sedes Episcopales vacantes dignos et idoneos ecclesiasticos viros iis omnibus praeditos dotibus, quas Sacri Canones requirunt. Talibus autem viris Sanctitas Sua iuxta regulas ab Ecclesia praescriptas et formas consuetas, canonicam dabit institutionem. Antequam vero iidem viri canonicae huius institutionis litteras Apostolicas obtinuerint, nullo modo se imмиscere poterunt regimini seu administrationi Ecclesiarum ad quas designati fuerint, prout a Sacris Canonibus sancitum est. Reipublicae autem Praeses quamprimum idoneos hosce viros proponet», MERCATI, I, 973-974.

[187] PIUS IX, Bulla *Praeclara inter beneficia*: «Nos [...] Peruvianae Reipublicae Praesidi, eiusque Successoribus pro tempore existentibus, qui Catholicam fidem profiteantur, indulgere decrevimus, prout Apostolica auctoritatae indulgemus, ut in

documento esigeva la stessa formulazione della norma. L'unica differenza consisteva nel termine richiesto per fare la presentazione: la bolla prescriveva il tempo di un anno[188]. Con le riforme costituzionali, avvenute in seguito, la prassi della presentazione ha subito diverse modifiche[189].

Riguardo ai due concordati con l'Ecuador, merita sottolineare le loro particolarità che li differenziavano da quelli appena esaminati. Nell'art. 12 del concordato ecuadoriano del 26 settembre 1862, di fatto si stabiliva che il Presidente della Repubblica, in virtù del diritto di patronato, poteva presentare i sacerdoti degni per gli arcivescovati e i vescovati. Però, prima di farlo, appena si verificava la vacanza di una sede, l'arcivescovo doveva chiedere i voti e i pareri dei vescovi suffraganei riguardo ai candidati. Se si trattava della vacanza di una sede arcivescovile, lo doveva fare il più anziano dei vescovi. Avuti tutti i voti e i pareri, a seconda dei casi, l'arcivescovo oppure il vescovo più anziano, doveva presentare i nomi di almeno tre candidati al Presidente, il quale, a sua volta, ne sceglieva uno e lo presentava al Sommo Pontefice, perché questi gli conferisse l'istituzione canonica[190].

Un dettaglio particolare del concordato riguardava i tempi della presentazione. Si stabiliva, infatti, che i vescovi avevano sei mesi per presentare la lista dei candidati al Presidente. Se, per qualsiasi ragione, non lo avessero fatto, il Presidente stesso proponeva al Romano Pontefice il vescovo per la sede vacante. Se questo non avveniva entro sei mesi, l'elezione del vescovo era riservata alla Santa Sede, come fu chiesto dal Presidente stesso. Quando suddetti termini di tempo spiravano inutilmente, il governo o l'autorità ecclesiastica competente dovevano darne

---

territorio suae Reipublicae frui possint eo patronatus iure, quo ante Peruvianam regionem a ditione Hispanica seiunctam Catholici Hispaniarum Reges ex indulgentia Sedes Apostolicae ibi fruebantur», E. LORA, *Enchiridion dei Concordati*, n. 801.

[188] Cf. PIUS IX, Bulla «Praeclara inter beneficia», in E. LORA, *Enchiridion dei Concordati*, n. 802. C.M. CORRAL SALVADOR, «Libertad de la Iglesia», 70. L. GUTIÉRREZ MARTÍN, *El privilegio*, 147-150.

[189] Cf. C.M. CORRAL SALVADOR, «Libertad de la Iglesia», 71.

[190] Art. 12 (prima parte): «Ex vi patronatus juris, quod Summus Pontifex Reipublicae Aequatoris Praesidi concedit, hic poterit pro Archiepiscopatibus et Episcopatibus dignos proponere Sacerdotes juxta sacrorum Canonum normam. Quamobrem vix dum Episcopalis aliqua Sedes vacaverit Archiepiscopus aliorum Epsicoporum suffragia ac sententiam rogabit, ut Ecclesiae vacanti consulatur: si autem Archiepiscopalis Sedes vacaverit, tunc antiquior Episcopus in eumdem finem suffragia et sententiam Episcoporum requiret; ac habitis sufragiis, vel Archiepiscopus, vel antiquior Episcopus tres saltem candidatos Reipublicae Praesidi exhibebit, qui unum ex tribus eliget, eumque Summo Pontifici proponet, ut eidem ad Sacrorum Canonum normam institutionem conferat», MERCATI, I, 988-989.

comunicazione al Pontefice. Come negli altri concordati, i proposti, prima di ricevere la bolla dell'istituzione canonica, in nessun modo potevano occuparsi della direzione e dell'amministrazione delle chiese. Un'ultima clausola del concordato riguardava la creazione di nuove sedi vescovili. In questo caso il Presidente della Repubblica, soltanto per la prima volta, poteva presentare direttamente alla Santa Sede i nuovi vescovi[191].

L'art. 12 del secondo concordato dell'Ecuador del 2 maggio 1881, a differenza di quel primo, era più semplice e, nella sua composizione, assomigliava alla disposizione contenuta nel concordato venezuelano. Riguardo al tempo dello svolgimento della presentazione, si prevedeva il termine un anno dal giorno di vacanza della sede. Come nel concordato precedente, se entro questo tempo il Presidente non esercitava il proprio diritto, l'elezione era riservata alla Santa Sede[192].

Con la terza serie dei concordati entriamo in una fase in cui si rinuncia al diritto di patronato, ossia di presentazione, a favore della prenotificazione ufficiosa.

Il concordato che inaugurava questa serie era quello con il Guatemala del 2 luglio 1884, il quale, a differenza del primo concordato del 7 ottobre 1852, nell'art. 7, prescriveva semplicemente che la sede metropolitana, in caso di vacanza, doveva essere provveduta dal Sommo Pontefice *motu proprio*. E perché tale provvista non cadesse su di un soggetto che per fatti politici ispirasse fondato timore di perturbazione dell'ordine politico, prima di nominare l'arcivescovo di Guatemala, si dovevano prendere gli opportuni contatti con il Presidente della Repubblica[193]. In Colombia, invece, la nomina degli (arci)vescovi spettava alla Santa Sede ed era preceduta, in un primo tempo, da una specie della raccomandazione, simile alla prenotificazione ufficiosa (concor-

---

[191] Art. 12 (seconda parte): «Si autem intra sex menses quacumque de causa Episcopi, uti supra statutum est, minime exhibuerint Praesidi indicem candidatorum, tum ipse Praeses per se vacantis Ecclesiae Episcoporum Romano Pontifici proponet. Quod si intra sex menses id Praeses minime praestiterit, tunc Episcopi electio huic Sanctae Sedi reservabitur, quemadmodum Praeses ipse postulavit. Quocirca Gubernium, aut Ecclesiastica Auctoritas eius loco rationem Summo Pontifici reddet ubi commemorati temporis spatium finem habuerit. Verum propositi nullo umquam modo poterunt sese immiscere regimini et administrationi Ecclesiarum quin primum Apostolicas Litteras de canonica institutione obtinuerint. Cum autem novi Episcopatus erunt erigendi, Praeses Reipublicae prima vice tantum Sanctae Sedi per se proponet novos Episcopos», MERCATI, I, 989.

[192] Cf. art. XII del secondo conc. ecuadoriano (5 maggio 1881), MERCATI, I, 1007.

[193] Cf. art. 7 del concordato e poi, nello scambio delle note integrativo, la risposta del Card. Jacobini del 3 luglio 1884, MERCATI, I, relativamente *pp.* 1019 e 1021.

dato del 1887, art. 15), e in seguito dalla sola prenotificazione (concordato del 1973, art. 14)[194].

I cambiamenti della prassi di presentazione a favore della libera nomina pontificia, preceduta dalla prenotificazione ufficiosa, prima della promulgazione del Codice del 1983, erano avvenuti nei seguenti paesi: Ecuador (*modus vivendi* del 24 luglio 1937)[195], Venezuela (convenzione del 6 marzo 1964)[196] e Perú (accordo del 19 luglio 1980)[197].

Gli ultimi due casi della forma di presentazione che stiamo esaminando, così che non erano menzionati in nessuna delle serie dei concordati suesposte, riguardavano l'Argentina e il Paraguay. In questi paesi, non essendo in vigore un concordato, la prassi della designazione dei vescovi era regolata dalle norme costituzionali. Tale prassi veniva tollerata dalla Santa Sede.

In Argentina, in teoria, secondo la costituzione del 1956, al Senato apparteneva la sistemazione dell'esercizio del patronato in tutta la nazione e al Presidente competeva l'esercizio dei diritti di patronato nazionale nella presentazione dei vescovi per le chiese cattedrali, in relazione a una terna composta dal Senato. In pratica, il Senato formava una terna e da essa il Presidente sceglieva un candidato che desiderava presentare alla Santa Sede. Quest'ultima, fatta la presentazione, proseguiva con l'indagine circa le qualità del candidato proposto. Se il promovendo risultava idoneo, la Santa Sede emanava la bolla di nomina. Se, invece, il candidato non era ritenuto idoneo, la diocesi rimaneva vacante finché il governo non avesse presentato un nuovo nome. La procedura della presentazione, come negli altri paesi sudamericani, è stata successivamente cambiata in favore della libera collazione pontificia[198]. Riguardo agli ordinari castrensi, essi venivano nominati dalla Santa Sede, previo accordo con il Presidente della Repubblica Argentina[199].

---

[194] L'argomento dei concordati colombiani è già stato affrontato in precedenza: per quello del 31 dicembre 1887 – cf. nota 49 e pp. 82-83 con nota 109; per quello del 12 luglio 1973 – cf. p. 71 con nota 72.

[195] Cf. nota 61.

[196] Cf. pp. 69-70 con le note 66-68.

[197] Cf. pp. 72-73 con la nota 80.

[198] Cf. C.M. CORRAL SALVADOR, «Libertad de la Iglesia», 72-73. Il cambiamento del modo di designazione era avvenuto in forza dell'art. 3 dell'accordo stipulato il 10 ottobre 1966 tra la Santa Sede e la Repubblica Argentina. Per ciò che riguarda l'accordo si vedano pp. 70-71 con la nota 71.

[199] L'accordo tra la Repubblica Argentina e la Santa Sede sulla giurisdizione Castrense e l'assistenza religiosa delle forze armate, art. IV: «El Vicario Castrense será nombrado por la Santa Sede previo acuerdo con el Señor Presidente de la República Argentina. El Vicario Castrense tendrá carácter episcopal», MARTÍN DE AGAR, 44.

CAP. II: DESIGNAZIONE NEL CIC'17 FINO AL CIC'83   113

In Paraguay, come in Argentina, secondo la costituzione del 1940, il Presidente della Repubblica esercitava i diritti di patronato nazionale nella presentazione degli (arci)vescovi, scelti in base alla terna formata dal Consiglio di Stato, in accordo con il Senato Ecclesiastico o il clero nazionale riunito. Per la designazione degli ordinari castrensi, come per l'Argentina, venivano nominati dalla Santa Sede, previo accordo con il Presidente della Repubblica[200].

b) *La presentazione in terna*

L'unico caso, dove il Capo dello Stato poteva presentare la terna dei nomi dei candidati, era in vigore nel Principato di Monaco. In forza della lettera apostolica *Quemadmodum sollicitus* del 15 marzo 1887 di Leone XIII, verificandosi la vacanza della sede episcopale, il Principe aveva il diritto speciale di presentare tre candidati idonei e degni alla Santa Sede, tra i quali il Romano Pontefice ne sceglieva uno per quella sede[201]. Tale procedimento rimase in vigore fino all'anno 1981. Il 25 luglio di quell'anno fu stipulata una convenzione tra la Santa Sede e il Principato, riguardante la modifica del documento del 1887. Secondo l'art. 2 della nuova convenzione si stabiliva che il diritto di nominare l'arcivescovo era d'esclusiva competenza della Sede Apostolica. Prima di nominare l'arcivescovo o un coadiutore con diritto di successione, tuttavia, la Santa Sede doveva comunicare confidenzialmente il nome della persona scelta al Principe di Monaco per conoscere eventuali obiezioni civili o politiche, relative a detta persona. Le Parti contraenti si obbligavano, inoltre, ad applicare questa procedura con la sollecitudine dovuta e con il più grande riserbo. L'annuncio della nomina doveva essere fatto simultaneamente a Roma e a Monaco[202].

---

[200] Cf. C.M. CORRAL SALVADOR, «Libertad de la Iglesia», 73. Convenzione tra la Sede Apostolica e la Repubblica del Paraguay sull'elezione del vicariato castrense del 26 novembre 1960, art. II: «El Vicario Castrense será nombrado por la Santa Sede de acuerdo con el Presidente de la República», MARTÍN DE AGAR, 673. Cf. L. GUTIÉRREZ MARTÍN, *El privilegio*, 150-153.

[201] «Et quoniam a praedicto carissimo in Christo filio Carolo Tertio Monoeci Principe fides data est et expressa voluntas satisfaciendi omnibus et singulis quae in id totum opus requiruntur, iuxta ea etiam quae utrimque conventa sunt atque sancita, eidem Carlo Principi eiusque in Monoeci Principatu legitimis successoribus, ut tres idoneas dignasque personas e quibus Episcopus Monoecensi Ecclesiae praeficiendus per Romanum Pontificem eligatur, Apostolicae Sedi sedula cura valeat praesentare, eadem Apostolica auctoritate pariter concedimus et indulgemus», LEO XIII, Litt. ap. *Quemadmodum sollicitus*, 48-49. Cf. C.M. CORRAL SALVADOR, «Libertad de la Iglesia», 73. P.V. AIMONE BRAIDA, *L'intervento dello stato*, 173-176.

[202] Per il testo dell'art. II, cf. nota 79. Cf. L. GUTIÉRREZ MARTÍN, *El privilegio*, 154.

c) *La forma di presentazione mista*

Questa forma di presentazione, verificatasi dopo la promulgazione del Codice del 1917 e consistente, in pratica, nella presentazione uninominale sulla base di una terna di nomi, vigeva in Spagna[203] e nel Portogallo. Dato che, come vedremo più avanti, in Spagna, riguardo alla designazione dei vescovi residenziali e coadiutori con il diritto di successione, la summenzionata forma di presentazione fu sostituita, nel 1976, con la libera nomina pontificia, preceduta dalla prenotificazione ufficiosa e, considerando che, la designazione dei vicari castrensi ha conservato tale procedura, dividiamo l'argomento in due punti. In primo luogo, analizzeremo la forma mista di presentazione per la nomina dei vescovi residenziali e, successivamente, quella per i vicari castrensi.

+ La presentazione per la nomina dei vescovi residenziali e dei coadiutori

La base giuridica di questa forma mista di presentazione risaliva alla convenzione tra la Santa Sede e il Governo spagnolo del 7 giugno 1941. In conformità a quell'accordo[204], si stabiliva che, verificandosi la vacanza di una sede (arci)vescovile o di un'amministrazione apostolica, o in caso della nomina di un coadiutore con il diritto di successione, il nunzio apostolico doveva, in modo confidenziale, mettersi in contatto con il Governo spagnolo e, una volta ottenuto un accordo, inviare alla Santa Sede una lista di non meno di sei nomi di persone idonee (1). Il Romano Pontefice, in seguito, dalla lista proposta, doveva scegliere tre nominativi e, per il tramite della Nunziatura Apostolica, comunicarli al Governo che, a sua volta, li presentava al Capo dello Stato. Quest'ultimo, entro trenta giorni, era tenuto a presentare ufficialmente uno dei tre al Pontefice il quale gli conferiva l'istituzione canonica (2). Questo era il procedimento generale.

Nei seguenti due numeri della convenzione venivano contemplati due casi particolari nella procedura.

---

[203] Prima del Codice del 1917, con il concordato dell'11 gennaio 1753, al Re di Spagna e ai suoi successori, in virtù del patronato, era concesso il diritto universale di nominare e presentare, indistintamente in tutte le chiese metropolitane, cattedrali, collegiate e diocesi del regno e del dominio del regno stesso, gli ecclesiastici secolari e regolari, cf. n. 13: Quinto, MERCATI, I, 430. ESPASA-CALPE SA, *Enciclopedia universal*, voce «Obispo», 304-305. T. MUNIZ, *Procedimientos eclesiasticos*, 20-21. L. GUTIÉRREZ MARTÍN, *El privilegio*, 165-168.

[204] Cf. *Convenio entre la Santa Sede y el Gobierno Español* (7 giugno 1941), MERCATI, II, 251-252.

Si trattava, anzitutto, del caso di non accettazione da parte del Romano Pontefice di tutti o di una parte dei sei nomi proposti, in modo che egli non poteva tra i nomi proposti scegliere i tre per formare la terna o, al limite, nessun nome. A questo punto, il Sommo Pontefice doveva, di propria iniziativa, compilare una terna di candidati, comunicandola, per mezzo della Nunziatura, al Governo spagnolo. Il Governo, a sua volta, se aveva obiezioni di carattere politico generale riguardo ai nuovi nomi proposti, era tenuto a presentarle alla Santa Sede entro trenta giorni. Trascorsi questi senza nessuna risposta, il silenzio del Governo veniva inteso come mancanza di dette obiezioni, altrimenti, se ci fossero state, si doveva procedere a negoziazioni. Il Capo dello Stato, in base alla nuova terna, doveva scegliere un nome e presentarlo al Papa (3).

L'altro caso riguardava l'accettazione dei tre tra i sei nomi proposti. Se ciò avveniva, il Romano Pontefice poteva suggerire gli altri nomi, aggiungendoli alla terna. Il Capo dello Stato, a sua volta, doveva presentare indistintamente uno, scelto sia tra i nomi della terna sia tra quelli suggeriti (4). Tutte queste negoziazioni preventive dovevano avere un carattere di assoluta segretezza, in modo speciale, circa le persone, fino alla loro nomina (5)[205].

Tale procedura, in seguito, fu riconfermata nel concordato del 27 agosto 1953[206] e, poi, abrogata nell'accordo del 28 luglio 1976 a favore della libera nomina pontificia, preceduta dalla prenotificazione ufficiosa. Merita rilevare, a proposito di questo ultimo accordo, che esso fu un esempio molto chiaro di applicazione delle disposizioni conciliari (CD 20) riguardo alle relazioni tra la Chiesa e lo Stato, riconoscendo, tra gli altri principi, priorità a quello della libertà nella nomina dei vescovi[207].

---

[205] Cf. L. PORTERO SÁNCHEZ, «Los obispos y la potestad civil», 211-212. L. GUTIÉRREZ MARTÍN, El privilegio, 168-180. S. ALONSO MORÁN, n. 596, 666-667. W. KÖLMEL, «In che modo», 118. V. CÁRCEL ORTÍ, «Ejercicio del privilegio de presentación», 263-319.

[206] Art. VII: «Para el nombramiento de los Arzobispos y Obispos residenciales y de los Coadjutores con derecho de sucesión, continuarán rigiendo las normas del Acuerdo estipulado entre la Santa Sede y el Gobierno español el 7 de Junio de 1941», MERCATI, II, 274. Cf. L. GUTIÉRREZ MARTÍN, El privilegio, 181-189. A.E. DE MAÑARICUA, «El nombramiento», 233-244.

[207] Acuerdo entre la Santa Sede y el Estado Español: «[...] teniendo en cuenta que el libre nombramiento de Obispos [...] [tiene] prioridad y especial urgencia en la revisión del vigente Concordato [del 1953], ambas Partes contratantes concluyen, como primer paso de dicha revision el siguiente [...]», MARTÍN DE AGAR, 786. Per il testo relativo alla nomina dei vescovi residenziali e dei coadiutori cf. nota 77. M. COSTALUNGA, «La Congregazione», 293. L. DE ECHEVERRÍA, «La nomina dei vescovi in Spagna», 139-146.

In Portogallo, al tempo della promulgazione del Codice del 1917, era in vigore il concordato sul patronato regio nelle Indie Orientali, stipulato il 23 giugno 1886. Il concordato, riconfermando le antiche concessioni pontificie del Patronato della Corona Portoghese e consentendo il loro esercizio nelle chiese cattedrali delle Indie Orientali (art. 1) riguardo alla designazione dei vescovi, nell'art. 7 prescriveva il seguente procedimento. Prima di tutto, l'esercizio della presentazione riguardava le quattro diocesi di Bombay, Mangalor, Quilon e Maduré. Se in queste diocesi si verificava una sede episcopale vacante, i metropoliti, insieme con i vescovi suffraganei, e, se si trattava di una sede arcivescovile vacante, i suffraganei della provincia, dovevano formare, a loro libera scelta, una terna dei nomi. Questa, in seguito, doveva essere mandata all'arcivescovo di Goa il quale la rimetteva alla Corona. Quest'ultima, entro sei mesi, scelto tra i nomi della terna uno, era tenuta a presentarlo alla Santa Sede che doveva concedere l'istituzione canonica, altrimenti, trascorso il tempo stabilito, la Sede Apostolica era libera di fare la nomina. La prima nomina delle menzionate diocesi, fu attribuita al Sommo Pontefice dall'art. 8[208].

Con il successivo accordo, concluso il 15 aprile 1928 e riguardante la circoscrizione delle diocesi nelle Indie Orientali e la nomina dei vescovi, la procedura da seguire, a differenza di quella dell'accordo precedente, prese una direzione ancora più particolare che, a nostro parere, potrebbe anche collocarsi nella forma uninominale di presentazione. Però, dall'analisi della norma, ci è sembrato giusto classificarla tra i casi di forma mista di presentazione.

In pratica, secondo l'art. 6, nelle diocesi di Goa, Cochim, S. Tommaso di Meliapor e Macao, veniva seguita la seguente prassi: a) la Santa Sede, dopo aver consultato i vescovi della provincia per il tramite del delegato apostolico dell'India o, rispettivamente, della Cina, doveva scegliere un candidato portoghese più idoneo per reggere la diocesi. Anche se la norma non lo diceva, a questo punto si presume che, durante detta consultazione, la quale si doveva attuare secondo la prassi consueta della Curia Romana, doveva essere presentata una lista di candidati, tra i quali la Santa Sede ne doveva scegliere uno. Perciò, come punto di partenza, presumibilmente, doveva esserci una lista di candidati, tra i quali, designarne uno; b) la Santa Sede, per mezzo del nunzio apostolico di Lisbona o della Legazione del Portogallo presso la Santa Sede, doveva trasmettere confidenzialmente al Presidente della Repubblica portoghese il nome della persona scelta; c) il Presidente, a

---

[208] Cf. artt. 7 e 8, MERCATI, I, 846.

sua volta, se il candidato non faceva nessuna difficoltà di ordine politico, ne doveva, entro due mesi, presentare ufficialmente il nome alla Santa Sede; d) il silenzio veniva considerato come risposta affermativa; e) le due parti dovevano, infine, accordarsi per la pubblicazione contemporanea della nomina, la quale doveva rimanere segreta fino al compimento degli atti ufficiali. La stessa procedura veniva seguita anche per le diocesi di Bombay, Mangalor, Quilon e Trichinopoly (art. 7)[209]. Per concludere, richiamiamo solo il concordato del 7 maggio 1940, esaminato già nelle pagine precedenti e contenente la rinuncia del diritto di patronato a favore della libera nomina pontificia, preceduta dalla prenotificazione ufficiosa.

+ La presentazione per la nomina dei vicari castrensi

A differenza della forma adattata per presentare i candidati per la nomina dei vescovi residenziali e dei coadiutori, la quale cessò con l'entrata in vigore dell'accordo con la Spagna del 1976, quella dei vicari castrensi, prende il suo inizio proprio da quell'accordo. Infatti, l'art. 1,3[210] riferiva che la provvista del vicario generale castrense doveva essere effettuata mediante la proposta di una terna di nomi, formata di comune accordo tra la Nunziatura Apostolica ed il Ministero degli Affari Esteri e sottoposta all'approvazione della Santa Sede. Una volta approvata, il Re, entro quindici giorni, doveva presentare uno dei proposti nella terna per la nomina da parte del Romano Pontefice. La disposizione di questo accordo era nuovamente confermata dall'accordo del 3 gennaio 1979, con la sola aggiunta che, nel caso della vacanza del vicariato castrense e fino alla nuova provvista, le funzioni del Vicario Generale Castrense, se c'era, dovevano essere assunte dal Provicario Generale di tutte le Forze Armate, altrimenti, dal Vicario Episcopale più anziano per nomina[211]. Questa procedura di presentazione dei candidati all'ufficio di vicario castrense è attualmente in vigore.

---

[209] Cf. artt. 6-7, MERCATI, II, 70-71. C.M. CORRAL SALVADOR, «Libertad de la Iglesia», 74.

[210] Art. 1,3: «La provisión del Vicario General Castrense se hará mediante la propuesta de una terna de nombres, formada de común acuerdo entre la Nunciatura Apostólica y el Ministerio de Asuntos Exteriores y sometida a la aprobación de la Santa Sede. El Rey presentará, en el término de quince días, uno de ellos para su nombramiento por el Romano Pontífice», MARTÍN DE AGAR, 787. G. DALLA TORRE, «L'intervento», 499.

[211] Art. III ripeteva la norma dell'art. 1,3 dell'accordo stipulato nel 1976. L'art. VI riguardava la sostituzione del vicario castrense: «Al quedar vacante el Vicariato Castrense y hasta su nueva provisión, asumirá las funciones de Vicario General el

2.4 Idoneità dei candidati all'episcopato

Salve le diverse prescrizioni particolari circa i requisiti per l'episcopato, contenuti nei concordati, nei decreti, nelle bolle e nei brevi pontifici già esaminati[212], il Codice del 1917, nel can. 331, dava una normativa generale che doveva essere applicata a qualsiasi tipo di designazione dei vescovi. Infatti, lo stesso canone, nel §2, diceva molto chiaramente che l'eletto, il presentato o il designato in qualsiasi forma, da parte di coloro che hanno il relativo privilegio dalla Santa Sede, deve possedere le qualità richieste. Dunque, in accordo con il can. 330, prima che uno fosse promosso all'episcopato, doveva constarne l'idoneità, secondo la forma indicata dalla Santa Sede.

Le qualità che si dovevano riscontrare nel candidato designato erano già in precedenza richieste da vari documenti[213]. Elencate poi, con delle modifiche, nel §1 del can. 331, costituivano una base di riferimento per qualsiasi tipo di designazione dei vescovi nella Chiesa cattolica.

Si richiedeva, dunque, nel n. 1° che il promovendo fosse nato da un legittimo matrimonio (cf. can. 1114)[214]. Non erano sufficienti né la

---

Provicario General de todas las Fuerzas Armadas, si lo hubiese, y, si no, el Vicario episcopal más antiguo», MARTÍN DE AGAR, 806. M. COSTALUNGA, «La Congregazione», 294. M. RIVELLA, «Modalità speciali», 44. J. MIÑAMBRES, *La presentazione canonica*, 189-191. G. DALLA TORRE, «L'intervento», 499.

[212] Cf. nota 100, come anche le pagine precedenti, dove si parla della designazione dei vescovi in Austria, Germania e Svizzera (pp. 87-99). P.V. AIMONE BRAIDA, «Nomina agli uffici ecclesiastici», 272-289.

[213] LEO X, Const. *Supernae dispositionis*: «Statuimus et ordinamus, ut [...] Metropolitanis ac Cathedralibus Ecclesiis [...] personis [...] aetate matura, gravitate morum, literarumque scientia praeditis [...] provideatur», in GASPARRI, I, n. 65, 102. GREGORIUS XIV, Const. *Onus Apostolicae*, §9: «Quamvis autem qualitates omnes promovendorum, quae in generalium Synodorum decretis, aliisque canonicis sanctionibus continentur, probe cognitae esse debeant iis, quibus inquisitionis officium demandatum est, quales sunt natum esse ex legitimo matrimonio, atque ex parentibus Catholicis, annum trigesimum iam explevisse, sacris Ordinibus, saltem sex menses initiatum esse, gradum Doctoratus, aut licentiae in Theologia, vel Iure Canonico, aut certe publicum alicuius Academiae testimonium obtinuisse, quo ad alios docendos idoneus esse declaretur, ad haec in Ecclesiasticis functionibus diu esse versatum, item fidei puritate, innocentia vitae, prudentia, usu rerum, integra fama, doctrina denique praeditum esse», in GASPARRI, I, n. 171, 324. Cf. anche la nota 100.

[214] In FRIEDBERG, II: X. 1,6,7: «[...] praesenti decreto statuimus, ut nullus in episcopum eligatur, nisi qui iam trigesimum annum aetatis exegerit, et de legitimo matrimonio sit natus», 52. Cf. X. 1,17,1, col. 135. X. 1,17,18 (*dictum ante*): «Illegitimus absque dispensatione Papae ad dignitatem, vel personatum, vel beneficium curatum promoveri non potest», 141. Concilio di Trento: Sess. VII, *Decretum secundum. Super reformatione*, 1: «Ad cathedralium ecclesiarum regimen nullus nisi ex

legittimazione per susseguente matrimonio, né la dispensa generale dalle irregolarità, ricevuta per l'ordinazione presbiterale (cf. can. 991 §3). Nei nn. 2° e 3° si richiedeva che il candidato avesse compiuto almeno trent'anni d'età e che fosse sacerdote da almeno cinque anni[215]. Il tempo doveva essere calcolato secondo il can. 34 §3, 3°. Bisogna osservare che lo spazio di tempo tra la ricezione del presbiterato e l'episcopato mutava da sei mesi a cinque anni[216]. Il n. 4° esigeva che il promovendo eccellesse per costumi, pietà, zelo pastorale e avesse le doti necessarie per il governo della diocesi[217]. Nell'ultimo numero del §1 si richiedeva che il designato avesse la laurea dottorale o la licenza, in teologia oppure in diritto canonico, in un'università o istituto approvato dalla Santa Sede. Diversamente, si richiedeva che almeno fosse esperto in tali discipline[218].

Secondo la disposizione del §3 del can. 331, il giudizio circa l'idoneità spettava esclusivamente alla Santa Sede. Per poter dare un giudizio sulle doti dei candidati, la Sede Apostolica istruiva un processo informativo che veniva attuato dai nunzi apostolici. Lo svolgimento di tale processo era retto dalle disposizioni della costituzione *Onus Apostolicae servitutis* di Gregorio XIV[219] e da altri documenti pontifici. Gli atti delle indagini, dopo la conclusione del processo informativo, venivano

---

legitimo matrimonio natus et etate matura [...], praeditus assumatur». Sess. XXIV, *Decretum de reformatione*, il Can. 1 tra l'altro prescriveva che si deve scegliere le persone «quos ex legitimo matrimonio natos et vita, aetate, doctrina atque aliis omnibus qualitatibus praeditos sciant», COD, 687.760.

[215] BENEDICTUS XIV, Instr. *Eo quamvis tempore*, §19: «[...] lege cautum est [...] ad Episcopatum trigesimi esse necessarium; [...] pro Episcopato vero complementum trigesimi Anni requiratur», in GASPARRI, I, n. 357, 895. Altresì si confrontino le note precedenti.

[216] Concilio di Trento, Sess. XXII, *Decretum de reformatione*, Can. 2: «Quicumque posthac ad ecclesias cathedrales erit assumendus, [...] sit [...] in sacro ordine antea, saltem sex mensium spatio, constitutus», COD, 738.

[217] In FRIEDBERG, I: C. 7, q. 1, c. 14: «[...] persona fidelis ac uitae probabilis est eligenda, que ad regimen ecclesiae idonea possit existere, atque de animarum utilitate cogitare, inquietos sub disciplinae uinculo constringere, ecclesiasticarum rerum curam gerere, et maturam atque efficacem in omnibus se exhibere [...]», 572-573. C. 8, q. 2, c. 1: «Talem ergo te admonente debent personam eligere que nullius incongruae uoluntati deseruiat, sed uita et moribus decorata tanto ordine ualeat digna inueniri», 598.

[218] In FRIEDBERG, II: X. 1,6,17 (*dictum ante*): «Si electus non habet sufficientem scientiam, vel ante confirmationem administrat, eius electio cassari debet», 58. X. 1,6,19 (*dictum ante*): «Et nisi electus doceatur, legitimae aetatis et literaturae, habetur pro non legitime electo», 58. Cf. anche X. 1,14,15, col. 131. A. TOSO, *Ad Codicem*, II, 154-155. A. BLAT, *Commentarium*, n. 351, 343-346.

[219] Cf. GREGORIUS XIV, Const. *Onus Apostolicae*, in GASPARRI, n. 171, 321-327. In particolare, questa costituzione è stata già esaminata nelle pp. 43-45.

trasmessi a Roma: alla Congregazione Concistoriale (cf. can. 248 §2), se il candidato proveniva dal paese dove vigeva il diritto comune della designazione dei vescovi (cf. can. 329 §2); alla Congregazione *de Propaganda Fide*, se si trattava della sede vacante di una diocesi soggetta a questa Congregazione (cf. can. 252 §3); alla Congregazione per gli affari ecclesiastici straordinari, ogni volta nella designazione dei vescovi intervenivano le autorità civili (cf. can. 255); alla Congregazione per le Chiese Orientali, quando il promovendo non era di rito latino (cf. can. 257 §2)[220].

3. Conferimento del titolo

3.1 *Atti antecedenti il conferimento del titolo*

Tenendo presente la normativa del can. 332 §2, gli atti che precedevano il conferimento del titolo erano la professione di fede e il giuramento di fedeltà alla Santa Sede.

La professione di fede doveva essere fatta seguendo le prescrizioni dei cann. 1406-1408. In consonanza con il §1, 3° del can. 1406, il promosso all'episcopato doveva emettere tale professione davanti al delegato della Santa Sede, secondo la formula da essa approvata.

Per il giuramento di fedeltà, invece, il Codice non prescriveva nessuna norma particolare da seguire. Solo si diceva, nel §2 del can. 332, che, per l'emissione di tale giuramento, si doveva tener presente la disposizione della formula approvata dalla Santa Sede. A questo punto bisogna osservare che nei diversi accordi era previsto anche il giuramento di fedeltà verso i capi di Stato che, a differenza di quello alla Santa Sede, si prestava prima della presa di possesso, secondo la formula stabilita[221].

---

[220] Cf. C. BERUTTI, «De episcoporum nominatione», 611-612. L. RAMIREZ LASTARRIA, *Comentarios*, 143-144. F.X. WERNZ – P. VIDAL, *Ius Canonicum*, n. 596, 628. ESPASA-CALPE SA, *Enciclopedia universal*, voce «Obispo», 305-306.

[221] Il giuramento veniva richiesto nei seguenti concordati. In MERCATI, I: art. 6, conc. con la Francia (1801), 563; art. 22, conc. con il Costarica (1852), 807-808; art. 23, conc. con il Guatemala (1852), 819; art. 5, conc. con Haiti (1860), 931; art. 22, conc. con l'Honduras (1861), 945; art. 22, conc. con il Nicaragua (1861), 957; art. 21, conc. con El Salvador (1862), 968; art. XXVII, conc. con il Venezuela (1862), 978-979. Nel nuovo conc. del 1964 tale giuramento non era più richiesto. In MERCATI, II: art. V, conc. con Lettonia (1922), 6; art. XII, conc. con la Polonia (1925), 33; art. VI, conc. con la Romania (1927), 47; art. XII, conc. con la Lituania (1927), 62-63; art. V, conc. con la Cecoslovacchia (1927), 67-68; art. 20, conc. con l'Italia (1929), 96; art. 16, conc. con il *Reich* Germanico (1933), 191-192. In E. LORA, *Enchiridion dei Concordati*: art. 23, conc. con la Bolivia (1851), n. 387; art. IV, conc. con la Jugoslavia (1935), n. 1961; art. 2, conv. con la Colombia (1942), n. 2211. Nel conc. del 1973 il giuramento non era più richiesto. Lo scambio di note fra la Santa Sede e

La professione di fede aveva per oggetto il rifiuto dell'eresia, mentre il giuramento di fedeltà il rifiuto dello scisma; per questa ragione, si esigeva di osservare le norme relative sia al giuramento sia alla professione (cf. can. 1408). La professione di fede non poteva essere effettuata tramite un procuratore oppure davanti ad un laico (can. 1407). Se l'interessato non avesse prestato la professione di fede, senza un giusto impedimento e con la dovuta diligenza, lo si doveva avvertire affinché la emettesse in un termine stabilito e, se trascorso inutilmente questo, era considerato contumace e, pertanto, privato dell'ufficio (cf. can. 2403).

3.2 *Atto stesso del conferimento del titolo*

Seguendo la norma generale stabilita nel can. 147 §1, non potevano essere ottenuti validamente gli uffici ecclesiastici senza il conferimento del titolo, vale anche a dire, senza la collazione, nel caso, riservata al Romano Pontefice (cf. can. 332 §1). Il conferimento del titolo o dell'ufficio, secondo F. D'Ostilio, è l'atto centrale ed essenziale della *povisio canonica* dell'ufficio ecclesiastico, il momento saliente in cui alla persona del candidato, regolarmente designata in uno dei suddetti modi legittimi, viene conferito il titolo[222]. Per affrontare il tema del conferimento, dividiamo la nostra analisi in una parte teorica e una parte pratica.

In teoria, dall'analisi del can. 148 §1, a seconda delle modalità di designazione dei candidati, risultava che l'atto di conferimento del titolo prendeva i nomi di istituzione, conferma, ammissione e, in riferimento all'impegno, questo era libero o necessario.

Cominciando dall'ultima divisione, il conferimento era libero se veniva compiuto unicamente dal competente superiore ecclesiastico, con esclusione di qualsiasi intervento di persona estranea, ecclesiastica o laica. In tal caso, il superiore designava il candidato, conferiva il titolo ed immetteva il nuovo titolare nel possesso dell'ufficio, in modo tale che, salvo quanto dicevamo prima sulla libera collazione (cf. cann. 148 §1, 152-159) o sulla libera nomina dei vescovi (cf. can. 329 §2)[223], la designazione della persona non costituiva un atto distinto dal conferimento del titolo anche se la designazione, cronologicamente, si distingueva e, prima del conferimento, non produceva alcun effetto giuridico[224].

---

l'Italia circa l'emendamento della formula del giuramento dei vescovi italiani sancita nell'art. 20 del concordato (2/21 agosto 1946), nn. 2268-2269. Cf. G. DALLA TORRE, «L'intervento», 505-506.

[222] F. D'OSTILIO, «La provvista degli uffici ecclesiali», 66. Cf. pp. 53-56.
[223] Cf. pp. 54.62-63.
[224] Cf. D'OSTILIO, «La provvista degli uffici ecclesiali», 66-67.

Il conferimento del titolo, invece, era necessario se la designazione del candidato avveniva da parte di una persona fisica o morale, in forza del diritto concessole dalla Santa Sede di presentare, eleggere, nominare o postulare i candidati per l'ufficio episcopale (cf. cann. 148 §1, 329 §3, 331 §2 e 332 §1). Tale necessità dipendeva dal fatto che la persona, designata secondo uno dei modi elencati, una volta accertata la sua idoneità, acquistava legittimamente lo *ius ad rem*, ossia all'ufficio, e il superiore ecclesiastico non le poteva negare il conferimento del titolo.

Tutte le modalità di conferimento del titolo che più sopra abbiamo presentato, si avevano nel conferimento necessario. E, dunque, se la designazione del candidato, in conformità con il can. 332 §1, era fatta dall'autorità civile per mezzo di presentazione, come nel caso di Haïti, dei Paesi sudamericani, del Portogallo, del Principato del Monaco e della Spagna, o di nomina, come nel caso della Francia, il conferimento del titolo prendeva la forma dell'istituzione. Se la designazione della persona del candidato veniva fatta per elezione da parte di un collegio (cf. can. 329 §3), ossia dal capitolo della cattedrale, come in Austria, in Germania e in Svizzera, la collazione del titolo prendeva il nome di conferma. L'atto della conferma da parte del superiore, in questo caso, non era discrezionale, ma, tenendo presente la prescrizione «Superior, si electum repererit idoneum, et electio ad normam iuris fuerit peracta, nequit confirmationem denegare» del can. 177 §3, era un atto dovuto. Dato che dalle modalità di designazione della persona del candidato esaminate nelle pagine precedenti, non è emerso il caso della postulazione, ricordiamo solo che l'atto del conferimento del titolo al postulato prendeva il nome di ammissione, e equivaleva, in sostanza, alla conferma dell'eletto, con la dispensa dall'impedimento[225].

In pratica, raccolte tutte le indagini sul candidato designato, il cardinale-relatore o ponente lo proponeva nel primo concistoro segreto al Romano Pontefice, affermando che la persona proposta era degna. Il Papa poteva ritardare la questione fino ad un altro concistoro. Se questo avveniva, il cardinale ponente doveva ripetere la proposta. Sia nel primo concistoro sia nel secondo, qualora esso avesse avuto luogo, il Papa, in riferimento al candidato, si rivolgeva ai membri del concistoro con la formula «Quid vobis videtur?». Non intervenendo nessuna voce negativa, il Papa pronunciava subito la formula solenne di conferma: «Auctoritate Dei Omnipotentis Patris et Filii et Spiritus Sancti, et

---

[225] Cf. D'OSTILIO, «La provvista degli uffici ecclesiali», 67-70. S. SIPOS, *Enchiridion iuris canonici*, §50, 205. A. DE MEESTER, *Juris canonici*, II, n. 669, 137. M.C. A CORONATA, *Institutiones*, n. 393, 456.

Beatorum Apostolorum Petri et Pauli, ac nostram Ecclesiam *N.* providemus de persona *N.*, ipsumque illi in Episcopum praeficimus et Pastorem, curam et administrationem ipsius, eidem in spiritualibus et temporalibus plenario committendo»[226]. Tale atto prendeva il nome di preconizzazione.

Fatta la preconizzazione e pronunciata la formula di conferma o di conferimento del titolo episcopale, tutto doveva essere messo per iscritto (cf. can. 177 §3) e il nuovo vescovo doveva aspettare l'arrivo delle Lettere apostoliche, dette anche Bolle. Questi documenti venivano spediti dalla Cancelleria Apostolica (can. 260 §1), non però prima del mandato da parte della Congregazione Concistoriale, per gli affari di sua competenza, oppure da parte del Romano Pontefice, per gli altri affari (can. 260 §2)[227].

Con l'atto della designazione, come dicevamo, il designato acquistava lo *ius ad rem*, cioè il diritto a ottenere l'ufficio. Con l'atto del conferimento del titolo, invece, tale persona acquistava lo *ius in re* e al titolare si attribuivano tutti i diritti e tutti gli obblighi inerenti all'ufficio[228].

3.3 Atti susseguenti il conferimento del titolo

L'atto che immediatamente seguiva il conferimento dell'ufficio episcopale era la consacrazione. Questa era la solenne celebrazione, durante la quale, secondo i riti della Chiesa, al nuovo istituito veniva conferito l'ordine e il carattere episcopale. Secondo la prescrizione del can. 333, se non c'era un legittimo impedimento, entro tre mesi, a partire dal giorno della ricezione delle lettere apostoliche, il vescovo istituito doveva ricevere la consacrazione[229]. Nel caso in cui questo, per

---

[226] Cf. ESPASA-CALPE SA, *Enciclopedia universal*, voce «Obispo», 306. A. DE MEESTER, *Juris canonici*, II, n. 671, 138. M.C. A CORONATA, *Institutiones*, n. 393, 456-457. F.X. WERNZ – P. VIDAL, *Ius Canonicum*, n. 597, 629. T. MUNIZ, *Procedimientos eclesiasticos*, 26. S. ALONSO MORÁN, n. 598, I, 668. A. TOSO, *Ad Codicem*, 157-158.

[227] Cf. ESPASA-CALPE SA, *Enciclopedia universal*, voce «Obispo», 306. T. MUNIZ, *Procedimientos eclesiasticos*, 28. A. ALONSO LOBO, n. 555, 590-591.

[228] «Canonicae institutus matrimonium quoddam spirituale ratum contrahit cum sua ecclesia, acquirit ius in re, iurisdictionem, honores et privilegia, necnon facultatem petendi institutionem corporalem», S. SIPOS, *Enchiridion iuris canonici*, §50, 205. Cf. D'OSTILIO, «La provvista degli uffici ecclesiali», 75-76. ESPASA-CALPE SA, *Enciclopedia universal*, voce «Obispo», 307. A. DE MEESTER, *Juris canonici*, II, n. 672, 138-139.

[229] La consacrazione, come spiega A. De Meester «est ritus sacer, quo culmen et complementum sacerdotalis ordinis confertur, ut proinde Episcopus consecratus non solum nomine et dignitate, verum etiam potestate ordinis presbyteris antecellat,

propria negligenza, non avesse ricevuto la consacrazione nel tempo prescritto, perdeva i frutti del reddito per la chiesa cattedrale. Se poi non la riceveva entro altri tre mesi, *ipso iure* era privato dell'episcopato (can. 2398).

La consacrazione doveva essere svolta nella cattedrale alla quale era destinato il nuovo vescovo o, almeno, nella provincia ecclesiastica. Riguardo al giorno, il can. 1006 §1 prescriveva che la *consecratio episcopalis* doveva essere conferita durante la solenne Messa domenicale o della memoria degli Apostoli.

Di per sé, la consacrazione dei vescovi era riservata al Romano Pontefice, perciò nessun vescovo poteva consacrare un altro se non gli veniva concesso il mandato pontificio (can. 953). Ricevuto detto mandato, il vescovo consacrante doveva scegliere due altri vescovi che lo dovevano assistere nella consacrazione (can. 954). Nel Codice non si precisava se la presenza dei due vescovi assistenti fosse necessaria per la validità o solo per la liceità dell'ordinazione[230], tuttavia, lo stesso can. 954 ammetteva la dispensa. La cosa più grave riguardava la consacrazione fatta senza il mandato pontificio. Secondo il can. 2370, il consacrante, i vescovi che lo assistevano, i sacerdoti che vi partecipavano e lo stesso consacrando, erano *ipso iure* puniti con la sospensione fino al momento della dispensa da parte della Santa Sede[231].

4. Presa di possesso

De facto, l'atto del conferimento o collazione del titolo episcopale, tra l'altro centrale ed essenziale nella provvista canonica, per sua natura era interno, cioè si trattava dell'atto di volontà del superiore competente, il quale trasferiva la sacra potestà alla persona del nuovo titolare dell'ufficio ecclesiastico. Perché tale atto interno potesse assumere anche una forma esterna nella vita sociale della Chiesa, era necessario l'atto esterno della presa di possesso. In virtù della presa di possesso

---

multaque efficere possit, quae presbyteri nequeunt, veluti conferre ordines, chrisma conficere, eoque inaugurare ecclesias, altaria consecrare, et hujusmodi», A. DE MEESTER, *Juris canonici*, II, n. 673, 139-140.

[230] A. De Meester a questo proposito diceva che «ad validam consecrationem sufficit unum Episcopus; ad liceitam vero requiruntur tres, nisi interveniat pontificia dispensatio», A. DE MEESTER, *Juris canonici*, II, n. 673, 140.

[231] Cf. ESPASA-CALPE SA, *Enciclopedia universal*, voce «Obispo», 307-308. A. DE MEESTER, *Juris canonici*, II, n. 673, 139-140. M.C. A CORONATA, *Institutiones*, n. 393, 457. S. ALONSO MORÁN, n. 599, I, 668. T. MUNIZ, *Procedimientos eclesiasticos*, 29-30. S. SIPOS, *Enchiridion iuris canonici*, §50, 206. L. RAMIREZ LASTARRIA, *Comentarios*, 151-152.

della diocesi, infatti, il vescovo, istituito e consacrato, entrando nell'esercizio della sua autorità, acquisiva il diritto e il dovere di governare questa diocesi «tum in spiritualibus tum in temporalibus cum potestate legislativa, iudicativa, coactiva, ad normam sacrorum canonum exercenda» (can. 335 §1) ciò che non poteva fare prima di tale atto (cf. can. 334 §2). A questo punto è doveroso sottolineare che secondo diversi commentatori la presa del possesso era per la validità degli atti[232]. In base al can. 333, la presa di possesso doveva avvenire entro quattro mesi, calcolati a partire dal momento del ricevimento delle lettere apostoliche.

In pratica, in consonanza col can. 334 §3, la presa di possesso avveniva mediante la presentazione al capitolo cattedrale delle lettere apostoliche di nomina, alla presenza del segretario del capitolo o del cancelliere della curia e la verbalizzazione di tale formalità. A questo proposito si deve tener presente la norma del can. 2394 che prevedeva severe sanzioni contro colui che presumeva di occupare un ufficio prima della ricezione delle lettere di conferma o d'istituzione (1°) e la sospensione dell'esercizio del diritto di elezione, di nomina o di presentazione, *ad beneplacitum* della Santa Sede, per quel capitolo che ammetteva nel possesso l'eletto, il nominato o il presentato (3°). Riguardo al modo, si prevedevano due possibilità di presentazione delle suddette lettere: sia da parte del vescovo stesso sia da parte di un suo procuratore. In riferimento ai vescovi coadiutori, questi, secondo il can. 353, all'atto della presa di possesso, dovevano presentare le lettere apostoliche al vescovo residenziale (§1). Trattandosi dei coadiutori *personae episcopi dati*, con diritto di successione, e dei coadiutori *sedi dati*, detti ausiliari (cf. can. 350 §3), dovevano anche compiere quanto prescriveva il can. 334 §3 (§2). Nel caso in cui il vescovo residenziale si trovasse in stato di completa incapacità mentale, questi due tipi di coadiutori, omettendo la prescrizione del §1, erano tenuti a effettuare quella del §2 (§3)[233].

---

[232] S. Sipos spiegava che «ut iurisdictio per institutionem canonicam iam obtenta exercere *valide* possit, necessaria est *introductio in possessionem*, quae est verbali set realis», S. SIPOS, *Enchiridion iuris canonici*, §50, 205. Cf. F.X. WERNZ – P. VIDAL, *Ius Canonicum*, n. 597, 629. A. VERMEERSCH – I. CREUSEN, *Epistome*, I, n. 449, 351. F.M. CAPPELLO, *Summa Iuris Canonici*, I, n. 367, 451-452. G. GHIRLANDA, «La diocesi», 5.7. Inoltre si vedano le pp. 210-211.

[233] Cf. D'OSTILIO, «La provvista degli uffici ecclesiali», 70-73.76. J. WROCEŃSKI, «Nominacje biskupów», 82-83. S. SIPOS, *Enchiridion iuris canonici*, §50, 205. ESPASA-CALPE SA, *Enciclopedia universal*, voce «Obispo», 308. S. ALONSO MORÁN, n. 600, I, 669. T. MUNIZ, *Procedimientos eclesiasticos*, 31. F.X. WERNZ – P. VIDAL,

Come conclusione, si può dire che con la presa di possesso si concludeva la lunga e, nello stesso tempo, complessa procedura della provvista dell'ufficio episcopale. Il vescovo, designato secondo una delle modalità esposte, riconosciuto idoneo dall'autorità ecclesiastica competente, acquisito il titolo, con la presa di possesso, come vero titolare, otteneva il pieno e libero *exercitium iuris*.

5. Questione della designazione dei vescovi nel periodo tra i due Codici

Nello spazio di tempo tra i due Codici, escluse le norme *Episcoporum delectum* del 1972 che hanno offerto una normativa molto peculiare, non troviamo una legislazione particolare sulla designazione dei vescovi. Il Concilio Vaticano II ha trattato della nomina dei vescovi solamente nel n. 20 del decreto *Christus Dominus*. Nel post-concilio, inoltre, si ebbero altri due documenti, emanati da Paolo VI: il m.p. *Ecclesiae sanctae* e il m.p. *Sollicitudo omnium ecclesiarum*, i quali dedicavano solo un numero al tema in esame[234]. Tutti questi documenti, possiamo dire, rappresentano una sorta di «ponte» tra i due Codici: da una parte, le norme in essi contenute confermano e ampliano quelle contenute nel Codice Piano-Benedittino; dall'altra parte, esse costituiscono le fonti dei canoni relativi alla nomina dei vescovi del Codice del 1983.

5.1 *Disposizioni conciliari sulla nomina*

Il Concilio Vaticano II, pur dedicando un ampio spazio, significato e importanza al ministero episcopale, né nella sua fase antepreparatoria né durante i dibattiti conciliari, ha affrontato direttamente il tema della nomina dei vescovi. Solo successivamente tale argomento venne recepito nello schema del decreto *Christus Dominus* e definitivamente affrontato dal n. 20 del documento[235].

Ius Canonicum, n. 597, 629. M.C. A CORONATA, *Institutiones*, n. 393, 458. L. RAMIREZ LASTARRIA, *Comentarios*, 153-154.

[234] Cf. G. SARZI SARTORI, «La designazione», 7-12. P. COLELLA, «Considerazioni sulle nomine», 120-121. ID., «Considerazioni in tema di nomine», 475-479. G. CORBELLINI, «Le modalità per la scelta», 332.

[235] Cf. H. MÜLLER, «De episcoporum electione», 318-329. R. TUCCI, «La scelta dei candidati», 427-428. A.E. DE MAÑARICUA, «El nombramiento», 226-233. G. DELGADO, «Elección y nombramiento», 271-281. A. TALAMANCA, «I procedimenti concordatari», 79-90. G. SARZI SARTORI, «La designazione», 26-27. H. ZAPP, «La nomina del vescovo», 108-109. F. D'OSTILIO, «La provvista degli uffici ecclesiali», 60-61. J.T. FINNEGAN, «The present canonical practice», 99-100.

5.1.1 Decreto *Christus Dominus*

Possiamo dividere il contenuto del n. 20 del decreto *Christus Dominus*, promulgato il 28 ottobre 1965, in tre distinti argomenti.

Prima di tutto, veniva considerato che il ministero apostolico dei vescovi fu istituito da Cristo e, come tale, è esercitato per un fine spirituale e soprannaturale. In seguito, tenendo presente questa affermazione, il Concilio dichiarava che il diritto di nominare e di costituire i vescovi è proprio, peculiare e per sé esclusivo della competente autorità ecclesiastica[236]. Dato che, durante il Concilio, era ancora in vigore il Codice del 1917, la rilevanza della libertà nella nomina dei vescovi, come diritto proprio e peculiare del Romano Pontefice, non era altro che una riaffermazione del principio «eos [episcopos] libere nominat Romanus Pontifex», già stabilito nel can. 329 §2 di quel Codice.

Inoltre, come conseguenza, al fine di tutelare in modo adeguato la libertà della Chiesa e di promuovere più convenientemente e speditamente il bene dei fedeli, il decreto esprimeva il desiderio del Concilio che, in futuro, alle autorità civili non fossero più concessi diritti o privilegi di elezione, nomina, presentazione o designazione all'ufficio episcopale[237]. Qui si possono ricordare soltanto i cann. 331 §2, 332 §1 e, in un certo senso, 329 §3 del Codice del 1917 i quali, appunto, affrontavano il problema dei diversi diritti e privilegi nella designazione dei vescovi. L'affermazione del decreto, invece, a differenza di queste norme canoniche, rafforzando ancora di più la libertà e l'indipendenza assoluta dell'autorità ecclesiastica nella nomina dei vescovi, escludeva l'intervento da parte delle autorità civili.

Infine il documento prendeva in considerazione quelle autorità civili che già godevano dei summenzionati diritti o privilegi. A tale proposito, si invitavano vivamente gli Stati, sia d'intesa con la Santa Sede sia spontaneamente, a rinunciare ai detti diritti o privilegi[238]. Riguardo a

---

[236] CD 20: «Cum apostolicum Episcoporum munus sit a Christo Domino institutum atque spiritualem et supernaturalem finem prosequatur, Sacrosancta Oecumenica Synodus declarat ius nominandi et instituendi Episcopos esse competenti Auctoritati ecclesiasticae proprium, peculiare et per se exclusivum», *AAS* 58 (1966) 683.

[237] CD 20: «Quapropter ad Ecclesiae libertatem rite tuendam et ad christifidelium bonum aptius et expeditius promovendum in votis est Sacrosancti Concilii ut in posterum nulla amplius civilibus Auctoritatibus concedantur iura aut privilegia electionis, nominationis, praesentationis vel designationis ad Episcopatus officium», *AAS* 58 (1966) 683.

[238] CD 20: «Civiles vero Auctoritates, quarum obsequentem erga Ecclesiam voluntatem Sacrosancta Synodus grato animo agnoscit plurimque facit, humanissime rogantur ut praedictis iuribus vel privilegiis, quibus in praesens pacto aut consuetudine

quest'affermazione, giova dire che, dall'analisi dei tanti concordati esaminati nelle pagine precedenti, risulta che i diversi stati hanno rinunciato ai loro vari privilegi e diritti a favore della libera nomina pontificia, preceduta, però, dalla previa notifica ai governi del nome del candidato all'episcopato. Ciò avviene in base a un diritto concessogli che, come dicevamo, non è lesivo della libertà della Chiesa nella designazione dei vescovi[239].

5.2 *Legislazione post-conciliare*

Iniziamo l'argomento della legislazione post-conciliare sulla designazione dei vescovi e riportiamo la seguente affermazione P. Colella:

> la normativa post-conciliare, pur dichiarando espressamente di voler recepire i *desiderata* del dibattito conciliare e di voler conseguentemente predisporre una maturazione giuridica adeguata, non ci sembra nel complesso troppo soddisfacente ed è inoltre estremamente cauta e prudente nell'affrontare e sistemare i non pochi problemi lasciati aperti dal Concilio specie quando hanno prevalso esigenze di riequilibri e tendenze restauratrici più o meno ammodernate[240].

Riguardo, però, al m.p. *Ecclesiae Sanctae* del 6 agosto 1966 e al m.p. *Sollicitudo omnium ecclesiarum* del 14 giugno 1969, emanati da Paolo VI, è da dire che sono i documenti che, pur non affrontando l'intera problematica della designazione dei vescovi, offrono spunti in ordine a una più concreta e specifica prassi nella provvista dell'ufficio episcopale. Si tratta, in particolare, del momento della presentazione dei candidati, ovvero del processo informativo che in modo più esteso sarebbe stato successivamente descritto nelle Norme *Episcopis facultas*, precedute dal decreto *Episcoporum delectum*, del 25 marzo 1972.

5.2.1 Motu proprio *Ecclesiae Sanctae*

Il m.p. *Ecclesiae Sanctae* di Paolo VI, con il quale venivano stabilite le norme per l'applicazione di alcuni decreti del Concilio Vaticano II, a proposito della nomina dei vescovi, tenendo presente il n. 20 del decre-

---

fruantur, consiliis cum Apostolica Sede initis, sua sponte renuntiare velint», *AAS* 58 (1966) 683.

[239] Cf. L. GEROSA, «"De electione episcoporum"», 221-222. R. METZ, «I legati del papa», 287. A. TALAMANCA, «I procedimenti concordatari», 90-92.

[240] P. COLELLA, «Considerazioni in tema di nomine», 478. Cf. ID., «Considerazioni sulle nomine», 121.

to *Christus Dominus*[241], imponeva alle conferenze episcopali di formulare ogni anno, sotto segreto, una lista di candidati idonei all'episcopato e di indirizzarla a Roma[242]. Le novità che apportava il *motu proprio* consistevano, anzitutto, nella richiesta di collaborazione da parte delle conferenze episcopali nella composizione della detta lista che, come si può presumere, era una lista assoluta o generale, cioè, non riguardante direttamente una sede vacante, ma un elenco di candidati, tra i quali, in caso di vacanza di una sede episcopale, se ne poteva scegliere uno all'ufficio episcopale. L'altra novità, derivante dalla prima, è che, per la prima volta, viene introdotta nel diritto ordinario la prassi del diritto particolare, ormai diffusa nei diversi paesi ed esercitata in essi, in base sia ai decreti emanati dalla Congregazione Concistoriale o *de Propaganda Fide* sia alle convenzioni o concordati con gli Stati[243]. Un'ulteriore particolarità riguardava l'affermazione «iuxta normas ab Apostolica Sede statutas vel statuendas». A questo punto bisogna dire che le norme, alle quali accenna il documento, furono date soltanto nel 1972, precedute da importanti disposizioni per la nomina dei vescovi stabilite dal m.p. *Sollicitudo omnium ecclesiarum*, dove venivano stabiliti i compiti dei legati pontifici in questo campo.

5.2.2 Motu proprio *Sollicitudo omnium ecclesiarum*

Il documento, come tema generale affrontava l'argomento dell'ufficio dei rappresentanti del Romano Pontefice. Tra i numerosi impegni della missione dei legati pontifici, il *motu proprio* determinava anche il loro ruolo specifico per quanto riguarda la nomina dei vescovi. Il n. VI,

---

[241] Il documento ribadisce al n. 10, che, senza cambiamenti, rimane il diritto del Romano Pontefice di nominare liberamente i vescovi e di conferire loro l'ufficio, cf. *AAS* 58 (1966) 763. G. DELGADO, «Elección y nombramiento», 282-283.

[242] ES I, 10: «[...] Conferentiae Episcopales, iuxta normas ab Apostolica Sede statutas vel statuendas, de viris ecclesiasticis ad Episcopatus officium in proprio territorio promovendis prudenti consilio sub secreto quotannis agant et candidatorum nomina Apostolicae Sedi proponant», *AAS* 58 (1966) 763. Cf. H. ZAPP, «La nomina del vescovo», 109-110. L. GEROSA, «"De electione episcoporum"», 222. G. FELICIANI, «Il Vescovo diocesano», 31. R. METZ, «I legati del papa», 288. R. TUCCI, «La scelta dei candidati», 428-429. G. DELGADO, «Elección y nombramiento», 283. G. CORBELLINI, «Le modalità per la scelta», 333-334. J.T. FINNEGAN, «The present canonical practice», 98.

[243] A tale proposito si può ricordare i decreti, emanati per l'Inghilterra e Galles (21 aprile 1852), cf. nota 87; poi per gli Stati Uniti (1916), il Canada e la Terranova (1919), la Scozia (1921), il Brasile (1921), il Messico (1921), la Polonia (1921), cf. pp. 77-81. Tra i concordati, abbiamo quello con il Belgio (18 giugno 1827), cf. nota 87; e con la Baviera (29 marzo 1924), cf. nota 89.

nel primo capoverso, stabiliva, infatti, che in ordine alla nomina dei vescovi e degli altri ordinari ad essi equiparati, il rappresentante pontificio avesse l'incarico d'istruire il processo canonico informativo sui promovendi e di inoltrare una lista di nomi o singoli nomi di candidati idonei ai competenti dicasteri romani[244]. A differenza della disposizione del m.p. *Ecclesiae Sanctae* che nel n. 10 ordinava di inviare ogni anno una lista di candidati idonei all'episcopato – una lista, come dicevamo, assoluta o generale – in questo caso, invece, si trattava di una lista relativa, cioè riguardante una determinata sede vacante, compilata durante il processo informativo. Riguardo alla composizione della summenzionata lista, il documento presentava una particolarità: il legato pontificio, in un'accurata relazione, doveva esprimere, *coram Domino*, non solo il proprio parere, ma il suo voto a favore di chi gli sembrava più adatto[245].

Dopo aver generalmente presentato il compito del rappresentante pontificio riguardo alla nomina episcopale, nel secondo capoverso, il documento dava indicazioni più particolari su come si doveva procedere nella raccolta delle informazioni sui candidati: a) con discrezione e con la dovuta riservatezza il legato doveva chiedere liberamente il parere di ecclesiastici, vescovi e sacerdoti. Non si escludevano quei laici, che risultassero più prudenti e più idonei a fornire sincere e utili informazioni. Tutte le persone consultate erano tenute al segreto per l'ovvio e doveroso riguardo sia ai soggetti attivi e passivi della consultazione, sia alla nomina stessa[246]; b) nello svolgimento della consultazione, il rappresentante doveva procedere secondo le norme stabilite dalla Santa Sede in materia «de proponendis ad episcopale ministerium in Ecclesia», tenendo presente, in particolare, le competenze delle conferenze episcopali[247] che erano stabilite dal n. 10 del m.p. *Ecclesiae Sanctae*.

---

[244] SOE VI, 1: «Quoad Episcoporum aliorumque Ordinariorum cum Episcopis aequiparatorum nominationem, Legati Pontifici officium est instruere, de more, processum informativum de promovendis, itemque indicem candidatorum vel singula nomina candidatorum idoneorum competentibus Dicasteriis Romanae Curiae proponere [...]», *AAS* 61 (1969) 481.

[245] SOE VI, 1: «[...] una cum accurata relatione, significatis coram Domino propria sententia ac voto, quis nempe ex candidatis sibi magis idoneus videatur», *AAS* 61 (1969) 481.

[246] SOE VI, 2: «In hoc officio explendo Legatus Pontificius: a) libere ac debita cum cautela viros Ecclesiasticos, immo et prudentes Laicos sententiam rogabit, qui magis idonei videantur ad utiles fideque dignas notitias praebendas, iisdem offico iniuncto secreti servandi, quod iubent, uti patet, sive honor iis debitus qui consuluntur, vel de quibus consultatio fit, sive ipsa natura huius consultationis», *AAS* 61 (1969) 481.

[247] SOE VI, 2: «b) aget iuxta normas ab Apostolica Sede statutas de proponendis ad episcopale ministerium in Ecclesia et Conferentiae Episcopalis competentiam prae oculis habebit», *AAS* 61 (1969) 481.

Pertanto, istruendo il processo informativo il rappresentante pontificio doveva orientarsi anche verso i nomi dei candidati proposti dalla conferenza episcopale. Tale elenco, tuttavia, non era vincolante, nel senso che, nei casi concreti, ritenendo *coram Domino* che il promovendo più idoneo per una determinata sede episcopale non si trovasse nel detto elenco, il legato poteva proporre altri candidati; c) il rappresentante pontificio era tenuto anche a rispettare i legittimi privilegi, accordati o acquisiti, e ogni procedura speciale, riconosciuta dalla Santa Sede[248]. Tali privilegi, come abbiamo visto, competevano, sia ai capitoli cattedrali (cf. can. 329 §3) sia alle autorità civili (cf. can 332 §1) in base ai concordati, alle convenzioni, ai *modus vivendi* o alle consuetudini.

Infine, l'ultimo capoverso, ricordava semplicemente al rappresentante pontificio di non interferire, sia nelle elezioni dei vescovi nelle chiese orientali che si svolgevano secondo il diritto vigente sia nella prassi della designazione dei candidati per circoscrizioni ecclesiastiche affidate a comunità religiose o dipendenti dalla S. Congregazione per l'evangelizzazione dei Popoli[249].

5.2.3 Norme sulla promozione all'episcopato *Episcopis facultas*

Prima che queste norme entrassero in vigore (21 maggio 1972), in data 1 settembre 1970, a tutte le conferenze episcopali fu mandato un primo testo, composto di 14 capitoli. Veniva richiesto ai vescovi, entro il 15 febbraio 1971, di presentare le loro osservazioni e i loro suggerimenti in merito. In seguito, il tempo utile stabilito per dare le proprie comunicazioni, fu prolungato fino al luglio dello stesso anno. Dopo un'ulteriore revisione del documento, tenendo presenti le risposte pervenute, si arrivò alla stesura definitiva delle norme. Queste norme, come dicevamo prima, furono precedute dal decreto *Episcoporum delectum*. Il documento, composto dal Cardinale G. Villot, applicando quanto era stabilito nel n. 10 del m.p. *Ecclesiae Sanctae*, aboliva tutte le regolamentazioni speciali che la Santa Sede, con propri decreti, aveva previsto per le diverse nazioni[250].

---

[248] SOE VI, 2: «c) servabit legitima privilegia concessa vel iure quaesita, nec non quamlibet specialem procedendi modum, ab Apostolica Sede approbatum», *AAS* 61 (1969) 481.

[249] Cf. SOE VI, 3, *AAS* 61 (1969) 481. M. OLIVERI, *Natura e funzioni*, 268-269. R. METZ, «I legati del papa», 289. G. DELGADO, «Elección y nombramiento», 283-284. G. CORBELLINI, «Le modalità per la scelta», 334-335. F. CAVALLI, «Il motu proprio», 40. H. ZAPP, «La nomina del vescovo», 110-111. J.T. FINNEGAN, «The present canonical practice», 101-102.

[250] Cf. ED, *AAS* 64 (1972) 386. R. TUCCI, «La scelta dei candidati», 430-431. R.

Il documento, intitolato «Normae *Episcopis facultas* de promovendis ad episcopale ministerium in Ecclesia latina», è un documento normativo, preparato dai competenti dicasteri romani, d'intesa fra loro, e approvato dal Romano Pontefice. Il suo scopo principale

> è di attuare le indicazioni del Vaticano II, di dare applicazione a quanto stabilito da Paolo VI nel motu proprio *Ecclesiae Sanctae*, di imprimere alla procedura in tale materia un indirizzo sostanziale comune [...] e in più d'un punto notevolmente innovatore, per lo meno per quanto riguarda la prassi anche più recente di parecchi Paesi. Ultima sua finalità è di assicurare meglio [...] la scelta dei Pastori veramente idonei per la guida delle Chiese locali [...][251].

Le norme, composte da quindici capitoli, contenenti istruzioni dettagliate sulla procedura da seguire nelle varie fasi della scelta dei candidati all'episcopato, possono essere divise in due parti. La prima parte, articoli I-X, descrive la procedura da seguire nella composizione della lista assoluta o generale dei possibili candidati all'episcopato; la seconda parte, articoli XI-XIII, concerne la composizione della lista relativa, detta anche terna, per la provvista di una determinata diocesi vacante. Riguardo ai due ultimi articoli, il quattordicesimo è relativo all'obbligo del segreto e il quindicesimo, invece, tiene presenti i legittimi privilegi concessi o giuridicamente acquisiti e le procedure particolari, approvate dalla Santa Sede mediante accordi o in altra maniera. Tali diritti o privilegi non sono alterati né sostituiti dalle norme[252].

a) *La composizione della lista generale dei candidati*

In questa prima parte (artt. I-X) le norme presentano una procedura da seguire nella composizione della lista assoluta dei candidati, vale a dire, di una lista dei possibili candidati, tra i quali, in caso di vacanza di una sede vescovile, se ne potrà scegliere uno all'ufficio episcopale. L'art. I elenca sia gli ecclesiastici che devono intervenire nella composizione della lista e che devono essere presi in considerazione, sia i candidati.

La facoltà e il dovere per la composizione di tale lista, prima di tutto, spetta ai vescovi in genere, i quali devono scegliere i candidati tra il clero diocesano, tra i religiosi, ma anche tra i sacerdoti di altra giurisdizione che, tuttavia, sono da essi ben conosciuti (art. I, 1). Oltre ai

---

METZ, «I legati del papa», 290. G. DELGADO, «Elección y nombramiento», 284-287.
[251] R. TUCCI, «La scelta dei candidati», 432.
[252] Cf. EF, artt. XIV e XV, *AAS* 64 (1972) 391.

vescovi in genere, anche i vescovi diocesani e gli altri ordinari del luogo hanno parte nella raccolta delle notizie e di tutti gli elementi necessari circa i candidati. Nel completamento dei sondaggi, i summenzionati ecclesiastici devono procedere o personalmente o consultando i membri del capitolo cattedrale, del collegio dei consultori o del consiglio presbiterale, nonché altri sacerdoti del clero, diocesano o regolare, non esclusi i laici. Le consultazioni non possono avvenire in modo collegiale (art. I, 2). Hanno la facoltà di proporre i candidati del proprio istituto anche i superiori generali degli istituti missinonari (art. I, 3)[253]. Tutti gli ecclesiastici elencati in questo articolo, che hanno il diritto e il dovere di proporre i candidati e che partecipano nelle assemblee (cf. art. II, 2), secondo l'art. V, con un conveniente anticipo sulla data dell'assemblea, sono tenuti ad inviare i nomi dei candidati al presidente (cf. art. III, 2)[254].

A differenza dell'articolo esaminato, nei restanti articoli di questa parte, si riscontra il versante collegiale della consultazione sui candidati. Negli artt. II-V vengono descritti i tipi di assemblee e la loro preparazione.

L'art. II, 1 prevede due possibilità: normalmente, l'esame dei nomi e la loro proposta si svolge nell'assemblea provinciale (art. II, 2) formata da tutti i vescovi della provincia (art. III, 1); è lecito, tuttavia, anche ai singoli vescovi e agli altri ordinari (cf. art. I, 2) di proporre direttamente i candidati alla Santa Sede. Riguardo alle assemblee o alle conferenze, oltre a quelle provinciali, in base alle circostanze particolari, è pure prevista la possibilità di riunire assemblee interprovinciali, regionali, oppure nazionali, con previa comunicazione alla Santa Sede (art. II, 2). Riguardo all'assemblea provinciale, secondo l'art. III, 2, spetta al metropolita o, in sua assenza, al più anziano dei suffraganei, di stabilire il giorno, l'ordine e la presidenza delle riunioni e di comunicare preventivamente ai summenzionati vescovi l'elenco completo dei nominativi a lui pervenuti affinché essi esaminino i nomi e annotino le notizie di cui siano a conoscenza circa ognuno di essi (cf. art. V). In caso di altre assemblee (cf. art. II, 2), tale compito spetta al rispettivo presidente (art. III, 2). Tenendo presente il n. 10 del m.p. *Ecclesiae Sanctae* che prescriveva una convenzione annuale delle conferenze episcopali, l'art.

---

[253] Cf. EF, art. I, *AAS* 64 (1972) 387. R. TUCCI, «La scelta dei candidati», 433. G. DELGADO, «Elección y nombramiento», 291-293. H. ZAPP, «La nomina del vescovo», 112. T.G. BARBERENA, «Commentario a nuevas normas», 671-681.
[254] Cf. EF, art. V, *AAS* 64 (1972) 388.

IV, 1 ordina che queste siano periodiche e abbiano luogo in occasione delle consuete riunioni dei vescovi[255].

Gli articoli seguenti (artt. VI-VIII) riguardano lo svolgimento dei lavori nelle assemblee. Prima, però, di procedere all'analisi della procedura, presenteremo quanto l'art. VI, 2 riferisce circa le qualità che si devono riscontrare nei candidati. Relativamente al can. 331 §1 le qualità richieste sono aumentate, riguardando le diverse attività, le attitudini e gli elementi della personalità dei promovendi.

I vescovi sono tenuti a discernere riguardo ai candidati

> se essi posseggano le doti necessarie, che distinguono un buon pastore di anime e un maestro nella fede: se cioè godano di buona riputazione; se siano di condotta irreprensibile; se abbiano retto discernimento, prudenza, carattere equilibrato e costante; se siano saldi nella fede ortodossa, se siano devoti alla sede apostolica e fedeli al magistero della Chiesa; se siano profondamente versati nella teologia dommatica e morale, e nel diritto canonico [cf. can. 331 §1, 5°], se spicchino per la loro pietà, per il loro spirito di sacrificio e per lo zelo pastorale, se hanno l'attitudine di governare [cf. can. 331 §1, 4°]. Occorre anche tener conto delle qualità intellettuali, del corso di studi compiuti, della sensibilità sociale, della disposizione al dialogo e alla collaborazione, della apertura ai segni dei tempi, della lodevole preoccupazione di restare al di sopra delle parti, dell'ambiente familiare, della salute, dell'età [cf. can. 331 §1, 2°], e delle caratteristiche ereditarie[256].

A ciò bisogna aggiungere anche la disposizione dell'art. IV, 2 che prevede la possibilità di fornire ulteriori informazioni circa le qualità dei candidati precedentemente proposti, precisando se le abbiano per scienza propria, oppure per sentito dire (cf. art. VI, 1). In base delle doti presentate, è possibile che qualche candidato, già proposto, possa essere cancellato dalla lista, per ragione dell'età avanzata, della malattia o di un altro motivo che lo renda inadatto all'episcopato[257].

Tornando allo svolgimento dell'assemblea, i vescovi riuniti, nel discernimento dei candidati, si devono scambiare le notizie e le osservazioni sui singoli nomi proposti (cf. art. VI, 1) in una discussione orale (cf. art. VII, 1). Terminata questa, si procede alla votazione che dev'essere segreta, affinché sia assicurata la piena libertà nell'espressione del voto (cf. art. VII, 2). Tutti i voti o l'astensione, devono essere

---

[255] Cf. EF, artt. II-V, *AAS* 64 (1972) 387-388. R. TUCCI, «La scelta dei candidati», 433-434. G. DELGADO, «Elección y nombramiento», 293-299. H. ZAPP, «La nomina del vescovo», 112-113.

[256] Citazione dell'art. VI, 2 è secondo *EV* 4/1605. Cf. *AAS* 64 (1972) 388-389. R. TUCCI, «La scelta dei candidati», 434.

[257] Cf. EF, art. IV, 2, *AAS* 64 (1972) 388.

espressi per ciascuno dei candidati per iscritto (cf. art. VII, 1), aggiungendovi, oltre al voto stesso, anche l'indicazione del tipo di diocesi o di servizio, a cui ciascun candidato sembri più adatto (cf. art. VII, 2). Infine, i voti vengono calcolati (cf. art. VII, 3) e, fatto il loro spoglio, a giudizio del presidente della riunione, si può avere un supplemento di discussione e provvedere ad una seconda votazione, allo scopo di chiarire meglio le caratteristiche dei candidati (cf. art. VII, 4)[258].

L'ultima tappa dello svolgimento dell'assemblea è la preparazione dell'elenco di coloro che, ritenuti nelle discussioni degni e idonei all'episcopato, dovranno essere proposti alla Sede Apostolica (cf. art. VIII, 1). Tutti gli atti compiuti nell'assemblea devono essere messi per iscritto, letti, approvati e sottoscritti da tutti i vescovi partecipanti, distruggendo tutto ciò che potrebbe far conoscere come ciascuno abbia votato (cf. art. VIII, 2-3). Una copia integrale degli atti e dell'elenco dei candidati, viene trasmesso, per il tramite del rappresentante pontificio, alla Santa Sede in modo che a Roma ci si possa rendere conto in modo adeguato non soltanto dei nomi proposti, ma anche delle motivazioni sottese alle scelte operate (cf. art. IX). Nel decimo articolo di questa prima parte delle norme, riguardo all'esame delle liste dei candidati, si prevede che possano eventualmente partecipare anche gli organismi nazionali: o la conferenza nazionale, o il suo comitato permanente, oppure il suo presidente[259].

b) *La composizione della lista relativa dei candidati*

Come già accennavamo, la composizione della lista relativa si riferisce alla provvista di un determinato ufficio episcopale. Per presentare a tale scopo i candidati, l'art. XI, 1 stabilisce che bisogna tener presente anche le liste preparate dalle summenzionate assemblee (cf. art. II). Tutte le liste dei candidati che giungono al Romano Pontefice, non restringono la sua libertà nella scelta e nella nomina (cf. art. XI, 2, can. 329 §2). Prima, però, che si attui la nomina, si deve compiere sul candidato una diligente e ampia indagine (cf. art. XII, 1) che la Santa Sede affida al rappresentante pontificio (cf. art. XII, 2)[260].

---

[258] Cf. EF, artt. VI, 1 e VII, *AAS* 64 (1972) 388.389. R. TUCCI, «La scelta dei candidati», 434-435. G. DELGADO, «Elección y nombramiento», 300-301.

[259] Cf. EF, artt. VIII-X, *AAS* 64 (1972) 389-390. R. TUCCI, «La scelta dei candidati», 435-436. G. DELGADO, «Elección y nombramiento», 301-302.

[260] Cf. EF, artt. XI-XII, *AAS* 64 (1972) 390. R. TUCCI, «La scelta dei candidati», 436. G. DELGADO, «Elección y nombramiento», 303-305. H. ZAPP, «La nomina del vescovo», 113. R. METZ, «I legati del papa», 291.

Con l'articolo XIII, particolarmente ampio, arriviamo alla fase finale della complessa procedura. Possiamo dividere lo svolgimento del processo informativo, descritto in questo articolo in due tappe. La prima riguarda la raccolta delle informazioni sui candidati e la seconda la formazione della terna. A questo punto, dato che l'indagine è affidata al legato pontificio, è opportuno tener presente anche la disposizione dell'art. VI del m.p. *Sollicitudo omnium ecclesiarum*.

In riferimneto alla prima tappa, l'art. XIII, 1 specifica che si tratta della provvista di una diocesi vacante o della nomina di un coadiutore con il diritto di successione. Per raccogliere le informazioni sui candidati, il rappresentante deve chiedere, al vicario capitolare o all'amministratore apostolico o, nel caso della nomina di un coadiutore, allo stesso vescovo diocesano, un'ampia e dettagliata relazione circa le condizioni e le necessità della diocesi. Devono essere ascoltati anche il clero, il laicato, come pure i religiosi, insomma, quelle persone che abbiano ben conosciuto il candidato e siano capaci di dare informazioni il più possibile complete, secondo un prudente e meditato giudizio davanti a Dio (cf. art. XII, 1; SOE, VI). A tutte queste persone il legato pontificio invia il questionario, appositamente preparato (cf. art. XII, 2).

Per la formulazione della terna da sottoporre alla Sede Apostolica il rappresentante, nel raccogliere i suggerimenti, deve tener presente quelli espressi, sia dal metropolita e dai suffraganei della provincia, dove si trova la diocesi vacante, sia dal presidente della conferenza episcopale nazionale, come anche l'opinione di alcuni membri del capitolo cattedrale, dei consultori diocesani, del clero secolare e regolare e, specialmente, del consiglio presbiterale. A tutti quei suggerimenti il legato pontificio è tenuto di aggiungere anche il proprio parere (cf. art. XIII, 2). Simile procedura si deve seguire quando si tratta della nomina dei vescovi ausiliari (cf. art. XIII, 3)[261].

Concludendo quest'ultimo punto del presente capitolo, giova dire che il punto comune in tutti i documenti esaminati è la riaffermazione, in modo sempre chiaro, del principio della libertà della Chiesa nel provvedere le sedi episcopali.

---

[261] Cf. EF, art. XIII, *AAS* 64 (1972) 391. R. TUCCI, «La scelta dei candidati», 437-438. G. DELGADO, «Elección y nombramiento», 305-306. H. ZAPP, «La nomina del vescovo», 113-114. R. METZ, «I legati del papa», 291-292. G. CORBELLINI, «Le modalità per la scelta», 336.

6. Conclusione

Il lungo studio fatto nelle pagine di questo capitolo ci ha permesso di offrire una visione generale e, nello stesso tempo, anche particolare, della complessità, delle difficoltà e della varietà delle procedure per provvedere alla nomina dei pastori delle diocesi. Oltre a questo, abbiamo potuto notare anche un progresso, ossia uno sviluppo della relativa normativa sempre però orientato, piuttosto, alla tutela della libertà e riservatezza della Chiesa – del Romano Pontefice – per quanto attiene alla nomina dei vescovi.

Partendo dalla normativa sulla provvista in generale dell'ufficio ecclesiastico del Codice del 1917, abbiamo cercato di delineare le norme relative all'ufficio episcopale e, in particolare, quelle riguardanti la designazione dei vescovi: cann. 329 §§2-3, 332 §1. L'ultima tappa del nostro capitolo, ha riguardato l'argomento della designazione dei vescovi nel periodo tra i due Codici. Qui, tranne le norme sulla promozione all'episcopato del 1972, abbiamo incontrato una scarsa normativa, sia del Concilio Vaticano II sia del post-concilio, inerente soltanto a qualche argomento del vasto tema della provvista dell'ufficio episcopale.

Tra le osservazioni generali che possiamo trarre dallo studio fatto in questo capitolo possiamo individuare, anzitutto, come già dicevamo prima, una forte tendenza della Chiesa ad avere la piena libertà nella designazione dei pastori delle diocesi. Lo rivelano chiaramente i concordati, nei quali, a partire dal decreto conciliare *Christus Dominus* (n. 20), si osserva un rilevante cambiamento: tanti paesi, aventi qualche diritto particolare di intervenire nella designazione dei vescovi, hanno rinunciato ai loro privilegi in favore alla nomina pontificia, preceduta, però, da una previa notifica del nome del promovendo al governo.

Infine, dobbiamo, prima di tutto, precisare insieme con G. Dalla Torre «che le disposizioni concordatarie, in quanto immesse anche nell'ordinamento canonico con la pubblicazione sugli *Acta Apostolicae Sedis*, divengono norme canoniche particolari, capaci di derogare alle norme canoniche generali»[262]. Per questa ragione i concordati sono stati una parte considerevole del nostro studio. Un'altra osservazione che emerge dal diritto concordatario riguarda la raccomandazione e la presentazione dei candidati all'episcopato. A prima vista sembrerebbe che, in sostanza, si tratti della stessa cosa. Bisogna, però, precisare che esiste una rilevante differenza: il candidato presentato, se idoneo, aveva diritto a ricevere l'ufficio episcopale che gli conferiva la Santa Sede; a

---

[262] G. DALLA TORRE, «L'intervento», 491.

quelli, invece, raccomandati (nella raccomandazione ci devono sempre essere più di un candidato) non competeva nessuna prerogativa, finché non fossero scelti dal Romano Pontefice.

CAPITOLO III

La designazione dei vescovi nel Codice del 1983

Nell'affrontare il tema della designazione dei vescovi secondo le disposizioni del Codice del 1983, seguiremo, in modo più o meno simile, lo schema del capitolo precedente. Pertanto, esamineremo dapprima la normativa sulla provvista dell'ufficio ecclesiastico e, all'interno di questa, le disposizioni relative alla designazione dei vescovi (cf. cann. 364, 4°, 377 e 403). In seguito, passeremo all'analisi dettagliata delle menzionate disposizioni canoniche, cercando di attuare una loro comparazione con la normativa del Codice del 1917, esaminata nel capitolo precedente.

1. La normativa generale sulla provvista dell'ufficio episcopale

1.1 *La normativa sulla provvista dell'ufficio ecclesiastico*

A differenza del Codice Piano-Benedettino (cf. can. 147 §2)[1], quello attuale non offre una definizione legale di provvista canonica. Tuttavia, con J.I. Arrieta, possiamo definirla come «l'affidamento ad una persona fisica della titolarità delle mansioni proprie dell'ufficio»[2]. Essa, secondo il can 146, è un atto indispensabile perché si possa validamente ottenere un ufficio ecclesiastico, nel nostro caso l'ufficio episcopale. Tale condizione è rafforzata dal disposto del can. 147, secondo il quale solo l'autorità ecclesiastica ha competenza per il conferimento dell'ufficio.

---

[1] «Nomine canonicae provisionis venit concessio officii ecclesiastici a competente auctoritate ecclesiastica ad normam sacrorum canonum facta». Cf. F.J. URRUTIA, *De normis generalibus*, 100.

[2] J.I. ARRIETA, *Diritto dell'organizzazione*, 169. Cf. ID., «Comentario a los cann. 146-156», 919-920. F.J. URRUTIA, «Provvisione dell'ufficio», 884-885.

La ragione di ciò è da ricercare nell'esigenza di tutelare la libertà della Chiesa e l'indipendenza dell'autorità ecclesiastica da abusi e da indebite ingerenze. Come esempio, riferito nel primo capitolo della tesi, possiamo ricordare la difficile e lunga lotta della Chiesa medievale contro gli abusi compiuti in occasione delle investiture o di attribuzione di uffici ecclesiastici da parte delle autorità civili[3].

Attualmente, considerando la provvista canonica come una procedura per conferire la titolarità di un ufficio ecclesiastico, la dottrina canonica ha individuato tre distinti elementi o atti costitutivi della provvista. Il primo atto è la designazione della persona che, in riferimento ai vescovi, si attua secondo il can. 377, con il riferimento ai cann. 364, 4° e 403. L'atto seguente, il conferimento del titolo alla persona designata, è considerato come l'elemento centrale e giuridicamente efficace della provvista dell'ufficio ecclesiastico. Comunemente, questo atto è denominato anche nomina o collazione, nonché anche provvista che, come parte del tutto, è diversa dalla nozione di provvista canonica compresa nel senso del sistema o della procedura complessiva, costituita da un intreccio di atti giuridici, di natura e contenuto diversi[4]. L'ultimo atto, l'immissione in o presa di possesso, riguardo ai vescovi, viene effettuato in conformità con i cann. 382 e 404 §§1-2. A questi atti principali, in riferimento all'ufficio episcopale, si aggiungono anche quelli della consacrazione (cf. can. 379), della professione di fede (cf. cann. 380 e 833, 3°) e del giuramento di fedeltà alla Sede Apostolica (cf. can. 380)[5].

1.2 *La normativa sulla designazione del candidato*

Riguardo all'atto o, possiamo meglio dire, alla procedura della provvista canonica, il can. 147 prevede le quattro forme tradizionali, distinte tra loro «non precisamente per l'atto essenziale della provvisione che è il conferimento del titolo [che, possiamo aggiungere, è sempre libero], ma per il modo in cui viene designata la persona alla quale il titolo sarà conferito»[6]. A differenza del Codice precedente, nel quale queste forme

---

[3] Cf. L. CHIAPPETTA, *Il Codice*, I, 232-233. F.J. URRUTIA, «Provvisione dell'ufficio», 885. S. BERLINGÓ, «Ufficio ecclesiastico», 2.

[4] J.I. Arrieta, oltre a questa distinzione, spiega che la provvista nel senso del sistema o procedura «riguarda l'aspetto oggettivo del dotare un titolare di un ufficio; [la provvista canonica nella] nozione di collazione, invece, ha un contenuto prevalentemente soggettivo, che fa soprattutto riferimento alla designazione ed all'investitura di una persona ad una determinata carica», J.I. ARRIETA, *Diritto dell'organizzazione*, 170.

[5] Cf. J.I. ARRIETA, *Diritto dell'organizzazione*, 171-174. ID., «Comentario a los cann. 146-156», 920-922. L. CHIAPPETTA, *Il Codice*, I, 233.

[6] F.J. URRUTIA, «Provvisione dell'ufficio», 885.

di procedura erano collocate in posti diversi[7], nella legislazione attuale esse sono tutte riunite nel Libro I, offrendo così una disciplina giuridica coerente e comune. Oltre a questa precisazione giova osservare che la designazione del candidato, fatta secondo le dette quattro forme, in riferimento all'atto del conferimento del titolo, è attuata, a sua volta, sia mediante libera collazione sia mediante collazione necessaria.

1.2.1 La collazione libera

Teoricamente, la collazione è libera se gli atti di designazione della persona del candidato e di conferimento del titolo dell'ufficio sono compiuti dallo stesso superiore ecclesiastico. Si deve, tuttavia, dire che, nella prassi, la designazione della persona non costituisce un atto distinto dal conferimento del titolo, ma se anche lo fosse, esso non produrrebbe alcun effetto giuridico prima della collazione del titolo.

In riferimento alla libera collazione dell'ufficio ecclesiastico, il can. 147 prevede solo una forma della provvista, ossia della designazione della persona del candidato all'ufficio ecclesiastico, quella, cioè, per libero conferimento. È questa la forma più comune, consistente nella diretta o libera designazione del titolare dell'ufficio da parte della stessa autorità ecclesiastica che, ai sensi del can. 148, è competente a conferire il titolo. Dato che la procedura del libero conferimento, descritta dal can. 157[8], considera soltanto gli uffici diocesani e come autorità per la loro provvisione – il vescovo diocesano –, per gli altri uffici che sono di competenza di altra autorità, il procedimento da seguire nella loro provvista è retta da canoni specifici.

Riguardo al nostro tema, secondo il can. 377 §1 (prima parte), la provvista dell'ufficio episcopale viene fatta, tramite la libera nomina da

---

[7] Si trattava della procedura dell'istituzione del candidato in forza del diritto di patronato, retto dai cann. 1448-1471 i quali si trovavano nel Libro III del Codice del 1917. A queste norme rimandava il §2 del can. 147. Nella normativa attuale non esistono né tale paragrafo né le disposizioni canoniche, relative alla procedura della designazione da parte di coloro che vantano un diritto di patronato, cf. F.J. URRUTIA, *De normis generalibus*, 100. Non risulta che oggi qualche stato rivendicasse un vero e proprio diritto patronato.

[8] Il Codice precedente dedicava otto canoni al tema del libero conferimento (cann. 152-159). Durante i lavori di revisione e di redazione del vigente Codice si è arrivati all'affermazione che la maggior parte di quei canoni si riferiva alla provvista degli uffici in genere e, dunque, non solo al libero conferimento. Per questa ragione, l'art. 1, dedicato al libero conferimento nel Codice del 1983, contiene solamente un canone, cf. J. MIÑAMBRES, «Comentario al can. 157», 952. F.J. URRUTIA, *De normis generalibus*, 104-105.

parte del Romano Pontefice, il quale, nell'esercizio di questo atto, in virtù del suo Primato di giurisdizione, non è impedito o limitato né da nessuna potestà umana, né dal tempo o dal territorio, e neppure è obbligato a seguire una determinata forma nella nomina. Il procedimento della libera nomina, così inteso, può essere effettuato secondo una duplice modalità. In primo luogo, la designazione della persona e la collazione del titolo possono essere compiuti, *libere et pleno iure*, dallo stesso Pontefice, senza intervento di persone fisiche o giuridiche, civili o ecclesiastiche. L'altra via, sempre salva la piena libertà nella designazione e nella collazione, è quella quando nell'atto della designazione intervengono altre persone che, tuttavia, o danno solo il loro consiglio, consenso, parere, oppure presentano[9] le persone adatte all'ufficio episcopale, tra le quali, il Romano Pontefice sceglie liberamente una e le conferisce il titolo[10].

Riguardo alla presentazione, essa viene regolata dalle norme dei cann. 158-163[11]. Volendo offrire una definizione dell'istituto della presentazione canonica, possiamo dire, insieme con J.I. Arrieta, che questa «consiste nella facoltà di proporre – secondo modalità diverse, e d'accordo con il diritto particolare e quello statutario – all'autorità ecclesiastica che deve effettuare la collazione, il candidato cui conferire la titolarità dell'ufficio»[12]. In riferimento alla designazione dei vescovi, possiamo qui indicare i seguenti casi, previsti nel can. 377: la presen-

---

[9] Qui è molto importante fare un'osservazione. Tenendo presente la distinzione fra la raccomandazione e la presentazione, fatta nella conclusione del secondo capitolo (cf. pp. 137-138), bisogna dire che, nelle norme *Episcopis facultas*, come anche nel can. 377 §§2-4, non si parla più della raccomandazione, ma della presentazione che è diversa da quella fatta dalle autorità civili del §5 (più avanti, nel testo, messa in corsivo). Quell'ultima conserva lo stesso significato, spiegato nella menzionata distinzione. Cf. J. MIÑAMBRES, «Alcune riflessioni», 365-371.

[10] Cf. L. CHIAPPETTA, *Il Codice*, I, 241-243. F. D'OSTILIO, *Il diritto amministrativo*, 121-122. J.I. ARRIETA, *Diritto dell'organizzazione*, 180-181. J. MIÑAMBRES, «Comentario al can. 157», 952-956. A. MONTAN, *Lezioni di diritto canonico*, 150.

[11] Gli attuali cann. 158-159, che corrispondono ai cann. 148 §§1-2, 1448-1471 del Codice del 1917, sono nuovi. I restanti cann. 160-163 che corrispondono ai cann.1460 §4, 1461, 1465 §1, 1466 e 1468, appartenenti al Capitolo IV *De iure patronatus*, del III Libro del Codice precedente, di fatto, non parlano più del diritto di patronato, bensì del diritto di presentazione, cf. F.J. URRUTIA, *De normis generalibus*, 105-107.

[12] J.I. ARRIETA, *Diritto dell'organizzazione*, 181. Cf. A. ALVAREZ – F.J. URRUTIA, «Presentazione a un ufficio», 833-834. L. CHIAPPETTA, *Il Codice*, I, 244-249. F. D'OSTILIO, *Il diritto amministrativo*, 122-124. J.I. ARRIETA, *Diritto dell'organizzazione*, 181-184. J. MIÑAMBRES, «Comentario a los cann. 158-163», 957-974. A. MONTAN, *Lezioni di diritto canonico*, 150-151.

tazione dell'elenco di possibili candidati all'episcopato da parte dei vescovi di una provincia ecclesiastica o di una Conferenza Episcopale (§2); la presentazione della terna dei candidati per provvedere ad una determinata sede episcopale, da parte del rappresentante pontificio (§3); la presentazione della terna da parte del vescovo diocesano, per la nomina di un vescovo ausiliare (§4); la *presentazione* effettuata da parte dell'autorità civile (§5).

A differenza della libera collazione che è relativa solo a una forma della provvista, le restanti tre forme sono comprese nella procedura per il conferimento necessario.

1.2.2 La collazione necessaria

Questo tipo di collazione del titolo si verifica quando la designazione del candidato viene effettuata da una persona fisica o giuridica, alla quale è stato riconosciuto da parte della Chiesa il diritto di *presentazione* (cf. can. 377 §5), elezione o postulazione. In questo caso, l'autorità ecclesiastica competente conferisce il titolo a chi è stato legittimamente *presentato*, eletto o postulato.

Per quanto concerne la presentazione adoperata dalle autorità civili, qui, «dal punto di vista canonistico[,] assumono oggi valore determinante i pronunciamenti conciliari [cf. CD 20; can. 377 §5] che ribadiscono, in modo più fermo di quanto non fosse stato fatto nel passato, il principio per sé tradizionale dell'assoluta competenza della Chiesa, e di chi in essa esercita il servizio di autorità, in materia di nomine»[13]. Lo stesso vale anche per il diritto e il privilegio d'elezione, nomina e designazione (cf. CD 20 e can. 377 §5). Più particolarmente su questo argomento parleremo in seguito.

Un'altra forma di provvista è l'elezione che, in senso proprio, «è la designazione di un candidato a un ufficio ecclesiastico, fatta collegialmente da una persona giuridica o da un gruppo di persone, che di regola, per aver effetto, deve essere confermata dalla competente autorità ecclesiastica mediante l'istituzione canonica»[14]. Per la procedura di elezione dei vescovi, il can. 377, pur affermando nel §5 che per il futuro lo *ius eligendi* non sarà più concesso alle autorità civili, nel §1 (seconda parte) prescrive che il Sommo Pontefice confermi i vescovi, legittimamente eletti. Per la procedura dell'elezione, il Codice vigente, ai sensi del can.

---

[13] G. SARZI SARTORI, «La designazione», 13-14.
[14] L. CHIAPPETTA, *Il Codice*, I, 250. Cf. F. D'OSTILIO, *Il diritto amministrativo*, 124-125.

164, prescrive che si devono osservare le disposizioni dei cann. 165-179, a meno che dal diritto non sia stabilito diversamente[15].

L'elezione, per la validità, dev'essere preceduta dalla convocazione degli elettori, secondo le prescrizioni del can. 166, e può essere fatta in tre modi. Il primo modo, che possiamo anche dire ordinario, è l'elezione per scrutinio segreto. Nella sua attuazione e per la sua validità, si richiede il concorso di tre requisiti: la convocazione (can. 166), la riunione stessa (cf. cann. 119, 167 §1) e la votazione (cf. cann. 167 §2-172), applicando le prescrizioni dei cann. 173, 176-179 con riferimento ai cann. 171 e 119. Il secondo modo è quello per acclamazione o quasi ispirazione che, pur non avendo nessuna normativa nel Codice vigente, prima veniva retto dalla costituzione *Romano Pontifici eligendo*[16] del 1975, applicandolo esclusivamente per l'elezione del Romano Pontefice. Successivamente, con la cost. ap. *Universi Domini Gregis*[17] del 1996, i modi per acclamazione o ispirazione e compromesso utilizzati nell'elezione del Sommo Pontefice furono aboliti a favore dell'elezione solamente per scrutinio. Il terzo modo è l'elezione per compromesso. Si tratta di una possibilità che si attua se gli elettori, col consenso unanime e scritto, trasferiscono, per quella sola volta, lo *ius eligendi* a una o più persone idonee, sia membri del collegio elettivo che estranee ad esso, le quali eleggono a nome di tutti, in forza della facoltà ricevuta, il titolare di un determinato ufficio ecclesiastico (cf. cann. 174-175)[18].

La postulazione, come ultima forma della provvista dell'ufficio ecclesiastico e alla quale non accenna nessuno dei paragrafi del can. 377, «consiste nella possibilità di eleggere, a maggioranza qualificata di due terzi (cf. can. 181), un candidato che, pur essendo privo di qualche requisito per ricoprire qualche ufficio, può essere dispensato da tale impedimento dalla legittima autorità»[19]. Di per sé, la postulazione è una

---

[15] Cf. J.I. ARRIETA, *Diritto dell'organizzazione*, 184-188. A. ALVAREZ – F.J. URRUTIA, «Elezione a un ufficio», 440-442. L. CHIAPPETTA, *Il Codice*, I, 250-265. F. D'OSTILIO, *Il diritto amministrativo*, 124-128. J.I. ARRIETA, *Diritto dell'organizzazione*, 184-188. J. MIÑAMBRES, «Comentario a los cann. 164-179», 975-1020. A. MONTAN, *Lezioni di diritto canonico*, 151.

[16] La costituzione prevedeva tre modi dell'elezione: *per acclamationem* (n. 63), *per compromissum* (n. 64) e *per scrutinium* (n. 65), diviso in tre atti (nn. 66-72), cf. *AAS* 67 (1975) 632-638.

[17] N. 62: «Modis abrogatis electionis qui per acclamationem seu inspirationem et per compromissum dicuntur, electionis forma Romani Pontificis futuro de tempore erit tantum per scrutinium», *AAS* 88 (1996) 331. Cf. L. CHIAPPETTA, *Il Codice*, I, 257.

[18] In riferimento ai cann. 172 e 173 del Codice precedente, la normativa non ha subito i notevoli cambiamenti, cf. F.J. URRUTIA, *De normis generalibus*, 114-115.

[19] J.I. ARRIETA, *Diritto dell'organizzazione*, 188. Cf. A. ALVAREZ – F.J. URRUTIA, «Postulazione per l'ufficio», 801-802. L. CHIAPPETTA, *Il Codice*, I, 266-270. F.

forma sussidiaria di elezione e viene esercitata secondo le prescrizioni dei cann. 180-183[20], tenendo presenti, tuttavia, le summenzionate norme circa l'elezione.

Riferendosi alle relative norme sulla provvista degli uffici ecclesiastici del Codice del 1917, quelle del Codice vigente non costituiscono, dunque, una legislazione molto differente da quella precedente.

2. Designazione del candidato all'ufficio episcopale

Partendo dai cann. 329 §§2-3, 332 §1, 350 e, in un certo senso, dal can. 331 §2 del Codice del 1917, tramite la traduzione in formule giuridiche delle disposizioni del n. 20 del decreto conciliare *Christus Dominus*, del n. 10 della I parte del m.p. *Ecclesiae sanctae* e del n. VI del m.p. *Sollicitudo omnium ecclesiarum*, nonché delle Norme *Episcopis facultas* del 1972, il vigente *Codex Iuris Canonici* tratta della designazione dei vescovi nei cann. 364, 4°, 377 e 403. Similmente alla normativa precedente, quello attuale, benché in modo meno distinto, riconferma la triplice procedura nella designazione dei vescovi. Abbiamo, dunque, la libera nomina da parte del Romano Pontefice (can. 377 §1, prima parte), alla quale, in un certo senso, è assimilabile la costituzione *ex officio* dei vescovi coadiutori (can. 403 §3) nonché la costituzione dei vescovi ausiliari (can. 403 §1) o l'assegnazione di ausiliari, muniti di facoltà speciali (can. 403 §2)[21]; la legittima elezione, fatta da parte di coloro che ne hanno diritto e seguita dalla conferma da parte del Papa

---

D'OSTILIO, *Il diritto amministrativo*, 128-129. J. MIÑAMBRES, «Comentario a los cann. 180-183», 1021-1033. A. MONTAN, *Lezioni di diritto canonico*, 151.

[20] Nel Codice precedente, la postulazione (cf. cann. 179-182) risultava una forma autonoma, benché molto simile. A parte qualche omissione o sostituzione dei termini dispositivi dei canoni considerati, nella normativa vigente non si riscontano cambiamenti, cf. F.J. URRUTIA, *De normis generalibus*, 117-119.

[21] Riguardo alla designazione dei vescovi ausiliari e coadiutori, descritta nel can. 403, bisogna tener presente due dettagli, assai interessanti: da una parte, in ragione della disposizione del §3 «Sancta Sedes [...] ex officio constituere potest Episcopum Coadiutorem», lo stesso principio si applica anche alla designazione degli ausiliari; dall'altra parte, la normativa del §3, diversamente da quella del can. 350 (CIC'17) «Unius Romani Pontificis est Episcopo Coadiutorem constituere», mutata nella sostanza, non contiene più l'affermazione diretta dell'esclusivo diritto di nomina del Romano Pontefice, ma affida tale procedura alla Santa Sede che, nel costituire i coadiutori, può intervenire *ex officio*, mentre per gli ausiliari valuta le richieste dei vescovi diocesani. In realtà, però, come spiega G. Corbellini, «il can. 403 costituisce semplicemente un'applicazione concreta del principio che la nomina dei vescovi (o la loro conferma) compete al Romano Pontefice», cf. G. CORBELLINI, «Le modalità per la scelta», 326-327 (con nota 11).

(can. 377 §1, seconda parte); infine, l'elezione, la nomina, la presentazione o la designazione da parte delle autorità civili (can. 377 §5)[22]. Poiché questi canoni, nella loro sostanza, si differenziano da quelli del Codice precedente e che sono stati oggetto di un interessante sviluppo dottrinale e normativo, prima di affrontare l'argomento della designazione dei candidati all'ufficio episcopale, secondo le tre suddette modalità, daremo uno sguardo al percorso della formazione dei cann. 364, 4° e 377 che costituiscono la normativa principale per la designazione dei candidati all'ufficio episcopale, aggiungendovi anche l'*iter* del can. 403.

Giova a questo punto osservare che, salva la grande importanza pratica della normativa dei canoni sopra elencati per la vita della Chiesa, non tutte le nomine dei vescovi sono soggette alla procedura ivi descritta. In proposito, possiamo considerare l'elevazione all'episcopato dei rappresentanti pontifici (cf. can. 362)[23], scelti di norma tra il personale del servizio diplomatico, e dei vescovi titolari (cf. can. 376) per ricoprire vari incarichi nella Curia Romana[24]. Questi vescovi vengono nominati dal Sommo Pontefice. Oltre a questi, come osserva G. Corbellini, bisogna tener presente «quei casi in cui la designazione dei candidati, o la loro indicazione, è ancora affidata a soggetti diversi da quelli previsti nel can. 377, e di cui è parola nello stesso canone: "nisi aliter legitime statutum fuerit" (§3) e "nisi aliter legitime provisum fuerit" (§4)»[25]. A tale proposito, possiamo ricordare qui la procedura per la designazione del prelato dell'*Opus Dei*[26] qualora fosse fatto vescovo,

---

[22] Cf. G. GHIRLANDA, *Il Diritto della Chiesa*, 572. ID., «Vescovo», 1111-1112. И. ЮРКОВИЧ, *Каноническое право*, 110-111. Bisogna anche tener presente i cann. 705-707, relativi ai religiosi elevati all'episcopato.

[23] «Romano Pontifici ius est nativum et independens Legatos suos nominandi [...]». SOE III, 1: «Romano Pontifici ius nativum et independens competit Legatos suos libere nominandi, mittenti, transferendi et revocandi, servatis normis iuris internationalis [cf. art. 7 della Convenzione di Vienna sulle relazioni diplomatiche (18 aprile 1961)], quod attinet ad missionem et revocationem Legatorum apud Res Publicas constitutorum», *AAS* 61 (1969) 479.

[24] PB: n. 9c (introduzione): «Huc etiam accedit quod singulis Dicasteriis praepositi episcopali charactere et gratia plerumque pollent ad unumque Episcoporum Collegium pertinent, itemque eadem etiam erga universam Ecclesiam sollecitudine urgentur, qua omnes Episcopi, in communione hierarchica cum Romano Episcopo suo Capite, devinciuntur»; sulla designazione – art. 5 §1: «Praefectus vel Praeses, Membra coetus, Secretarius ceterique Administri maiores nencnon Consultores [cf. art. 3 §§1 e 3] a Summo Pontifice ad quinquennium nominatur», *AAS* 80 (1988) 852.860. Cf. M. RIVELLA, «Modalità speciali», 36-37.

[25] G. CORBELLINI, «Le modalità per la scelta», 331.

[26] La prelatura *Opus Dei* è l'unica prelatura esistente e, secondo il n. II della cost. ap. *Ut sit validum* (28 novembre 1982), «regitur normis iuris generalis [cf. cann. 294-

dei vicari e dei prefetti apostolici per i territori della missione ad gentes[27] e degli ordinari militari[28].

2.1 Iter *di formazione dei cann. 364, 4°, 377 e 403*

Senza dubbio, lungo la sua storia bimillenaria, la Chiesa, considerando la scelta dei vescovi come un avvenimento essenziale e importante alla propria esistenza, ha sempre cercato di migliorare i meccanismi della vasta procedura della loro designazione e di sottoporla alla propria ed esclusiva competenza. Come abbiamo visto, tale intento era almeno in parte riuscito con l'entrata in vigore del *Codex Iuris Canonici* del 1917. Questa tendenza rinnovatrice, tuttavia, non si fermò alle disposizioni del Codice. Allo scopo di rivedere l'intero Codice Piano-Benedettino fu costituita la *Pontificia Commissio Codici Iuris*

297] et huius constitutionis necnon propriis statutis, quae "Codex iuris particularis Operis Dei" nuncupantur». La procedura della designazione del prelato è descritta nel n. IV: «Praelaturae Operis Dei ordinarius proprius est eius praelatus cuius electio iuxta praescripta iuris generalis [cf. cann. 164-179] et particularis facta Romani Pontificis confirmatione eget [cf. can. 377 §1]», *AAS* 75 (1983) 424. Cf. A. CELEGHIN, «Prelatura personale», 234-235. A questo proposito si deve tenere presente anche la dichiarazione *Praelaturae personales*, cf. *AAS* 75 (1983) 464-468. M. RIVELLA, «Modalità speciali», 45. A. CELEGHIN, «Prelatura personale», 247-251. V. GÓMEZ-IGLESIAS, «L'ordinazione episcopale», 251-265. ID., «Circa l'elevazione all'Episcopato», 800-810. L. CHIAPPETTA, *Il Codice*, I, 413-414. Oltre a questo occorre sottolineare che il Prelato dell'*Opus Dei* non ha il titolo della Prelatura stessa, ma di Cilibia, in quanto l'episcopato è conferito *ad personam* e non è esigito dalla natura della Prelatura, poiché questa non è assimilabile ad una Chiesa particolare, cf. G. GHIRLANDA, «Natura delle prelature personali», 305-308 (in particolare: 307 con nota 14).312-313. A. CELEGHIN, «Prelatura personale», 117-121.123-125.251-253.

[27] Parafrasando le disposizioni dei cann. 377 §1, 373 e 371 §1, possiamo ottenere la seguente affermazione: se la costituzione delle nuove circoscrizioni ecclesiastiche o delle nuove Chiese particolari è riservata alla Suprema autorità, da ciò deriva che alla medesima Santa Sede viene riservata anche la nomina di coloro che dirigeranno tali circoscrizioni in nome del Sommo Pontefice. Oltre a questo, circa il procedimento della designazione, bisogna distinguere tra le missioni affidate al clero diocesano, dove si applicano le disposizioni dei §§2 e 3 del can. 377 e quelle particolari del *Quaestionario* della Congregazione per l'Evangelizzazione dei Popoli, e le missioni affidate agli istituti missionari, ai quali si applica l'art. I, 3 delle Norme *Episcopis facultas*, come anche quelle della prassi vigente nella summenzionata Congregazione, cf. J. GARCÍA MARTÍN, «La designación», 397-417.

[28] Secondo il n. II §2 della cost. ap. *Spirituali militum curae*: «Ordinarium militarem libere Summus Pontifex nominat [cf. cann. 163, 377 §1], aut legitime designatum instituit vel confirmat [cf. can. 377 §§1 e 5]», *AAS* 78 (1986) 483. Cf. G. GHIRLANDA, «Ordinario militare o castrense», 734. ID., «Ordinariato castrense o militar», 428. AS 207 c).

Canonici recognoscendo, i cui lavori hanno prodotto l'attuale legislazione canonica.

Per quanto concerne il nostro tema, saranno presi in considerazione gli atti di detta Commissione, nonché gli Schemi del Codice. Come punto di partenza prenderemo i cann. 329 §§2-3 e 332 §1 (CIC'17) che costituiscono le fonti dell'attuale can. 377. Il n. 4° del can. 364, invece, non ha la sua fonte nel Codice del 1917 (cf. can. 267), ma apparve solo a partire dallo *Schema CIC (1980)*[29]. A proposito del can. 403, la fonte di esso è il can. 350 del Codice del 1917.

2.1.1 Atti della Pontificia Commissione della revisione del Codice

Considerando che prima che prendessero avvio le sessioni della Pontificia Commissione per la revisione del Codice i membri di essa sono stati invitati a presentare i propri suggerimenti[30], il nostro studio prenderà la mossa dalle proposte avanzate dai membri del *Coetus studiorum «De Clericis»* e cercherà di ripercorrere le tappe dell'*iter* di formazione dei canoni che stiamo considerando, svoltosi durante i lavori del successivamente chiamato *Coetus studiorum «De Sacra Hierarchia»*, incaricato della revisione della Parte I *De clericis* del Libro II *De personis*.

a) Proposte avanzate nella fase preparatoria

Prima di procedere, è necessaria una precisazione. Poiché, si tratta delle proposte che non sono state pubblicate, ma conservate presso l'archivio del Pontificio Consiglio per l'Interpretazione dei Testi Legislativi[31], diversamente dai verbali delle sessioni che sono riportati nella rivista *Comunicationes*, nell'analisi ci riferiremo a quanto ha scritto G. Corbellini[32], il quale presenta solo le numerose ed ampie proposte, avutesi in ordine all'elaborazione dell'attuale can. 377, centrale in materia di procedura di designazione dei candidati all'episcopato, mentre del can. 403 tratta solo in una nota a piè di pagina.

---

[29] Cf. G. CORBELLINI, «Le modalità per la scelta», note 7, 20 e 22, *pp.* 325.329.330

[30] In pratica, «a ciascuno dei membri dei singoli *Coetus* era richiesto di inviare per iscritto il proprio punto di vista su determinati temi e le proprie proposte in ordine alla revisione di determinati gruppi di canoni, e talvolta addirittura di formare i canoni», G. CORBELLINI, «Le modalità per la scelta», 337.

[31] Cf. G. CORBELLINI, «Le modalità per la scelta», nota 10, 326.

[32] Cf. G. CORBELLINI, «Le modalità per la scelta», 337-350.

CAP. III: DESIGNAZIONE NEL CIC'83 149

+ In riferimento al can. 377

In ordine alla revisione dei cann. 329 §§2-3 e 332 §1 – fonti dell'attuale can. 377 – furono avanzate le proposte, ossia i voti dei nove membri o consultori del *Coetus studiorum «De Clericis»*, due dei quali inviarono un voto unico.

I due consultori che firmarono lo stesso voto, riguardo al can. 329, suggerirono che al posto dell'affermazione «Eos libere nominat Romanus Pontifex» del §2 si dovesse dire che le Conferenze episcopali avrebbero dovuto inviare delle liste alla Santa Sede, mentre, poiché, a ragione, il Concilio non aveva abrogato i diritti di presentazione o di nomina esistenti, il testo del §3[33] si doveva mantenere. Un terzo consultore, similmente suggerì solo di conservare nella forma attuale i §§ 2 e 3. La conservazione del testo, dove esistevano ancora elezioni o presentazioni, secondo i due primi consultori, valeva anche per il can. 332 §1[34]. Il terzo consultore, invece, a proposito di quest'ultimo canone, affermava che sarebbe stato opportuno tenere conto del n. 20 del decreto *Christus Dominus*, riguardante la non concessione in avvenire di diritti e privilegi alle autorità civili e l'invito a quelle che ne godevano a rinunciarvi spontaneamente.

Il secondo consultore, a differenza dei precedenti, a proposito della designazione, in tre canoni propose, tra altro, che nella scelta dei candidati all'episcopato si dovesse prendere in considerazione non solamente il clero diocesano, ma anche quello religioso, nonché i membri degli istituti secolari clericali (can. 4); riconobbe la libera nomina da parte del Romano Pontefice, se anche vi potesse essere qualche raccomandazione (can. 5 §1) e, ai sensi del CD 20[35], ritenne che fossero abrogati i privilegi concessi dalla Sede Apostolica in ordine alla elezione, presentazione, nomina o designazione dei vescovi (can. 5 §2); nel §3 del can.

---

[33] «Si cui collegio concessum sit ius eligendi Episcoporum, servetur praescritptum can. 321».

[34] «Cuilibet ad episcopatum promovendo, etiam electo, praesentato vel designato a civili quoque Gubernio, necessaria est canonica provisio seu institutio, qua Episcopus vacantis dioecesis constituitur, quaeque ab uno Romano Pontifice datur».

[35] «[...] Quapropter ad Ecclesiae libertatem rite tuendam et ad christifidelium bonum aptius et expeditius promovendum in votis est Sacrosancti Concilii ut in posterum nulla amplius civilibus Auctoritatibus concedantur iura aut privilegia electionis, nominationis, praesentationis vel designationis ad Episcopatus officium. Civiles vero Auctoritates, quarum obsequentem erga Ecclesiam voluntatem Sacrosancta Synodus grato animo agnoscit plurimque facit, humanissime rogantur ut praedictis iuribus vel privilegiis, quibus in praesens pacto aut consuetudine fruantur, consiliis cum Apostolica Sede initis, sua sponte renuntiare velint», *AAS* 58 (1966) 683.

5, riferendosi all'ES I, 10[36], propose che le Conferenze episcopali trattassero ogni anno con prudenza e segretamente, secondo le norme date o da darsi dalla Sede Apostolica, degli ecclesiastici da promuovere all'episcopato e proponessero i nomi dei candidati alla Santa Sede. L'ultimo canone (can. 8), nei suoi due paragrafi, trattava della provvista, ossia della collazione del titolo: il §1 stabiliva che a chiunque fosse stato promosso all'episcopato sarebbe stata necessaria la *provisio, seu institutio, seu missio canonica*, data dal Romano Pontefice, con la quale egli veniva costituito vescovo della diocesi vacante o di un certo gruppo di fedeli; il §2, invece, precisava che la collazione avrebbe potuto avvenire in base, sia alle consuetudini, non revocate dall'Autorità suprema e universale della Chiesa, sia alle leggi date o approvate dalla stessa Autorità, oppure direttamente da parte del Papa[37]. A questo punto merita osservare che nel vigente Codice manca un canone che descrive, in modo specifico, l'atto centrale della provvista dell'ufficio episcopale quale è la collazione o conferimento del titolo.

La proposta di un quarto consultore si diffondeva ampiamente soprattutto sull'opportunità di trovare modi adeguati per il coinvolgimento dei laici nella scelta dei candidati all'episcopato. Riferendosi a CD 20[38], egli riteneva che nel nuovo Codice, anzitutto, avrebbe dovuto essere chiaramente stabilito che il diritto di nominare ed istituire i vescovi è proprio, peculiare e, di per sé, esclusivo del Romano Pontefice e poi, nella procedura della presentazione di candidati alla Santa Sede, si sarebbe dovuto tenere presente la disposizione dell'ES I, 10[39], che affidava tale compito alle Conferenze episcopali. Inoltre, considerando che le informazioni date dai legati pontifici, pur essendo utili, potrebbero non essere sufficienti, il consultore basava la sua proposta sul fatto che nessuno come i pastori locali, cioè, i vescovi, che conoscono il popolo, le sue necessità ed aspirazioni, le sue qualità e debolezze, avrebbe potuto essere più indicato per informare il Pontefice circa i candidati più adatti per una determinata diocesi vacante. Riguardo, invece, alla partecipazione di preti, religiosi e laici – i membri del

---

[36] «[...] Conferentiae Episcopales, iuxta normas ab Apostolica Sede statutas vel statuendas, de viris ecclesiasticis ad Episcopatus officium in proprio territorio promovendis prudenti consilio sub secreto quotannis agant et candidatorum nomina Apostolicae Sedi proponant», *AAS* 58 (1966) 763.

[37] Cf. G. CORBELLINI, «Le modalità per la scelta», 338-340.

[38] «[...] Sacrosancta Oecumenica Synodus declarat ius nominandi et instituendi Episcopos esse competenti Auctoritati ecclesiasticae proprium peculiare et per se exclusivum», *AAS* 58 (1966) 683.

[39] Cf. nota 36.

popolo di Dio – nella designazione dei candidati all'ufficio episcopale, il consultore prevedeva la possibilità di un loro coinvolgimento, presentando le ragioni che erano a favore di essa. Prima di tutto, considerando che per tutto il popolo di Dio la nomina del suo pastore è un evento molto rilevante ed importante e che dalla persona scelta dipende il benessere dell'intera comunità diocesana, tutti coloro che vi fanno parte devono avere il diritto di dire qualcosa in proposito. In secondo luogo, il consultore, partendo dall'importanza di consultare il popolo di Dio per l'ordinazione di un presbitero[40], affermava che anche per la consacrazione di un vescovo avrebbe dovuto aver luogo una reale ed effettiva consultazione. L'ultima ragione della partecipazione del Popolo di Dio era basata sul brano degli Atti degli Apostoli riguardante la partecipazione dell'intera comunità dei cristiani, alla presenza di Pietro e degli Apostoli, all'elezione di Mattia (At 1,15-26). Il consultore proponeva quindi che nella nomina dei vescovi avrebbero dovuto partecipare il Romano Pontefice come legittimo successore di Pietro, i vescovi come legittimi successori degli Apostoli e la comunità cristiana.

Riguardo al canone 329, questo consultore riteneva che il §3 avrebbe dovuto essere eliminato e dal §1 del can. 332 avrebbe dovuto essere cancellata l'espressione «etiam electo, praesentato ac designato a civili quoque Gubernio»[41].

Molto interessanti furono le proposte del quinto consultore il quale formulò ben cinque canoni, ponendo una particolare attenzione al problema della provvista canonica e alla procedura per la designazione dei vescovi. A motivo della complessità della materia la presentiamo interamente, così come è riportata da G. Corbellini:

> can. 2 §1 Si diventa Vescovi di una diocesi con l'ordinazione episcopale conferita con il titolo della medesima secondo la «provisio canonica»; se uno è già Vescovo, vi è posto a capo tramite la «provisio canonica»;
> §2 La «provisio canonica» è fatta dal Romano Pontefice che conferma i Vescovi legittimamente eletti oppure li nomina liberamente;
> §3 Non siano più concessi alle autorità civili privilegi di designare in qualunque forma i Vescovi e siano abrogati quanto prima quelli esistenti. Nel frattempo a chi è stato designato dall'autorità civile è necessaria la «provisio canonica», che è data solo dal Romano Pontefice.
> can. 3 I Vescovi vengono eletti in uno speciale Sinodo, a cui appartengono:

---

[40] Le parole del Pontificale: «Sed ne unum fortasse vel paucos aut decipiat assensio vel fallat affectio, sententia est expetenda multorum».
[41] Cf. G. CORBELLINI, «Le modalità per la scelta», 340-342.

1) il Metropolita insieme agli Ordinari dei luoghi della provincia ecclesiastica;

2) i membri del Capitolo cattedrale della Chiesa vacante o, mancando il Capitolo, i Consultori diocesani;

3) sette membri del consiglio pastorale della diocesi vacante e, in concreto, i due chierici più anziani di ordinazione presbiterale, i due religiosi più anziani di professione religiosa e tre laici, uomini o donne, più anziani di età.

can. 4 Il Metropolita oppure, se egli è legittimamente impedito o è vacante la sede metropolitana, il Vescovo suffraganeo più anziano per promozione alla Chiesa suffraganea, convoca il Sinodo per eleggere il Vescovo e lo presiede.

can. 5 §1 Verificatasi la vacanza di una sede, il Metropolita insieme agli Ordinari dei luoghi della sua provincia ecclesiastica si riuniscano entro un mese dalla notizia della vacanza e, tramite votazione segreta, indichino tre nomi di candidati, che ritengono degni e adatti al ministero nella diocesi vacante. Per ciascuno dei candidati da indicare si faccia una votazione distinta, in modo tale che non venga indicato il secondo se non dopo che è stato indicato il primo.

§2 Allo stesso modo siano preparati gli elenchi di tre nomi dal Capitolo cattedrale o, in sua mancanza, dai Consultori diocesani, e dai sette elettori del consiglio pastorale e siano inviati al Metropolita.

§3 Il Romano Pontefice, al quale devono essere quanto prima trasmessi gli elenchi da parte del Metropolita, scelga tra [questi] tre candidati, dai quali il Sinodo elegge il Vescovo. Per la validità dell'elezione è richiesta la maggioranza assoluta dei suffragi, tolti i voti nulli.

§4 Il Metropolita informi dell'elezione avvenuta secondo le regole (rite peracta) il Romano Pontefice, al quale compete confermare il Vescovo eletto.

§5 Su tutto ciò che è stato fatto nella preparazione dell'elezione e nell'elezione stessa, dev'essere osservato il segreto.

can. 6 Quando non è stato riconosciuto dalla suprema Autorità il diritto di eleggere il Vescovo nel Sinodo oppure in un caso speciale è per qualsiasi causa impedito l'esercizio del diritto di eleggerlo, i Vescovi li nomina liberamente il Romano Pontefice[42].

Le proposte apportate dal sesto consultore si riferivano, per lo più, alla modalità di concessione del titolo, dedicando a ciò il testo di un canone al quale erano annesse le spiegazioni. La nomina dei vescovi veniva affidata all'esclusiva competenza dell'autorità ecclesiastica.

Il testo del canone era presentato nel modo seguente:

---

[42] G. CORBELLINI, «Le modalità per la scelta», 342-343.

can. 2 §1 Il diritto di nominare ed istituire i Vescovi è proprio, peculiare e di per sé esclusivo della competente Autorità ecclesiastica.

Per cui sono abrogati [*abrogantur*] i diritti o privilegi di elezione, nomina, presentazione o designazione all'ufficio episcopale concessi alle autorità civili [cf. CD 20].

§2 La «provisio canonica» dei Vescovi può avvenire: 1) mediante legittime consuetudini, non revocate dalla suprema e universale potestà della Chiesa; 2) mediante leggi date o approvate dalla stessa autorità; 3) direttamente da parte del Successore stesso di San Pietro.

Nessun Vescovo può essere assunto a tale ufficio se il Sommo Pontefice non è d'accordo ossia se nega la comunione apostolica [cf. LG 24][43].

Nelle spiegazioni relative al canone proposto, il consultore espresse le seguenti osservazioni. Nel §1, egli, riferendosi al disposto del CD 20, riguardante la spontanea rinuncia (*sponte renuntiare velint*) di privilegi in ordine alla designazione dei vescovi da parte delle autorità civili, riteneva che l'espressione *abrogantur*, utilizzata in questo paragrafo, fosse opportuna, anche se non conforme alla lettera del decreto conciliare. E questo per tutelare lo spirito del Concilio che ha rivendicato la giusta autonomia e libertà della Chiesa nel caso in cui le autorità civili non avessero voluto accogliere l'invito del decreto. Riportando letteralmente, nel §2, la disposizione di LG 24, il consultore spiegava che non era dunque necessario che la *provisio canonica* fosse direttamente e personalmente effettuata dal Romano Pontefice. Escludendo, ai sensi del §1, la possibilità di coinvolgere in tale atto l'autorità civile, lo svolgimento della provvista avrebbe potuto essere affidata ad altri organi della Chiesa, purché fossero osservate le norme o consuetudini relative e il Sommo Pontefice non si fosse opposto espressamente a una determinata *provisio*[44].

I raggi del ragionamento del consultore seguente, raccolti poi nel canone da lui proposto, erano orientati anzitutto all'argomento dell'esclusivo diritto dell'autorità ecclesiastica nella nomina dei vescovi, al problema della loro designazione nelle comunità di rito orientale esistenti in regioni lontane dall'Oriente e, infine, alla questione del coinvolgimento dei fedeli nella scelta dei candidati. Riguardo alla nomina dei vescovi, essa, a suo parere, avrebbe dovuto essere una questione dipendente esclusivamente dall'autorità ecclesiastica o, meglio, dal Romano Pontefice, come suo diritto, esclusa la partecipazione (cf. can. 332 §1 CIC'17) delle autorità civili. Per quanto, invece, concerneva la

---

[43] G. CORBELLINI, «Le modalità per la scelta», 344.
[44] Cf. G. CORBELLINI, «Le modalità per la scelta», 344-345.

partecipazione del popolo, il consultore, pur considerando problematica la sua consultazione nella nomina dei vescovi, proponeva in seguito di inserire nel Codice, come norma generale, la possibilità di sentire in qualche modo i chierici e i laici circa i candidati all'ufficio episcopale, escludendo ogni pericolo su un'erronea interpretazione dell'inchiesta.
Questo è il testo del canone:

> Can. III §1 I Vescovi li nomina e li istituisce liberamente il Romano Pontefice, venendo derogato qualsiasi diritto, privilegio o consuetudine contraria [cf. CD 20; ES I, 10; can. 329 §2 (CIC'17)].
>
> §2 Le Conferenze episcopali, secondo norme stabilite o da stabilirsi dalla Sede Apostolica, trattino ogni anno «prudenti consilio sub secreto» degli ecclesiastici da promuovere all'ufficio episcopale nel proprio territorio e propongano i nomi dei candidati alla Sede Apostolica [cf. ES I, 10].
>
> §3 Le Chiese Orientali nella designazione dei membri della Gerarchia osservino la propria disciplina. Se però i fedeli di quei Riti in nazioni lontane sembrano già costituire una Chiesa particolare dello stesso Rito, in queste nuove Chiese la istituzione della Gerarchia dev'essere effettuata secondo norme da darsi da parte della Santa Sede in proposito.
>
> §4 I collegi o istituti ecclesiastici ai quali nel futuro sia riconosciuto o concesso il diritto di presentare o di eleggere il Vescovo osservino fedelmente le norme generali circa la presentazione o l'elezione, a meno che negli statuti particolari sia espressamente disposto diversamente [cf. can. 329 §3 con il can. 321 (CIC'17)].
>
> §5 Esclusa qualsiasi specie di consultazione del popolo, nulla impedisce che coloro che da ora abbiano il diritto di proporre, presentare o eleggere il Vescovo, svolgano sotto segreto un'indagine presso pochi chierici e laici dotti e prudenti per meglio essere certi dell'idoneità dei candidati.
>
> §6 Prima che un chierico sia nominato all'ufficio episcopale, deve constare per iscritto della sua libera accettazione [cf. cann. 175 e 182 §2 (CIC'17)][45].

Un ultimo consultore si limitò a proporre una nuova redazione dei cann. 329 e 332, indicando per quest'ultimo le ragioni dei cambiamenti proposti. Riguardo al can. 329, egli suggeriva di comporre dai §§2 e 3 il nuovo can. 329bis che avrebbe avuto la seguente formulazione, molto simile a quella dell'attuale can. 377 §1: «I Vescovi li nomina liberamente il Romano Pontefice o conferma quelli che sono stati legittimamente eletti». A proposito del can. 332, egli proponeva che fosse emendato così:

> §1 A chiunque dev'essere promosso all'episcopato, anche se eletto, oppure designato da un'altra autorità ecclesiastica per concessione del

---

[45] G. CORBELLINI, «Le modalità per la scelta», 347-348.

Romano Pontefice[46], è necessaria la «missio canonica»[47], con la quale è costituito Vescovo della diocesi vacante; essa può avvenire in base a legittime consuetudini, non revocate dalla suprema e universale Autorità della Chiesa, oppure in base a leggi emanate o approvate dalla stessa Autorità, oppure direttamente data dal Successore stesso di Pietro; se egli rifiuta ossia se nega la comunione apostolica, i Vescovi non possono essere assunti all'ufficio [cf. LG 24].

§2 Il candidato, prima della missione canonica, oltre alla professione di fede..., presti il giuramento di fedeltà verso la Sede Apostolica secondo la formula approvata dalla Sede Apostolica[48].

+ In riferimento al can. 403

Per quanto concerne il materiale delle proposte avanzate in ordine alla revisione del can. 350 (CIC'17), la fonte dell'attuale can. 403, si sono avuti sette voti dei consultori del *Coetus studiorum «De Clericis»*, di cui due hanno firmato lo stesso voto. In sintesi, tutti i consultori – eccetto uno – hanno espressamente ribadito la norma del §1 del can. 350 (CIC'17): «Unius Romani Pontificis est Episcopo Coadiutorem constituere» la quale viene ribadita al §3 in riferimento agli ausiliari. Un consultore, al posto del diretto rigetto del §1, proponeva che, quando il bene delle anime lo avesse richiesto, il vescovo diocesano non rifiutasse di chiedere al Sommo Pontefice la costituzione di un coadiutore o di ausiliari[49].

b) *Proposte prevalse durante il percorso della revisione del Codice*

In considerazione saranno prese le proposte, avanzate fino al primo *Schema canonum Libri II «De Populo Dei»* del 1977.

---

[46] Riportiamo qui la spiegazione del consultore: «l'aggiunta "... designato da un'altra autorità ecclesiastica per concessione del Romano Pontefice...", con l'omissione dell'espressione "... praesentato vel designato a civili quoque Gubernio", è introdotta secondo la norma espressamente stabilita nel Decr. *Christus Dominus*: "Sacrosancta Oecumenica Synodus declarat *ius nominandi et instituendi Episcopos* esse competenti *Auctoritati ecclesiastice proprium, peculiare* et *per se exclusivum*. Quapropter... in votis est Sacrosancti Concilii ut in posterum *nulla amplius civilibus Auctoritatibus concedantur iura aut privilegia electionis, nominationis, praesentationis vel designationis ad Episcopatus officium...*" (CD 20)», G. CORBELLINI, «Le modalità per la scelta», 349.

[47] «L'espressione "... missio canonica...", desunta dalla *Lumen Gentium* (n. 24), dev'essere sostituita all'espressione "... canonicam institutionem seu provisionem..."», G. CORBELLINI, «Le modalità per la scelta», 349.

[48] G. CORBELLINI, «Le modalità per la scelta», 348.

[49] Cf. G. CORBELLINI, «Le modalità per la scelta», nota 10, 326.

+ *Iter* del can. 377

L'avvio dei lavori per la revisione della normativa canonica sulla designazione dei vescovi ebbe luogo nella III Sessione del (ancora) *Coetus studiorum «De Clericis»* (4-7 dicembre 1967). La base della discussione era la sintesi dei pareri e delle proposte, avanzate nella fase preparatoria ed espresse per iscritto. Poi, considerato che in numerosi paesi esistevano diversi sistemi di designazione dei vescovi, comportanti talora un certo intervento delle autorità civili, il Segretario Aggiunto osservò che la formula «libere nominat Romanus Pontifex» non rispondeva alla prassi abituale. In seguito, ricordando l'invito del decreto conciliare *Christus Dominus* n. 20 circa la spontanea rinuncia ai privilegi, lo stesso Segretario propose che nel Codice fosse ammessa la formula «nulla interveniente praevia consultatione» poiché, se le autorità civili non avessero voluto rinunciare liberamente, la Santa Sede non poteva ignorare quanto pattuito nei concordati.

Successivamente, fu sottoposta all'attenzione di tutti i consultori la formulazione del can. 3[50], proposta in un voto scritto. A tale proposito, fu osservato che, benché le affermazioni di questo canone fossero storicamente fondate, le situazioni erano molto cambiate e numerosi antichi sistemi erano caduti in desuetudine. Lo stesso autore del can. 3 osservò, invece, che la sua proposta conteneva genuini elementi ecclesiali. A suo parere, nella procedura di designazione dei vescovi, si dovevano prendere in considerazione: i vescovi della provincia che, secondo un'antica tradizione, in tale prassi avrebbero dovuto avere il primo posto; il capitolo cattedrale che per molti anni era stato l'organismo elettivo dei vescovi e lo è ancora in certe nazioni; il popolo che, in ragione di un'antica usanza, avrebbe dovuto prendere parte nell'elezione del proprio vescovo. Il canone divenne così il punto di riferimento nelle discussioni attorno al coinvolgimento dei vari organismi nella consultazione o nella presentazione dei candidati all'ufficio episcopale.

Anzitutto, l'attenzione dei consultori si concentrò sul coinvolgimento del consiglio presbiterale nella presentazione dei candidati all'episcopato. L'idea che questo presentasse due o tre candidati sembrò buona, però bisognava tener presente il fatto che esso scadeva con la vacanza della sede vescovile.

---

[50] Si trattava dell'elezione di un vescovo da parte di uno speciale Sinodo degli ordinari della provincia, con la partecipazione dei membri del capitolo cattedrale o, in sua mancanza, dei consultori diocesani, e di alcuni membri del consiglio pastorale. Per il testo cf. le pp. 151-152. *Comm.* 18 (1986) 95. G. CORBELLINI, «Le modalità per la scelta», 351.

Un altro organismo ecclesiastico sul quale si discusse fu il collegio dei vescovi di ogni nazione. Si propose che questo eleggesse liberamente i candidati, facendo, qualora lo avesse ritenuto necessario, le opportune consultazioni. Più concretamente, si sarebbe dovuto trattare dei vescovi della provincia, che avrebbero dovuto consultare il clero e il popolo per formarsi un giudizio sul candidato.

Per ciò che riguarda i chierici e i laici, la maggior parte dei consultori era a favore della loro consultazione, ma non alla designazione della persona del candidato da parte di essi. Un consultore propose che la consultazione del *clerus populusque* si potesse eseguire tramite il consiglio presbiterale. Un altro, invece, riteneva che bastasse solo il parere di quest'ultimo, dato che gli altri potevano sempre essere consultati a discrezione. A tale proposito, tenendo presente la distinzione tra un sistema assoluto, consistente nella formazione annuale degli elenchi dei nomi da parte dei vescovi e un sistema relativo, concernente la formazione della terna dei nomi per provvedere una determinata sede vacante, il Segretario Aggiunto suggerì il seguente sistema: i vescovi della provincia dovevano proporre i candidati, dopo aver sentito alcuni presbiteri e, se ritenuto opportuno, anche dei laici.

In riferimento a questa proposta, un consultore, con lo scopo di evitare le gravi e frequenti difficoltà, anche di ordine politico, che potevano derivare dall'elezione dei candidati, suggerì che questi fossero proposti dai vescovi delle singole province, dato che conoscono meglio le persone, e che l'elenco dei candidati fosse redatto dalla Conferenza episcopale e da questa inviato periodicamente alla Santa Sede.

Tenendo conto della segnalazione di un consultore circa l'opportunità che in tutte queste procedure non fosse minimamente coartata la libertà del Sommo Pontefice, possiamo dire che dalle proposte avanzate non si rileva tale pericolo. La limitazione della libertà del Papa sembra prevalere, invece, dall'ultima proposta di questa sessione: uno dei consultori propose che i nuovi vescovi venissero designati dai vescovi provinciali, sentendo, se del caso, il consiglio presbiterale allo scopo di formarsi un giudizio. I vescovi, designati in questo modo, dovevano essere confermati dal Romano Pontefice.

Riassumendo le discussioni della Sessione esaminata, il Cardinale Presidente ridusse il loro oggetto a una duplice questione: se i vescovi debbano essere eletti da parte dei vescovi comprovinciali, sentiti i vari consigli, con il successivo invio, nei singoli casi, dei loro nomi alla Santa Sede, oppure, se essi debbano essere scelti dalla Sede Apostolica in base a un elenco di nomi proposto dalle Conferenze episcopali, sentito il parere di tutti. Alla fine della Sessione il Segretario Aggiunto richiamò i due principi, emersi dalle discussioni, vale a dire che i vescovi li nomina sempre il Romano Pontefice e che spetta alle Conferenze episcopali di elaborare, in periodi fissati, un elenco di candidati, qualora in certe regioni non si provveda in altro modo[51].

Per la IV Sessione (4-7 marzo 1968)[52], in base alle proposte avanzate per iscritto dai consultori o formulate durante le discussioni della precedente Sessione, fu presentato un progetto del canone 4, contenente tre paragrafi. Nel testo si prevedeva:

> la nomina libera dei Vescovi da parte del Romano Pontefice o la conferma di quelli legittimamente eletti (in base a CD 20; ES I, 10) (§1); il dovere delle Conferenze episcopali regionali o delle province ecclesiastiche non appartenenti ad una regione, di trattare ogni anno, nella loro prima adunanza, con prudenza e sotto segreto, degli ecclesiastici più adatti all'ufficio episcopale nel proprio territorio, e di inviarne i nomi alla Sede Apostolica (in base a ES I, 10) (§2); il dovere del Metropolita e dei Vescovi comprovinciali di preparare, quando si deve provvedere alla nomina di un Vescovo diocesano o di un Coadiutore – salva diversa disposizione per certe regioni – e un elenco di almeno tre ecclesiastici che sembrano più idonei all'episcopato, consultando, se essi lo ritengono conveniente, certi presbiteri e anche laici, particolarmente saggi, sentendo anche il parere dei Consigli presbiterale e pastorale della diocesi interessata, manifestato sotto segreto anche attraverso una votazione (§3)[53].

Sul testo presentato si effettuò un'ampia discussione. In riferimento al §1, l'unica osservazione prevalsa riguardava il dubbio se la locuzione

---

[51] Cf. *Comm.* 18 (1986) 94-97. G. CORBELLINI, «Le modalità per la scelta», 351-353.

[52] Cf. *Comm.* 18 (1986) 119-123.127-128.131-132.158-159. G. CORBELLINI, «Le modalità per la scelta», 353-363.

[53] «§1. Episcopos libere nominat Summus Pontifex, aut legitime electos confirmat (cfr. Decr. *Christus Dominus*, n. 20; Motu pr. *Ecclesiae Sanctae*, I, 10).

§2. Episcoporum Conferentiae regionis ecclesiasticae, vel provinciae ecclesiasticae regioni non adscriptae, quotannis in priore plenario conventu de viris ecclesiasticis ad episcopatus officium in proprio territorio aptioribus, prudenti consilio et sub secreto agat, eorumque nomina Apostolicae Sedi transmittant (Motu pr. *Ecclesiae Sanctae*, I, 10).

§3. Nisi aliter pro certis regionibus legitime fuerit provisum, quoties vacante aliqua sede dioecesana nominandus est Episcopus dioecesanus, itemque quoties designandus est Episcopus coadiutor, Metropolita una cum Episcopis provinciae ecclesiasticae in qua sita est dioecesis de qua agitur, elenchum componat trium saltem virorum ecclesiasticorum qui ad officium episcopale magis idonei videantur; consultis etiam, si id expedire iudicaverint, certis presbyteris vel etiam laicis sapientia praestantibus, immo vel habita eiusdem dioecesis Consilii presbyteralis et Consilii pastoralis sententia, per electionem sub secreto etiam prolata», *Comm.* 18 (1986) 119. Cf. G. CORBELLINI, «Le modalità per la scelta», 354-355.

«aut legitime electos» si riferisse anche alle Chiese orientali. Rispondendo, il Segretario Aggiunto chiarì che qui si trattava solo del diritto latino e dei casi in cui esistono legittime elezioni, fatte, ad es., dal capitolo cattedrale.

Per quanto concerne il §2, la discussione si concentrò sulle competenze dei vari organismi in ordine alle proposte dei nomi di candidati. A tale riguardo un consultore osservò che, secondo la prassi vigente per la designazione dei vescovi in Francia, l'intervento del nunzio è troppo incisivo. Per un altro consultore, invece, il testo del §2 sembrava il minimo che si potesse concedere per la Germania, dove i laici vogliono e chiedono una parte attiva nella designazione dei pastori delle diocesi. Ciò provocò l'obiezione che certi laici, costituendo cosiddetti gruppi di pressione, desiderano governare la Chiesa. Intanto, la discussione prese un'altra via dopo aver ricordato che, in consonanza all'ES I,10, spetta alle Conferenze episcopali di presentare un elenco di candidati alla Santa Sede la quale, secondo l'obiezione del Segretario Aggiunto, non è tenuta a scegliere uno di quelli proposti. Tenendo presente questo, dopo una proposta riguardante il coinvolgimento di una rappresentanza del consiglio presbiterale nella scelta di tre nomi da trasmettersi alla Santa Sede, un consultore osservò che la Conferenza episcopale difficilmente può conoscere tutti i candidati dell'elenco, se la regione ecclesiastica è ampia e divisa in più distretti regionali, come avviene ad es. in Brasile. Per questa ragione propose che nel paragrafo fosse chiarito che se alla Conferenza episcopale appartengono tante province o distretti regionali, prima che i nomi dei candidati vengano trasmessi alle Conferenze regionali, i vescovi delle province devono comporre propri elenchi[54]. Tale proposta, determinando un sistema graduale di selezione dei candidati, sembrò buona e tutti consultori concordarono affinché il testo fosse redatto in questo senso[55].

In riferimento al §3, corrispondente nella sua redazione alle idee espresse nella Sessione precedente[56], si osservò che la norma è utile se

---

[54] «Si Episcoporum Conferentia plures provincias aut districtus regionales comprehendit, prius quam nomina candidatorum Conferentiae regionis submittantur, Episcopi provinciarum elenchum proprium componere debent», *Comm.* 18 (1986) 120.

[55] Un consultore, invece, riteneva che la questione non fosse matura e proponeva che si procedesse nel seguente modo: «1) concordamus omnes in eo quod in Ecclesia latina provisio canonica unice datur ab Apostolica Sede; 2) diversae autem sunt sententiae quoad designationem candidatorum: rebus autem sic stantibus, melius videtur esse ut omnes possibilitates simul ponantur, ut quaestio postea solvatur», *Comm.* 18 (1986) 121.

[56] Cf. pp. 156-158.

la nazione non è grande. Se, invece, essa è vasta[57], più che il nome della persona da designare, sarebbe sufficiente tener presenti, piuttosto, le necessità pastorali della provincia o del luogo, facendo anche su questo una consultazione. E solamente dopo, come conseguenza, si potrebbe valutare, quali nomi siano più adatti tra quelli indicati nell'elenco di cui al §2.

Uno dei consultori, oltre al disaccordo di altri su questa proposta[58], circa il §3 avanzò tre osservazioni. La prima riguardava l'inopportunità di un'ampia consultazione sia dei chierici sia dei laici e, come conseguenza, l'assenza totale («saltem ut norma generalis») di tale norma nel Codice. Per evitare l'occasione di recriminazioni da parte dei laici, in secondo luogo, al consultore non sembrò opportuno neppure stabilire una consultazione limitata, sia dei presbiteri sia dei laici. Infine, meno adatta appariva anche la formula «si id expedire iudicaverint», dalla quale sarebbero potute derivare molte difficoltà pratiche. Oltre queste tre osservazioni, lo stesso consultore propose che nel canone fosse indicato a chi dev'essere trasmesso l'elenco preparato: se alla Santa Sede, oppure al nunzio.

Dopo uno scambio di opinioni circa il coinvolgimento dei laici nella consultazione[59], da uno dei consultori fu presentato un nuovo e diverso testo per il §3[60], che teneva conto dei suggerimenti del Segretario Aggiunto di eliminare le parole «per electionem» e «etiam» in modo che le ultime parole del paragrafo fossero «sententia sub secreto probata». Tra gli elementi nuovi, che si riscontrano nel testo proposto, possiamo evidenziare: il compito della Conferenza episcopale di tra-

---

[57] A questo proposito uno dei consultori ha ricordato che «clericos consociatos esse in aliquibus magnis dioecesibus Americae Septentrionalis et desiderare ut sua vox audiatur saltem quoad eligendum Episcopum suae dioecesis», *Comm.* 18 (1986) 120.

[58] A questa proposta «assentiunt nonnuli Consultores», *Comm.* 18 (1986) 120.

[59] Le opinioni espresse appaiono poco rilevanti, cf. *Comm.* 18 (1986) 121.

[60] «Nisi aliter pro certis regionibus legitime fuerit provisum, quoties vacante aliqua sede dioecesana nominandus est [Episcopus dioecesanus, itemque quoties designandus est]* Episcopus coadiutor, *Episcoporum Conferentia tria candidatorum nomina Summi Pontificis considerationi submittat; quae nomina secreto tegenda sunt. Valde expedit ut, ad haec nomina seligenda,* Metropolita una cum Episcopis provinciae ecclesiasticae in qua sita est dioecesis de qua agitur, *secreto consultatis,* si id congruum videatur, certis presbyteris vel etiam laicis sapientia *et prudentia* praestantibus, *qui omnes iuxta normas ab ipsa Episcoporum Conferentia statutas determinandi sunt, necessitate set optata dioecesis viduatae ipsi Conferentiae patefaciant», Comm.* 18 (1986) 122. Cf. nota 53. [...]* – tra queste parentesi si trovano le parole, omesse per un refuso tipografico, presenti, invece, nel §3 del can. 4 (nota 53) e riportate da G. Corbellini, cf. G. CORBELLINI, «Le modalità per la scelta», 357, con nota 66. In corsivo sono messi gli elementi nuovi che non si trovano nel §3.

smettere i nomi di tre candidati, da tenersi sotto segreto, al Sommo Pontefice; nella scelta di questi nomi conviene che intervengano il metropolita insieme con i vescovi comprovinciali, consultando segretamente, se lo ritenessero opportuno, certi presbiteri e anche laici particolarmente saggi e prudenti. La parte finale del nuovo testo era completamente diversa da quella del §3. Il consultore non fece più accenno al consiglio presbiterale, spiegando che lo formano i laici con mentalità clericale («mentalitate *clericali*»), vale a dire, che vivono della Chiesa e godono di scarsa considerazione nelle attività secolari, per cui non sono adatti a rappresentare il Popolo di Dio. Pose, invece, attenzione sulle norme che dovrebbe stabilire la Conferenza episcopale nella determinazione di coloro che devono essere consultati per riportare alla stessa Conferenza le necessità e i desideri della diocesi «vedova». Giustamente il Segretario Aggiunto osservò che le modalità secondo le quali tale consultazione doveva essere attuata, non fossero rigide, ma, piuttosto, che si lasciasse ai vescovi comprovinciali la facoltà di determinare la formula da usare nei singoli casi.

A conclusione di questa prima parte della IV Sessione, si svolsero le votazioni attorno alle seguenti questioni: se si dovesse stabilire o no nel Codice la consultazione di alcuni presbiteri[61] e anche di alcuni laici[62] e se i vescovi della provincia dovessero effettuare la consultazione non sul nome di chi dev'essere scelto, ma sulle necessità della diocesi e sulle qualità della persona in genere[63].

Nel seguito dei lavori della stessa Sessione, si ritornò di nuovo sull'esame del can. 4[64]. Il Segretario Aggiunto, rilevando che il §2 trattava di tutti i vescovi, anche degli ausiliari, osservò che nelle nazioni più grandi la stessa Conferenza episcopale avrebbe potuto stabilire un modo più adatto di redigere l'elenco. A tale proposito un consultore propose una nuova formula[65], nel senso che i vescovi della provincia scegliessero i candidati e presentassero i loro nomi alla Conferenza. Un altro consultore, tenendo presente questa proposta, riteneva che, in

---

[61] «Placet: 8 [G. Corbellini parla di nove] Consultores. Non placet: 2 Consultores», *Comm.* 18 (1986) 122. Cf. G. CORBELLINI, «Le modalità per la scelta», 358.

[62] «Placet: 7 Consultores. Non placet: 4 Consultores», *Comm.* 18 (1986) 122.

[63] L'esito della votazione era il seguente: «Sufficit haec consultatio: Novem Consultores, ex quibus (unus tamen [G. Corbellini parla di quattro] censet talem consultationem sufficere quidem pro laicis, haud pro clericis). Non sufficit: Duo Consultores», *Comm.* 18 (1986) 123. Cf. G. CORBELLINI, «Le modalità per la scelta», 358.

[64] Cf. *Comm.* 18 (1986) 127-128. G. CORBELLINI, «Le modalità per la scelta», 359-360.

[65] Il testo (cf. nota 55) era già precedentemente proposto dallo stesso consultore.

quanto la Conferenza potrebbe difficilmente conoscere i candidati, non dovrebbe competere ad essa la confezione degli elenchi. Il Segretario Aggiunto, rispondendo, ricordò che, da una parte, questa norma proviene dall'ES I, 10 e dall'altra parte la cosa non è così difficile, perché la Conferenza esamina ogni anno questi nomi.

Ciò introdusse un nuovo problema. Uno dei consultori propose di prevedere la designazione del vescovo dai tre nomi proposti dal vescovo diocesano, ciò che è prassi generale della Santa Sede. Questa proposta piacque a tutti. Il Segretario Generale, invece, chiese quale fosse dunque la funzione dell'elenco da preparare da parte della Conferenza episcopale. Perciò, egli propose il seguente sistema: il vescovo diocesano proponga tre nomi e li comunichi alla Conferenza la quale è tenuta a trasmetterli alla Santa Sede, aggiungendovi il proprio parere. Il consultore, che aveva sollevato il problema, riteneva che si deve trasmettere alla Conferenza solamente i nomi che non si trovano nell'elenco da essa elaborato, il che trovò tutti concordi.

Sempre durante la stessa Sessione, il can. 4 fu di nuovo oggetto dell'attenzione dei consultori del *Coetus studiorum «De Clericis»*. Nel frattempo, però, il suo testo subì delle modifiche, essendovi stato aggiunto il §4, concernente le modalità per provvedere alla nomina degli ausiliari. Rispetto al testo di partenza[66], il nuovo canone[67], assu-

---

[66] Cf. nota 53.

[67] Can. 4: *de Episcopis in genere*: «§1. Episcopos libere nominat Summus Pontifex, aut legitime electos confirmat.

§2. De viris ecclesiasticis ad Episcopatus officium in proprio territorio aptioribus, communi consilio et secreto, quotannis in priore plenario conventu agant singulae Episcoporum Conferentiae regionum ecclesiasticarum, elencho quidem nominum ab Episcopis dioecesanis singularum provinciarum ecclesiasticarum regionis proposito, itemque Episcoporum Conferentiae provinciarum ecclesiasticarum quae alicui regioni non sunt adscriptae, atque nomina virorum delectorum Apostolicae Sedi transmittant.

§3. Nisi aliter pro certis regionibus legitime provisum fuerit, quoties vacante aliqua sede dioecesana nominandus est Episcopus dioecesanus, itemque quoties designandus est Episcopus coadiutor, Metropolita una cum Episcopis provinciae ecclesiasticae in qua sita est dioecesis de qua agitur elenchum componant trium saltem virorum ecclesiasticorum qui ad hoc offiucium episcopale magis idonei videantur, illudque [sic! – aggiunta di G. Corbellini] transmittant Consilio permanenti regionis, quod, voto suo addito, eundem Apostolicae Sedi transmittat: quem elenchum ut componant, Episcopi provinciae, si id expedire iudicent, de necessitatibus dioecesis deque dotibus specialibus personae ad officium episcopale in ea dioecesi implendum requisitis, certorum presbyterorum, immo vel laicorum sapeintia praestantium, secreto sententiam exquirere possunt [cf. nota 60].

§4. Nisi aliter legitime provisum fuerit, Episcopus dioecesanus qui auxiliarem suae dioecesi dandum aestimet, elenchum proponat trium saltem presbyterorum ad hoc

mendo i suggerimenti e proposte avanzati durante le discussioni, non era cambiato solo nel §1. Tra le modifiche che furono introdotte nel §2, possiamo evidenziare un tentativo di armonizzare l'apporto delle Conferenze regionali con quello dei vescovi delle singole province ecclesiastiche, rilevando così l'insostituibile ruolo di questi ultimi nel comporre l'elenco dei candidati, dato che essi certamente meglio conoscono precise esigenze locali. I §§1 e 2 furono concordati da tutti i consultori. Nel §3, prima di tutto, si fece accenno al diretto coinvolgimento della Conferenza episcopale regionale, attraverso il suo consiglio permanente e, poi, si previde che nella consultazione si ascoltassero singoli chierici e laici circa le necessità della diocesi e le doti che avrebbero dovuto riscontrarsi nel candidato, concretamente in ordine al governo di essa. L'unica osservazione che si trovò, in riferimento a questo paragrafo, fu quella di un consultore il quale affermò che le parole «nisi aliter pro certis regionibus legitime provisum fuerit» avrebbero potuto essere comprese come una legittimazione del diritto di presentazione da parte dell'autorità civile. Per questa ragione, il Segretario Aggiunto propose di aggiungere, come §5, la parte di CD 20 relativa alla non concessione in futuro alle autorità civili dei diritti e dei privilegi di elezione, nomina o designazione dei vescovi[68].

Per quanto concerne il nuovo §4, piaciuto a tutti i consultori e redatto a seguito delle discussioni, si prevedeva che

il Vescovo diocesano proponga un elenco di almeno tre nomi per la costituzione di un suo Ausiliare: se esso contiene nomi già inseriti nell'elenco approvato a norma del §2, lo trasmetta alla Santa Sede, altrimenti lo invii al Consiglio permanente della Conferenza episcopale che provvederà, aggiungendovi una sua valutazione, a trasmetterlo alla Santa Sede[69].

Riassumendo, possiamo dire che il can. 4, redatto in questo modo, ha posto un forte accento sul ruolo della Conferenza episcopale e, in specie, sul suo Consiglio permanente.

---

officium aptiorum; quem elenchum, si tantummodo nomina contineat virorum ab Episcoporum Conferentia ad normam §2 probata, ad Apostolicam Sedem transmittat; si alia nomina complectatur, eundem mittat ad Episcoporum Conferentiae Consilium permanens, quod, voto suo addito (vel: existimatione sua addita) eum Sedi Apostolicae transmittat», *Comm.* 18 (1986) 131-132. Cf. nota 53. G. CORBELLINI, «Le modalità per la scelta», 360-361.

[68] Il testo del §5, approvato da tutti, era il seguente: «Nulla in posterum iura et privilegia electionis, nominationis, praesentationis vel designationis Episcoporum civilibus auctoritatibus concedantur», *Comm.* 18 (1986) 132. Cf. J. MIÑAMBRES, *La presentazione canonica*, 186.

[69] G. CORBELLINI, «Le modalità per la scelta», 362-363.

La fine dei lavori sulla composizione della norma circa la designazione dei vescovi, svoltisi durante questa Sessione, ha dato la nuova redazione del can. 4 che già conteneva cinque paragrafi. L'unica modifica che fu apportata riguardava il §3. Secondo una proposta di sopprimere le parole «Metropolita una cum» e di sostituirle con la dicitura «Episcopi *dioecesani* provinciae ecclesiasticae», il §3 assunse una nuova formulazione, approvata da tutti i consultori[70].

Nella V Sessione (16-21 dicembre 1968)[71] del *Coetus studiorum «De Sacra Hierarchia»* si ebbe la soppressione, nel §2, delle parole «in priore plenario conventu»[72], ritenute non necessarie, dato che l'oggetto della prima riunione avrebbe potuto essere un altro, e l'eliminazione, nel §3, delle parole «vacante aliqua sede dioecesana», ritenute superflue[73]. Oltre a ciò, nel corso di questa Sessione si discusse su tre argo-

---

[70] Cf. *Comm.* 18 (1986) 132.158-159. G. CORBELLINI, «Le modalità per la scelta», 363-365.

[71] Cf. *Comm.* 19 (1987) 107-108.132.

[72] Questa proposta è stata accettata dalla maggioranza («Placet: 6. Non placet: 5») e il testo, che soltanto nel §2 manca di queste parole, è stato rivisto così: «[...] communi consilio et secreto quotannis agant [...]», cf. *Comm.* 19 (1987) 107.132.

[73] Ecco il testo del modificato can. 4: «§1. Episcopos libere nominat Summus Pontifex, aut legitime electos confirmat.

§2. De viris ecclesiasticis ad Episcopatus officium in proprio territorio aptioribus, communi consilio et secreto, quotannis agant singulae Episcoporum Conferentiae regionum ecclesiasticarum, elencho quidem nominum ab Episcopis dioecesanis singularum provinciarum ecclesiasticarum regionis proposito, itemque Episcoporum Conferentiae provinciarum ecclesiasticarum quae alicui regioni non sunt adscriptae, atque nomina virorum delectorum Apostolicae Sedi transmittant.

§3. Nisi aliter pro certis regionibus legitime provisum fuerit, quoties nominandus est Episcopus dioecesanus, itemque quoties designandus est Episcopus coadiutor, Episcopi dioecesani provinciae ecclesiasticae in qua sita est dioecesis de qua agitur elenchum componant trium saltem virorum ecclesiasticorum qui ad hoc offiucium episcopale magis idonei videantur, illudque [sic! – aggiunta di G. Corbellini] transmittant Consilio permanenti regionis, quod, voto suo addito, eundem Apostolicae Sedi transmittat; quem elenchum ut componant, Episcopi provinciae, si id expedire iudicent, de necessitatibus dioecesis deque dotibus specialibus personae ad officium episcopale in ea dioecesi implendum requisitis, certorum presbyterorum, immo vel laicorum sapeintia praestantium, secreto sententiam exquirere possunt.

§4. Nisi aliter legitime provisum fuerit, Episcopus dioecesanus qui auxiliarem suae dioecesi dandum aestimet, elenchum proponat trium saltem presbyterorum ad hoc officium aptiorum; quem elenchum, si tantummodo nomina contineat virorum ab Episcoporum Conferentia ad normam §2 probata, ad Apostolicam Sedem transmittat; si alia nomina complectatur, eundem mittat ad Episcoporum Conferentiae Consilium permanens, quod, voto suo addito (vel: existimatione sua addita) eum Sedi Apostolicae transmittat.

menti. In primo luogo, se nella designazione dei coadiutori bisognasse dare la preferenza ai candidati proposti dal vescovo diocesano, dato che il coadiutore viene scelto per la persona stessa del vescovo diocesano. Il Segretario Aggiunto con altri consultori, per il fatto che il coadiutore, prima di tutto, è dato per il bene della diocesi e, per di più, con il diritto di successione, affermavano che si dovesse lasciare la stessa modalità di designazione usata per la nomina del vescovo diocesano. La seconda questione, riguardante l'indagine tra i presbiteri e i laici sui nomi e non solo sulle necessità della diocesi e sulle doti della persona per l'ufficio di vescovo in una determinata diocesi, non fu accolta, dato che era già stata discussa nella precedente Sessione. L'ultimo argomento affrontato si riferiva alla mancanza di discussione circa i privilegi di presentazione o di nomina, ecc., di cui godono in certe regioni i capitoli cattedrali. A tale proposito, il Segretario Aggiunto, in concordanza con tutti i consultori, suggerì di rimettere questa questione ad un'altra Sessione[74].

Durante le discussioni della XIII Sessione (9-14 aprile 1973)[75] si arrivò alle seguenti modifiche. Nel §2 fu data la possibilità ai vescovi diocesani della provincia di preparare l'elenco dei candidati, previa licenza della Santa Sede[76]. Nel §3 fu semplificata la redazione e, soprattutto, fu eliminato il riferimento al Consiglio permanente della Conferenza episcopale regionale[77]. Per ciò che riguarda la raccolta dei pareri in ordine a comporre l'elenco dei candidati, fu esplicitato che lo dovessero fare i vescovi *dioecesani*[78] della provincia ecclesiastica.

---

§5. Nulla in posterum iura et privilegia electionis, nominationis, praesentationis vel designationis Episcoporum civilibus auctoritatibus concedantur (cfr. Decr. *Christus Dominus*, n. 20)», *Comm.* 19 (1987) 132.

[74] Cf. *Comm.* 19 (1987) 108. G. CORBELLINI, «Le modalità per la scelta», 363-364. Si vedano anche proposte dell'*Opera Consultorum in parandis canonum schematis: «De clericis» - «De sacra Hierarchia»*, *Comm.* 5 (1973) 218.

[75] Cf. *Comm.* 24 (1992) 315-316.341-342. G. CORBELLINI, «Le modalità per la scelta», 365-367.

[76] Sulla proposta di un consultore, alla fine del §2, si è accordato di aggiungere: «... transmittant; *ubi adiuncta id suadeant, de licentia Sanctae Sedis eumdem elenchum constituant Episcopi dioecesani provinciae ecclesiasticae»*, *Comm.* 24 (1992) 315.

[77] Secondo il suggerimento di un consultore, nella prima parte del §3, il testo viene mutato nel modo seguente: «... quoties nominandus est Episcopus dioecesanus *aut* Episcopus coadiutor...». Su richiesta di quattro consultori, invece, vengono eliminate le parole: «illudque [sic! – aggiunta di G. Corbellini] transmittant Consilio permanenti regionis, quod, voto suo addito», *Comm.* 24 (1992) 315.

[78] La parola «dioecesani» è stata aggiunta, tenendo conto della richiesta di un consultore. Perciò il testo è seguente: «... ut componant, Episcopi *dioecesani* provinciae...», *Comm.* 24 (1992) 315.

Nello stesso tempo, affinché i laici fossero interpellati in via ordinaria, al posto di «immo vel laicorum» si doveva dire «et laicorum». Circa il §4, in coerenza con quanto deciso a proposito del paragrafo precedente, fu eliminato il riferimento al Consiglio permanente e fu deciso che alla trasmissione dei nomi da comprendere fosse aggiunto il parere dei vescovi diocesani delle province ecclesiastiche[79]. Nel §5, semplicemente, al posto di «concedantur» si sarebbe dovuto dire «conceduntur». Dopo aver apportato tutte queste modifiche, nel corso di questa Sessione, il canone esaminato divenne il can. 75[80].

+ *Iter* del can. 403

Dei vescovi coadiutori e ausiliari si trattò per la prima volta durante la V Sessione (16-21 dicembre 1968) del *Coetus studiorum «De Sacra*

---

[79] Ecco il testo suggerito: «... si alia nomina complectatur, eundem *Sedi Apostolicae transmittat audita provinciae ecclesiasticae Episcoporum dioecesanorum sententia*», *Comm.* 24 (1992) 316.

[80] «§1. Episcopos libere nominat Summus Pontifex, aut legitime electos confirmat.
§2. De viris ecclesiasticis ad Episcopatus officium in proprio territorio aptioribus, communi consilio et secreto, quotannis agant singulae Episcoporum Conferentiae regionum ecclesiasticarum, elencho quidem nominum ab Episcopis dioecesanis singularum provinciarum ecclesiasticarum regionis proposito, itemque Episcoporum Conferentiae provinciarum ecclesiasticarum quae alicui regioni non sunt adscriptae, atque nomina virorum delectorum Apostolicae Sedi transmittant; ubi adiuncta id suadeant, de licentia Sanctae Sedis eumdem elenchum constituant Episcopi diocecesani provinciae ecclesiasticae [cf. nota 76].
§3. Nisi aliter pro certis regionibus legitime provisum fuerit, quoties nominandus est Episcopus dioecesanus aut [cf. nota 77] Episcopus coadiutor, Episcopi dioecesani provinciae ecclesiasticae in qua sita est dioecesis de qua agitur elenchum componant trium saltem virorum ecclesiasticorum qui ad hoc offiucium episcopale magis idonei videantur, illumque [cf. nota 77] Apostolicae Sedi transmittat; quem elenchum ut componant, Episcopi dioecesani [cf. nota 78] provinciae, si id expedire iudicent, de necessitatibus dioecesis deque dotibus specialibus personae ad officium episcopale in ea dioecesi implendum requisitis, certorum presbyterorum, et [cf. p. 165] laicorum sapeintia praestantium, secreto sententiam exquirere possunt.
§4. Nisi aliter legitime provisum fuerit, Episcopus dioecesanus qui auxiliarem suae dioecesi dandum aestimet, elenchum proponat trium saltem presbyterorum ad hoc officium aptiorum; quem elenchum, si tantummodo nomina contineat virorum ab Episcoporum Conferentia ad normam §2 probata, ad Apostolicam Sedem transmittat; si alia nomina complectatur, eundem Sedi Apostolicae transmittat addita[*] provinciae ecclesiasticae Episcoporum dioecesanorum senetia [*nella proposta, cf. nota 79, viene usata la parola "audita" (?)].
§5. Nulla in posterum iura et privilegia electionis, nominationis, praesentationis vel designationis Episcoporum civilibus auctoritatibus conceduntur [cf. p. 166]», *Comm.* 24 (1992) 341-342.

CAP. III: DESIGNAZIONE NEL CIC'83 167

Hierarchia». Tenendo presente l'affermazione di G. Corbellini secondo la quale «fin dalle prime battute della formazione dell'attuale can. 403 si rileva che l'attenzione non è posta tanto sul diritto della Santa Sede a nominare i Vescovi Ausiliari o i Coadiutori, quanto piuttosto sulle circostanze che ne possano esigere o consigliare la nomina [e sui] criteri in base ai quali determinare la distinzione tra gli uni e gli altri»[81], cercheremo di riportare solo le proposte che si riferiscono alla designazione di questi vescovi.

Dal primo sguardo al testo del can. 1[82], proposto all'esame in questa Sessione, si può osservare che, a differenza del can. 350 §1 (CIC'17), esso rifletteva la parte passiva di tutta la procedura della designazione del coadiutore o degli ausiliari. Infatti, al posto di «Unius Romani Pontificis est Episcopo Coadiutorem constituere» (can. 350 §1) – una locuzione forte – nel detto can. 1 si incontravano le seguenti locuzioni: «[...] Episcopus coadiutor [...] constituatur» (§1), «[...] unus vel plures Episcopis auxiliares [...] constituantur» (§2) e «[...] ipse Episcopus dioecesanus postulet vel ut sibi detur Episcopus coadiutor, vel ut constituantur unus vel plures auxiliares» (§3), le quali non facevano accenno all'autorità che li doveva istituire. Durante la discussione, come dicevamo, l'attenzione dei consultori si incentrò sul chiarimento che la ragione primaria della costituzione di coadiutori e di ausiliari fosse sempre il bene del gregge e poi le necessità della diocesi e l'aiuto al vescovo diocesano[83].

Nella seguente VI Sessione (14-19 aprile 1969) il testo del canone non fu mutato. Unica osservazione avanzata fu quella circa l'insufficiente espressione del canone riguardo alle motivazioni della costituzione del coadiutore o degli ausiliari, dato che il bene della diocesi era

---

[81] G. CORBELLINI, «Le modalità per la scelta», nota 12, 327.

[82] Cf. *Comm.* 19 (1987) 117.

[83] Cf. *Comm.* 19 (1987) 117-118. Dopo l'apporto di vari suggerimenti, durante la stessa Sessione, il testo del can. 1 fu redatto in modo seguente: «§1. Cum bonum dioecesis id suadeat, si nempe ob dioecesis amplitudinem vel magnum incolarum numerum, aut ob peculiaria apostolatus adiuncta aliasve rationes, Episcopus dioecesanus per semetipsum omnia episcopalia munia, sicut animarum id exigat bonum, adimplere nequeat, unus vel plures Episcopi auxiliares, scilicet sine iure successionis, constituantur.

§2. Cum certis in adiunctis peculiaris dioecesis necessitas id postulet, in Episcopi dioecesani item adiutorium, Episcopus coadiutor, scilicet cum iure successionis, constituatur.

§3. Prout animarum bonum id exigat, ipse Episcopus dioecesanus expostulet ut constituantur unus vel plures Episcopi auxiliares, aut, si peculiaria adiuncta id requirant, Episcopus coadiutor (Decr. *Christus Dominus*, nn. 25-26)», *Comm.* 19 (1987) 143.

visto solamente come una ragione generale. La ragione specifica, invece, per la nomina del coadiutore, consisteva nel fatto che il vescovo diocesano ha bisogno del suo aiuto per il retto esercizio del suo *munus*[84].

Il primo accenno all'autorità che avrebbe dovuto effettuare la nomina dei coadiutori si ebbe nella Sessione XIV (18-22 febbraio 1974). Si proponeva che la nomina fosse *ex officio* da parte della Santa Sede. Era importante per i consultori tenere ben presente la distinzione tra gli ausiliari e i coadiutori, la quale consiste non solo nel fatto che il vescovo coadiutore gode del diritto di successione, ma anche nelle diverse motivazioni per le quali gli uni e gli altri vescovi vengono nominati. Per questa ragione due consultori proposero che tra gli ausiliari e i coadiutori si dovesse distinguere in modo più adatto di quanto non si facesse nel can. 1. Lo stesso ritennero altri, proponendo, riguardo alla designazione, che la Santa Sede nominasse gli ausiliari su richiesta del vescovo diocesano, mentre i coadiutori *motu proprio*. In seguito si svolse la discussione, durante la quale si propose di introdurre una triplice norma secondo uno schema proposto. Riguardo alla designazione degli ausiliari, nel punto 2 del detto schema, si chiarì che, in circostanze peculiari e più gravi, anche d'indole personale (una malattia), il vescovo diocesano procurasse di mandare alla Santa Sede una richiesta affinché gli fosse dato un ausiliare il quale, senza il diritto di successione, ma fornito di facoltà peculiari, facesse le veci dello stesso vescovo diocesano. La Santa Sede poteva sempre dare un ausiliare, soprattutto se il vescovo diocesano fosse assente o in qualche modo impedito. Nel punto 3, invece, si previde che la Santa Sede, per le ragioni presentate nel punto 2 e altre, ogni volta che lo avesse ritenuto opportuno, avrebbe potuto nominare anche un vescovo coadiutore con il diritto di successione, munito di quegli obblighi e di quei diritti che sarebbero stati definiti nella lettera apostolica della sua nomina[85].

Per la Sessione XV (2-6 dicembre 1974) fu presentato il testo del can. 1, nella cui redazione erano stati inseriti i suggerimenti dello schema[86]. Tra le osservazioni dei consultori, prevalse in riferimento alla

---

[84] Cf. *Comm.* 24 (1992) 40. Inoltre si veda la proposta dell'*Opera Consultorum in parandis canonum schematis*: «*De clericis*» - «*De sacra Hierarchia*», *Comm.* 5 (1973) 223.

[85] Cf. *Comm.* 25 (1993) 70-72.

[86] Così si presenta il nuovo can. 1: «§1. Cum pastorales dioecesis necessitates id suadeant si nempe ob dioecesis amplitudinem magnumve incolarum numerum, aut ob peculiaria apostolatus adiuncta aliasve rationes, Episcopus dioecesanus per semetipsum omnia episcopalia munia, sicut animarum id exigat bonum, adimplere nequeat, unus vel plures Episcopi auxiliares, scilicet sine iure successionis, constituantur; prout

designazione, possiamo evidenziare i seguenti suggerimenti: dopo la proposta di eliminare nel §1 le parole «scilicet sine iure successionis», ritenute non necessarie, e «prout animarum bonum id exigat» che costituivano una ripetizione, si stabilì la formulazione della parte conclusiva di questo paragrafo nel modo seguente «... unus vel plures Episcopi auxiliares, petente Episcopo dioecesano, constituantur; Episcopus auxiliaris iure successionis non gaudet». Le ragioni per cui si sarebbero potuti costituire uno o più ausiliari erano, invece, le necessità pastorali della diocesi, le sue dimensioni e un grande numero di abitanti, particolari circostanze dell'apostolato e l'impossibilità da parte del vescovo diocesano di adempiere tutti i doveri episcopali come richiesto dal bene delle anime (§1)[87]. Per quanto concerne il §2, si propose di cancellare le parole «eundem semper etiam ex officio constituere potest Sancta Sedes, praesertim si Episcopus dioecesanus absens sit aut quoquo modo impeditus» perché fosse più visibile la differenza tra il vescovo *adiutor seu viecesgerens* e il coadiutore. Tale differenza, secondo un consultore, consisteva nel fatto che l'ausiliare «etiam adiutor seu vicesgerens» avrebbe dovuto sempre essere richiesto dal veşcovo diocesano; il coadiutore «cum vel sine iure successionis» o l'amministratore apostolico, invece, sarebbe stato dato direttamente *ex auctoritate* dalla Santa Sede[88]. La discussione intorno il §3 si concentrò piuttosto sul diritto di successione del coadiutore, dato che, in pratica, la Santa Sede aveva

---

animarum bonum id exigat, ipse Episcopus dioecesanus expostulet ut unus aut plures auxiliares constituantur.

§2. Cum peculiaris id requirat dioecesis necessitas, gravioribus scilicet in adiunctis, etiam indolis personalis, Episcopus dioecesanus votum Apostolicae Sedi mittere curet ut sibi detur Episcopus adiutor seu auxiliaris specialis*, qui, iure successionis quidam non gaudens, specialibus vero facultatibus sit praeditus et Episcopi dioecesani vices gerat; eundem semper etiam ex officio constituere potest Sancta Sedes, praesertim si Episcopus dioecesanus absebs sit aut quoquo modo impeditus [cf. can. 1 §2, nota 83].

§3. Ob peculiares de quibus in §2 aliasve rationes, si magis opportunum id ipsi videatur, a Sede Apostolica, in Episcopi dioecesani adiutorium, constitui potest Episcopus coadiutor, qui nempe et ipse specialibus gaudet facultatibus, sede t iure successionis donatur [cf. can. 1 §3 nella nota 83]», *Comm.* 25 (1993) 84. Per il testo dei punti 2 e 3 dello schema, riferito alla p. 168 e relativo ai §§2 e 3 del citato canone, cf. *Comm.* 25 (1993) 72. Riguardo a questo segno «*», posto da noi, qui si trova il richiamo alla nota a piè di pagina dove viene spiegato che «Episcopus auxiliaris qui specialibus donatur facultatibus, iure autem successionis gaudet, quique in praxi Curiae hodie coadiutor sine iure successionis nuncupatur, posset appellari Episcopus auxiliaris regens (vel: subregens), aut *Episcopus adiutor* aut *Episcopus adiunctus*, aut simpliciter *auxiliaris specialibus facultatibus gaudens*, vel *auxiliaris specialis*», *Comm.* 25 (1993) nota 1, 84.

[87] Cf. *Comm.* 25 (1993) 85.
[88] Cf. *Comm.* 25 (1993) 85-86.

sempre fatto le nomine *sine hoc iure*. A tale proposito uno dei consultori osservò che se fosse esistita la figura del coadiutore senza il diritto di successione, non sarebbe necessario introdurre la figura dell'ausiliare. Con tale affermazione non fu d'accordo un altro consultore il quale ritenne opportuno che queste due figure fossero conservate, dando la possibilità al vescovo diocesano di risolvere tanti problemi che avrebbero potuto sorgere (cf. §1) da solo o anche mediante l'ausiliare da lui scelto. Qualora non ci fosse riuscito da solo, allora sarebbe intervenuta la Santa Sede tramite la nomina del coadiutore *cum vel sine iure successionis*[89]. Finite tutte le chiarificazioni e prese in considerazione tante altre osservazioni, il can. 1 fu nuovamente redatto[90].

2.1.2 Schemi

Per una visione completa dell'evoluzione dei cann. 377, 364, 4°[91] e 403, occorre riportare anche i testi dei loro antecedenti, proposti nei tre Schemi che hanno preceduto la stesura definitiva del Codice.

a) *Schema canonum Libri II «De Populo Dei» (1977)*

Il 15 novembre 1977 fu presentato il primo progetto della nuova legislazione, intitolato *Schema canonum libri «De Populo Dei»*.

+ Can. 228 (attuale can. 377)

Corrispondente all'attuale can. 377, in questo Schema, figurava il can. 228, identico al can. 75[92], approvato nella XIII Sessione (9-14

---

[89] Cf. *Comm.* 25 (1993) 86-87.

[90] Questo è il testo del can. 1: «§1. Cum pastorales necessitates dioecesis id suadeant, si nempe ob dioecesis amplitudinem magnumve incolarum numerum, aut ob peculiaria apostolatus adiuncta aliasve rationes, Episcopus dioecesanus per semetipsum omnia episcopalia munia, sicut animarum id exigat bonum, adimplere nequeat, unus vel plures Episcopi auxiliares, *petente Episcopo dioecesano*, constituantur; *Episcopus auxiliaris iure successionis non gaudet*.

§2. Cum peculiaris id requirat dioecesis necessitas, gravioribus scilicet in adiunctis, etiam indolis personalis, Episcopus dioecesanus votum Apostolicae Sedi mittere curet ut sibi detur Episcopus auxiliaris *specialibus instructus facultatibus; qui, ubi plures sunt Episcopi auxiliares, vices gerens appellatur*.

§3. Ob peculiares de quibus in §2 aliasve rationes, si magis opportunum id ipsi videatur, *Sancta Sede ex officio* constituere potest Episcopum coadiutorem, qui et ipse specialibus *instruitur* facultatibus, et iure successionis donari potest», *Comm.* 25 (1993) 87-88.110. Cf. nota 86.

[91] Per il n. 4 del can. 364 si deve tener presente il fatto che esso apparve solo a partire dallo Schema del 1980. Cf. p. 148 con la nota 29.

aprile 1973). In seguito, l'intero schema fu mandato agli Organi di consultazione[93] dai quali, poi, pervennero molte osservazioni. Esse furono sintetizzate e redatte in due diverse «Sinossi» ad uso intero. Dato che non esiste la pubblicazione di queste «Sinossi» e che le osservazioni ivi raccolte non hanno apportato nessuna modifica al can. 228, discusso nella seduta del 12 marzo del 1980 durante lo svolgimento della VI Sessione (10-15 marzo 1980) del *Coetus studiorum «De Populo Dei»*, concentreremo la nostra attenzione sulle proposte dei consultori prodotte in questa Sessione, rimandando per la sintesi delle osservazioni pervenute allo studio di G. Corbellini[94].

Per ciò che riguarda il can. 228[95], durante la summenzionata seduta il testo del §1 fu approvato all'unanimità.

Quanto al §2, tra i numerosi argomenti affrontati, si propose anzitutto di semplificare il testo anche per non imporre una procedura che in molti luoghi non si sarebbe potuta seguire. Considerando che il clero di tante diocesi è formato, per la maggior parte, da sacerdoti membri di Istituti di vita consacrata, si propose che fosse conveniente inserirli nell'elenco dei candidati, salve le prescrizioni delle Norme *«Episcopis facultas»* del 1972. A tale proposito, il Relatore osservò che nel termine presbiteri (nel §2 *vires ecclesiastici*) sono inclusi anche i religiosi. Un consultore ritenne, invece, che, in quanto lo stato religioso forma un struttura a parte, per questa ragione non lo si poteva unire alla struttura diocesana. Tale affermazione, tuttavia, fu rettificata, precisando che, dopo il Vaticano II, non si faceva più molta distinzione tra clero secolare e clero religioso perché entrambi lavorano nelle opere pastorali della diocesi.

Riguardo alla competenza nella presentazione dell'elenco dei candidati, un consultore ritenne che al posto della Conferenza episcopale sarebbe stata più adatta la provincia ecclesiastica. Poi, comunque, disse che l'elenco fosse formato preferibilmente da sacerdoti diocesani, non esclusi anche i religiosi, «ubi adiuncta id suadeant». Altri consultori, invece, pensarono che l'elenco sarebbe dovuto essere formato dai vescovi della provincia ecclesiastica solo quando la Conferenza episcopale fosse stata grande, riservando, tuttavia, a quell'ultima il consenso per l'elenco definitivo[96].

---

[92] Cf. nota 80. PCCICR, *Schema canonum Libri II de Populo Dei*, 96-97. H. ZAPP, «La nomina del vescovo», 114-116.

[93] Cf. *Comm.* 9 (1977) 227-228, con relativa osservazione a *p.* 252.

[94] Cf. G. CORBELLINI, «Le modalità per la scelta», 367-371.

[95] Cf. per il testo la nota 80 (can. 75). *Comm.* 12 (1980) 286. G. CORBELLINI, «Le modalità per la scelta», 371-374.

[96] Cf. *Comm.* 12 (1980) 287-289.

Tra le osservazioni particolari si propose di sopprimere la parola «quotannis», ritenendo che sarebbe stato meglio formare l'elenco ogni tre anni. In seguito, dopo ulteriore discussione e presi in considerazione i vari suggerimenti, fu proposto il nuovo testo del §2, accettato da tutti i consultori. Nel paragrafo si stabiliva che almeno ogni triennio i vescovi della provincia ecclesiastica, oppure, dove le circostanze lo suggerissero, le Conferenze dei vescovi, *comune consilio* e sotto segreto, componessero un elenco di presbiteri, anche membri di Istituti di vita consacrata, più degni per l'episcopato, e lo trasmettessero alla Sede Apostolica[97].

Il testo del §3[98] fu accettato da tutti, tuttavia, con i seguenti emendamenti:

a) aggiungere «collatis consiliis» dopo «agitur»; b) dire «candidatorum» al posto di «virorum ecclesiasticorum»; c) sopprimere «ad hoc officium episcopale»; d) sopprimere «Episcopi dioecesani provinciae»; e) dopo «expedire iudicent» cancellare tutto e dire: «sententiam certotrum clericorum et laicorum sapientia praestantium singullatim et secreto exquirere possunt»[99].

Per quanto concerneva gli ultimi due paragrafi, essi furono approvati: il §4, però, con la previa soppressione di tutta la seconda parte («quem elenchum [...] sententia») e il §5 senza alcun cambiamento.

+ Can. 261 (attuale can. 403)

Durante la seduta del 14 marzo 1980 della VI Sessione, in riferimento al nuovo can. 261, riportato nello Schema del 1977 quasi alla lettera dal can. 1[100], redatto nella XV Sessione (2-6 dicembre 1974), si presentarono poche osservazioni. Nel §1 fu deciso di sopprimere le motivazioni e cioè «si nempe [...] adimplere nequeat», considerate inutili per specificarle. Quanto al §2, si ritenne di dover sopprimere «cum peculiaris [...] necessitas», al posto di «votum [...] sibi detur» di dover dire «dari potest» e al posto di «Episcopus dioecesanus» di dover dire «Episcopo dioecesano». Nel §3, invece, si soppresse «Ob peculiares [...] rationes» e «et iure successionis donari potest». Si aggiunse, tuttavia, «Episcopus Coadiutor iure

---

[97] «§2. Singulis saltem triennis Episcopi provinciae ecclesiasticae vel, ubi adiuncta id suadeant, Episcoporum Conferentiae, communi consilio et secreto elenchum componant presbyterorum etiam sodalium Institutorum vitae consacratae, ad Episcopatum aptiorum, eumque Apostolicae Sedi transmittant», *Comm.* 12 (1980) 289.

[98] Cf. nota 80 (can. 75).

[99] *Comm.* 12 (1980) 289.

[100] Unica differenza era la mancanza delle parole finali del §2: «qui, ubi plures sunt Episcopi auxiliares, vices gerens appellatur». Per il testo proposto che è lo stesso del can. 261, cf. la nota 90. PCCICR, *Schema canonum Libri II de Populo Dei*, 109.

successionis gaudet» perché non si ritenne conveniente la figura del vescovo coadiutore senza diritto di successione e perché la Santa Sede potesse sempre provvedere ai casi particolari con il vescovo ausiliare «specialibus instructus facultatibus» di cui al §2[101].

+ Can. 182 (attuale can. 364)

Considerando, che «il progetto» del n. 4° del can. 364, come accennavamo, apparve solamente a partire dallo Schema del 1980, dopo la presentazione del can. 182 nello Schema del 1977[102], durante la seduta del 12 febbraio 1980 della V Sessione (12-16 febbraio 1980) del *Coetus studiorum «De Populo Dei»* furono prodotte interessanti osservazioni. Infatti, nel corso di quella seduta il Segretario domandò se non fosse il caso di aggiungere un riferimento all'intervento del nunzio nella nomina dei vescovi, in base anche a quanto detto nella *Sollecitudo omnium ecclesiarum* VI e a quanto suggerirono alcuni organi consultivi. Riguardo alla questione posta in questo modo, furono presentate osservazioni piuttosto negative: si ritenne di non fare nessun cenno a tale intervento del nunzio in quanto ciò avrebbe potuto sminuire le competenze delle Conferenze episcopali in materia; si propose di parlare di questo sia nella parte che riguarda la nomina dei vescovi sia in un'altra parte, considerando che il can. 182 parla del «munus ordinarium», mentre la nomina dei vescovi è un fatto di particolare importanza. Uno dei consultori ritenne che se ne parlasse, invece, in questo canone, come un compito ordinario del nunzio. Dopo qualche discussione, si approvò il seguente testo: n. 3bis (nuovo rispetto ai numeri del can. 182) «ad nominationem Episcoporum quod attinet processum informativum instruere»[103].

b) *Schema CIC (1980)*

Questo Schema fu presentato il 29 giugno 1980 e, in seguito, di nuovo fu sottoposto a un ulteriore studio da parte dei Padri della Pontificia Commissione per la revisione del Codice.

+ Can. 302, 4) (attuale can. 364, 4°)

A differenza del precedente can. 182 (Schema del 1977), per quanto riguarda la nomina dei vescovi, il presente can. 302 comprendeva già la

---

[101] Cf. *Comm.* 12 (1980) 309.
[102] Cf. PCCICR, *Schema canonum Libri II de Populo Dei*, 80.
[103] Cf. *Comm.* 12 (1980) 241-242. G. CORBELLINI, «Le modalità per la scelta», nota 99, 378-379.

norma circa l'istruzione del processo informativo da parte del legato pontificio, come suo compito ordinario, secondo le norme emanate dalla Santa Sede[104]. Durante lo svolgimento della *Relatio* (20-28 ottobre 1981) in riferimento al n. 4 del can. 302 «fu osservato che esso forse non si poteva sostenere, perché istruire il processo informativo compete piuttosto al Presidente della Conferenza episcopale insieme al Consiglio permanente»[105]. La proposta di cambiamento non fu però accolta.

+ Can. 344 (attuale can. 377)

Nel presente Schema il precedente can. 228 (Schema del 1977), dopo la revisione operata, figurò come il can. 344[106]. Come per il can. 302, durante la summenzionata *Relatio,* circa il canone in esame, furono avanzate le seguenti osservazioni. Da uno dei Padri della *Pontificia Commissio CIC Recognoscendo* fu proposto di aggiungere nei §§ 2 e 3, come correzione, un riferimento al presidente della Conferenza episcopale nazionale affinché egli, nella composizione dell'elenco dei candidati, avendo davanti le necessità e le circostanze della Chiesa in tutta la nazione, potesse aggiungere ulteriori osservazioni e notizie. La motivazione della proposta consisteva nel fatto che, in tal modo, si sarebbe

---

[104] Can. 302: «Ad munus ordinarium Legati Pontificii pertinet: [...] 4) ad nominationem Episcoporum quod attinet processum informativum instruere, secundum normas ab Apostolica Sede datas», PCCICR, *Codex Iuris Canonici.* Schema Patribus commissionis reservatum, 71.

[105] G. CORBELLINI, «Le modalità per la scelta», 379. Cf. *Comm.* 14 (1982) 186.

[106] Rispetto al can. 228 (cf. note 80 e 92), così si presentò il testo del can. 344: «§1. Episcopos libere nominat Summus Pontifex, aut legitime electos confirmat.

§2. *Singulis saltem triennis Episcopi provinciae ecclesiasticae vel, ubi adiuncta id suadeant, Episcoporum Conferentiae, communi consilio et secreto elenchum componant presbyterorum etiam sodalium Institutorum vitae consacratae, ad Episcopatum aptiorum, eumque Apostolicae Sedi transmittant* [cf. nota 97].

§3. Nisi aliter pro certis regionibus legitime provisum fuerit, quoties nominandus est Episcopus dioecesanus aut Episcopus coadiutor, Episcopi dioecesani provinciae ecclesiasticae in qua sita est dioecesis de qua agitur, *collatis consiliis,* elenchum componant trium saltem *candidatorum* qui magis idonei videantur, illumque Apostolicae Sedi transmittat; quem elenchum ut componant, si id expedire iudicent, *sententiam* certorum *clericorum* et laicorum sapeintia praestantium *singullatim et* secreto exquirere possunt [cf. quanto a p. 172 con la nota 99].

§4. Nisi aliter legitime provisum fuerit, Episcopus dioecesanus qui auxiliarem suae dioecesi dandum aestimet, elenchum proponat trium saltem presbyterorum ad hoc officium aptiorum [cf. p. 172].

§5. Nulla in posterum iura et privilegia electionis, nominationis, praesentationis vel designationis Episcoporum civilibus auctoritatibus concedantur», PCCICR, *Codex Iuris Canonici.* Schema Patribus commissionis reservatum, 83.

potuto acquisire anche il parere del Consiglio permanente, che meglio poteva conoscere ciò che era più adatto per il bene della nazione. La Presidenza della Commissione, invece, ritenne che la correzione suggerita non fosse necessaria al fine di non accrescere troppo la competenza del Consiglio permanente dei vescovi. Un altro Padre propose la soppressione, nel §3, delle parole «singillatim et», però la Presidenza ritenne che per prudenza fosse meglio mantenerle.

Circa il §4, tre Padri, considerando che frequentemente il vescovo ausiliare da nominarsi per qualche grande diocesi diventa poi vescovo diocesano in una delle diocesi della stessa provincia ecclesiastica, proposero che si aggiungessero le seguenti parole: «[...] dandum aestimet, *audito consilio Episcoporum provinciae*, elenchum [...]». La Presidenza, però, rispose negativamente, non ritenendo necessario imporre quest'obbligo.

Un'ultima osservazione proposta si riferì alla cooperazione «della porzione del Popolo di Dio» nella scelta dei vescovi la quale, se anche non avrebbe dovuto essere di tipo democratico, avrebbe potuto rafforzare il vincolo tra il vescovo e il popolo. Di parere contrario era un altro Padre e, a giudizio della Presidenza, non era sufficiente dire che, *si id expedire iudicent*, i laici danno il proprio parere (§3)[107].

+ Can. 370 (attuale can. 403)

Con riferimento al can. 261 (Schema del 1977), tenendo presenti tutte le osservazioni avanzate[108], la norma circa la designazione degli ausiliari e dei coadiutori in questo Schema fu presentata nel can. 370. Il canone, dopo le modifiche, prevedeva che quando lo suggeriscono le necessità pastorali di una diocesi, a richiesta del vescovo diocesano, si costituiscano uno o più vescovi ausiliari che non godono del diritto di successione (§1). Nelle circostanze più gravi, anche d'indole personale, al vescovo diocesano può essere dato un ausiliare, munito di speciali facoltà (§2). Qualora la cosa fosse stimata più opportuna, la Santa Sede *ex officio* può costituire un coadiutore, munito anch'egli di facoltà speciali. Il vescovo coadiutore gode del diritto di successione (§3)[109]. Durante lo

---

[107] Cf. *Comm.* 14 (1982) 204-205. G. CORBELLINI, «Le modalità per la scelta», 374-376.

[108] Cf. quanto a pp. 172-173 e per il testo del precedente can. 261: la nota 90.

[109] Can. 370: «§1. Cum pastorales dioecesis necessitates id suadeat, unus vel plures Episcopi auxiliares, petente Episcopo dioecesano, constituantur; Episcopus auxiliaris iure successionis non gaudet.

§2. Gravioribus in adiunctis, etiam indolis personalis, Episcopo dioecesano dari potest Episcopus auxiliaris specialibus instructus facultatibus.

svolgimento della summenzionata *Relatio* (20-28 ottobre 1981), il can. 370 non fu preso in considerazione, pertanto non si fece alcuna osservazione su di esso.

c) *Schema novissimum CIC (1982)*

Nell'ultimo Schema del Codice, proposto il 25 marzo 1982, i canoni esaminati apparirono ormai come i cann. 364, 4°, 377 e 403.

Il primo di questi, rispetto al can. 302 (Schema del 1980), prima di essere presentato in questo Schema, subì una modifica. Oltre al compito del nunzio di istruire il processo informativo per la nomina dei vescovi, si aggiunse anche il compito di trasmettere o proporre i nomi dei candidati alla Sede Apostolica (can. 364, 4°)[110].

Il can. 403, invece, era identico al can. 370[111] dello Schema precedente e, immutato, fu promulgato.

Cosa più complicata, invece, fu con il can. 377. Tenendo presente la spiegazione di G. Corbellini che «non sempre di ogni modifica introdotta si trova agli atti della Commissione di revisione del CIC l'indicazione di una adeguata motivazione o addirittura una testimonianza della decisione presa [e che, a volte, proprio non si segnalava la necessità di registrare una relazione agli atti], quando qualche cambiamento fu fatto fuori delle Riunioni»[112], insieme con lui dobbiamo constatare che la cosa, come già abbiamo visto per il n. 4 del can. 364, avviene nel passaggio dal can. 344 dello Schema precedente al can. 377 di quello presente.

Le modifiche che furono apportate riguardavano i §§2 e 3, mentre i restanti tre paragrafi rimasero immutati[113]. Nel §2 fu introdotto il richiamo al diritto di ogni vescovo di inviare i nomi di candidati alla

---

§3. Si magis opportunum id ipsi videatur, Sancta Sede ex officio constituere potest Episcopum coadiutorem, qui et ipse specialibus instruitur facultatibus; Episcopus coadiutor iure successionis gaudet», PCCICR, *Codex Iuris Canonici. Schema Patribus commissionis reservatum*, 90.

[110] Questo fu il testo del n. 4 del can. 364, proposto nello Schema del 1982: «4° ad nominationem Episcoporum quod attinte, *nomina candidatorum Apostolicae Sedi transmittere vel proponete necnon* processum informativum de promovendis instruere, secundum normas ab Apostolica Sede datas», PCCICR, *Codex Iuris Canonici. Schema novissimum*, 65. Il testo rimase immutato fino alla promulgazione. Cf. G. CORBELLINI, «Le modalità per la scelta», nota 21, 330.

[111] Per il testo cf. nota 109. PCCICR, *Codex Iuris Canonici. Schema novissimum*, 74.

[112] G. CORBELLINI, «Le modalità per la scelta», nota 21, 329-330.

[113] Quanto al testo dei §§1, 4 e 5, cf. nota 106 (can. 344 dello *Schema CIC* del 1980). D. LE TOURNEAU, «Comentario a los cann. 375-380», 723.

Santa Sede, indipendentemente dall'elenco preparato dai vescovi della provincia ecclesiastica o dalla Conferenza episcopale[114]. Quanto al §3, esso fu completamente rifatto: in primo piano fu posto il ruolo del rappresentante pontificio, fino ad ora non preso in considerazione nelle successive modifiche e redazioni. Si stabilì, dunque, che il suo ruolo consistesse nei seguenti passi:

> a) sentire singolarmente il parere del metropolita e dei suffraganei della provincia a cui appartiene la diocesi vacante, come pure del Presidente della Conferenza episcopale; b) trasmettere tali pareri, insieme al suo, alla Sede Apostolica; c) ascoltare alcuni del Collegio dei consultori e del Capitolo della cattedrale e, se lo ritiene opportuno, richiedere segretamente e separatamente il parere di chierici, religiosi e laici[115].

Con questo Schema terminò una lunga e laboriosa procedura della formazione dei canoni relativi alla nomina dei vescovi – diocesani, ausiliari o coadiutori. Come abbiamo constatato, le norme canoniche, a partire dal Codice del 1917, hanno subito uno sviluppo molto interessante. Si deve dire che l'idea principale che conduceva tutto l'*iter* della formazione e dello sviluppo delle attuali norme canoniche è stata, senza dubbio, la tutela dell'esclusivo e proprio diritto del Sommo Pontefice nella designazione dei vescovi. Infatti, fin dalle prime proposte avanzate nella fase preparatoria e durante le diverse Sessioni del *Coetus studiorum* della Pontificia Commissione per la revisione del Codice, la questione della libertà del Papa di nominare i vescovi non fu mai messa in dubbio e per questo, non ponendo particolari problemi, a parte qualche

---

[114] Ecco il testo del §2, identico a quello promulgato: «Singulis saltem triennis Episcopi provinciae ecclesiasticae vel, ubi adiuncta id suadeant, Episcoporum Conferentiae, communi consilio et secreto elenchum componant presbyterorum etiam sodalium Institutorum vitae consacratae, ad Episcopatum aptiorum, eumque Apostolicae Sedi transmittant, *firmo manente iure uniscuiusque Episcopi Apostolicae Sedi nomina presbyterorum quos episcopali munere dignos et idoneos putet seorsim patefaciendi*», PCCICR, *Codex Iuris Canonici. Schema novissimum*, 68.

[115] G. CORBELLINI, «Le modalità per la scelta», 376-377. Questo fu il testo del §3, identico a quello promulgato: «Nisi aliter legitime statutum fuerit, quoties nominandus est Episcopus dioecesanus aut Episcopus coadiutor, ad ternos, qui dicutur, Apostolicae Sedi proponendos, pontifici Legati est singillatim requirere et cum ipsa Apostolica Sede communicare, una cum suo voto, quid suggerant Metropolita et Suffraganei provinciae, ad quam providenda dioecesis pertinet vel quacum in coetum convenit, necnon conferentiae Episcoporum praeses; pontificius Legatus, insuper, quosdam e collegio consultorum et capitulo cathedrali audiat et, si id expedire iudicaverint, sententiam quoque aliorum ex utroque clero necnon laicorum sapientia praestantium singillatim et secreto exquirat», PCCICR, *Codex Iuris Canonici. Schema novissimum*, 68.

proposta di modifica, rimase sostanzialmente immutata dall'inizio alla fine (cf. can. 377 §1).

Riguardo al coinvolgimento di diversi organismi ecclesiastici e delle varie componenti del Popolo di Dio nella formazione della lista di candidati da proporre alla Santa Sede, le idee erano molto diverse.

Nella fase preparatoria il punto fermo durante le discussioni era che, in forza del m.p. *Ecclesiae sanctae* 10, nella formazione delle liste doveva intervenire la Conferenza episcopale. Fin dall'inizio si discuteva, tuttavia, circa il coinvolgimento di presbiteri, religiosi e laici. Da parte di alcuni consultori si riteneva che non fosse conveniente sentirli, anche se un qualche loro coinvolgimento, secondo altri, era richiesto e da loro ampiamente motivato. Si proponeva anche che per la scelta dei vescovi fosse responsabile un corpo elettorale, composto secondo criteri molto selettivi (uno speciale Sinodo).

Durante lo svolgimento delle Sessioni di revisione, in riferimento ai §§2-4 del can. 377, si è svolto un notevole lavoro e un ampio dibattito, comprotante continui cambiamenti. In sostanza, circa il §2 (elenchi triennali), si è passati da una redazione semplice a sempre più complesse, nelle quali prevaleva l'intervento delle Conferenze episcopali (cf. ES 10 e, dal 1972, EF II-V) e, in seguito, delle province ecclesiastiche, come è nel testo definitivo. Nell'ultima stesura si previde anche il diritto di ciascun vescovo di inviare alla Santa Sede nomi di possibili candidati. Riguardo al §3 (terna), all'inizio si registrava un vasto consenso circa la proposta di far intervenire i vescovi della provincia ecclesiastica nella formazione della lista relativa, con la consultazione di presbiteri e laici, nonché di una possibile votazione segreta dei Consigli presbiterale e pastorale. Poi si prevedeva di coinvolgere anche il Consiglio permanente della Conferenza episcopale regionale e una consultazione sulle necessità della diocesi e sulle doti che il candidato doveva possedere per reggere la diocesi. Per la stesura definitiva di questo paragrafo, scompare il riferimento al Consiglio permanente. Infine, dopo una revisione delle proposte e dopo la presa in considerazione del m.p. *Sollicitudo omnium ecclesiarum* n. VI, 1 e 2, nella norma del §2 viene rilevato il ruolo del rappresentante pontificio in ordine all'istruzione del processo informativo per l'elaborazione della terna che fa riferimento al can. 364, 4°. Per quanto concerne il §4 (terna per la nomina dell'ausiliare), anche qui si osserva un passaggio da un coinvolgimento più vasto a quello più ridotto: si è passati dall'intervento del Consiglio permanente della Conferenza episcopale, a quello dei vescovi diocesani della provincia ecclesiastica, quindi ai soli vescovi diocesani interessati. Nell'ambito dell'elaborazione del can. 403, invece, si è svolta una vasta discussione sulle motivazioni dell'assegnazione da parte della Santa Sede degli ausiliari o dei coadiutori ai vescovi diocesani.

Da ultimo, il §5 del can. 377 (intervento delle autorità civili), una volta elaborato in base al decreto *Christus Dominus* n. 20, non subì alcuna modifica.

Così, in sintesi, si presenta il quadro dell'evoluzione delle norme canoniche che reggono tutta la procedura per la nomina dei vescovi. D'ora in poi, analizzando le modalità della designazione dei candidati all'episcopato, seguiremo le prescrizioni dell'attuale Codice.

2.2 *Libera nomina da parte del Romano Pontefice (can. 377 §1)*

2.2.1 Analisi della norma del §1 (prima parte)

L'attuale Codice del Diritto Canonico, riguardo alla nomina dei vescovi, richiama anzitutto nel §1 del can. 377, il principio secondo il quale essa spetta in tutta libertà al Sommo Pontefice. Come si sa dallo studio già fatto, è stato il precedente Codice che per la prima volta ha espresso in un testo legislativo di portata universale (can. 329 §2), il diritto del Papa alla scelta dei pastori delle diocesi. Riportando quasi senza mutamenti questo principio nella nuova normativa, il legislatore non poteva, tuttavia, non fare anche un riferimento al Concilio Vaticano II. Infatti, la norma del §1 non è solamente una riconferma della norma del Codice del 1917, ma è anche un riflesso di quella stabilita sia nel n. 20 del decreto conciliare *Christus Dominus*, sia nel n. 10 del m.p. *Ecclesiae sanctae* I[116], documenti che costituiscono, come dicevamo, una sorta di «ponte» tra le due normative canoniche e rappresentano anche le fonti della norma stessa. Tutto l'*iter* di formazione del can. 377, nonostante qualche proposta di modifica, testimonia a favore della stabilità e di una sostanziale riconferma di questa norma[117].

---

[116] CD 20: «[...] Sacrosancta Oecumenica Synodus declarat ius nominandi et instituendi Episcopos esse competenti Auctoritati ecclesiasticae proprium, peculiare et per se exclusivum», *AAS* 58 (1966) 683. ES I, 10: «Firmo manente iure Romani Pontificis libere nominandi et instituendi Episcopos [...]», *AAS* 58 (1966) 763.

[117] Cf. R. METZ, «I legati del papa», 285-288. F.J. RAMOS, *Le Diocesi*, 128. D. LE TOURNEAU, «Comentario a los cann. 375-380», 719. L. CHIAPPETTA, *Il Codice*, I, 501-502. G. GHIRLANDA, «Vescovo», 1112. ID., *Il Diritto della Chiesa*, 572. A. LONGHITANO, «Le chiese particolari», 41. ID., «I Vescovi», 307-308. T.J. GREEN, «Title I: Particular churches», 321. G. FELICIANI, «Vescovo», 647. M. MORGANTE, *La chiesa particolare*, 30-31. L. SABBARESE, *La costituzione*, 71. C. FLORISTÁN, «L'elezione dei vescovi», 204. G. SARZI SARTORI, «La designazione», 13-15. L.

In pratica, salva la distinzione operata all'inizio di questo capitolo[118], esistono due tipi di libera nomina o collazione: quella assolutamente libera, quando la designazione della persona del candidato e il conferimento del titolo viene fatta dallo stesso Romano Pontefice, e quella preceduta dalla presentazione.

Riguardo alla prima modalità, secondo N. Loda, si individuano due aspetti distinti della nomina. Il primo è la «nomina-scelta», come potere del Romano Pontefice di scegliere la persona a cui conferire il titolo. In questo senso, la persona nominata è designata direttamente dall'autorità superiore, qualificata secondo la propria iniziativa e scelta. Il secondo aspetto è la «nomina-investitura» come potere di investire a un ufficio episcopale, attraverso un'apposita provvista del Pontefice, conferendo il titolo. Come si osserva, questi due aspetti, in ordine alla provvista dell'ufficio episcopale con libera collazione o nomina da parte del Sommo Pontefice, hanno un riferimento al medesimo soggetto. In tale caso, come già dicevamo, la designazione non è distinta dal conferimento del titolo: i due atti vengono esercitati dal Papa in un unico provvedimento che, nel contempo, è *designatio et institutio* (*vel provisio*), anche se quella prima, cronologicamente, è disgiunta e non produce alcun effetto giuridico, prima del conferimento del titolo[119]. A tale proposito possiamo considerare qui la nomina dei rappresentanti pontifici (cf. can. 362), dei vescovi titolari non coadiutori o ausiliari (cf. can. 376), del prelato dell'*Opus Dei* e dei vicari e prefetti apostolici per i territori della missione *ad gentes*[120].

Per quanto concerne la procedura di presentazione dei candidati per libera collazione, essa, descritta dai §§2-4 del can. 377, ha, come sua finalità, il suggerimento al Romano Pontefice dei nomi di candidati adatti all'ufficio episcopale, giacché il Papa non può conoscere personalmente tutto il mondo. Tale tipo della procedura, dunque, è una sorta

---

GEROSA, «"De electione episcoporum"», 222-223. P. COLELLA, «Considerazioni sulle nomine», 122. ID., «Considerazioni in tema di nomine», 479-481. A. MONTAN, «Le modalità per la scelta dei candidati all'episcopato: nota», 394. J.I. ARRIETA, *Diritto dell'organizzazione*, 374-375. ID., «Vescovi», 4.

[118] Si tratta delle quattro forme della provvista dell'ufficio ecclesiastico (libero conferimento, istituzione, conferma e ammissione), stabilite dal can. 147, le quali, a loro volta, si dividono, a seconda del modo di designazione della persona del candidato, in collazione libera (se i tre atti della provvista: designazione della persona, conferimento del titolo e immissione in possesso, vengono compiuti dallo stesso superiore ecclesiastico o se il candidato viene proposto da altri) e collazione necessaria, (se la designazione del candidato viene fatta per elezione o postulazione). Cf. pp. 140-145.

[119] Cf. N. LODA, «Sul concetto di nomina», 451-452.

[120] Cf. quanto su questo abbiamo già detto alle pp. 146-147 con le relative note.

di aiuto, prestato al Romano Pontefice, qualificabile come la collaborazione interna, vale a dire, dentro la Chiesa. In pratica, sono i vescovi delle province ecclesiastiche, salvo il diritto di ciascun vescovo (cf. §2), il legato pontificio, insieme con tutti quelli di cui al §3, che individuano «*ex lege* delle figure giuridiche agenti, vista la peculiarità del diritto ecclesiale, laddove però tutte le fasi procedurali e procedimentali [sono] attribuite ancora indefettibilmente al Sommo Pontefice stesso»[121] e le presentano alla Santa Sede.

Giova a questo punto osservare che, in riferimento al termine «presentazione», emergono alcuni problemi interpretativi ed ermeneutici. Di fatto, la sua collocazione nella prassi per la libera collazione, fatta precedentemente[122], da un punto di vista – in base a quanto ha scritto J. Miñambres[123] – sembrerebbe non corretta, considerando anche il fatto che J.I. Arrieta[124] la colloca nella prassi della collazione necessaria, dunque non libera. La ragione sulla quale quest'ultimo autore fonda la sua interpretazione, potrebbe essere (e probabilmente lo è) la prescrizione del can. 158 §1 (prima parte), secondo il quale la presentazione a un ufficio ecclesiastico da parte di colui al quale compete tale diritto (*ius praesentandi*, come da lunga tradizione canonica e concordataria)[125], deve essere fatta all'autorità a cui spetta (*cuius est*) dare l'istituzione (*institutionem*) all'ufficio da conferire. La disposizione del canone citato viene ulteriormente rafforzata da quella del can. 163 (prima parte), che stabilisce che l'autorità alla quale, a norma del diritto, compete istituire il presentato, conferisca (*instituat* – un imperativo) legittimamente colui che avrà riconosciuto idoneo e che avrà accettato. Secondo questi due canoni, la presentazione viene, dunque, intesa come un vero diritto del soggetto che deve farla, corredato da un vero obbligo di istituire da parte dell'autorità ecclesiastica, cosa che fu la prassi della Chiesa di fronte alle presentazioni fatte dalle autorità civili. Ora, tenendo ancora presente la collocazione della presentazione (cf. cann. 158-163) tra le norme generali per la provvista di uffici, tranne la sua abolizione dal §5 del can. 377, come un diritto o privilegio delle autorità civili, possiamo dedurre che tale presentazione non può far riferimento alla libera collazione del titolo, ossia alla libera nomina (cf. can. 377 §1 – prima parte). Tale affermazione, come esempio di problema ermeneutico, potrebbe

---

[121] N. LODA, «Sul concetto di nomina», 452-453. J. MIÑAMBRES, *La presentazione canonica*, 191.
[122] Cf. il punto «1.2.1 La collazione libera», pp. 149-151.
[123] Cf. J. MIÑAMBRES, «Alcune riflessioni», 365-369.
[124] Cf. J.I. ARRIETA, *Diritto dell'organizzazione*, 181.
[125] Cf. pp. 104-117.

essere riconfermato dallo stesso can. 377 il quale, pur contemplando nel §1 il conferimento dell'ufficio episcopale attraverso libera nomina ed elezione, nel §2 riconosce il diritto di ciascun vescovo di proporre o di presentare i nomi direttamente alla Santa Sede. Così, interpretando questa proposta ovvero presentazione alla luce dei due canoni menzionati più sopra (cf. cann. 158 §1 e 163), si potrebbe asserire un vero diritto soggettivo di ogni vescovo di presentare i candidati all'ufficio episcopale, un vero obbligo di istituire i presentati da parte del Romano Pontefice, ciò, tuttavia, è in contraddizione con il disposto del §1 del can. 377 che non prevede la provvista dell'ufficio episcopale per istituzione (*institutio*).

La ragione, invece, per cui noi collochiamo la presentazione dei candidati all'episcopato (cf. cann. 377 §§2-4) nella prassi della libera nomina o collazione, consiste nel fatto che i §§2-4 non trattano della presentazione come di un diritto in senso giuridico, ma della semplice possibilità di indicare i candidati ai quali il Romano Pontefice può decidere di affidare o meno (dunque per libero conferimento) l'ufficio episcopale. Si tratta, dunque,

> di un caso della collaborazione dei vescovi al governo della Chiesa universale, di una manifestazione della *sollicitudo omnium ecclesiarum* propria dell'ufficio episcopale, di uno spunto anche del principio di collegialità, che si esprime nell'indicazione di candidati all'ufficio episcopale stesso, ma che non si configura come vero *ius praesentandi* nel senso descritto [nei cann. 158 §1 e 163][126].

Inoltre, le stesse Norme *Episcopis facultas*, nell'art. XI, 2, confermano questa ragione, dicendo che le liste presentate non restringono la libertà del Romano Pontefice, il quale, per il suo ufficio, ha sempre il diritto di eleggere e di nominare anche soggetti scelti per altra via.

2.2.2 Procedura della presentazione dei candidati all'episcopato

L'attuale procedura canonica per la nomina dei vescovi si basa piuttosto, come abbiamo visto, sul sistema della presentazione delle liste o degli elenchi dei candidati[127]. Questo sistema, detto semplicemente «il sistema delle liste» e descritto nei §§2-3 (cf. AS 14) e nel §4, (cf. can. 403; AS 70-72), le cui fonti, prima di tutto, sono costituite dalle Norme

---

[126] J. MIÑAMBRES, «Alcune riflessioni», 369.
[127] Cf. A. MONTAN, *Il popolo di Dio*, 103. F.J. RAMOS, *Le Diocesi*, 129. A. LONGHITANO, «Le chiese particolari», 41.

Episcopis facultas del 1972[128], è il sistema per il quale la Santa Sede viene informata dai vescovi di una nazione e, in parte, anche da altri ecclesiastici e laici, sulle persone idonee all'ufficio episcopale. Considerando che nella storia esistevano due tipologie di sistema delle liste, una assoluta (sulle persone adatte all'ufficio episcopale in genere) e una relativa (sulle persone adatte a una determinata sede episcopale)[129], e che tale sistema si era diffuso, benché in modo non uniforme, in quasi tutte le nazioni in cui la Chiesa non era condizionata dall'intervento delle autorità civili, applichiamo, dunque, questo sistema alla normativa vigente. Considerando che nel capitolo precedente è già stata fatta un'analisi dettagliata del documento, nell'affrontare l'argomento dei due sistemi delle liste ci baseremo sulle disposizioni dei §§2-4, facendo riferimento ai relativi punti delle suddette Norme.

a) *Formazione della lista generale (elenco triennale)*

La procedura da seguire per la formazione della lista assoluta o generale, vale a dire la lista dei nomi dei candidati all'episcopato in genere, è fissata nel §2 del can. 377 e viene definita come l'elenco triennale. Per quanto concerne la procedura di formazione, salvo tutto ciò che prescrivono gli artt. I-X delle Norme, affrontati nel capitolo precedente, la norma canonica prevede la duplice via da seguire: quella ordinaria e quella particolare.

La via ordinaria consiste nell'obbligo, che le Norme precisano anche come facoltà (*facultas*) e compito (*officium*) (cf. EF I, 1), di tutti i vescovi di una provincia ecclesiastica (cf. EF III, 1) di compilare, di comune intesa e in modo riservato, un elenco di presbiteri, sia diocesani sia membri degli istituti di vita consacrata, particolarmente idonei all'episcopato (cf. can. 378; EF VI, 2), non esclusi quelli di un'altra giurisdizione, da essi ben conosciuti (cf. EF I, 1). Secondo il n. 230 d) del nuovo direttorio *Apostolorum Successores*, il diritto di presentare alla Sede Apostolica i nomi dei presbiteri, giudicati degni e idonei per

---

[128] Di tali norme si è già trattato nel capitolo precedente (cf. pp. 131-136). Tutta la procedura ivi descritta è stata divisa in due parti: la composizione della lista assoluta (artt. I-X) e la composizione della lista relativa (artt. XI-XIII).

[129] Fino alla promulgazione, nel 1972, delle Norme *Episcopis facultas*, in Irlanda, Belgio, Inghilterra e Galles, Olanda vigeva il sistema della lista relativa, mentre, negli Stati Uniti d'America (decr. *Ratio* del 1916), nel Canada e nelle Isole di Terranova (decr. *Inter suprema* del 1919), nella Scozia (decr. *Maximam semper* del 1921), nel Brasile (decr. *Quae de eligendis* del 1921), nel Messico (decr. *Quo expeditiori* del 1921) e nella Polonia (decr. *Ad proponendos* del 1921), vigeva il sistema della lista assoluta. Cf. pp. 75-82. F.J. RAMOS, *Le Diocesi*, 129. J.I. ARRIETA, «Vescovi», 5.

l'episcopato, lo conserva anche il vescovo emerito. Dove le circostanze lo suggeriscano, nella compilazione di tale elenco devono intervenire anche le Conferenze episcopali (cf. EF II, 2; ES I, 10), per esempio quando l'estensione della Conferenza episcopale è piccola.

Riguardo al tempo, a differenza della prescrizione del m.p. *Ecclesiae sanctae* I, 10 di trattare ogni anno degli ecclesiastici degni d'essere promossi all'episcopato e delle Norme *Episcopis facultas* IV, 2: «Coetus habeantur certis intervallis», il §2 prevede tale trattazione ogni tre anni. Da qui la lista dei presbiteri prende il nome di elenco triennale. Una volta compilato (cf. EF VIII, 1), questo elenco viene trasmesso alla Sede Apostolica, per il tramite del rappresentante pontificio (cf. EF IX; can. 364, 4°).

L'altra via, o quella particolare, consiste nel diritto di ciascun vescovo (*iure uniuscuiusque episcopi*) di segnalare, separatamente, alla Santa Sede, i nomi dei presbiteri da lui ritenuti degni e idonei all'ufficio episcopale (cf. EF II, 2). Tale diritto, prima di tutto, è una manifestazione della corresponsabilità effettiva che si fonda sulla comunione gerarchica e la collegialità dei vescovi. In secondo luogo, esso è anche un'espressione della responsabilità che ciascun vescovo assume in ordine alla cooperazione e al sostegno alla vita e al bene di tutta la Chiesa (cf. AS 13, 22), alla Santa Sede e, specialmente, al Romano Pontefice, come Pastore universale (cf. AS 14, 21)[130].

b) *Formazione della lista relativa (terna)*

La finalità di questa lista, detta anche terna, è duplice: si riferisce sia alla nomina di un vescovo diocesano, per provvedere una concreta sede episcopale vacante o alla nomina di un coadiutore, munito di facoltà speciali e con il diritto di successione (cf. cann. 377 §3, 403 §3), sia alla nomina di un ausiliare (cf. cann. 377 §4, 403 §§1 e 2).

+ La terna per la nomina di un vescovo diocesano o di un coadiutore

---

[130] Cf. F.J. RAMOS, *Le Diocesi*, 129-130. J.I. ARRIETA, *Diritto dell'organizzazione*, 375-376. ID., «Vescovi», 5. R. METZ, «I legati del papa», 290-291. D. LE TOURNEAU, «Comentario a los cann. 375-380», 719-721. L. CHIAPPETTA, *Il Codice*, I, 502-503. G. GHIRLANDA, «Vescovo», 1112. ID., *Il Diritto della Chiesa*, 572. A. LONGHITANO, «Le chiese particolari», 41. T.J. GREEN, «Title I: Particular churches», 321-322. G. FELICIANI, «Vescovo», 647. M. MORGANTE, *La chiesa particolare*, 32-33. L. SABBARESE, *La costituzione*, 72. G. SARZI SARTORI, «La designazione», 17-21. A. VIANA TOMÉ, *Organización del gobierno*, 229. A. MONTAN, *Il popolo di Dio*, 103. M. PETRONCELLI, *Diritto Canonico*. Ottava edizione, 204. J. WROCEŃSKI, «Nominacje biskupów», 86-87.

A differenza della formazione della lista generale di candidati, la procedura per la composizione della terna per la nomina del vescovo diocesano o di un coadiutore è più complessa[131]. Tale complessità consiste sprattutto nei due momenti della sua formazione: il primo comprende la formazione stessa della terna e il secondo si riferisce allo studio, condotto presso la Curia Romana, sulla terna pervenuta e a un'eventuale supplemento di dati. A questo punto, giova aggiungere anche che, come risulta dai numerosi accordi con gli Stati, l'ultimo instante della procedura prima della nomina stessa (nel nostro caso è il libero conferimento del titolo: cf. can. 147 e, in qualche senso, can. 157), la Santa Sede, per assicurarsi che il Governo non abbia ragioni di carattere politico da sollevare contro la nomina, fa, per via diplomatica, la comunicazione del nome della persona prescelta al Governo stesso. Quest'ultimo, da parte sua, come suo diritto (*ius praenotificationis*), deve presentare, entro un tempo stabilito, le proprie obiezioni[132]. Questa procedura, chiamata anche della previa notifica, sarà il tema del punto seguente, quando parleremo dell'intervento delle autorità civili nelle nomine dei vescovi.

Tornando alla procedura della formazione della terna, riguardo al primo momento, salva la procedura descritta negli artt. XI-XIII delle *Episcopis facultas*[133], come norme emanate dalla Santa Sede (cf. can. 364, 4°), e tenendo presente, prima di tutto, la disposizione del can. 377 §3, sembra che vi siano tre tappe distinte nella procedura della formazione della terna.

---

[131] Cf. F.J. RAMOS, *Le Diocesi*, 133-136. J.I. ARRIETA, *Diritto dell'organizzazione*, 376. ID., «Vescovi», 5. R. METZ, «I legati del papa», 291-295. D. LE TOURNEAU, «Comentario a los cann. 375-380», 721. L. CHIAPPETTA, *Il Codice*, I, 503. G. GHIRLANDA, «Vescovo», 1112. ID., *Il Diritto della Chiesa*, 572. A. LONGHITANO, «Le chiese particolari», 41. T.J. GREEN, «Title I: Particular churches», 322. G. FELICIANI, «Vescovo», 647. M. MORGANTE, *La chiesa particolare*, 33. L. SABBARESE, *La costituzione*, 72. G. SARZI SARTORI, «La designazione», 20-23. A. MONTAN, *Il popolo di Dio*, 103-104. T. PAWLUK, «Przedstawicielstwo papieskie», 14. J. WROCEŃSKI, «Nominacje biskupów», 88-90. M. OLIVERI, *Natura e funzioni*, 268-270. ID., «La diplomazia pontificia», 256-257.

[132] Nella pratica concordataria odierna, come vedremo, esiste anche una nuova prassi, consistente nell'obbligo, da parte della Santa Sede di semplicemente comunicare all'autorità civile, prima della nomina, il nome della persona scelta. Dato che, questo tipo di comunicazione non comporta nessun diritto per il Governo di presentare obiezioni e che essa non ha nessun influsso sulla lista dei candidati, cosa che, invece, potrebbe produrre, in altre circostanze, un'obiezione (salva sempre la libertà del Papa anche dinanzi a qualche obiezione), non ne facciamo qui menzione.

[133] Cf. pp. 135-136.

Ogni volta che deve essere nominato un vescovo diocesano o un coadiutore (cf. can. 403 §3; AS 72), in tutta la procedura della presentazione il primo passo è la raccolta da parte del rappresentante pontificio dei suggerimenti di nomi di candidati che sono tenuti a dare il metropolita, i vescovi suffraganei della provincia alla quale appartiene la diocesi da provvedere, nonché il presidente della Conferenza episcopale (cf. EF XIII, 2).

Al fine di conoscere meglio i candidati suggeriti, come seconda tappa, spetta al rappresentante pontificio, nell'ambito della sua circoscrizione, istruire il processo informativo su di loro (cf.; SOE VI, 1; EF XII, 2), secondo le norme emanate dalla Santa Sede (cf. can. 364, 4°; EF XI-XIII). A tale scopo viene inviato un questionario, appositamente preparato, sia agli ecclesiastici sia ai laici (cf. EF XII, 2). Seguendo questo modulo con le domande, vengono richiesti di dare il proprio parere alcuni membri del collegio dei consultori (cf. can. 502) e del capitolo cattedrale (cf. cann. 503-510), nonché, se il legato lo ritiene opportuno, il parere di altre persone: del clero diocesano e religioso, specialmente del consiglio presbiterale (cf. EF XIII, 2; can. 500 §2), come pure dei laici (cf. can. 212 §§2-3)[134]. Tutte queste persone che partecipano al processo informativo, compreso anche il legato stesso, sono tenute ad osservare rigorosamente il segreto pontificio (cf. EF XIV). Per di più, si deve procurare che la consultazione non sia collettiva (cf. EF I, 2), «in quanto essa metterebbe in pericolo il segreto prescritto dalla legge canonica – necessario quando si tratta del buon nome delle persone – e condizionerebbe la libertà del Romano Pontefice nella scelta del più idoneo» (AS 14)[135].

La cosa interessante che si può osservare riguarda la differenza nel fornire le informazioni circa i candidati. Al metropolita, ai suffraganei e al presidente della Conferenza episcopale, secondo il §3, spetta di suggerire dei nomi, dato che tutti loro sono insigniti dell'ufficio episcopale e che, secondo il §2 del canone in esame, appartiene a loro il diritto di presentare alla Santa Sede un elenco dei nomi di presbiteri idonei. Invece, ad alcuni membri del collegio dei consultori e del capitolo cat-

---

[134] Specialmente per la partecipazione dei fedeli alla scelta dei vescovi: cf. R. METZ, «I legati del papa», 301-305.

[135] Secondo l'art. I, 7 dell'istruzione *Secreta continere*: «Secreto pontificio comprehenduntur: [...] Notitiae ratione officii cognitae, quae attinent ad nominationem Episcoporum, Administratorum Apostolicorum ceterumque Ordinariorum episcopali dignitate praeditorum, Vicariorum et Praefectorum Apostolicorum, ac Legatorum Pontificiorum, itemque inquisitiones ad has causas spectantes», *AAS* 66 (1974) 91. Cf. D.J. ANDRÉS GUTIERRÉZ, «La intericasterialidad», 587-594.

tedrale, ad alcuni membri del clero diocesano e religioso, specialmente del consiglio presbiterale, e a dei laici compete solo di dare il loro parere sui nomi. Per quanto concerne l'oggetto del parere, esso deve riguardare le condizioni e le necessità della diocesi (cf. EF XIII, 1).

L'ultima tappa è la composizione della terna stessa e la sua trasmissione alla Santa Sede. Il legato, dopo aver raccolto tutte le informazioni, tenendo conto delle liste (triennali) preparate dalle assemblee provinciali e, nei casi indicati nell'art. II delle Norme, dalle assemblee regionali o nazionali (cf. EF XI, 1; can. 377 §2), è tenuto a designare, di fatto, i tre candidati che gli sembrano più adatti alla sede vacante che deve essere provvista. Aggiungendo anche il proprio voto (cf. can. 377 §3; EF XIII, 2), questa terna, composta in ordine di preferenza – all'inizio della lista viene messo il candidato che si preferisce che sia il vescovo della diocesi vacante – viene trasmessa alla Santa Sede.

Un dettaglio interessante che si può osservare riguarda l'importanza del ruolo del rappresentante pontificio nella selezione definitiva dei candidati. Tenendo presente, prima di tutto, il disposto del n. 4° del can. 364, secondo cui «legatum pertinet [...] nomina candidatorum [...] trasmittere vel *proponere*», possiamo dedurre, insieme a R. Metz, che il rappresentante pontificio, poiché non è sottoposto ad alcun controllo da parte delle autorità locali, è interamente libero nella scelta definitiva dei candidati per la terna e, teoricamente, nulla gli impedisce di proporre, lui stesso, dei candidati che non figurino sulla lista dei candidati suggeriti (prima tappa) o di segnalare all'attenzione del Romano Pontefice uno o l'altro candidato che faccia parte della terna (il voto del legato). In pratica, però, nella maggior parte dei casi, il rappresentante pontificio stabilisce la terna con le autorità ecclesiastiche locali e in pieno accordo con esse[136]. Tale è la procedura della presentazione della terna di nomi al Romano Pontefice, suggerendogli di fare la sua scelta all'interno di quei nominativi. Si deve, tuttavia, ricordare che le liste dei candidati e, nel nostro caso, la terna, non restringono la libertà del Papa, il quale, *pro suo munere*, ha sempre il diritto di eleggere e di nominare anche soggetti scelti per altra via (cf. EF XI, 2).

L'invio della terna alla Santa Sede dà inizio al secondo momento che, come accennavamo, consiste nell'accurata analisi sui candidati. A questo proposito occorre subito fare una precisazione. Quando si tratta della formazione delle liste (triennale e terna) dei candidati idonei all'episcopato, sia nella dottrina canonica (cf. cann. 364, 4°, 377, 403

---

[136] Cf. R. METZ, «I legati del papa», 292.294-295. G. SARZI SARTORI, «La designazione», 22-23.

come anche 378) sia nelle Norme, si fa riferimento alla Santa Sede, cioè, in genere la Congregazione per i vescovi[137]. Infatti, è questa la Congregazione che, prima di tutto, si occupa delle materie che riguardano la costituzione e la provvista delle chiese particolari (PB artt. 75 e 77) e provvede a tutto ciò che attiene alla nomina dei vescovi (PB art. 77) e degli ordinari militari (cf. SMC XI). La Congregazione per i vescovi, per quanto riguarda la provvista dell'ufficio episcopale, collabora, tuttavia, con la Congregazione per l'evangelizzazione dei popoli, qualora si tratti della provvista delle chiese nei territori di missione (PB artt. 89 e 75), e con la Congregazione per le Chiese Orientali (PB art. 58), nonché con la Seconda sezione (rapporti con gli Stati) della Segreteria di Stato, tutte le volte che si debba trattare con i governi per quanto attiene alla provvista delle diocesi (PB art. 78), agendo sia, in particolari circostanze, per incarico del Sommo Pontefice (PB art. 47 §1) sia comunque dove vige un regime concordatario (PB art. 47 §2). Come si vede, le competenze di queste Congregazioni sono ben precise. Per risolvere, tuttavia, gli eventuali problemi dalla concorrenza di competenze (cf. PB art. 21 §2) nel 1989 è stata creata un'apposita Commissione interdicasteriale permanente[138].

Salva la collaborazione con le menzionate Congregazioni, a seconda dei casi accennati e nel proprio ambito, la Congregazione per i vescovi svolge lo studio sui dati forniti e sulla terna pervenuta. Si chiede il previo *nulla osta* sui nominativi alla Segreteria di Stato e alla Congregazione per la dottrina della fede, così come alla Congregazione per il clero e alla Congregazione per gli istituti di vita consacrata e le società di vita apostolica, se si tratta dei membri di detti istituti e società. Nel caso in cui, nel materiale pervenuto, ci fossero dei «punti oscuri» su qualche candidato, tenendo presente l'art. XII, 1 delle Norme, la Congregazione (Santa Sede) nei suoi riguardi può compiere una diligente e più ampia indagine, solitamente affidata al locale rappresentate pontificio, il quale, per parte sua, consulta singolarmente le persone che abbiano ben conosciuto il candidato e siano capaci di dare informazioni il più possibile complete, insieme a un prudente e meditato giudizio davanti a Dio.

Completato il supplemento di informazioni e composti tutti gli atti, stabilito il giorno,

---

[137] Cf. D. LE TOURNEAU, «Comentario a los cann. 375-380», 726.

[138] Cf. *AAS* 81 (1989) 580. «L'Osservatore Romano» del 23 marzo 1989, 1. M. COSTALUNGA, «La Congregazione», 284-285. D.J. ANDRÉS GUTIERRÉZ, «La intericasterialidad», 577-587.

si procede alla convocazione di tutti i Membri (Cardinali e Vescovi), anche di quelli che non risiedono a Roma, perché intervengano alla *sessione ordinaria*, che si tiene, di regola, ogni quindici giorni, di giovedì. E ciò in deroga a quanto previsto dall'art. 11 §2 della *Pastor bonus*[139], dal momento che le questioni trattate dalla Congregazione non hanno, di regola, carattere di principio generale. Nel corso della sessione i presenti esprimono il proprio parere [...], in caso di provvista, sia sulla scelta del candidato ritenuto il più indicato sia sulla idoneità generica all'episcopato dagli altri candidati. I Membri impossibilitati ad assistere alla sessione ordinaria possono inviare il loro parere per iscritto. Conclusa la sessione, il Prefetto della Congregazione o, in sua assenza, il Segretario, viene ricevuto in «udienza» dal Santo Padre, al quale ne riferisce le risultanze, illustrando i pareri espressi dai singoli Membri[140].

In questo modo viene completata la lunga e complessa procedura della formazione della terna di nomi da presentare al Romano Pontefice, affinché ne scelga uno, salva la prescrizione dell'art. XI, 2 delle Norme, e gli conferisca il titolo di vescovo diocesano o di coadiutore, il che sarà tema di uno dei punti successivi.

+ La terna per la nomina di un ausiliare

Molto più semplice è la procedura per la nomina dei vescovi ausiliari. Come nel caso precedente, anche qui, il §4 del can. 377 prevede la formazione della terna (cf. EF XIII, 3).

Se si tratta della costituzione o assegnazione del vescovo ausiliare con facoltà comuni (cf. can. 403 §1), tranne che sia stato disposto legittimamente in modo diverso, spetta al vescovo diocesano comporre un elenco di almeno tre presbiteri e di presentarlo alla Santa Sede[141]. Circa

---

[139] Art. 11 §2: «Ad plenarias sessiones, semel in anno, quantum fieri potest, celebrandas, pro quaestionibus naturam principii generalis habentibus aliisque, quas Praefectus vel Praeses tractandas consuerit, omnia Membra tempestive convocari debent. Ad ordinarias autem sessiones sufficit ut convocentur membra in Urbe versantia», *AAS* 80 (1988) 862.

[140] M. COSTALUNGA, «La Congregazione», 288-289. Cf. G. SARZI SARTORI, «La designazione», 23-25. J. WROCEŃSKI, «Nominacje biskupów», 90. J.I. ARRIETA, «Vescovi», 5. F.J. RAMOS, *Le Diocesi*, 132-133. E. SZTAFROWSKI, «Kuria Rzymska», 54.

[141] Considerando la spiegazione che abbiamo fatto sulla presentazione, J. Miñambres dice che «la *proposta* di una terna alla Santa Sede da parte del vescovo diocesano che intende aver bisogno di un ausiliare rientra nei limiti della normativa generale sulla presentazione; è, cioè, una fattispecie di presentazione agli uffici ecclesiastici prevista dallo stesso legislatore universale nel Codice di diritto canonico», J. MIÑAMBRES, *La presentazione canonica*, 200. Cf. ID., «Comentario a los cann. 158-163», 957-958.

la formazione della terna, il vescovo diocesano non è limitato nella scelta dei presbiteri. Egli, ai sensi degli artt. XI, 1 e I, 1 delle Norme, tenendo conto delle liste triennali, prima di tutto, può scegliere i candidati non solo tra il clero della diocesi, secolare o religioso, ma anche tra i sacerdoti di altra giurisdizione, da lui ben conosciuti. Inoltre, può anche mettere nella terna i nomi dei presbiteri che non si trovano negli elenchi triennali. In pratica, tuttavia, è conveniente tener conto delle dette liste, diversamente, come spiega F.J. Ramos, rimarrebbe una decisione eccessivamente personale. Rimane, tuttavia, sempre integra la libertà della Santa Sede di nominare gli ausiliari al di fuori delle richieste dei vescovi diocesani e delle terne di candidati presentate da loro (cf. EF XI, 2).

Per quanto concerne le ragioni per le quali vengono costituiti (*constituantur*) o assegnati alla sede della diocesi (non alla persona del vescovo diocesano)[142] gli ausiliari, tenendo presente tutto l'*iter* della formazione del can. 403, secondo CD 25, 1, in genere esse sono: notevole vastità della diocesi o notevole numero degli abitanti, nonché particolari circostanze dell'apostolato (cf. can. 403 §1; AS 70). Gli ausiliari, non aventi il diritto di successione e costituiti sulla base della richiesta del vescovo diocesano, sono chiamati a partecipare alle sue sollecitudini, come fratelli, cooperando ai suoi progetti pastorali, ai provvedimenti e a tutte le iniziative diocesane, adempiendo i loro compiti in modo da procedere in pieno accordo d'azione e d'animo con il vescovo diocesano, nonché in piena obbedienza e rispetto alla sua autorità (cf. can. 407 §3; AS 70), salvi, tuttavia, i loro obblighi e i diritti, determinati sia dalla lettera di nomina sia dalle disposizioni canoniche (cf. can. 405 §1)[143].

A parte tutto ciò, il recente direttorio *Apostolorum Successores*, nel n. 71, elenca i seguenti criteri di cui il vescovo diocesano deve rendere conto nella domanda per la richiesta dell'ausiliare: a) si deve presentare alla Santa Sede una domanda, priva di semplici ragioni di onore e di

---

[142] Cf. L. CHIAPPETTA, *Il Codice*, I, 534.

[143] Per quanto rigurdano gli obblighi e diritti, nei canoni seguenti si prevede che gli ausiliari con facoltà comuni debbono essere vicari generali o, almeno, episcopali (cf. can. 477 §1), dipendendo dall'autorità del vescovo diocesano (cf. can. 406 §2); devono essere consultati nell'esame delle questioni più importanti di carattere pastorale (cf. can. 407 §2; a richiesta del vescovo diocesano, hanno l'obbligo di celebrare i pontificali e altre funzioni (cf. can. 408 §1) e, rispetto ai diritti e alle attribuzioni degli ausiliari, il vescovo diocesano non demanderà il loro esercizio ad altri. Inoltre hanno l'obbligo della residenza (cf. can. 410) e, nel caso della vacanza della sede episcopale, dato che loro non possiedono il diritto di successione, fino a quando il nuovo vescovo non abbia preso possesso della diocesi, conservano i poteri e le facoltà di cui godevano durante la sede piena (cf. can. 409 §2; AS 235).

pristigio, ma motivata dalle reali necessità della diocesi[144]; b) si consiglia, quando sia possibile provvedere adeguatamente ai bisogni della diocesi, di nominare vicari generali o episcopali senza carattere episcopale, anziché chiedere un asiliare[145]; c) nella summenzionata domanda si deve presentare una descrizione dettagliata degli uffici e dei compiti che si intende affidare all'ausiliare. Il vescovo diocesano, inoltre, deve impegnarsi a valorizzare opportunamente il servizio episcopale dell'ausiliare per il bene dell'intera diocesi e non deve affidargli la cura d'anime in una parrocchia e incarichi marginali od occasionali; d) a norma del can. 406 §§1-2 l'ausiliare deve essere costituito vicario generale o, almeno, episcopale.

Ogni qualvolta si tratti di circostanze particolarmente gravi o di altre cause di diversa natura, anche di carattere personale (ad es. malattia del vescovo diocesano) o, perfino, dell'impossibilità da parte del vescovo diocesano stesso di compiere personalmente tutti i suoi doveri, come lo esigerebbe il bene delle anime (cf. CD 25, 1), si prevede la possibilità di assegnare (*dari potest*) al vescovo diocesano un ausiliare, munito di facoltà speciali (cf. can. 403 §2; AS 71)[146]. In tali situazioni, la proposta dei candidati potrà avvenire sia da parte del vescovo diocesano interessato, secondo la procedura sopra indicata, sia per iniziativa autonoma della Santa Sede. Come spiega M. Rivella, più probabilmente sarà la Sede Apostolica a intervenire, scegliendo il candidato secondo i criteri adottati per i vescovi diocesani o coadiutori (cf. can. 377 § 3)[147].

---

[144] Tenendo presente questo criterio, è da aggiungere un'osservazione di L. Bettazzi. Egli ritiene che, siccome «un certo numero di vescovi sono ausiliari e, come tali, vengono generalmente scelti dal vescovo con il quale dovranno collaborare, allora si aggiunge la considerazione che i vescovi delle grosse città finiscono col crearsi intorno gruppi omogenei di vescovi del loro stesso orientamento. E questo, prescindendo dalla perplessità [...] di fronte alla figura del vescovo [ausiliare] costituito tale per motivo di sussidio e per la celebrazione della cresima [...], ma non per quello che è specifico del vescovo [...] che è di essere "capo-comunità" [...]; questo porta a un'omogeneizzazione eccessiva», L. BETTAZZI, «Come nominare un vescovo», 320.

[145] L'esort. ap. *Pastores gregis* (16 ottobre 2003) di Giovanni Paolo II, nel n. 8, ammette la costituzione dei vescovi ausiliari quando tale ufficio si rende necessario.

[146] Salvo quanto disposto nella lettera della sua nomina, egli deve assistere il vescovo diocesano in tutto il governo della diocesi e supplirlo nel caso di sua assenza o d'impedimento (cf. can. 405 §2); ai sensi del can. 406 §1, egli deve essere costituito vicario generale (cf. can. 475 §1), affidandogli i compiti che a norma del diritto richiedono un mandato speciale (cf. can. 134 §3); dev'essere consultato nelle cose di maggiore importanza (cf. can. 407 §1). Riguardo alla residenza e alla situazione della sede vacante, considerando che anche l'ausiliare con facoltà speciali non ha lo *ius successionis*, si devono osservare le prescrizioni dei cann. 410 e 409 §2 (cf. AS 235).

[147] Cf. M. RIVELLA, «Modalità speciali», 35-36. F.J. RAMOS, *Le Diocesi*, 136-137.

+ La terna presentata da un capitolo cattedrale

La procedura di formazione della terna per la nomina dei vescovi diocesani e dei coadiutori, svolta da parte di un capitolo cattedrale, appartiene alle fattispecie particolari di designazione dei vescovi. Salvi i casi di diverse diocesi della Svizzera, della Germania e dell'Austria (di cui parleremo più avanti) della presentazione alla Santa Sede di una lista di candidati da parte del capitolo cattedrale e, dopo l'approvazione del Papa, dell'elezione, in base alla lista (terna) approvata, del vescovo da parte del detto capitolo, l'unico caso in cui la terna presentata dal capitolo è «destinata» alla libera nomina è quello dei Paesi Bassi, tra i quali si evidenzia l'Olanda. Infatti, in Olanda, in forza dell'istruzione emanata dalla Congregazione *de propaganda fide*, il 17 luglio 1858 (tuttora in vigore), è il capitolo cattedrale della diocesi vacante che designa tre candidati e li presenta alla Santa Sede. In pratica, si segue una via più estesa: il capitolo forma la terna, mettendo i nomi in ordine di preferenza, e la presenta alla Conferenza episcopale in duplice copia: una per essere presentata, immutata, mediante il legato alla Santa Sede e l'altra affinché i vescovi la commentino e, eventualmente ampliata, la trasmettano a Roma. Le proposte del capitolo e dei vescovi vengono rimesse alla Santa Sede tramite il rappresentante pontificio (cf. EF IX), il quale, come dice R. Auwerda, è la terza istanza consultiva (cf. EF XIII), vale a dire che egli non solo può presentare uno o più candidati, ma è in grado di commentare tutti i nomi proposti sia, eventualmente, dai vescovi sia dal capitolo. Vale, anche in questo caso, il principio che la Santa Sede non è vincolata ai nominativi dalla terna presentata (cf. EF XI, 2)[148].

2.2.3 Idoneità dei candidati all'episcopato (can. 378)

Per affrontare la problematica dei requisiti che si devono riscontrare nei candidati all'episcopato, dapprima dobbiamo tener presente la disposizione del can. 149 §1 in cui, come il primo requisito essenziale, viene richiesto che il candidato a un ufficio ecclesiastico sia nella comunione della Chiesa. Il canone non precisa che cosa debba intendersi per

---

M. MORGANTE, *La chiesa particolare*, 37. J. MIÑAMBRES, *La presentazione canonica*, 197-200. L. CHIAPPETTA, *Il Codice*, I, 503.534-541. E. OLIVARES D'ANGELO, «Vescovo ausiliare», 1113. A. LONGHITANO, «I Vescovi», 319-320. J.I. ARRIETA, *Diritto dell'organizzazione*, 386-387. A. MONTAN, *Il popolo di Dio*, 107-108.

[148] Cf. R. AUWERDA, «Diventare vescovi in Olanda dopo il Vaticano II», 162-171. J. MIÑAMBRES, *La presentazione canonica*, 191-192. M. COSTALUNGA, «La Congregazione», 296. P.V. AIMONE BRAIDA, *L'intervento dello stato*, 232-238.

«comunione ecclesiale»[149], benché la richieda *ipsa natura rei* o la natura stessa dell'ufficio ecclesiastico, che è un organo pubblico della comunità ecclesiale, operante nella Chiesa e per la Chiesa. In un secondo luogo, il menzionato paragrafo richiede, che il candidato sia idoneo, ossia fornito delle qualità richieste per quell'ufficio dal diritto comune o particolare.

In riferimento all'ufficio episcopale, il can. 378 costituisce il diritto comune in riferimento alla questione delle qualità dei candidati. I requisiti, elencati nel §1, forniscono, prima di tutto, gli elementi indicativi per quanti partecipano al processo informativo (cf. can. 377 §3; EF XII, XIII, 1-2 e XIV), previo alla nomina pontificia, e, in secondo luogo, servono a formulare il giudizio di idoneità del candidato, valutazione che, in consonanza con il §2, spetta, in ultima istanza, comunque, alla Santa Sede, indipendentemente dalla modalità della provvista adottata. Il giudizio definitivo previsto nel §2 del can. 378, corrispondente al precedente can. 331 §3 (CIC'17), dove, però, il giudizio apparteneva *unice* alla Santa Sede, è da comprendere nel senso che l'attuale norma ammette una possibilità per gli altri di emettere il proprio parere sui candidati, prima cioè della valutazione definitiva della Santa Sede, in specie della Congregazione per i vescovi.

Il testo del §1 del canone in esame si rifà prima di tutto al can. 331 del Codice precedente e all'art. VI, 2 delle Norme, introducendo, tuttavia, alcune modifiche. Tutte le doti ivi elencate sono riconfermate sia nell'esort. ap. *Pastores gregis* sia nel direttorio *Apostolorum Successores*. Si richiede, come doti umane (cf. AS 47) e cristiane, che il candidato sia in possesso delle «qualità sacerdotali e personali richieste dalla carica che è considerata centro della comunione della propria chiesa e strumento della *communio ecclesiarum* [cf. PG 22; AS 58]»[150], eccella per fermezza di fede (cf. AS 39), buoni costumi, pietà, zelo delle anime, saggezza, prudenza e virtù umane, nonché sia dotato di tutte le altre qualita che lo rendano adatto ad adempiere l'ufficio a cui è stato designato (1°; cf. can. 1029; PG 17-21; AS 33-37, 40, 42-46). Riguardo a queste «altre qualità», classificabili al n. 1° del canone, dal summenzionato numero delle *Episcopis facultas*, possiamo rilevare le seguenti doti, che indicano un buon pastore di anime e un maestro nella fede (cf.

---

[149] Come principio, per la comprensione della comunione ecclesiale, possiamo richiamare la norma dei cann. 96 (la comunione ecclesiale come carattere essenziale del cristiano) e 205 (la comunione della Chiesa mediante i vincoli della professione di fede, dei sacramenti e del governo ecclesiastico).

[150] J.I. ARRIETA, «Vescovi», 6. ID., *Diritto dell'organizzazione*, 377.

AS 38, 41): condotta irreprensibile, retto discernimento (cf. AS 57, 62), carattere equilibrato e costante, devozione alla Santa Sede, fedeltà al magistero della Chiesa (cf. PG 56) e spirito di sacrificio. Occorre anche tener conto della sensibilità sociale, della disposizione al dialogo e alla collaborazione (cf. PG 68; AS 13-14, 20, 59), dell'apertura ai segni dei tempi, della lodevole preoccupazione di restare al di sopra delle parti (cf. AS 60-61), della salute, anche in un riferimento alle caratteristiche ereditarie. Non si fa nessun accenno alla provenienza da legittimo matrimonio dei genitori, requisito che, invece, era menzionato nel can. 331 §1, 1° del Codice precedente. Comunque, nel giudizio di idoneità da parte della Santa Sede, entra anche la valutazione della buona reputazione del candidato, comprendente numerosi elementi, tra i quali, quello della situazione familiare.

Per quanto concerne la buona reputazione (*bona exsistimatione* – 2°), essa, essendo una condizione oggettiva, si deve considerare come l'apprezzamento che la persona del candidato suscita nei fedeli. Infatti, come spiega G. Trevisan, un candidato adatto in un luogo potrebbe non esserlo in un altro, perché non «ben reputato».

I due numeri seguenti (3° e 4°) del canone in esame richiedono che il candidato abbia almeno trentacinque anni d'età (trenta – can. 331 §1, 2° del CIC'17) e sia stato ordinato presbitero da almeno un quinquennio. Dato che la norma ammette un limite inferiore (*saltem*), è importante, tuttavia, in riferimento a questi due requisiti che il candidato abbia condotto un cammino di maturazione sia nelle virtù umane o cristiane, elencate nel punto precedente, sia nell'esperienza ministeriale e che abbia un'esperienza di vita.

Da ultimo, il canone, nel n. 5°, pone l'accento sull'importanza della formazione intelletuale e culturale del candidato (cf. PG 24; AS 49-53). Si richiede che questi abbia conseguito la laurea dottorale o almeno la licenza in Sacra Scrittura, teologia (dogmatica e morale) o diritto canonico (cf. EF VI, 2), oppure sia almeno veramente esperto in tali discipline. Tali gradi accademici devono, tuttavia, essere ottenuti in un istituto di studi superiori, approvato dalla Santa Sede (cf. cann. 807-814).

A motivo del rilevante numero di qualità elencate sia nel §1 del can. 378 sia nell'art. VI, 2 delle Norme, nonché dal tenore letterale della norma del can. 378 stesso, insieme con J.I. Arrieta, riteniamo che i requisiti qui elencati non siano richiesti *ad validitatem*, ai sensi del can. 149 §2. Questa norma, infatti, sancisce la nullità soltanto per le provviste che sono state realizzate senza l'osservanza dei requisiti, espressamente indicati come condizione per la validità[151].

2.3 Legittima elezione (can. 377 §1)

Tenendo presente, anzitutto, la disposizione del can. 4 il quale lascia intatti i diritti e i privilegi concessi fino al presente dalla Santa Sede alle persone sia fisiche che giuridiche, e la disposizione del can. 3, secondo cui restano in vigore le convenzioni stipulate con gli Stati ai quali la Sede Apostolica concedeva e anche al presente concede diversi diritti e i privilegi a enti, sia civili che ecclesiali, ci riferiamo all'elezione dei vescovi, come a una delle tre modalità per provvedere questo ufficio. Considerando ora la disposizione della seconda parte del §1 del can. 377, vediamo che spetta al Romano Pontefice confermare il candidato (cf. cann. 147 e 179 §§2-3), dopo la sua legittima elezione (cf. cann. 164-179 e 119, 1°)[152]. Nella prassi giuridica l'elezione stessa è definita «come modo di provvisione della persona fisica ad un ufficio ecclesiastico vacante fatta da un legittimo collegio, soggetto diverso dal collatore, [con la precisazione che l'*electio* è] un atto preparatorio del provvedimento di provvista [nomina] in quanto l'elemento constitutivo di questa si identifica nell'atto confermativo di autorità del Pontefice»[153] (cf. can. 147).

In base alle summenzionate concessioni, fatte dalla Santa Sede durante i secoli scorsi e, poi, inserite nei concordati e nelle altre convenzioni

---

[151] Cf. J.I. ARRIETA, «Vescovi», 6. ID., *Diritto dell'organizzazione*, 376-377. D. LE TOURNEAU, «Comentario a los cann. 375-380», 724-726. G. TREVISAN, «Le buone qualità», 58-66. T.J. GREEN, «Title I: Particular churches», 323-324. M.E. OLMOS ORTEGA, «Requisitos de los Candidatos», 15-21. J. GARCÍA MARTÍN, «La designación», 412-415. G. CORBELLINI, «Le modalità per la scelta», 381. M. MORGANTE, *La chiesa particolare*, 37-39. G. SCARVAGLIERI, *L'assunzione ai ruoli ecclesiastici*, 87-90.

[152] Cf. F.J. RAMOS, *Le Diocesi*, 128-129. J.I. ARRIETA, *Diritto dell'organizzazione*, 375. ID., «Vescovi», 4-5. R. METZ, «I legati del papa», 287-288. C.M. CORRAL SALVADOR, «Legati pontifici e nomine episcopali (risposta alla relazione di R. Metz)», 311. D. LE TOURNEAU, «Comentario a los cann. 375-380», 719. L. CHIAPPETTA, *Il Codice*, I, 502. G. GHIRLANDA, «Vescovo», 1112. ID., *Il Diritto della Chiesa*, 572. N. LODA, «Sul concetto di nomina», 454-457. A. LONGHITANO, «Le chiese particolari», 41. T.J. GREEN, «Title I: Particular churches», 321. M. MORGANTE, *La chiesa particolare*, 31-32. L. SABBARESE, *La costituzione*, 71-72. G. SARZI SARTORI, «La designazione», 13. A. VIANA TOMÉ, *Organización del gobierno*, 228.229-230. 103. M. PETRONCELLI, *Diritto Canonico*. Ottava edizione, 204.

[153] N. LODA, «Sul concetto di nomina», 454-455. Cf. L. CHIAPPETTA, *Il Codice*, I, 250. A. ALVAREZ – F.J. URRUTIA, «Elezione a un ufficio», 440-442.

con le autorità civili, i capitoli cattedrali di varie diocesi tedesche[154], della diocesi di Salzburg (Austria)[155] e delle tre diocesi svizzere[156], hanno il diritto di eleggere il proprio vescovo il quale viene poi confermato dal Romano Pontefice. Dal punto di vista tecnico, il sistema di elezione, usato in tali diocesi, non è in tutti i casi uguale: in alcune diocesi il capitolo ha il diritto di presentare sei nomi (Svizzera) o una lista (Germania) di nomi alla Santa Sede e, dopo il processo informativo svolto da parte di essa, in base all'elenco approvato (per la Germania la Santa Sede, dalla lista presentata, forma la terna), eleggere il vescovo; in altre diocesi, invece, è la Sede Apostolica che presenta la terna al capitolo cattedrale e questo elegge il vescovo (Austria)[157].

2.4 *Intervento delle autorità civili (can. 377 §5)*

Attualmente la procedura dell'intervento delle autorità civili nelle nomine dei vescovi è ben precisata nei concordati e, a differenza dei precedenti decenni, non annovera numerosi casi particolari. Infatti, tanti Stati hanno rinunciato ai diversi loro diritti e privilegi e quelli che, in consonanza con il can. 3 (fino alla rinuncia) li conservano, sono pochi. L'unico diritto che non è stato cambiato o abolito e che comunemente viene riconosciuto negli accordi dalla Santa Sede a tanti paesi è quello della prenotificazione ufficiosa. Un dettaglio interessante è quello che in diversi accordi, al posto di quest'ultimo diritto, viene stabilito il diritto da parte dello Stato alla semplice comunicazione.

2.4.1 Rinuncia ad alcuni diritti e privilegi

In sintesi, circa l'intervento delle autorità civili nelle nomine dei vescovi, possiamo dire, insieme a A. Montan, che

> nei tempi passati, la prerogativa di designare i vescovi delle diocesi vacanti costituiva una delle principali rivendicazioni dei Capi degli Stati al momento della conclusione di un concordato con la Santa Sede. Il ruolo giocato allora dai Vescovi nella società spiega l'interesse che il potere politico

---

[154] Cf. pp. 88-91.
[155] Cf. pp. 87-88.
[156] Cf. pp. 91-99.
[157] In particolare si consultino (salvo quanto abbiamo detto nel capitolo precedente): R. METZ, «I legati del papa», 297-299. P.V. AIMONE BRAIDA, *L'intervento dello stato*, 177-216. ID., «Elezione e nomina dei Vescovi in Svizzera», 533-559. B. PRIMETSHOFER, «La nomina dei vescovi nell'Austria, Germania e la Svizzera», 511-531. M. RIVELLA, «Modalità speciali», 35-45. H. KÜNG, «La libertà dell'elezione del vescovo di Basilea», 172-179. W. GUT, «Coira, una controversa elezione episcopale», 576-608.

annetteva alla loro scelta. La Santa Sede, comprendendo le preoccupazioni del potere civile, sovente si mostrava accomodante. Molti concordati dei secoli passati riservavano al Capo dello stato il diritto di designare i Vescovi delle diocesi divenute vacanti, mentre alla Santa Sede spettava l'istituzione canonica del Vescovo designato. Se il candidato soddisfaceva a tutte le condizioni richieste dal diritto canonico per la funzione episcopale, la designazione compiuta dall'Autorità civile non poteva essere rifiutata[158].

Ancora nel XX secolo, tuttavia, vari Stati godevano, se non proprio di un diritto di nomina, di diritti che limitavano la libertà del Romano Pontefice nella designazione dei vescovi. A tale proposito possiamo ricordare qui lo *ius praesentationis* (detto, in alcuni paesi, diritto di patronato), consistente nella presentazione di uno o più candidati da parte dell'autorità civile e nell'obbligo del Papa di conferire il titolo dell'ufficio episcopale[159], nonché lo *ius commendationis*, secondo cui spettava all'autorità civile raccomandare i candidati al Papa il quale non era obbligato conferir loro il titolo[160].

La situazione, tuttavia, cambia notevolmente a partire dal Concilio Vaticano II il quale, con una vivissima preghiera, ha invitato tutte le autorità civili a rinunziare spontaneamente, previe intese con la Santa Sede, ai diritti o privilegi di elezione, nomina, presentazione o designazione, di cui essi godevano in virtù di una convenzione o di una consuetudine, perché il diritto di nominare e di costituire i vescovi è proprio, peculiare e per sé esclusivo della competente autorità ecclesiastica (cf. CD 20). Negli anni successivi, questo appello del decreto conciliare ha guidato la stipulazione dei nuovi accordi tra la Santa Sede e i vari Stati, venendo accolto nella quasi generalità dei casi. Infatti, molte autorità civili che godevano dei summenzionati diritti di presentazione (patronato) e di raccomandazione, hanno spontaneamente rinunciato, riconoscendo la libertà del Romano Pontefice nella nomina dei vescovi.

Sebbene, da una parte, molti Stati, attualizzando tale invito, rinunciavano ai propri diritti o privilegi, dall'altro lato, la Santa Sede stessa ha assicurato che per l'avvenire, alle autorità civili non sarebbero più stati concessi diritti o privilegi di elezione, nomina, presentazione o designazione alla carica episcopale (cf. CD 20). Questa norma, in seguito, è stata ripresa alla lettera dal §5 del can. 377 che, «alla stregua del Decreto [conciliare], moltiplicando i vocaboli senza precisarne le differenze di significato, ha inteso che non sfuggisse alcuna forma possibile di

---

[158] A. MONTAN, *Il popolo di Dio*, 105.
[159] A tale proposito si consultino le pp. 104-117, in cui si tratta dello *ius praesentandi* dei candidati da parte delle autorità civili.
[160] Riguardo allo *ius commendationis* da parte delle autorità civili: cf. pp. 82-84.

intervento delle autorità civili»[161]. I motivi che hanno spinto il legislatore a riportare detta norma nell'attuale codificazione sono espressi dallo stesso n. 20 del decreto *Christus Dominus*. Anzitutto, il mandato apostolico dei vescovi che, istituito da Cristo, mira a un fine spirituale e soprannaturale e, inoltre, la tutela della libertà della Chiesa e la promozione, sempre più adeguata e spedita, del bene dei fedeli.

2.4.2 Attuali diritti e privilegi delle autorità civili

a) *Diritto di prenotificazione ufficiosa*

L'unico diritto di cui non parla il §5 del can. 377 è il diritto della previa notifica ufficiosa, detto anche il diritto di prenotificazione (altri lo chiamano pure diritto di controllo o di consultazione). Di tale diritto, riconosciuto come non lesivo alla libertà del Sommo Pontefice nella nomina dei vescovi, abbiamo già trattato, in parte, nel capitolo precedente[162]. La norma che stabilisce la previa notifica, nella maggioranza dei casi è la seguente: prima di nominare un arcivescovo o vescovo diocesano o un coadiutore con diritto di successione, la Santa Sede comunicherà confidenzialmente il nome del candidato scelto per sapere se c'è qualche obiezione precisa di natura politica generale a suo riguardo. Diverso è, tuttavia, lo spazio di tempo concesso alle autorità civili per rispondere. Comunemente, il silenzio del Governo viene inteso nel senso che non ci sono obiezioni alla nomina.

Dato che già in precedenza ci siamo soffermati sull'analisi dei concordati fino alla promulgazione del vigente Codice, l'attuale analisi prenderà avvio dall'anno 1983.

Il primo accordo che si incontra è la convenzione con Haïti dell'8 agosto 1984 che, riconoscendo, nell'art. 4[163], la nomina degli arcivesco-

---

[161] F.J. RAMOS, *Le Diocesi*, 138. L'Autore in seguito riporta questi «vocaboli», ricordando che l'elezione, in senso largo, significa qualsiasi modo di provvedere ad un ufficio vacante; in senso stretto, si ha quando un gruppo designa il candidato con un voto (suffragio) o con un compromesso, secondo la procedura prevista. La nomina, in senso stretto, è la facoltà di designazione avuta in forza di un mero privilegio. La presentazione, invece, consiste nel diritto di proporre alla Santa Sede un candidato (o una terna), ma l'istituzione canonica rimane nelle mani della Chiesa. Designazione, in senso lato, comprende tutte le altre forme possibili; in senso stretto, significa la designazione di una persona scegliendola da un elenco di nomi, presentato dall'autorità ecclesiastica, cf. ID., 138-139. D. LE TOURNEAU, «Comentario a los cann. 375-380», 722. J. MIÑAMBRES, *La presentazione canonica*, 184-186. A. MONTAN, *Il popolo di Dio*, 105-106. J.I. ARRIETA, «Vescovi», 4. M. RIVELLA, «Modalità speciali», 41-42.

[162] Cf. pp. 63-75.

[163] Cf. MARTÍN DE AGAR, 514. M. COSTALUNGA, «La Congregazione», 303. P.

vi e dei vescovi (diocesani e titolari) come di esclusiva competenza della Santa Sede, abolisce così l'antico diritto di presentazione (concordato del 1860)[164] e lo sostituisce con la prenotificazione. Riguardo al termine, la risposta da parte dell'autorità civile deve essere data entro trenta giorni con la possibilità, in certi casi, di estensione fino a sessanta giorni.

La seguente concessione dello *ius praenotificationis* è quella accordata alla repubblica di Bolivia e si riferisce all'ordinario militare. Infatti, l'art. 3 dell'accordo stipulato l'1 dicembre 1986 stabilisce che detto ordinario sarà nominato dalla Santa Sede, previa notifica al Presidente della repubblica di Bolivia, affinché questi possa presentare alla Sede Apostolica, nel termine di sette giorni, eventuali riserve di carattere politico generale sul candidato[165]. Secondo l'art. 3, 1 dell'accordo del 23 ottobre 1989, con previa consultazione con il Governo, viene nominato anche l'ordinario militare in Brasile[166]. Un accenno alla nomina da parte della Santa Sede del vicario castrense fa anche il n. 1 del protocollo addizionale all'accordo del 21 gennaio 1958 fra la Santa Sede e la Repubblica Dominicana (11 maggio 1990)[167]. Come nei casi precedenti, l'ordinario militare in Ungheria viene nominato dalla Santa Sede, previa notifica al Governo, il quale ha quindici giorni per presentare eventuali obiezioni (art. 2 dell'accordo stipulato il 10 gennaio 1994)[168]. Un semplice accenno al previo accordo con il Presidente circa la nomina dell'ordinario militare da parte della Santa Sede fa l'art. 3 dell'accordo concluso il 24 novembre 1994 con la Repubblica di Venezuela[169].

Tenendo presente la designazione dei vescovi mediante l'elezione, vigente in tante diocesi della Germania, l'accordo dell'11 giugno 1997 con il Libero Stato di Turingia, nel protocollo finale, in relazione all'art. 5, commi 1 e 2, stabilisce che si è d'accordo sulla comunicazione, nel più breve tempo possibile, delle obiezioni di natura politica generale, qualora esistessero. Se entro venti giorni non interverrà nessuna risposta, la Santa Sede riterrà la mancanza di dette obiezioni come risposta positiva[170].

TOCANEL, «Conventio inter Apostolicam Sedem et Rempublicam haitianam», 33-37.
[164] Cf. art. 4 del concordato del 1860, MERCATI, I, 930-931. Pp. 106-107.
[165] Cf. MARTÍN DE AGAR, 111. M. COSTALUNGA, «La Congregazione», 304.
[166] Cf. MARTÍN DE AGAR, 114.
[167] Cf. MARTÍN DE AGAR, 737. M. COSTALUNGA, «La Congregazione», 303.
[168] Cf. MARTÍN DE AGAR, 854.
[169] Cf. MARTÍN DE AGAR, 874.
[170] Cf. MARTÍN DE AGAR, 442 (art. 5, 1-2); 461 (Protocollo finale).

b) *Semplice comunicazione*

Come primo paese dove la Santa Sede si obbliga, prima dell'atto di nomina (conferimento del titolo), a comunicare semplicemente il nome della persona scelta è l'Italia, dove, in forza dell'art. 3, 2 dell'accordo stipulato il 18 febbraio 1984, la Santa Sede deve dare comunicazione alle competenti autorità civili della nomina degli arcivescovi e vescovi diocesani e dei coadiutori[171]. Abrogando tutte le disposizioni di legge o di carattere consuetudinario che prevedevano, a qualunque titolo e in qualunque forma, un intervento dello Stato, l'art. 1 dell'accordo con la Repubblica di San Marino (2 aprile 1992), stabilisce che la Santa Sede, dopo aver liberamente effettuato la nomina dei titolari di uffici ecclesiastici, deve comunicare all'autorità civile le avvenute nomine[172].

In Polonia, secondo l'art. 7 del concordato, stipulato il 28 luglio 1993, che riconosce l'esclusiva competenza della competente autorità ecclesiastica nelle nomine, quest'ultima, prima della pubblicazione della nomina di un vescovo diocesano, ne farà conoscere il nome, in tempo opportuno, al Governo[173]. Riconosciuto, nel n. 2, il diritto della Santa Sede alla nomina, al trasferimento e alla rimozione dei vescovi, l'art. 6, 3 dell'accordo con la Repubblica di Croazia del 19 dicembre 1996, prescrive che, prima della pubblicazione della nomina ne darà la comunicazione al Governo[174]. In Estonia, secondo il n. 5 dell'accordo stipulato il 23 dicembre 1998 / 15 febbraio 1999, a somiglianza dei paesi menzionati sopra, prima di rendere pubblica la nomina di un vescovo, a titolo di riguardo e in via confidenzale, la Santa Sede si obbliga a informare le autorità civili[175]. Per quanto concerne la Lituania, il 5 maggio 2000, sono stati stipulati due accordi. Il primo, riguardante gli aspetti giuridici delle relazioni tra la Chiesa e lo Stato, dopo aver riconosciuto, nell'art. 6, 1-2, la competenza dell'autorità ecclesiastica alla nomina, al trasferimento e alla rimozione dei vescovi, nel punto 3 dello stesso articolo dichiara che, prima di rendere pubblica la nomina di un vescovo diocesano, la Santa Sede, solo a titolo di cortesia, ne informerà il Presidente della Repubblica. La stessa procedura di comunicazione prevede anche il secondo accordo, riguardante

---

[171] Cf. MARTÍN DE AGAR, 554. M. COSTALUNGA, «La Congregazione», 293. M. RIVELLA, «Modalità speciali», 42. A. MONTAN, *Il popolo di Dio*, 107. F.J. RAMOS, *Le Diocesi*, nota 24, 138. P. COLELLA, «Considerazioni in tema di nomine», 482-483.
[172] Cf. MARTÍN DE AGAR, 741.
[173] Cf. MARTÍN DE AGAR, 686.
[174] Cf. MARTÍN DE AGAR, 156.
[175] Cf. MARTÍN DE AGAR, 197-198.

«la cura pastorale dei cattolici che servono nell'esercito» (art. 2)[176]. In conformità all'accordo tra la Santa Sede e la Repubblica di Lettonia (8 novembre 2000), a titolo di cortesia e in forma riservata, prima della pubblicazione della nomina, da parte della Santa Sede, viene informato il Presidente della Repubblica sulla nomina di un vescovo diocesano (art. 5), nonché dell'ordinario militare (art. 24, 2)[177].

Tra gli accordi presentati, il più particolare è quello con la Repubblica Slovacca del 24 novembre 2000. Infatti, nell'art. 6, 2, viene descritta dettagliatamente la procedura della comunicazione. Possiamo rilevare qui le seguenti particolarità: si deve comunicare il nome e il cognome della persona scelta al Governo; la Santa Sede si obbliga di fare la comunicazione non solo nel caso di nomina, ma anche di trasferimento, rinuncia o rimozione di un vescovo; da ultimo, la confidenzialità della comunicazione comprende l'obbligo da parte della Repubblica Slovacca di non esprimere opinioni circa la persona dell'interessato e neanche di prendere posizione sulla decisione della Santa Sede[178].

I due ultimi accordi riguardanti il nostro argomento sono quello stipulato il 23 marzo 2002 tra la Santa Sede e la Repubblica di Albania, in cui secondo l'art. 5, prima della pubblicazione della nomina, la Sede Apostolica si obbliga a informare, mediante il Ministero degli affari esteri, a titolo di cortesia e confidenzialmente, il Presidente della Repubblica[179], e quello stipulato con la Repubblica Slovacca (21 agosto 2002), riguardante l'assistenza religiosa ai fedeli cattolici nelle forze e nei corpi armati. Il particolare dell'art. 2, 2 consiste nel fatto che l'accordo si limita a riconoscere alla Santa Sede solo il diritto esclusivo di nominare l'ordinario militare[180], non dicendo nulla né di comunicazione né di prenotificazione in via ufficiosa, con il diritto da parte dell'autorità civile di presentare, qualora ci fossero, eventuali obiezioni.

c) *Diritto di presentazione-nomina*

Prima di procedere nell'analisi di tale diritto, occorre ricordare la disposizione del can. 377 §5, secondo cui alle autorità civili non viene più concesso nessun diritto di nomina e presentazione. Esistono, tuttavia, come già accennavamo, almeno due paesi dove ancora questo

---

[176] Cf. E. LORA, *Enchiridion dei Concordati*, nn. 5031-5035 del primo accordo; n. 5078 del secondo accordo.
[177] Cf. E. LORA, *Enchiridion dei Concordati*, n. 5116 (art. 5); n. 5148 (art. 24, 2).
[178] Cf. E. LORA, *Enchiridion dei Concordati*, n. 5178.
[179] Cf. *AAS* 94 (2002) 661-662.
[180] Cf. *AAS* 95 (2003) 177.

diritto è vigente in virtù del principio *pacta sunt servanda* e in forza del can. 3 che è simile allo stesso canone del Codice precedente, nonché della statuizione delle Norme *Episcopis facultas*, art. XV. Si tratta della Francia e della Spagna.

In Francia, come unico caso di formale designazione di un vescovo da parte del Presidente della Repubblica, la presentazione e la seguente nomina riguarda le diocesi di Strasburgo e di Metz[181]. In base agli artt. 4 e 5 del concordato del 15 luglio 1801 è il Capo dello Stato a detenere il diritto di designare il candidato all'episcopato per queste due diocesi e, se questi ha le qualità canonicamente richieste (cf. can. 378), il Romano Pontefice è tenuto a conferirgli l'istituzione canonica. In realtà, tuttavia, l'iniziativa parte dalla Santa Sede, vale a dire è la Segreteria di Stato che comunica all'Ambasciatore di Francia il nome della persona scelta, affinché il Presidente di Francia provveda a nominarlo che, in pratica, equivale alla presentazione al Romano Pontefice, il quale conferisce il titolo al candidato presentato (*nominato*) da parte del Presidente. In seguito, avvenuta la nomina pontificia, il Presidente emana un decreto di ricevimento della bolla d'istituzione e, d'intesa con la Santa Sede, viene fissata la data della pubblicazione simultanea della provvista su «L'Osservatore Romano» e sul «Journel Officiel»[182].

Per quanto concerne la Spagna, il diritto di presentazione si applica tutt'oggi alla designazione dell'arcivescovo castrense[183]. In pratica, è la Nunziatura Apostolica e il Ministero degli Affari Esteri che formano di comune accordo una terna di candidati e la sottopongono all'approvazione da parte della Santa Sede. Dopo l'approvazione, entro quindici giorni, il Re presenta un candidato, scelto dalla terna approvata, per la nomina da parte del Romano Pontefice. Per quanto risulta, questo della designazione dell'ordinario castrense spagnolo, è l'unico e più recente esempio della concessione del diritto di presentazione a un'autorità civile, posteriore alla dichiarazione del Concilio Vaticano II (cf. CD 20) e posteriore al §5 del can. 377, perché è stata riconfermata dall'art. 7 degli Statuti dell'Ordinariato militare, pubblicati nel 1988[184].

---

[181] Per l'analisi più dettagliata della procedura per la nomina: cf. pp. 104-106.

[182] Cf. M. RIVELLA, «Modalità speciali», 42. C. CORRAL SALVADOR, *Acuerdos España – Santa Sede*, 93-94. M. COSTALUNGA, «La Congregazione», 294-295. J. MIÑAMBRES, *La presentazione canonica*, 188-189.

[183] Tale procedura si attua in forza dell'art. 1, n. 3 (accordo del 28 luglio 1976), riconfermato in seguito dall'art. 3 dell'accordo del 3 gennaio 1979. Di questo più dettagliamente abbiamo già parlato a p. 117.

[184] Cf. «Boletín de la Conferencia Episcopal Española», 17 (1988) 38-43.

Riassumendo, assieme a J. Miñambres, si può affermare che «l'ordinario militare spagnolo, il vescovo di Metz e l'arcivescovo di Strasburgo [...] sono gli ultimi esempi ancora in vigore di presentazione di candidati all'episcopato da parte delle autorità civili»[185].

3. Conferimento del titolo

3.1 Una norma «mancante»

Il conferimento del titolo è l'atto centrale e indispensabile nella procedura della provvista canonica, richiesto per la validità della ricezione di un ufficio ecclesiastico (cf. can. 146). In riferimento al conferimento dell'ufficio episcopale, considerando la presenza della prescrizione di tale atto nel can. 332 §1 (CIC'17)[186], l'attuale Codice tace su questo punto, benché, durante le vari sessioni del *Coetus studiorum* si prevedesse tale norma[187].

---

[185] J. MIÑAMBRES, *La presentazione canonica*, 191 (cf. anche pp. 189-191 di questo articolo). Cf. M. RIVELLA, «Modalità speciali», 43-44. M. COSTALUNGA, «La Congregazione», 294. La cosa non chiara rimane con la designazione del vescovo della diocesi di Seo de Urgel che è contemporaneamente co-principe dell'Andorra il cui territorio appartiene a questa diocesi. Dato che un accordo al riguardo si mantiene in gran segreto, dalle parole del Ministro di Affari Esteri sembra che rimane vietata la designazione di qualunque persona se al suo riguardo esistessero obiezioni da parte di Governo, cf. C. CORRAL SALVADOR, *Acuerdos España – Santa Sede*, 95.

[186] Can. 332 §1: «Quilibet ad episcopatum promovendo, etiam electo, praesentato vel designato a civili quoque Guberni, necessaria est canonica provisio seu institutio, qua Episcopus vacantis dioecesis constituitur, quaeque ab uno Romano Pontifice datur».

[187] Un primo accenno alla norma dell'atto di provvista canonica si trova nella IV Sessione (4-7 marzo 1968), dove figura come can. 2 §1 relativo ai vescovi diocesani: «Ut Episcopus dioecesanus quis constituatur, necessaria est missio canonica seu provisio canonica vel institutio, qua quidem sacra quam episcopali consecratione recepit potestas, ad populi Dei portionem pascendam fit expedita [cf. LG 24; NEP 2°]», *Comm.* 18 (1986) 129. Successivamente, tale canone – diventato durante la stessa Sessione il can. 5 §1 – ha trovato il suo posto dopo il can. 4 (sulla nomina dei vescovi) che abbiamo già analizzato. Il testo di questo nuovo canone (5 §1) era il seguente: «Ut Episcopus officium sibi commissum assumat, necessaria est missio canonica, qua quidem sacra quam episcopali consecratione recepit potestas, ad populi Dei portionem pascendam fit expedita», *Comm.* 18 (1986) 132.159. Nella V Sessione (16-21 dicembre 1968) si proponeva che la missione canonica fosse data *semper post consacrationem*, oppure anche *ante ipsam* o con la stessa consacrazione episcopale. Dai consultori fu accettato, tuttavia, che il testo del §1 del can. 5 fosse modificato in «Episcopus officium sibi commissum assumat missione canonica, qua quidem [...]», cf. *Comm.* 19 (1987) 108-109.132 (il can. 5 §1 modificato secondo i suggerimenti). Durante la XIII Sessione (9-14 aprile 1973) il precedente can. 5 §1 figura come il can. 76 §1, modificato nella sua seconda parte: «Episcopus officium sibi commissum assumit

Vista la mancanza di una specifica disposizione canonica per la provvista dell'ufficio episcopale, si ricorre alla norma del can. 149 il quale, per ogni modalità usata nella designazione del candidato, prevede una diversa terminologia della *provisio canonica*, intesa qui come conferimento del titolo (*collatio tituli*). Considerando la divisione in collazione libera e collazione necessaria, operata all'inizio di questo capitolo[188], in quella prima, detta anche libera nomina (cf. can. 377 §1 – prima parte), rientrano i candidati presentati sia negli elenchi triennali (cf. can. 377 §2; EF I-IX) sia nella terna (cf. cann. 377 §§3-4, 403; EF XI-XIII, AS 70-72), salva, tuttavia, la spiegazione da noi data[189], secondo cui tale presentazione, essendo una sorta di collaborazione o aiuto al Romano Pontefice da parte dei vescovi, non comporta nessun obbligo da parte del Papa di conferire il titolo ai candidati presentati (cf. EF XI, 2). La collazione necessaria, invece, si attua quando il candidato è stato legittimamente eletto (cf. can. 377 §1) – la collazione, allora, prende il nome di conferma (*confirmatio*) – o quando è stato presentato da parte delle autorità civili (cf. can. 377 §5) – salve le norme contenute nelle convenzioni stipulate tra la Santa Sede e gli Stati, dove il diritto di presentazione resta in vigore (cf. can. 3) – la collazione del titolo allora si fa per istituzione (*per institutionem*).

In pratica, la procedura del conferimento del titolo, seguita nei casi suesposti, è sostanzialmente la stessa. Il percorso di un suo momento l'abbiamo già presentato nelle pagine precedenti[190], allorché abbiamo esaminato lo studio sui nominativi e quello sui dati pervenuti che la Congregazione per i vescovi svolge durante le sessioni ordinarie (ogni quindici giorni). Completati gli eventuali supplementi sui dati dei candidati e conclusa la sessione stessa, il Prefetto della Congregazione, o, in sua assenza, il Segretario, viene ricevuto in udienza dal Romano

---

missione canonica, qua quidem sacra quam episcopali consecratione recepit potestas *ad officium sibi concreditum implendum* [cf. can. 5 §1] fit expedita», *Comm.* 24 (1992) 342. Senza le modifiche il can. 76, diventa il can. 229 §1, viene presentato nello Schema del 1977, cf. PCCICR, *Schema canonum Libri II de Populo Dei*, 97. Immutato, come can. 229 §1, viene presentato alla seduta del 12 marzo 1980 durante lo svolgimento della VI Sessione (10-15 marzo 1980) del *Coetus studiorum «De populo Dei»*. Nel corso delle discussioni nella stessa seduta, da quasi (meno uno) tutti i consultori, fu chiesto di sopprimere il canone, perché fu ritenuto una ripetizione del can. 47 §2 della *Lex Ecclesiae Fundamentalis*, la quale, tuttavia, non fu mai promulgata, causando così la perdita di una norma assai importante, cf. *Comm.* 12 (1980) 289-290. F.J. RAMOS, *Le Diocesi*, 144.

[188] Cf. pp. 141-145.
[189] Cf. pp. 180-182.
[190] Cf. pp. 188-189.

Pontefice, al quale è presentata la proposta della Congregazione, allegando i verbali della riunione della sessione ordinaria. Nella stessa udienza o in altra successiva, il Papa manifesta la propria decisione in merito, della quale il Prefetto deve prendere atto. Se la decisione del Pontefice è positiva, la Congregazione per i vescovi o quella per l'evangelizzazione dei popoli, per i territori di missione, chiede l'assenso dell'iteressato, e, tramite la Segreteria di Stato, a seconda delle norme previste dai concordati o accordi che stabiliscono la preventiva informazione o semplice comunicazione[191], vengono informate le autorità civili. Ottenuta l'accettazione del candidato, il Prefetto della Congregazione rilascia il decreto di nomina che invia alla Segreteria di Stato. Sulla base di questo decreto viene materialmente preparata la bolla pontificia di nomina. In consonanza con il can. 156 la nomina o conferimento del titolo viene fatto, dunque, mediante la menzionata bolla pontificia, firmata dal Romano Pontefice e da un pronotario apostolico. In questo documento sono contenute ordinariamente la *missio canonica* del vescovo e l'assegnazione a una sede episcopale o a un titolo in funzione del quale è stata realizzata la nomina vescovile. Da ultimo, nella bolla si possono trovare eventualmente le speciali facoltà (come quelle dell'ausiliare, munito di facoltà speciali – can. 403 §2) che vengono attribuite al soggetto per meglio svolgere la *missio canonica* che gli viene affidata[192].

3.2 *Norme ulteriori*

Tra le norme ulteriori che seguono l'atto del conferimento del titolo e che precedono quello della presa di possesso – gli atti costitutivi di tutta la procedura della provvista dell'ufficio ecclesiastico – possiamo evidenziare la consacrazione episcopale (can. 379), la professione di fede e il giuramento di fedeltà verso la Santa Sede (can. 380).

3.2.1 La consacrazione episcopale

Il can. 379 prescrive che entro tre mesi dalla ricezione delle lettere apostoliche, tranne il caso di legittimo impedimento, colui che è stato elevato all'episcopato deve ricevere la consacrazione episcopale. Tale atto deve avvenire, comunque, prima della presa di possesso.

---

[191] Cf. quanto abbiamo detto sul diritto di prenotificazione ufficiosa e di semplice comunicazione sia nel capitolo precedente sia in quello presente: pp. 63-75.198-199.
[192] Cf. J.I. ARRIETA, «Vescovi», 5. ID., *Diritto dell'organizzazione*, 129-132. M. COSTALUNGA, «La Congregazione», 288-289. F.J. RAMOS, *Le Diocesi*, 132-133.144-145. J. GARCÍA MARTÍN, «La designación», 416-417.

In pratica, la consacrazione di un vescovo di per sé è riservata al Romano Pontefice. Ai sensi del can. 1013, anche un vescovo, che è il ministro della sacra ordinazione (can. 1012), può consacrare un altro vescovo. Per attuare ciò, da parte di un vescovo si devono compiere due condizioni: deve constare del mandato pontificio che è richiesto per la liceità e, a meno che la Sede Apostolica non abbia concesso specifica dispensa, devono associarsi nella consacrazione almeno altri due vescovi (cf. can. 1014). È, peraltro, molto conveniente, che tutti i vescovi presenti, insieme con il vescovo consacrante e i due assistenti, prendano parte alla consacrazione (cf. can. 1014).

Per quanto riguarda il mandato pontificio, come abbiamo visto, esso è richiesto per la liceità. Senza tale mandato la consacrazione, di per sé, è valida, ma comporta gravissime conseguenze. Prima di tutto, in conformità con il can. 1382, il vescovo consacrante e chi riceve la consacrazione incorrono nella scomunica *latae sententiae* riservata alla Santa Sede. A differenza del can. 2370 (CIC'17), estendente tale pena anche ai vescovi e ai presbiteri assistenti, la norma attuale non dice nulla a proposito degli altri che vi partecipano, siano essi altri vescovi o presbiteri. Secondo una determinata interpretazione, per risolvere il problema dei vescovi conconsacranti sarebbe stato utile invocare il can. 1329 §2, pensando che anche essi incorrono nella censura come complici del delitto. Considerando, tuttavia, il fatto che per la consacrazione è sufficiente un vescovo e che senza i vescovi conconsacranti il delitto si sarebbe commesso lo stesso, per questa ragione essi vengono collocati nella categoria dei coautori (non in quella di complici) e, come conseguenza, incorrono nella pena della scomunica *latae sententiae*. Per quanto concerne il vescovo consacrato senza il mandato pontificio, egli non fa parte del Collegio Episcopale, poiché gli manca la comunione gerarchica con il Capo del Collegio e con gli altri membri (cf. LG 22, 1), e non può ricevere la *missio canonica* per un determinato ufficio o ministero pastorale (cf. LG 24; NEP 2°)[193].

Nella recente storia della Chiesa si sono verificati non pochi casi di consacrazione episcopale senza il mandato pontificio. Come esempio, possiamo far riferimento ai vescovi della Cina, dove, alla fine degli anni cinquanta, a motivo di un movimento patriottico, veniva proclamato un preteso diritto dei cattolici di eleggere di propria iniziativa i

---

[193] Cf. V. DE PAOLIS, «Consacrazione episcopale», 286-287. G. GHIRLANDA, «Potestà sacra», 809. ID., *Il Diritto della Chiesa*, 327. F.J. RAMOS, *Le Diocesi*, 145-146. D. LE TOURNEAU, «Comentario a los cann. 1010-1023», 906-912. L. CHIAPPETTA, *Il Codice*, II, 218-219.673-674.

vescovi a scopo di affidare alle sedi pastori graditi alle autorità civili. Il fatto più grave, tuttavia, è stato quello del conferimento della consacrazione episcopale a presbiteri, abusivamente eletti vescovi e quindi senza il mandato pontificio. Contro tali abusi, Pio XII per la Chiesa cattolica in Cina ha emanato in merito due encicliche: *Ad Sinarum gentem* (7 ottobre 1954)[194] e *Ad Apostolorum Principis* (29 giugno 1958)[195]. Qualche mese più tardi (15 dicembre 1958), nell'allocuzione al Concistoro segreto, Giovanni XXIII, allacciandosi ai fatti della Cina, ha ribadito che la consacrazione episcopale senza il mandato pontificio è sacrilega e *nullo modo legitima*[196]. Gli atti del governo e di magistero compiuti dai vescovi consacrati senza il mandato pontificio sono nulli, perché non hanno potestà, essendo essi privi dell'ufficio[197]. Un altro caso conosciuto è quello della Spagna, riguardante le consacrazioni episcopali che, senza il mandato pontificio, ha effettuato l'Arcivescovo Mons. P.M. Ngô-dinh-Thuc. A tale riguardo, il 17 settembre 1976, la Congregazione per la dottrina della fede, per speciale mandato di Paolo VI, ha emanato un decreto, in cui, ricordando le pene canoniche (secondo i canoni del precedente Codice), ha dichiarato che, quanto a coloro che hanno ricevuto la consacrazione in questo modo illegittimo e a coloro che eventualmente la ricevessero, indipendentemente dalla validità degli ordini, la Chiesa non riconosce né riconoscerà in futuro la loro ordinazione (*ordinationem*) e considera quelli ordinati nello stato

---

[194] Cf. *AAS* 47 (1955) 5-14.
[195] Cf. *AAS* 50 (1958) 601-614. F. VISCOME, *Origine ed esercizio*, 62-63.
[196] Cf. *AAS* 50 (1958) 983-984.
[197] PIUS XII, lit. ap. *Ad Sinarum gentem*: «Quibus quidem verbis – ut dignum notatu est – universam vitam operamque Ecclesiae amplectimur; atque adeo etiam constitutionem eius, eius regimen eiusque disciplinam; quae omnia a Iesu Christi voluntate, Ecclesiae conditoris, procul dubio pendent. Qua profecto divina voluntate christifideles in duos ordines distribuuntur, clericorum laicorumque; eademque voluntate duplex constituitur sacra potestas ordinis nempe et iurisdictionis. Ac praeter – quod divinitus pariter statutum est – ad potestatem ordinis, qua Ecclesiastica Hierarchia ex Episcopis constat, presbyteris et administris, acceditur per acceptum sacri ordinis sacramentum; iurisdictionis autem potestas, quae Supremo Pontifici iure ipso divino directe confertur, Episcopis ex eodem provenit iure, at nonnisi per Petri Successorem, cui quidem non tantum christifideles, sed Episcopi etiam omnes et oboedientiae obsequio et unitatis vinculo constanter subici et adhaerere tenentur», *AAS* 47 (1955) 9. PIUS XII, enc. *Ad Apostolorum principis*: «[...]. Hoc posito, efficitur, ut Episcopi nec nominati nec confirmati a Sede Apostolica, immo contra expressas eius ordinationes electi et consecrati, nulla fruantur potestate magisterii et iurisdictionis, cum iurisdictio Episcopis per unum Romanum Pontificem obtingat [...]», *AAS* 50 (1958) 610. Successivamente questa dottrina fu riconfermata da diversi documenti, cf. LG 21b: «natura sua»; PG 8.9.43.56; AS 12.64.159.

in cui ciascuno si trovava prima[198]. Da ultimo, si può anche richiamare il caso delle consacrazioni episcopali senza il mandato pontificio fatte il 30 giugno 1988 dall'Arcivescovo titolare Mons. Marcel Lefebvre. Contro tale delitto intervenne Giovanni Paolo II con la let. ap. *Ecclesia Dei* del 2 luglio 1988. In questo documento il Papa ha dichiarato tale consacrazione come atto di disobbedienza al Romano Pontefice (atto scismatico) in materia gravissima e di capitale importanza per l'unità della Chiesa, quale è la consacrazione di vescovi mediante la quale si attua sacramentalmente la successione apostolica. Per questo Mons. M. Lefebvre e i quattro presbiteri, consacrati vescovi, in forza del can. 1382 sono incorsi nella grave pena della scomunica riservata alla Santa Sede[199]. Dinanzi a tale fatto, a nulla, dunque, sono serviti i precedenti sforzi, coi quali la Sede Apostolica, usando comprensione, ha cercato di risparmiare alla Chiesa un nuovo scisma[200].

Riguardo al giorno, al tempo o al luogo della consacrazione, l'attuale normativa canonica non prevede alcuna prescrizione. Di regola, essa si deve svolgere nell'ambito di una sollenne e complessa liturgia nella chiesa alla quale il consacrato verrà preposto. Il precedente can. 1006 §1 prescriveva che, come giorno, si scegliesse la domenica o una memoria degli Apostoli.

Ai sensi del can. 375 §2 e della LG 21, con la consacrazione, il vescovo acquista la pienezza del sacramento dell'ordine e, insieme con il *munus* di santificare, anche quello di insegnare e governare, che per loro natura devono esercitarsi nella comunione gerarchica col Capo e con i membri del Collegio (cf. NEP 2°). Perciò, soltanto i vescovi in tale comunione gerarchica appartengono al Collegio episcopale (cf. can. 336). Tale incorporazione nel Collegio comporta le seguenti situazioni giuridiche per i vescovi appena consacrati: il diritto-dovere di partecipare ai concili ecumenici (cf. can. 339 §1); il diritto-dovere di esercitare collegialmente la potestà suprema sulla Chiesa (cf. cann. 337 §1 e 339 §1); la facoltà abituale di ricevere ovunque le confessioni dei fedeli (cf. can. 967 §1); la capacità di rimettere pene *late sententiae* non

---

[198] Cf. *AAS* 68 (1976) 623. D. LE TOURNEAU, «Comentario a los cann. 1010-1023», 909-910. Qui si deve tener presente anche la seguente notificazione *Exc.mus dominus* (12 marzo 1983) della Congregazione per la dottrina della fede, con la quale si dichiarava l'incorso nella scomunica dello stesso Arcivescovo, per il fatto della consacrazione nel 1981 dei vescovi senza il mandato pontificio, *AAS* 75 (1983) 392-393.

[199] Cf. *AAS* 80 (1988) 1495-1498.

[200] Qui si deve considerare il protocollo di accordo *Moi, Marcel Lefebvre* tra il Vaticano e Mons. Lefebvre (5 maggio 1988), *EV* 11/644-663; e la successiva *Nota informativa* sul caso Lefebvre del 16 giugno 1988, emanata dalla Santa Sede, *EV* 11/765-775.

dichiarate nell'atto della confessione sacramentale (cf. can. 1355 §2); il diritto di predicare ovunque la parola di Dio (cf. can. 763). A tale proposito si devono tenere presenti anche le prescrizioni dei cann. 705-707 concernenti i religiosi elevati all'episcopato. Come possiamo osservare, queste sono norme generali. Per poter esercitare l'ufficio episcopale in una diocesi, dal can. 382 §1 viene stabilito l'obbligo di prenderne possesso canonico. Prima però che ciò avvenga, il nuovo consacrato deve emettere la professione di fede e prestare il giuramento di fedeltà alla Santa Sede (cf. can. 380).

3.2.2 Professione di fede e giuramento di fedeltà

Le formule della professione di fede e del giuramento di fedeltà sono quelle promulgate il 9 gennaio 1989 e approvate l'1 luglio 1989 dal Santo Padre[201].

Secondo il can. 833, 3° la professione di fede viene emessa dinanzi al delegato della Sede Apostolica. I vescovi consacrati hanno l'obbligo di emettere personalmente la professione di fede che formalmente corrisponde al Simbolo niceno-costantinopolitano. La seconda parte di tutto il testo è stata modificata e, in seguito, approvata (1 luglio 1989).

In conformità con il can. 380 la formula usata per il giuramento di fedeltà è, come nel caso precedente, quella approvata.

Dalla normativa presentata possiamo osservare due dettagli. Prima di tutto, nel Codice precedente la professione di fede e il giuramento venivano compiuti prima ancora del conferimento del titolo. L'attuale can. 380, come già accennavamo, richiede invece che tali atti si compiano *ante canonicam possessionem*. Per quanto riguarda la professione di fede, come seconda osservazione, in forza della lettera apostolica *Ad tuendam fidem* (18 maggio 1998) di Giovanni Paolo II[202], sono state recentemente aggiunte norme che obbligano ad osservare il magistero definitivo della Chiesa (cf. can. 750 §2 – nuovo), menzionando le relative sanzioni penali (cf. can. 1371: al n. 1° è stata aggiunta la citazione del can. 750 §2).

4. Presa di possesso

Come principio generale, dal momento del conferimento del titolo, il soggetto riceve lo *ius in re*, vale a dire il diritto all'esercizio dell'ufficio

---

[201] Cf. CONGREGATIO PRO DOCTRINA FIDEI, *I fedeli chiamati* «Professio fidei» et «Iusiurandum fidelitatis» in suscipiendo officio nomine ecclesiae exercendo, *AAS* 81 (1989) 104-106. F.J. RAMOS, *Le Diocesi*, 146. L. SABBARESE, *La costituzione*, 74.

[202] Cf. *AAS* 90 (1998) 457-461.

ricevuto. Dato che prima della presa di possesso, secondo il can. 382 §1, il vescovo consacrato non può ingerirsi nell'esercizio dell'ufficio affidatogli, dopo tale atto, come effetto giuridico principale, egli assume il governo della diocesi, viene chiamato vescovo diocesano, la sede non è più vacante e l'amministratore diocesano cessa dall'ufficio (cf. can. 430). Per quanto riguarda l'argomento della validità o meno degli atti compiuti prima della presa di possesso, secondo L. Chiappetta, il vescovo «non ha alcuna potestà nella diocesi a cui è stato preposto, né può esercitare in essa *validamente* alcun atto di governo. Gli è così vietata espressamente qualsiasi ingerenza, diretta o indiretta, nell'ufficio conferitogli»[203]. In realtà, come precisa G. Ghirlanda[204], attraverso il conferimento del titolo si stabilisce, prima di tutto, il vincolo spirituale e giuridico tra il vescovo e la diocesi affidatagli che è intrinsecamente necessario al suo ufficio di pastore e, in secondo luogo, si determina l'ambito di esercizio della potestà di governo e di magistero, la quale, ai sensi del can. 382 §1, non può essere esercitata prima della presa di possesso della diocesi. Infatti il termine «ingerere nequit» usato dal canone significa piuttosto un'incapacità a fare qualcosa per circostanze o condizioni esterne al soggetto. Perciò la presa di possesso, come assieme agli altri sostiene Autore citato[205], è necessaria per la validità degli atti, considerandosi essa come la condizione senza la quale la stessa *provisio canonica* sarebbe inefficace, in quanto lo stesso ufficio episcopale richiede una reale relazione tra il vescovo e la diocesi affidatagli. Così gli atti di governo che il nuovo vescovo eventualmente compisse prima della presa di possesso non sono validi. Resta ferma,

---

[203] L. CHIAPPETTA, *Il Codice*, I, 509-510. Di parere diverso è F.J. Ramos il quale ritiene che la proibizione del can. 382 §1 non è né irritante né inabilitante. Egli presenta le seguenti ragioni: «a) non è detto esplicitamente, come lo richiede il canone 10: "Sono da ritenersi irritanti o inabilitanti solo quelle leggi, con le quali si stabilisce espressamente che l'atto è nullo o la persona è inabile". Né l'uno né l'altro è detto qui esplicitamente. Proprio per questo si pone la questione se sia o meno implicito nell'*ingerere nequit*; b) per la validità di un atto giuridico si richiede che sia posto da una persona abile – *habilis* – (cf. can. 124 §1). Il vescovo che ha ricevuto la consacrazione e la missione canonica, ha il "*munus*" e la "*potestas*" [...] e non gli manca nulla di essenziale. Il requisito di presa di possesso è per accreditare davanti alla diocesi l'ufficio ricevuto», F.J. RAMOS, *Le Diocesi*, 156.
[204] Cf. G. GHIRLANDA, *Il Diritto della Chiesa*, 575. ID., «La diocesi», 3-8.
[205] Cf. G. GHIRLANDA, «La diocesi», 7. L. CHIAPPETTA, *Il Codice*, I, 509-511.535-536. A. DE LA HERA, «Comentario a los cann. 381-390», 740-746. R. SOBAŃSKI, «Comentario a los cann. 403-411», 825-826. F.J. RAMOS, *Le Diocesi*, 155-157. G. GHIRLANDA, *Il Diritto della Chiesa*, 575.588. T.J. GREEN, «Title I: Particular churches», 325-326. A. LONGHITANO, «Le chiese particolari», 43-44. ID., «I Vescovi», 309-310.

tuttavia, la prescrizione della seconda parte del can. 382 §1, secondo cui il vescovo promosso può continuare a esercitare gli uffici che aveva nella medesima diocesi prima della promozione, salva la disposizione del can. 409 §2 (caso di vacanza della sede episcopale).

Per quanto riguarda la procedura della presa di possesso, essa deve avvenire entro quattro mesi a decorrere dalla recezione delle lettere apostoliche, se il vescovo nominato non è stato ancora consacrato. Se ciò è già avvenuto, ma le lettere, tuttavia, non fossero pervenute, deve prendere possesso entro due mesi dalla ricezione della bolla di nomina (cf. can. 382 §2). Il tempo che viene concesso è un tempo utile e come tale, se non esiste nessun legittimo impedimento, deve essere osservato (cf. can. 201 §2). L'atto stesso della presa di posseso canonico della diocesi vacante, avviene dal momento in cui il vescovo, personalmente o per mezzo di un procuratore, presenta le lettere apostoliche al collegio dei consultori, alla presenza del cancelliere della curia che redige un verbale dall'atto avvenuto (cf. can. 382 §3). Nel caso della diocesi di nuova erezione, la presa di possesso avviene mediante la comunicazione delle dette lettere al *clero populoque* presenti nella chiesa cattedrale. L'obbligo di redigere il verbale spetta al presbitero più anziano tra gli astanti. Per sottolineare che la presa di possesso non è solamente un fatto giuridico, dal §4 del can. 382 viene vivamente raccomandato che il suo svolgimento avvenga nella chiesa cattedrale in un atto liturgico, alla presenza del *clerus populusque*.

Per quanto concerne la presa di possesso da parte del vescovo coadiutore e dell'ausiliare[206], non si parla di presa di possesso della diocesi, ma dell'ufficio. Nel caso del coadiutore, le lettere apostoliche vengono presentate personalmente da lui o per mezzo di un procuratore e, oltre alla presenza del collegio dei consultri e del cancelliere, esse vengono date al vescovo diocesano (cf. can. 404 §1). Se si tratta del vescovo ausiliare, egli presenta personalmente le lettere solo al vescovo diocesano, alla presenza del cancelliere che redige il relativo verbale (cf. can. 404 §2). Se il vescovo diocesano è totalmente impedito a essere presente alla comunicazione delle lettere sia del coadiutore sia dell'ausiliare, è sufficiente che esse vengano mostrate solo al collegio dei consultori, alla presenza del cancelliere della curia (cf. can. 404 §3).

5. Rilievi critici sulla procedura della designazione dei vescovi

Dopo aver presentato un quadro di tutta la procedura della provvista dell'ufficio episcopale, è necessario sottolineare il fatto che non manca-

---

[206] Cf. G. GHIRLANDA, *Il Diritto della Chiesa*, 588. ID., «La diocesi», 10-12.

no le voci di diversi Autori che non condividono la presente procedura per la nomina dei vescovi.

Tra i pareri di natura generale sulla normativa canonica vigente, possiamo considerare l'osservazione che, nel suo insieme, le norme della procedura per la designazione dei vescovi costituiscono disposizioni abbastanza compatte, ma scarsamente innovative[207]. L'attuale sistema della designazione dei vescovi è molto centralizzato, segreto ed esposto a influenze di vario genere. Bisogna, tuttavia, tener presente il fatto che siccome il modo di eleggere i vescovi è cambiato molto nel corso della storia della Chiesa, la prassi attuale non può essere considerata immutabile o l'unica possibile[208].

Considerando che l'attuale normativa e prassi prevedono consultazioni a larghissimo raggio, diversi Autori osservano che attorno al coinvolgimento di varie componenti del Popolo di Dio nella procedura della designazione dei candidati all'episcopato esistono reali e rilevanti problemi. Prima di tutto viene accennato al fatto che l'accentramento romano esclude le chiese locali e i fedeli, anche nella fase di consultazione, e spesso procede a nomine in aperto dissenso o senza tener alcun conto delle proposte formulate dagli organi delle chiese locali. Si tratta di una restrizione delle facoltà spettanti alle Conferenze episcopali e un ampliamento dei poteri dei legati pontifici[209]. In genere, l'apertura della vigente normativa verso le Conferenze episcopali che formano le liste dei candidati secondo A. Montan è certamente un fatto positivo, ma il loro coinvolgimento nella pratica odierna ormai viene messo in grado di manifestare solo il loro parere sui candidati all'episcopato, ciò è contrario alla *mens* del can. 377 §2[210]. Infatti, è il rappresentante pontificio che da ultimo valuta quali candidati presentare a Roma. Molto spesso, come spiega R. Metz, la scelta del nuovo vescovo «dipende dal modo in cui il legato è stato informato, da chi lo ha informato, da chi lo ha influenzato nella sua scelta e da quali criteri gli siano parsi determinanti per essa»[211]. Da qui deriva il reale pericolo della creazione di gruppi di pressione o di «partiti» i quali si alimentano nell'attuale sistema della designazione dei vescovi[212]. In questa situazione, secondo il Card. M.F.

---

[207] Cf. P. COLELLA, «Considerazioni in tema di nomine», 483.
[208] Cf. J.H. PROVOST – K. WALF, «La nomina dei Vescovi», 12. C. FLORISTÁN, «L'elezione dei vescovi», 210.
[209] Cf. P. COLELLA, «Considerazioni in tema di nomine», 485.
[210] Cf. A. MONTAN, *Il popolo di Dio*, 104.
[211] R. METZ, «I legati del papa», 305.
[212] Cf. J.H. PROVOST – K. WALF, «La nomina dei Vescovi», 12. C. FLORISTÁN, «L'elezione dei vescovi», 210.

Pompedda, di grande attualità sarebbe un maggiore coinvolgimento degli episcopati locali come spinta per una certa «decentralizzazione». In particolare, nella procedura della consultazione per la provvista di una determinata sede episcopale sarebbe più responsabile se fosse fatta in maniera collegiale, sia pure sotto la presidenza del nunzio apostolico. Il Cardinale ritiene che il confronto diretto e quindi un parere motivato dei vescovi della regione, espresso in un voto – che pure avrebbe unicamente carattere consultivo – contribuirebbe a scelte idonee di persone conosciute e valutate da vescovi che hanno piena conoscenza di uomini, cose e circostanze[213].

Un altro problema che si osserva è quello della restrizione dei diritti elettorali ancora riservati alle chiese locali (Germania, Austria, Svizzera), il che costituisce una mancata ricezione dei principi conciliari (cf. CD 20). I più recenti casi della non osservanza del diritto di elezione da parte del capitolo cattedrale erano quelli di Austria, Svizzera (diocesi di Coira) e Colonia[214].

A parte tutto ciò, è considerata preoccupante anche la questione del segreto pontificio, fatto spesso discutibile e pericoloso perché poco controllabile[215].

Riguardo alle nomine dei vescovi titolari negli organismi della Santa Sede, anche qui non mancano le manifestazioni di perplessità circa il conferimento del titolo episcopale come una onorificenza. Il Cardinale Pompedda, interrogato a questo proposito, risponde che, essendo questo un argomento delicato, la scelta dei vescovi titolari non può essere considerata una semplice onorificenza: «Il cardinalato può essere un titolo onorifico, l'episcopato no»[216].

Tra le cose positive, invece, che maggiormente assicurano la libertà della Chiesa e garantiscono la netta distinzione tra società civile e società ecclesiale è doveroso riconoscere l'eliminazione graduale e progressiva delle residue ingerenze statuali nelle nomine episcopali, verificatisi su richiesta della Santa Sede, per volontaria rinuncia degli Stati e per effetto degli accordi espressi nei nuovi concordati (semplice comunicazione del nome della persona scelta). Perciò, insieme a G. Dalla Torre, possiamo dire che «quanto più si allontana, nel tempo, dalla

---

[213] Cf. G. CARDINALE, «Salus animarum suprema lex», 21.

[214] Cf. P. COLELLA, «Considerazioni in tema di nomine», 484. 163 TEOLOGI, «Dichiarazione di Colonia», 71-72. W. GUT, «Coira, una controversa elezione episcopale», 576-608.

[215] Cf. P. COLELLA, «Considerazioni in tema di nomine», 485. J.H. PROVOST – K. WALF, «La nomina dei Vescovi», 12.

[216] Cf. G. CARDINALE, «Salus animarum suprema lex», 21.

conclusione del Concilio Vaticano II, tanto più incisiva e piena appare nella prassi concordataria l'attuazione delle sue direttive»[217].

6. Conclusione

Con questo ultimo capitolo della nostra ricerca abbiamo completato un lungo percorso dello studio relativo alla vigente normativa sulla procedura della provvista dell'ufficio ecclesiastico. Come prima osservazione generale che si può rilevare rispetto alle norme del Codice precedente ricordiamo il fatto che il Concilio Vaticano II ha segnato un'impronta molto forte sulla normativa vigente. Infatti, come abbiamo visto, già nella fase preparatoria e in quella della formazione dei can. 364, 4°, 377 e 403 durante le varie Sessioni del *Coetus studiorum* della Commissione per la revisione del Codice del Diritto Canonico i consultori cercavano sempre di inserire le diverse disposizioni dei documenti sia conciliari (cf. CD 20; LG 24) che postconciliari (cf. ES I, 10; SOE VI; EF) nelle proposte che dovevano diventare i futuri canoni sulla designazione dei vescovi. Così, a differenza delle norme canoniche precedenti, fra l'altro poche e scarse, quelle attuali, ampliate dai menzionati documenti, descrivono in modo più dettagliato la procedura della designazione dei candidati all'episcopato, e testimoniano anche una fedeltà alla tradizione giuridica della Chiesa e fedeltà al Concilio (basta, ad es., vedere le fonti degli attuali canoni). Di rilevante importanza circa le attuali norme è il fatto che il can. 377, nei suoi cinque paragrafi, è riuscito a mettere insieme tutti i soggetti che prendono parte attiva, o almeno consultiva, alla designazione dei candidati all'episcopato. Come si può dedurre, tutta la procedura della provvista dell'ufficio episcopale è soggetta all'esclusiva competenza del Romano Pontefice, il quale, indipendentemente dalle modalità adoperate nella designazione del candidato (cf. can. 377 §§1 e 5), costituisce l'ultima istanza, poiché conferisce il titolo (cf. can. 147).

Un'altra osservazione, che in qualche modo deriva da quella prima, riguarda di nuovo la libertà e assoluta competenza della Santa Sede nel provvedere l'ufficio episcopale. Oltre le norme dei canoni esaminati, essa è manifestata in modo adeguato dagli accordi stipulati con i diversi paesi a partire dall'anno 1983. Come si è potuto constatare, oggigiorno, negli accordi, nella maggioranza dei casi, non si usa più la previa notifica, comportante un diritto da parte dell'autorità civile di presentare le eventuali obiezioni circa il candidato. Al posto di tale tipo di noti-

---

[217] G. DALLA TORRE, «L'intervento», 508.

fica si usa la semplice comunicazione del nome della persona scelta. Trattando degli accordi, giova anche sottolineare che nei paesi non presi in considerazione in questo capitolo, per il fatto che in essi non vige nessun diritto particolare o che non sono concordatari, si applica il diritto comune della nomina dei vescovi, quello cioè determinato dai cann. 377, 378, 403 e dagli articoli delle Norme[218].

---

[218] Cf. M. COSTALUNGA, «La Congregazione», 293-307.

CONCLUSIONE

Al termine della nostra ricerca è doveroso richiamare brevemente le principali linee dello studio svolto. Allo scopo di presentare un quadro, il più completo possibile, il lavoro è stato condotto attraverso la prospettiva storica, dottrinale, canonica, senza tralasciare l'attività pattizia della Santa Sede. Nello studio esegetico-storico, concentrato sulle procedure adottate nella designazione dei vescovi nel tempo del Codice del 1917 e fino alla legislazione attuale, mediante l'analisi e l'interpretazione delle norme, abbiamo cercato di presentare una panoramica dello sviluppo dottrinale che le norme canoniche hanno subito nell'arco di tempo compreso tra i due *Codex Iuris Canonici*. Da tale impostazione della ricerca abbiamo ottenuto rilevanti osservazioni di carattere sia generale sia particolare, le quali d'altronde corrispondono alle conclusioni riassuntive, finora presentate alla fine di ogni capitolo.

Senza dubbio la questione della designazione dei vescovi, con tutte le procedure per la sua attivazione, costituisce uno dei problemi più delicati per la vita della Chiesa, sia universale sia particolare. La delicatezza della questione si riferisce, piuttosto, all'argomento dell'assoluta competenza della Santa Sede nella nomina, non dimenticando, tuttavia, le prerogative che in questo campo hanno sempre avuto e che, oggigiorno, ancora hanno le autorità civili sia a motivo del fatto che le diocesi si trovano nei confini degli Stati, sia per il fatto che i candidati all'episcopato ne sono cittadini. Tale *status rerum* ha condotto la Chiesa ad adottare, a seconda dei casi, diverse modalità della designazione dei vescovi, cercando anche, in linea di massima e mediante diversi meccanismi (accordi, convenzioni), di tutelare la propria libertà in questo campo, compito non sempre facile, anzi, talora, impossibile.

1. Tenendo presente quest'affermazione, la prima osservazione di carattere generale che si può trarre dalla ricerca condotta, riguarda,

dunque, la libertà della Chiesa nel campo della designazione dei vescovi. È questo il risultato della parte storica, presentata nel primo capitolo, che ci ha fornito la testimonianza molto peculiare ed efficace dello sviluppo del diritto della Chiesa all'esclusività e alla libertà nella provvista delle sedi episcopali. Prima che la norma «Eos [episcopos] libere nominat Romanus Pontifex», per la prima volta, trovasse il suo posto nel can. 329 §2 del Codice Piano-Benedittino, c'è stato un lungo e difficile processo storico, comportante uno sviluppo progressivo dell'intervento delle diverse autorità, sia di ambito ecclesiale che civile, le quali, attraverso i numerosi mutamenti delle rispettive competenze, ha condotto finalmente alla prassi della designazione dei vescovi in forza dell'esclusiva competenza del Romano Pontefice.

2. Per quanto riguarda l'ambito ecclesiale, lungo la storia della Chiesa, le competenze delle autorità inferiori hanno progressivamente lasciato il posto a quelle delle autorità sempre più superiori. Dallo studio condotto nel primo capitolo abbiamo potuto notare il seguente passaggio nella scelta dei vescovi: dagli Apostoli alle comunità cristiane della Chiesa primitiva, al concorso del clero e del popolo, con la legittima presenza del metropolita che approvava l'elezione, ai capitoli cattedrali e, in seguito, al Romano Pontefice, la cui assoluta competenza ha trovato la sua consacrazione nel Codice del 1917. Successivamente, attraverso le proposte avanzate nelle diverse sessioni della Pontificia Commissione per la revisione del Codice, attraverso i documenti conciliari e post-conciliari (cf. CD 20; ES I, 10), fino all'attuale Codice, la norma canonica sulla libertà del Romano Pontefice non ha subito alcun essenziale cambiamento, anzi, ha trovato conferma (cf. can. 377 §1 – prima parte). La ragione del così forte accento sulla libertà nella *designatio episcoporum* – libertà dall'ingerenza di terzi – consiste, prima di tutto, nell'incessante preoccupazione della Chiesa di porre sempre più in rilievo la funzione del Romano Pontefice; inoltre, nella continua consapevolezza che la designazione dei vescovi era ed è questione tipicamente interna alla Chiesa, riservata alla competente autorità ecclesiastica, poiché il mandato apostolico dei vescovi è stato istituito da Cristo e mira a un fine spirituale e soprannaturale; infine, nella cura per promuovere sempre di più adeguatamente e speditamente il bene dei fedeli (cf. CD 20).

3. Nell'analisi delle norme canoniche dei due Codici, interpretando l'affermazione «libere nominat» (cf. can. 329 §2 [CIC'17] e can. 377 §1 [CIC'83] – prima parte), siamo giunti alla convinzione che tale espressione si può considerare in due sensi. Prima di tutto la libera

nomina può essere intesa come l'atto stesso del conferimento del titolo, detto anche libera collazione. Infatti, nell'intera procedura della provvista dell'ufficio episcopale l'ultima parola spetta sempre al Sommo Pontefice il quale decide, indipendentemente dalla modalità adoperata nella scelta dei candidati, a chi conferire il titolo. Restano, tuttavia, i casi di presentazione da parte delle autorità civili e l'elezione compiuta da un capitolo della cattedrale, in cui la collazione da parte del Pontefice diventa necessaria. Libera nomina può essere intesa in altro modo, quando gli atti della designazione e del conferimento del titolo vengono esercitati dal Papa in un unico provvedimento che, nel contempo, è *designatio et institutio* (*vel provisio*), anche se la prima, cronologicamente, è disgiunta e non produce alcun effetto giuridico, prima del conferimento del titolo. A questo si può aggiungere un altro atto, quello della provvista: l'immissione in possesso che, secondo alcuni Autori, in questa situazione, può essere anche compiuta dal Papa stesso.

4. Seguendo il tema della libera nomina, arriviamo alla trattazione di un altro aspetto della questione, non meno importante, che si trova nel vigente Codice. Si tratta della procedura della designazione dei candidati per la libera nomina da parte del Romano Pontefice. Come abbiamo potuto constatare, tale procedura, non avendo un riscontro nelle norme del Codice precedente, prende l'avvio già dai primi accenni della fase preparatoria e dalle proposte fatte durante il percorso dei lavori della revisione del *Codex*. In modo ufficiale, però, la procedura di nomina dei vescovi, preannunciata da Paolo VI nel n. 10 del m.p. *Ecclesiae sanctae*, comincia a vigere per tutta la Chiesa con le Norme *Episcopis facultas* del 21 maggio 1972, che è stato il documento-fonte dell'attuale normativa canonica.

La promulgazione di queste norme e del can. 377 §§2-4, si può considerare come un notevole passo avanti nell'attuazione delle esigenze conciliari e post-conciliari, circa la promozione, la rilevanza e il coinvolgimento di tutte le componenti del Popolo di Dio nella designazione dei pastori delle diocesi. Giova a questo punto accennare all'*iter* della formazione del can. 377 che è quello centrale nella nostra materia. Il percorso della sua formazione (in particolare dei §§2-4), d'altronde abbastanza travagliata, testimonia in modo molto chiaro la varietà delle proposte circa il coinvolgimento dei diversi organismi ecclesiastici nella procedura della formazione sia degli elenchi triennali sia della terna. Circa il §2 (elenchi triennali) si è passato da una redazione semplice a formulazioni più complesse, nelle quali prevaleva l'intervento delle Conferenze episcopali regionali, per ritornare, poi, a un'altra versione, nella quale, invece, si privilegiava la provincia ecclesiastica e che, alla fine, ha trovato riscontro nel testo definitivo del paragrafo. Nell'ultima stesura si prevede anche il diritto dei vescovi di inviare singolarmente alla Santa Sede nomi di possibili candidati. E da ultimo, il direttorio *Apostolorum Successores* estende tale diritto anche ai vescovi emeriti (cf. AS 230 d). Per quanto riguarda il §3 (terna), all'inizio si faceva riferimento all'intervento dei vescovi della provincia ecclesiastica e alla consultazione di presbiteri e laici e a una possibile votazione segreta dei Consigli presbiterale e pastorale. In seguito si prevedeva un coinvolgimento del Consiglio permanente della Conferenza episcopale regionale e una consultazione sulle necessità della diocesi e sulle doti che il candidato doveva possedere per reggere quella diocesi. Scompare poi il riferimento al Consiglio permanente e viene, infine, inserito il compito del legato pontificio in ordine all'elaborazione della terna (cf. can. 364, 4°). Circa il §4, connesso con il can. 403 (vescovi coadiutori e ausiliari), inizialmente si prevedeva un intervento del Consiglio permanente della Conferenza episcopale. Successivamente tale riferimento scompare e si fa accenno, piuttosto, ai vescovi diocesani della provincia ecclesiastica. Nella redazione finale si elimina ogni riferimento ad altri che non siano i vescovi diocesani interessati.

Questo è il quadro dello sviluppo di idee che hanno portato alla promulgazione dell'attuale normativa canonica sulla designazione dei vescovi. In sintesi, i cann. 364, 4°, 377 e 403 riflettono chiaramente il sempre esistente problema fondamentale della libertà del Romano Pontefice e rispondono in modo adeguato alle esigenze di una scelta tanto delicata e importante per la vita della Chiesa, garantendo la partecipazione, in gradi diversi, anche se limitata, dei membri del Popolo di Dio.

5. Per quanto concerne l'ambito civile, il suo rapporto con la Chiesa nel campo della designazione dei vescovi, nel corso del tempo è stato oggetto di un significativo sviluppo. Come abbiamo potuto vedere, tale progresso è consistito nell'intervento in un primo momento dei sovrani, visto piuttosto come usurpazione del diritto di nomina o di elezione nei tempi del feudalismo e della lotta per le investiture; poi nelle nomine regie, che prevedevano vari tipi di privilegi e diritti; fino allo sviluppo dei concordati, nei quali si stabilivano in modo chiaro le diverse competenze proprie delle autorità ecclesiali e civili. Riguardo ai concordati, abbiamo osservato il passaggio dall'attribuzione alle autorità civili di diritti e di privilegi (presentazione, patronato, raccomandazione), attraverso la rinuncia di questi a favore della notifica previa, concernente il diritto del Governo di presentare eventuali obiezioni sul candidato, per finire con l'obbligo da parte della Santa Sede di semplicemente comunicare il nome della persona scelta. La spinta principale di tale passag-

gio era sicuramente l'invito conciliare, riconfermato anche nel can. 377 §5, di rinunciare, i Governi civili, spontaneamente ai propri diritti e privilegi a favore della libera nomina pontificia.

6. Si intravede, dunque, che la legislazione canonica ha previsto la possibilità di diversi interventi nella procedura per la nomina dei vescovi, salva sempre la libertà del Romano Pontefice. Alcuni Autori, tuttavia, non condividono l'attuale forma, affermando che essa fa intervenire un'unica istanza, quella romana, e che, in realtà, non si attua un coinvolgimento diretto del Popolo di Dio nella scelta dei suoi pastori. Un altro problema che si osserva è quello della restrizione delle facoltà spettanti alle Conferenze episcopali e l'ampliamento dei poteri dei rappresentanti pontifici, nonché la restrizione dei diritti e privilegi elettorali, riservati ad alcuni capitoli cattedrali. Da ultimo esiste anche il reale pericolo della creazione di diversi gruppi, nell'ambito della gerarchia ecclesiastica, che in qualche modo si immettono negli affari della designazione dei vescovi, imponendo la propria volontà, suggerendo i propri candidati, indirizzando tutta la procedura della formazione delle liste in modo che siano scelti i candidati preferiti. Per una qualche sorta di soluzione di questi interrogativi ci si sarebbe aspettato che il Sinodo del 2001, tra i tanti problemi relativi alla figura del vescovo, avesse affrontato anche quello della sua nomina. Tale argomento, invece – a parte qualche proposta – non è stato preso in considerazione.

7. Riteniamo che la soluzione dei diversi non lievi problemi ed inconvenienti nel campo delle nomine episcopali si deve cercare, prima di tutto, nella storia della Chiesa, con la sua vasta testimonianza delle modalità di scelta dei vescovi. Infatti, da una parte essa ci insegna che nella designazione dei pastori delle diocesi erano sempre implicate diverse componenti del Popolo di Dio. Nel designare i vescovi intervenivano sia ecclesiastici: vescovi, presbiteri e religiosi, sia i laici: comunità di fedeli e autorità civili. Dall'altra parte, la storia, con una testimonianza negativa deve aiutare ad evitare pericolosi errori e reali problemi. Si sa, infatti, che nella scelta dei vescovi la frequente inosservanza delle norme che dirigevano la prassi elettiva, l'usurpazione della competenza nel campo della *designatio episcoporum* e, particolarmente, la riduzione del corpo elettivo conducevano a prolungate vacanze delle sedi episcopali e a scelte non tanto felici. In secondo luogo bisogna insistere sull'osservanza adeguata delle norme esistenti, nel senso che ciascuno deve adempiere il proprio ufficio, non trascurando la possibilità di far intervenire anche i membri delle diverse componenti del Popolo di Dio come prevede lo stesso Codice. È importante, tuttavia,

che in tutta la procedura, indipendentemente da chi sarà coinvolto, sia osservato circa le indagini e circa i candidati il segreto pontificio che diventa necessità e obbligo per l'adeguato svolgimento della provvista dell'ufficio episcopale e per la salvaguardia del buon nome del candidato stesso.

A conclusione di queste osservazioni e considerazioni, si può aggiungere che nell'argomento trattato in questa tesi rimangono tuttavia alcuni punti da risolvere definitivamente. Come esempio la questione dei concordati che rimane sempre aperta, dato che altri ne verranno stipulati in futuro, portando delle modifiche, e che quelli vigenti e contenenti vari privilegi e diritti da parte delle autorità civili, potranno essere sostituiti dai nuovi che prenderanno seriamente in considerazione l'invito conciliare di rinunziare spontaneamente da ogni sorta dell'ingerenza, consentendo alla Santa Sede la piena ed esclusiva libertà nella designazione dei pastori delle diocesi.

APPENDICE

L'*iter* della procedura per la nomina dei vescovi

1. Elaborazione della lista

1.1 *Lista generale (elenchi triennali)*

1.1.1 M.p. *Ecclesiae sanctae – I*:[1]

10. Fermo restando il diritto del Romano Pontefice di nominare liberamente i vescovi e di conferir loro l'ufficio, e salva la disciplina delle Chiese Orientali, le Conferenze episcopali ogni anno trattino prudentemente sotto segreto degli ecclesiastici degni d'essere promossi all'ufficio episcopale e propongano alla Sede Apostolica i nomi dei candidati, secondo le norme stabilite o da stabilirsi dalla Sede Apostolica.

1.1.2 Norme *Episcopis facultas*:[2]

Articolo I

1. I vescovi hanno la facoltà e il dovere di far conoscere alla Sede Apostolica i nomi dei presbiteri che ritengono degni dell'ufficio episcopale e ad esso idonei, non soltanto nell'ambito del clero diocesano, ma anche dei religiosi che esercitano il sacro ministero nella diocesi e dei sacerdoti di altra giurisdizione, da essi ben conosciuti.

2. I singoli vescovi diocesani e gli altri ordinari del luogo, eccettuati i vicari generali, cercheranno di raccogliere le notizie e tutti gli elementi necessari a

---

[1] Cf. PAULUS VI, Lett. Ap. data *Motu Proprio* con la quale vengono stabilite le norme per l'applicazione di alcuni Decreti del Concilio Vaticano II, *Ecclesiae Sanctae – I*, 6 agosto 1966, *AAS* 58 (1966) 757-787.

[2] Cf. CONSILIUM PRO PUBLICIS ECCLESIAE NEGOTIIS, Normae *Episcopis Facultas* de promovendis ad episcopale ministerium in Ecclesia latina, *AAS* 64 (1972) 387-391. *EV* 4/1594-1624.

svolgere una missione così importante e difficile, sia compiendo personalmente i sondaggi, sia consultando, secondo l'opportunità, entro la propria giurisdizione, non però in forma collettiva, sacerdoti appartenenti al capitolo cattedrale, oppure ai consultori, o al consiglio presbiterale, e altri ancora sia del clero, diocesano o regolare, sia del laicato.

3. Per quanto riguarda le circoscrizioni ecclesiastiche affidate a istituti missionari, si riconosce ai rispettivi superiori generali, secondo la prassi vigente nella S. Congregazione per l'evangelizzazione dei popoli, la facoltà di proporre candidati del proprio istituto, salvo sempre il diritto della Sede Apostolica di provvedere in altro modo, qualora ciò sia ritenuto opportuno.

Articolo II

1. I nomi dei candidati vescovili siano normalmente esaminati e proposti dai vescovi riuniti in assemblea. È però lecito ai singoli vescovi e agli altri ordinari sopra menzionati all'art. I, 2, proporre direttamente candidati alla Santa Sede.

2. Queste assemblee o conferenze devono essere solitamente provinciali, vale a dire constare dei vescovi e degli ordinari, di cui sopra, che appartengono ad una stessa provincia ecclesiastica, a meno che particolari circostanze non consiglino di riunire assemblee interprovinciali, o regionali, o anche nazionali, avendone prima informata la Sede Apostolica.

Articolo III

1. Alla assemblea partecipano, con gli stessi diritti, tutti i vescovi della provincia, o della regione, o della nazione, i quali, secondo i rispettivi statuti, appartengono con voto deliberativo alla stessa Conferenza episcopale.

2. La preparazione dell'ordine del giorno e la presidenza delle riunioni spetta al metropolita, o, in sua assenza, al più anziano dei suffraganei, se si tratta di assemblea provinciale; se invece si tratta di assemblea regionale o nazionale, spetta al rispettivo presidente.

Articolo IV

1. Le assemblee devono essere periodiche, secondo la preserizione del motu proprio *Ecclesiae sanctae,* al n. 10. Conviene che si tengano in occasione delle consuete riunioni dei vescovi.

2. Le assemblee si riuniscono, nel tempo stabilito, affinché i vescovi propongano i candidati o, se del caso, forniscano ulteriori informazioni circa i candidati anteriormente proposti. Potra anche avvenire che qualche candidato, già proposto, non si debba piu conservare in lista sia per l'avanzare dell'eta, sia per malattia, sia per altro motivo, per il quale sia reso inadatto all'episcopato.

Articolo V

Con un conveniente anticipo sulla data dell'assemblea, i nomi dei candidati devono essere inviati al presidente da parte di coloro che hanno il diritto e il dovere di intervenirvi; il presidente avrà cura di comunicar loro l'elenco completo dei nominativi, prese le opportune cautele.

Essi, poi, devono esaminare i nomi dei candidati, e annotare le notizie di cui siano a conoscenza circa ognuno di essi.

Articolo VIII

1. Prima della conclusione dell'assemblea, si prepari un elenco di coloro che, ritenuti degni e idonei all'episcopato, dovranno essere proposti alla Sede Apostolica.
2. Parimente, prima che si chiuda l'assemblea, sia distrutto tutto ciò che possa far conoscere come ciascuno abbia votato. Tuttavia, si redigano gli atti di quanto si e compiuto nell'assemblea, secondo le norme del diritto.
3. È particolarmente desiderabile che i vescovi non si congedino senza aver prima attentamente letto, approvato e sottoscritto i verbali.

Articolo IX

Il presidente dell'assemblea invierà alla Sede Apostolica, per il tramite del rappresentante pontificio, una copia integrale degli atti e dell'elenco dei candidati.

Articolo X

1. In quelle nazioni, che comprendono diverse province ecclesiastiche, e qualora ciò si ritenga conveniente a giudizio di almeno due terzi di coloro che, con voto deliberativo, fanno parte della Conferenza episcopale nazionale, l'elenco preparato nell'assemblea provinciale o regionale sia inviato, per opportuna conoscenza, al presidente della Conferenza episcopale nazionale, il quale potrà aggiungere osservazioni e informazioni, tenendo presenti le necessità e la situazione concreta della chiesa in tutta la nazione.
2. Parimente, se la maggioranza, come nel precedente paragrafo, dei membri della conferenza episcopale nazionale lo ritiene opportuno, si potrà stabilire che o il comitato permanente della Conferenza, oppure una commissione ristretta, composta da membri scelti per un tempo determinato dall'assemblea plenaria della medesima conferenza, a cui presiederà lo stesso presidente della conferenza nazionale, aggiunga osservazioni o informazioni, come sopra al n. 1.

1.1.3 Can. 364:

4° per quanto riguarda la nomina dei vescovi, trasmettere o proporre alla Sede Apostolica i nomi dei candidati [...].

1.1.4 Can. 377:

§2. Almeno ogni triennio, i vescovi di una provincia ecclesiastica, oppure, dove sia suggerito dalle circostanze, le Conferenze episcopali, compilino di comune intesa e riservatamente un elenco di presbiteri, anche membri d'istituti di vita consacrata, particolarmente idonei all'episcopato, e lo trasmettano alla Sede Apostolica, fermo restando il diritto di ciascun vescovo di segnalare separatamente alla Sede Apostolica nomi di presbiteri, da lui ritenuti degni e idonei all'ufficio episcopale.

1.1.5 Direttorio *Apostolorum successores*:[3]

230 d) Il Vescovo emerito conserva il diritto di presentare alla Sede Apostolica i nomi dei presbiteri giudicati degni ed idonei per l'episcopato.

1.2 *Lista relativa (terna)*

1.2.1 M.p. *Sollicitudo omnium ecclesiarum* VI:[4]

1. In merito alla nomina dei vescovi e di altri ordinari ad essi equiparati, il rappresentante pontificio ha l'incarico d'istruire il processo canonico informativo sui candidati, e di inoltrare i nomi ai competenti dicasteri romani, insieme con una accurata relazione, nella quale esprimerà davanti al Signore il proprio parere e voto preferenziale.

2. Nell'esercizio di questa funzione egli: a) si varrà liberamente e riservatamente del parere di ecclesiastici e anche di laici prudenti che sembrino i più idonei a fornire sincere e utili informazioni, imponendo il segreto alle persone consultate, per l'ovvio e doveroso riguardo sia ai soggetti attivi e passivi della consultazione, sia alla natura di essa; b) procederà in base alle norme stabilite dalla Santa Sede circa la proposta di nominativi per il ministero episcopale nella Chiesa, tenendo presente, in particolare, la competenza delle Conferenze episcopali; c) rispetterà i legittimi privilegi accordati o acquisiti, e ogni procedura speciale riconosciuta dalla Santa Sede.

1.2.2 Norme *Episcopis facultas*:

Articolo XI

1. Quando si tratta di presentare alla Sede Apostolica nomi di candidati per un determinato ufficio episcopale, bisogna tener conto delle liste preparate dalle assemblee provinciali, oppure dalle assemblee regionali o nazionali nei casi indicati all'art. II.

---

[3] Cf. SACRA CONGREGATIO PRO EPISCOPIS, Direttorio per il ministero pastorale dei vescovi *Apostolorum Successores*, 24 febbr. 2004, Città del Vaticano 2004.
[4] Cf. PULUS VI, Lett. Ap. data *Motu Proprio* circa l'ufficio dei Rappresentanti Pontifici *Sollicitudo omnium Ecclesiarum*, 24 giugno 1969, *AAS* 61 (1969) 473-484.

2. Le liste tuttavia non restringono la liberta del Romano Pontefice, il quale, per il suo ufficio, ha sempre il diritto di eleggere e di nominare anche soggetti scelti per altra via.

Articolo XII

1. Prima che un candidato sia nominato vescovo, la Sede Apostolica compie nei suoi riguardi una diligente e ampia indagine, consultando singolarmente le persone che lo abbiano ben conosciuto e siano capaci di dare informazioni il più possibile complete e un prudente e meditato giudizio davanti a Dio.
2. Questa indagine e affidata al rappresentante pontificio, il quale invia il questionario, appositamente preparato, ad ecclesiastici: vescovi, sacerdoti, religiosi; possono altresi essere interpellati, nello stesso modo, laici prudenti e degni di fiducia, i quali posseggano sul candidato notizie utili da conoscersi.

Articolo XIII

1. Quando si tratta di provvedere a una diocesi o di nominare un coadiutore con diritto di successione, il rappresentante pontificio chiederà al vicario capitolare o all'amministratore apostolico o allo stesso vescovo diocesano un'ampia e dettagliata relaziohe circa le condizioni e le necessita della diocesi; potranno anche essere interrogati il clero e il laicato, specialmente per il tramite degli organismi rappresentativi canonicamente istituiti, come pure i religiosi.
2. Salve le legittime eccezioni dovute a una legge particolare o a una consuetudine o ad altro motivo, e compito del rappresentante pontificio, per la formazione della cosiddetta «terna» da sottoporre alla Sede Apostolica, di raccogliere individualmente e di comunicare alla stessa Sede Apostolica, insieme col proprio parere, i suggerimenti del metropolita e dei suffraganei della provincia, alla quale appartiene, o è aggregata in in occasione dell'assemblea, la diocesi da provvedere, come pure i suggerimenti del presidente della Conferenza episcopale nazionale. Il rappresentante pontificio, inoltre, ascolterà, secondo l'opportunità, alcuni membri del capitolo cattedrale o dei consultori diocesani, e altri del clero secolare e regolare, specialmente del consiglio presbiterale quale era costituito prima della vacanza della sede episcopale.
3. Con gli opportuni adattamenti, simile procedura sarà seguita da coloro, che hanno il compito di proporre candidati quando si tratta della nomina di vescovi ausiliari.

Articolo XIV

In tutto questo procedimento, sia i vescovi, sia i rappresentanti pontifici, sia i sacerdoti e i fedeli che in qualunque modo vi hanno preso parte, debbono osservare rigorosamente il prescritto segreto pontificio come lo esigono la natura stessa delle cose e il rispetto dovuto alle persone in causa.

1.2.3 Can. 364:

4° [...] istruire inoltre il processo informativo su quelli da promuovere, secondo le norme emanate dalla Sede Apostolica.

1.2.4 Can. 377:

§3. Tranne che sia stato legittimamente stabilito in modo diverso, ogni volta che dev'essere nominato un vescovo diocesano o un vescovo coadiutore, spetta al legato pontificio, relativamente alle cosidette terne da proporre alla Sede Apostolica, richiedere individualmente e comunicare alla stessa Sede Apostolica, insieme col suo proprio voto, i suggerimenti del metropolita e dei suffraganei della provincia, alla quale appartiene la diocesi a cui occorre provvedere, o con la quale essa è aggregata, e anche del presidente della Conferenza episcopale; il legato pontificio ascolti inoltre alcuni membri del collegio dei consultori e del capitolo cattedrale, e, se lo ritiene opportuno, richieda singolarmente e riservamente, il parere di altre persone del clero diocesano e religioso, come pure di laici, che si distinguano per la loro saggezza.

§4. Se non si è provveduto legittimamente in modo diverso, il vescovo diocesano, il quale ritenga che si debba dare un ausiliare alla sua diocesi, proponga alla Sede Apostolica un elenco di almeno tre presbiteri particolarmente adatti a tale ufficio.

2. *Votum* di idoneità

2.1 *Norme* Episcopis facultas:

Articolo VI

1. I vescovi riuniti si scambieranno le notizie e le osservazioni sui singoli candidati, spiegando se ne diano conferma per scienza propria, oppure se le riferiscano per sentito dire.

2. L'esame dei candidati deve permettere di discernere se essi posseggano le doti necessarie che distinguono un buon pastore di anime e un maestro nella fede: se cioè godano di buona riputazione; se siano di condotta irreprensibile; se abbiano retto discernimento, prudenza, carattere equilibrato e costante; se siano saldi nella fede ortodossa, se siano devoti alla Sede Apostolica e fedeli al magistero della Chiesa; se siano profondamente versati nella teologia dommatica e morale, e nel diritto canonico, se spicchino per la loro pietà, per il loro spirito di sacrificio e per lo zelo pastorale, se abbiano l'attitudine a governare. Occorre anche tener conto delle qualità intellettuali, del corso di studi compiuti, della sensibilità sociale, della disposizione al dialogo e alla collaborazione, dell'apertura ai segni dei tempi, della lodevole preoccupazione di restare al di sopra delle parti, dell'ambiente familiare, della salute, dell'età, e delle caratteristiche ereditarie.

Articolo VII

1. Conclusa la discussione orale, i voti, o l'astensione dal voto, devono essere espressi per ciascuno dei candidati per iscritto o in altra maniera adatta.
2. Il voto dev'essere segreto, affinche sia assicurata ad ognuno la piena libertà di esprlmerlo. È conveniente che, oltre il voto stesso, sia chiaramente indicato il tipo di diocesi o di servizio, a cui ciascun candidato sembri più adatto.
3. Dopo i voti sui singoli candidati, se ne faccia lo spoglio, in un modo che ne permetta l'esatto computo.
4. Se si ritiene opportuno, il presidente può invitare i vescovi a una nuova discussione orale, circa uno o più candidati, e provvedere a una seconda votazione, affinché appaiano più chiaramente le loro caratteristiche.

2.2 *Can. 149*:

§1. Perché si conferisca a una persona la nomina ad un ufficio ecclesiastico, si richiede che essa sia nella comunione della Chiesa; dev'essere inoltre idonea, ossia fornita delle qualità richieste per quell'ufficio dal diritto universale o particolare oppure dalla legge di fondazione.

2.3 *Can. 378*:

§1. Per l'idoneità all'episcopato, si richiede che il candidato:
1° eccella per fermezza di fede, buoni costumi, pietà, zelo delle anime, saggezza, prudenza e virtù umane, e sia dotato di tutte le altre qualità che lo rendano atto ad adempiere l'ufficio a cui è stato designato;
2° goda buona riputazione;
3° abbia almeno trentacinque anni di età;
4° sia stato assunto nell'ordine del presbiterato da almeno un quinquennio;
5° abbia conseguito la laurea di dottore o almeno la licenza in Sacra Scrittura, teologia o diritto canonico in un istituto di studi superiori approvato dalla Sede Apostolica, oppure sia almeno veramente esperto in tali discipline.
§2. Il giudizio definitivo sull'idoneità del candidato spetta alla Sede Apostolica.

3. Elezione (designazione)

3.1 *Austria (Salisburgo)*:

Concordato del 5 giugno 1933, art. IV §1: «Verificandosi la vacanza della Sede Arcivescovile di Salisburgo, la Santa Sede designerà a quel Capitolo Metropolitano tre candidati, fra i quali esso avrà da eleggere per votazione libera e segreta il nuovo Arcivescovo» (cf. MERCATI, II, 162).

3.2 Germania

3.2.1 Concordato con la Prussia del 14 aprile 1929:

Riguarda le sedi metropolitane di Colonia, Paderborn e Berlino con le diocesi suffraganee di Aachen, Essen, Limburg, Münster, Osnabrück, Trier, Fulda e Hildesheim.

L'elezione avviene secondo art. 6: «1. Verificandosi la vacanza di una Sede Arcivescovile o Vescovile, così il rispettivo Capitolo Metropolitano o Cattedrale come anche gli Arcivescovi e Vescovi diocesani della Prussia presentano alla Santa Sede liste di candidati canonicamente idonei. Tenendo presenti queste liste, la Santa Sede designa al Capitolo tre persone, tra le quali esso ha da eleggere per votazione libera e segreta l'Arcivescovo od il Vescovo. La Santa Sede non nominerà nessuno Arcivescovo o Vescovo, intorno al quale il Capitolo dopo la elezione non si sia prima assicurato al Governo Prussiano che contro di esso non esistono obiezioni di carattere politico.

2. Alla formazione delle liste dei candidati ed all'elezione partecipano anche i Canonici onorari» (cf. MERCATI, II, 137).

3.2.2 Concordato con il Baden del 12 novembre 1932:

L'elezione riguarda all'archidiocesi di Freiburg-Breisgau.

Art. III: «1. Verificandosi la vacanza della Sede arcivescovile, il Capitolo presenta alla Santa Sede una lista di candidati canonicamente idonei.

Tenendo presente detta lista, come pure quelle che l'Arcivescovo di Friburgo deve rimettere ogni anno alla Santa Sede, questa designa al Capitolo tre candidati, fra i quali esso ha da eleggere per votazione libera e segreta il nuovo Arcivescovo. Fra i tre designati vi sarà almeno uno appartenente all'Archidiocesi di Friburgo. […].

3. Alla formazione della lista dei candidati ed all'elezione partecipano anche i canonici onorari nominati all'articolo II cogli stessi diritti dei canonici effettivi» (cf. MERCATI, II, 150).

3.2.3 *Reichskonkordat* del 20 luglio 1933:

Ha esteso il regolamento dei due precedenti concordati ad altre diocesi.

Art. 14: «Per quel che riguarda la provvista delle Sedi vescovili delle due diocesi suffraganee di Rottenburg e di Magonza, come pure della diocesi di Minia, si applica ad esse, corrispondentemente, la norma fissata per la Sede di Friburgo, Metropolitana della Provincia ecclesiastica dell'Alto Reno» (cf. MERCATI, II, 190).

3.3 Svizzera

3.3.1 Diocesi di Basilea:

a) *Concordato* del 16 marzo 1828, art. 12: «Les Chanoines formant le Sénat ont le droit de nommer l'Evêque parmi le Clergé du Diocèse. L'Evêque élût recevra l'institution du St. Père aussitôt, que ses qualités canoniques auront été constatées selon les formes usitées pour les Eglises de la Suisse» (cf. MERCATI, I, 713).

b) *Bolla Inter praecipua* del 7 maggio 1828: «Novo autem sic efformato Cathedrali Capitulo, Decem Canonicis Senatum Episcopi constituentibus tribuimus jus eligendi infra tres Menses ex dioecesano Clero, servatis Canonicis Regulis, futurum ac pro tempore Episcopum Basileensem; jubentes insimul, ut peractae Electionis instrumentum authentica forma exaratum Summo Pontifici de more mittatur, a quo, si Electio canonice peracta agnoscetur et ex inquisitionis processu juxta formam pro Episcopatibus in Helvetia usitatam confecto, de ipsius Electi qualitatibus ad Sacrorum Canonum normam rite constiterit, electio hujusmodi a Sancta Sede confirmabitur et ab ea deinde per Apostolicas literas Canonica Electo dabitur institutio. Quod si aut electio minime fuerit canonice peracta, aut Promovendus praedictis qualitatibus instructus non reperiatur, ex speciali gratia indulgemus, ut Cathedrale Capitulum ad novam electionem canonica similiter methodo valeat procedere.
[...] Episcopali Sedi Basileensi [...] jus confirmamus habendi Suffraganeum Episcopum Titularem ad ea per totam Dioecesim obeunda munia, quae Ordinem Episcopalem requirunt; cujus quidem Suffraganei nominatio Summo Pontifici de more facienda ad Episcopum Basileensem pro tempore semper libere spectabit» (cf. MERCATI, I, 716.717).

c) *Breve Quod ad rem sacram* del 15 settembre 1828: «Vestram proinde erit partium, eos adsciscere, quos ante solemnem electionis actum noveritis nedum praefinitis qualitatibus praefulgere, sed gubernio etiam minus gratos non esse» (cf. MERCATI, I, 720).

3.3.2 Diocesi di San Gallo:

a) *Convenzione* del 7 novembre 1845, art. 7: «Quovis modo eveniente vacatione sedis episcopalis Sangallensis jus electionis novi Episcopi penes Capitulum cathedrale residet, atque a Canonicis tam residentibus quam foraneis seu titularibus infra spatium trium mensium a die obitus Episcopi computandum exequendum est».
Art. 8: «Si electio canonice peracta agnoscetur, et juxta formam pro Episcopatibus in Helvetia usitatam de ipsius Electi qualitatibus ad sacrorum canonum normam rite constiterit, Summus Pontifex Electo canonicam institutionem praestabit».
Art. 9: «Ut quis ad dignitatem Episcopi eligibilis sit, praeter qualitates canonicas requiritur, ut eligendus sit Presbyter e Clero dioecesano, et in Dioecesi ipsa Sangallensi per plures annos curae animarum, tradendis litteris, vel administrandae Dioecesi merito et distinctione incubuerit» (cf. MERCATI, I, 748).

b) *Bolla Instabilis rerum* dell'8 aprile 1847 (-).

3.3.3 Diocesi di Coira:

Electionis Episcopi Curiensis Decretum del 28 giugno 1948: «*Etsi salva semper manere debeat Sedis Apostolicae libertas in nominandis Episcopis et certa, aequalis methodus in hoc gravissimo negotio exoptetur, tamen quandoque graves rationes normas peculiares in electione Episcoporum, praecipue consuetudinibus regionum accomodatas, suadere possunt. Hac mente SSmus Dominus Noster PIUS Div. Prov. PP. XII, pro sua sapientia ac benevolentia, utilitati Ecclesiae Curiensis per idonei Pastoris electionem prospiciens, re mature perpensa, Capitulo Cathedrali supradictae dioecesis privilegium conferre dignatus est proprium Episcopum eligendi intra tres sacerdotes ab Apostolica Sede propositos. Porro SSmus Dominus, abrogato, quatenus opus sit, quolibet alio privilegio, hoc Consistoriali Decreto statuit ut in futurum, Sede Curiensi vacante, eiusdem dioecesis Capitulum Cathedrale ecclesiasticum virum intra tres candidatos ab Apostolica Sede propositos eligat in Curiensem Episcopum. Contrariis quibuscumque non obstantibus*» (cf. W. GUT, «Coira, una controversa elezione episcopale», 583).

4. Intervento delle Autorità civili

4.1 *Diritto di prenotificazione ufficiosa*

in MERCATI, II:

Prussia: artt. 6,1 e 7 del conc. (14 aprile 1929), 137-138;
Baden: punto 2 dell'art. III del conc. (12 ottobre 1932), 150; n. 1 del protocollo finale circa l'art. III capoverso 1, *p.* 156; n. 1 capoverso 2 sull'art. III del protocollo addizionale, *p.* 159;
Austria: art. IV §§ 1 e 2 del conc. (5 giugno 1933), 162-163; protocollo finale all'art. IV §2, *pp.* 177-178;
Il conc. con il *Reich tedesco* del 20 luglio 1933: art. 14, *p.* 190 ed il protocollo finale all'art. 14 capov. 2 n. 2, *p.* 199; art. 27 (ordinario militare), 195;
Ecuador: punto Settimo del *modus vivendi* (24 luglio 1937), 219;
Portogallo: art. X del conc. (7 maggio 1940), 236-237; art. VII dell'accordo missionario (7 maggio 1940), 246-247;
Repubblica Dominicana: art. V,1 del conc. (16 giugno 1954), 297.

in E. LORA, *Enchiridion dei concordati*:

Governo Belga a riguardo del Congo Belga: art. 3 della conv. (8 dicembre 1953), n. 2485.

in MARTÍN DE AGAR:

Filippine (ordinario militare): N. 2 scambio delle note tra il nunzio apostolico e il sottosegretario degli Affari Esteri (20 settembre 1952), 200.202;
Argentina (vicario castrense): art. IV dell'accordo (28 giugno 1957), 44;
Bolivia: art. III dell'accordo (29 novembre 1958), 108;

Paraguay: art. II della conv. (26 novembre 1960), 673;
Venezuela: art. VI dell'accordo (6 marzo 1964), 869-870;
Tunisia: art. 10 del *modus vivendi* (27 giugno 1964), 840;
Sassonia Inferiore: artt. 3,1 e 3,2 del conc. (26 febbraio 1965), 238;
Argentina: art. III dell'accordo (10 ottobre 1966), 49-50;
El Salvador: art. III della conv. (11 marzo 1968), 195;
Colombia: art. XIV del conc. (12 luglio 1973), 132;
Spagna: art. I dell'accordo (28 luglio 1976), 786-787;
Ecuador (vicario castrense): art. III dell'accordo (3 agosto 1978), 190;
Principato di Monaco: art. II della conv. (25 luglio 1981), 671-672;
Haïti: art. 4 della conv. (8 agosto 1984), 514;
Bolivia (ordinario militare): art. 3 dell'accordo (1 dicembre 1986), 111;
Repubblica Dominicana (vicario castrense): n. 1 del protocollo addizionale (11 maggio 1990) all'accordo del 21 gennaio 1958, 737;
Ungheria (ordinario militare): art. 2 dell'accordo (10 gennaio 1994), 854;
Repubblica di Venezuela (ordinario militare): art. 3 dell'accordo (24 novembre 1994), 874;
Libero Stato di Turingia: art. 5, commi 1 e 2 dell'accordo (11 giugno 1997), 442; protocollo finale, in relazione all'art. 5, commi 1 e 2, *p.* 461.

4.2 *Semplice comunicazione*

in MARTÍN DE AGAR:

Repubblica Perú: art. VII della conv. (19 luglio 1980), 679;
Italia: art. 3, 2 dell'accordo (18 febbraio 1984), 554;
Repubblica di San Marino: art. 1 dell'accordo (2 aprile 1992), 741;
Polonia: art. 7 del conc. (28 luglio 1993), 686;
Repubblica di Croazia: art. 6, 3 dell'accordo (19 dicembre 1996), 156;
Estonia: n. 5 dell'accordo (23 dicembre 1998 / 15 febbraio 1999), 197-198.

in E. LORA, *Enchiridion dei concordati*:

Lituania: 2 accordi del 5 maggio 2000: art. 6, nn. 5031-5035; art. 2 (ordinario militare), n. 5078;
Repubblica di Lettonia: accordo dell'8 novembre 2000: art. 5, n. 5116; art. 24, 2 (ordinario militare), n. 5148;
Repubblica Slovacca: art. 6, 2 dell'accordo (24 novembre 2000), n. 5178.

in *Acta Apostolicae Sedis*:

Repubblica di Albania: art. 5 dell'accordo (23 marzo 2002), in *AAS* 94 (2002) 661-662;
Repubblica Slovacca (ordinario militare): art. 2, 2 dell'accordo (21 agosto 2002), *AAS* 95 (2003) 177; (./..).

4.3 *Diritto di presentazione-nomina*:

Francia: artt. 4 e 5 del conc. (15 luglio 1801) in MERCATI, I, 562-563;
Spagna (vicario castrense): art. 1, n. 3 dell'accordo (28 luglio 1976), in MARTÍN DE AGAR, 787; riconfermato in seguito dall'art. 3 dell'accordo del 3 gennaio 1979, in MARTÍN DE AGAR, 806.

4.4 *Decreto* Christus Dominus:[5]

20b. Perciò, per difendere, com'è giusto la libertà della Chiesa e per promuovere sempre più adeguatamente e speditamente il bene dei fedeli, questo sacrosanto Concilio fa voti che, per l'avvenire, alle autorità civili non siano più concessi diritti o privilegi di elezione, nomina presentazione o designazione alla carica episcopale. A quelle civili autorità che ora, in virtù di una convenzione o di una consuetudine, godono dei suddetti diritti o privilegi, questo sacrosanto Sinodo, mentre esprime riconoscenza e sincero apprezzamento per l'ossequio da loro dimostrato verso la Chiesa, rivolge vivissima preghiera, perché, previe intese con la Sede Apostolica, a essi vogliano spontaneamente rinunziare.

4.5 *Norme* Episcopis facultas:

Articolo XV

Fermo restando il voto del Concilio Ecumenico Vaticano II nel decreto *Christus Dominus*, n. 20, concernente la libera elezione dei vescovi, le norme che precedono non abrogano i legittimi privilegi concessi o giuridicamente acquisiti e le procedure particolari approvate dalla Santa Sede mediante accordo o altra maniera, né vi si sostituiscono.

4.6 *Can. 377*:

§5. Per il futuro non verrà concesso alle autorità civili alcun diritto e privilegio di elezione, nomina, presentazione o designazione dei vescovi.

5. Conferimento del titolo

5.1 *Decr.* Christus Dominus:

20. [...] il diritto di nominare e di costituire i vescovi è proprio, peculiare e per sé esclusivo della competente autorità ecclesiastica.

5.2 *M.p.* Ecclesiae sanctae – I:

10. Fermo restando il diritto del Romano Pontefice di nominare liberamente i vescovi e di conferir loro l'ufficio [...].

---

[5] Cf. CONCILIUM VATICANUM II, Decretum de pastorali episcoporum munere in Ecclesia *Christus Dominus*, 28 oct. 1965, *AAS* 58 (1966) 673-701.

5.3 Can. 147:

Il conferimento dell'ufficio ecclesiastico vien fatto: per libero conferimento da parte della competente autorità ecclesiastica; per istituzione data dalla medesima, se precedette la presentazione; per conferma o per ammissione fatta dalla stessa, se precedette l'elezione o la postulazione; infine per semplice elezione o accettazione dell'eletto, se l'elezione non esige conferma.

5.4 Can. 156:

La provvista di qualsiasi ufficio sia fatta per iscritto.

5.5 Un esempio della bolla di nomina:

Ioannes Paulus Episcopus Servus Servorum Dei dilecto filio *N*. [*segue specificazione dell'ufficio che svolgeva prima di nomina*], Episcopo electo Diocesis *N*. [*il nome della diocesi per la quale è stato eletto*], salutem et Apostolicam Benedictionem. Decet Nos, qui ipsius Christi personam gerimus, ea sedulo concedere quae ad legitimum regimen spiritualemque salutem dominici gregis conferunt. Cum vero Diocesis *N*., per renuntiationem sui postremi Antistitis Venerabilis Fratris *N*. [*il nome del predecessore*], vacans extiterit, novum eidem Pastorem praeficere properamus. Itaque ad te, dilecte fili, cuius egregiae animi ingeniique dotes notae sunt Nobis, fidenter decurrimus hoc grave munus tibi concredituri. Rotam igitur sententiam habentes Congregationis pro Gentium Evangelizatione, Apostolica de Nostra auctoritate Episcopum et Pastorem te destinamus ad Diocesim *N*., datis iuribus congruisque obligationibus impositis. Permittimus ut episcopalem ordinationem extra urbem Romam ad liturgicas normas accipias. Antea vero tuum erit catholicae fidei professionem facere atque ius iurandum dare fidelitatis erga Nos et Nostros in hac Apostolica Sede Successores, teste quovis rectae fidei Praesule, formulasque adhibitas, de more signatas sigilloque impressas, ad Congregationem quam diximus mittere. Mandamus insuper ut hae Litterae Littere Nostrae clero ac populo in cathedrali templo legantur. Quos dilectos filios et filias, hac oblata opportunitate, hortamur ut te debita prosequantur reverentia tibique dociles obsecundent. Quod superest, dilecte fili, summa cum fiducia ad istam ecclesialem communitatem te mittimus. Tu vero operam tuam sic studiose impendere curabis, ut christifideles tibi crediti sacramentis salutis uberrime fruantur. Datum Romae, apud S. Petrum, die *nn*. mensis *n*., anno Domini *nn*., Pontificatus Nostri *nn*.

5.6 M.p. Sollicitudo omnium ecclesiarum:

III, 1. Al Sommo Pontefice compete il diritto nativo e indipendentemente di nominare, inviare, trasferire e richiamare liberamente i suoi rappresentanti, in conformità cone le norme del diritto internazionale per quanto concerne l'invio e il richiamo degli agenti diplomatici.

5.7 *Can. 362*:

Il Romano Pontefice ha il diritto nativo e indipendente di nominare e inviare i suoi legati [...] come pure di trasferirli e richiamarli, nel rispetto però delle norme del diritto internazionale per quanto riguarda l'invio e la revoca dei legati accreditati presso i Governi.

5.8 *Can. 377*:

§1. Il Sommo Pontefice nomina liberamente i vescovi, oppure conferma quelli che sono stati legittimamente eletti.

5.9 *Cost. ap.* Spirituali militum curae:[6]

N. II §2. Il Sommo Pontefice nomina liberamente l'ordianrio militare oppure isitituisce o conferma il candidato legittimamente designato.

6. Consacrazione episcopale

6.1 *Can. 379*:

Tranne il caso di legittimo impedimento, chiunque venga promosso all'Episcopato deve ricevere la consacrazione episcopale entro tre mesi dalla recezione delle lettere apostoliche, e in ogni caso prima di prendere possesso del suo ufficio.

6.2 *Can. 1013*:

A nessun Vescovo è lecito consacrare alcun altro Vescovo, se prima non consti del mandato pontificio.

6.3 *Can. 1014*:

Tranne che sia intervenuta una dispensa della Sede Apostolica, il Vescovo consacrante principale si associ nella consacrazione episcopale almeno due altri Vescovi consacranti; è per altro molto conveniente che tutti i Vescovi presenti consacrino insieme con quelli il Vescovo eletto.

6.4 *Testimonium consecrationis episcopalis extra Urbem receptae*:

Cum Exc.mo ac Rev.mo D. *N.* [*il nome del vescovo consacrato*], nuper renunciato ... Apostolicis sub plumbo Litteris facultas data fuerit consecrationis munus extra Curiam Romanam rite suscipiendi a quolibet Episcopo gratiam et communionem cum Sede Apostolica habente, duobus aliis Catholicis Episcopis assistentibus, per praesentes litteras a Nobis subsignatas et Nos-

---

[6] Cf. IOANNES PAULUS II, Const. Ap. *Spirituali militum curae* qua nova canonica ordinatio pro spirituali militum cura datur, 21 apr. 1986, *AAS* 78 (1986) 481-486.

tro sigillo munitas, fidem facimus ac testamur praefatum Exc.mum et Rev.mum D. *N.* [*il nome del vescovo consacrato*], fidei professione emissa ac suetis iuramentis praestitis iuxta formulas a Sancta Sede statutas, consecrationem episcopalem inter Pontificalia sollemnia a Nobis recepisse, assistentibus Exc.mo et Rev.mo D. *N.* [*il nome del primo vescovo conconsacrante*] Episcopo *N.* [*la diocesi*], et Exc.mo et Rev.mo D. *N.* [*il nome del secondo vescovo conconsacrante*] Episcopo *N.* [*la diocesi*], die *nn.* in Ecclesia *N.* [*luogo e il titolo della chiesa dove era avvenuta la consacrazione episcopale*].

6.5 *Can. 1382*:

Il Vescovo che conferisce la consacrazione episcopale senza il mandato pontificio, e, parimenti, chi riceve la consacrazione dalle sue mani, incorrono nella scomunica *latae sententiae* riservata alla Sede Apostolica.

7. Professione di fede e giuramento

7.1 *Professione di fede*

7.1.1 Can. 380:

Prima del detto possesso canonico, la persona promossa emetta la professione di fede [...], secondo la formula approvata dalla medesima Sede Apostolica.

7.1.2 Can. 833:

Hanno l'obbligo di emettere personalmente la professione di fede, secondo la formula approvata dalla Santa Sede:
3° dinanzi al delegato della Sede Apostolica, tutti coloro che sono stati promossi all'episcopato e, similmente, quelli che sono equiparati al Vescovo diocesano.

7.1.3 Formula da usarsi nei casi in cui è prescritta la professione di fede:[7]

Ego *N.* firma de fide credo et profiteor omnia et singula quae continentur in Symbolo fidei, videlicet:
Credo in unum Deum Patrem omnipotentem, factorem coeli et terrae, visibilium omnium et invisibilium et in unum Dominum Iesum Christum, Filium Dei unigenitum, et ex Patre natum ante omnia saecula, Deum de Deo, lumen de lumine, Deum verum de Deo vero, genitum non factum, consubstantialem Patri per quem omnia facta sunt, qui propter nos homines et propter nostram salutem descendit de coelis, et incarnatus est de Spiritu Sancto, ex Maria virgine, et homo factus est; crucifixus etiam pro nobis sub Pontio Pilato, passus

---

[7] Cf. CONGREGATIO PRO DOCTRINA FIDEI, *I fedeli chiamati* «Professio fidei» et «Iusiurandum fidelitatis» in suscipiendo officio nomine ecclesiae exercendo, 1 iul. 1988, *AAS* 81 (1989) 104-106.

et sepultus est; et resurrexit tertia die secundum Scripturas, et ascendit in coelum, sedet ad dexteram Patris, et iterum venturus est cum gloria iudicare vivos et mortuos, cuius regni non erit finis; et in Spiritum sanctum Dominum et vivificantem, qui ex Patre Filioque procedit; qui cum Patre et Filio simul adoratur et conglorificatur qui locutus est per prophetas; et unam sanctam catholicam et apostolicam ecclesiam. Confiteor unum baptisma in remissionem peccatorum, et expecto resurrectionem mortuorum, et vitam venturi saeculi. Amen.

Firma fide quoque credo ea omnia quae in verbo Dei scripto vel tradito continentur et ab ecclesia sive sollemni iudicio sive ordinario et universali magisterio tamquam divinitus revelata credenda proponuntur.

Firmiter etiam amplector ac retineo omnia et singula quae circa doctrinam de fide vel moribus ab eadem definitive proponuntur.

Insuper religioso voluntatis et intellectus obsequio doctrinis adhaereo quas sive romanus pontifex sive collegium episcoporum enuntiant cum magisterium authenticum exercent etsi non definitivo actu easdem proclamare intendant.

7.1.4 Can. 750:

§1. Per fede divina e cattolica sono da credere tutte quelle cose che sono contenute nella parola di Dio scritta o tramandata, vale a dire nell'unico deposito della fede affidato alla Chiesa, e che insieme sono proposte come divinamente rivelate, sia dal magistero solenne della Chiesa, sia dal suo magistero ordinario e universale, ossia quello che è manifestato dalla comune adesione dei fedeli sotto la guida del sacro magistero; di conseguenza tutti sono tenuti a evitare qualsiasi dottrina ad esse contraria.

§2. Si devono pure fermamente accogliere e ritenere anche tutte e singole le cose che vengono proposte definitivamente dal magistero della Chiesa circa la fede e i costumi, quelle cioè che sono richieste per custodire santamente ed esporre fedelmente lo stesso deposito della fede; si oppone dunque alla dottrina della Chiesa cattolica chi rifiuta le medesime proposizioni da tenersi definitivamente.

7.1.5 Can. 1371:

Sia punito con una giusta pena:

1° chi, oltre al caso di cui nel can. 1364 §1, insegni una dottrina condannata dal Romano Pontefice o da un Concilio Ecumenico, oppure respinga pertinacemente la dottrina di cui nel can. 750 §2 o nel can. 752, ammonito dalla Sede Apostolica o dall'Ordinario, non si ritratti.

7.2 *Giuramento*

7.2.1 Can. 380:

Prima del detto possesso canonico, la persona promossa [...] presti il giuramento di fedeltà verso la Sede Apostolica, secondo la formula approvata dalla medesima Sede Apostolica.

7.2.2 Formula da usarsi:

Ego *N*. in suscipiendo officio ... promitto me cum catholica ecclesia communionem semper servaturum, sive verbis a me prolatis, sive mea agendi ratione.

Magna cum diligentia et fidelitate onera explebo quibus teneor erga ecclesiam, tum universma, tum particularem, in qua ad meum servitium, secundum iuris praescripta, exercendum vocatus sum.

In munere meo adimplendo, quod ecclesiae nomine mihi commissum est, fidei depositum integrum servabo, fideliter tradam et illustrabo; quascumque igitur doctrinas iisdem contrarias devitabo.

Disciplinam cunctae ecclesiae communem sequar et fovebo observantiamque cunctarum legum ecclesiasticum, earum imprimis quae in Codice iuris canonici continentur, servabo.

Christiana oboedientia prosequar quae sacri pastores, tamquam authentici fidei doctores et magistri declarant aut tamquam ecclesiae rectores statuunt, atque episcpis dioecesanis fideliter auxilium dabo, ut actio apostolica, nomine et mandato ecclesiae exercenda, in eiusdem ecclesiae communione peragatur.

Sic me Deus adiuvet et sancta Dei Evangelia, quae manibus meis tango.

8. Presa di possesso

8.1 *Can. 382 (vescovo diocesano)*:

§1. Prima di prendere possesso canonico della sua diocesi, il Vescovo promosso non può ingerirsi nell'esercizio dell'ufficio affidatogli; può tuttavia esercitare gli uffici che aveva nella medesima diocesi prima della promozione, fermo restando il disposto del can. 409 §2.

§2. Tranne il caso di legittimo impedimento, chi è stato promosso all'ufficio di Vescovo diocesano deve prendere possesso canonico della sua diocesi entro quattro mesi a decorrere dalla recezione delle lettere apostoliche, se non è stato ancora consacrato Vescovo; entro due mesi dalla medesima recezione, se è stato già consacrato.

§3. Il Vescovo prende possesso canonico della diocesi appena abbia presentato nella stessa diocesi, personalmente o per mezzo di un procuratore, le lettere apostoliche al collegio dei consultori, alla presenza del cancelliere della curia, che ponga la cosa agli atti; oppure, in una diocesi di nuova erezione, non appena abbia dato comunicazione delle medesime lettere al clero e al popolo presenti nella chiesa cattedrale, mentre il presbitero più anziano tra gli astanti redige il verbale relativo.

§4. Si raccomanda vivamente che la presa di possesso canonico si svolga con un'azione liturgica nella chiesa cattedrale, alla presenza del clero e del popolo.

8.2 *Can. 404 (vescovi coadiutore e ausiliare)*:

§1. Il Vescovo coadiutore prende possesso del suo ufficio esibendo personalmente, o per mezzo di un procuratore, le lettere apostoliche di nomina al

Vescovo diocesano e al collegio dei consultori, alla presenza del cancelliere della curia, che ponga la cosa agli atti.

§2. Il Vescovo ausiliare prende possesso del suo ufficio esibendo le lettere apostoliche di nomina al Vescovo diocesano, alla presenza del cancelliere di curia, che rediga il relativo verbale.

§3. Se il Vescovo diocesano fosse del tutto impedito, è sufficiente che, sia il Vescovo coadiutore sia il Vescovo ausiliare, presentino le lettere apostoliche di nomina al collegio dei consultori, alla presenza del cancelliere della curia.

9. Giuramento di fedeltà al Governo

In considerazione saranno presi i concordati vigenti.

9.1 *Francia*:

Concordato del 15 luglio 1801 (diocesi di Metz e di Strasburgo), art. 6: «Episcopi, antequam munus suum gerendum suscipiant, coram Primo Consule, iuramentum fidelitatis emittent quod erat in more ante regiminis commutationem, sequentibus verbis expressum: "Ego iuro et promitto, ad sancta Dei evangelia, obedientiam et fidelitatem gubernio per constitutionem Gallicanae reipublicae statuto. Item, promitto me nullam communicationem habiturum, nulli consilio interfuturum, nullamque suspectam unionem neque intra neque extra conservaturum, quae tranquillitati publicae noceat. Et si, tam in dioecesi mea quam alibi, noverim aliquid in Status damnum tractari, gubernio manifestabo"» (E. LORA, *Enchiridion dei concordati*, n. 8).

9.2 *Germania*:

Art. 16 del *Reichskonkordat* del 20 luglio 1933: «I Vescovi, prima di prendere possesso delle loro Diocesi, presenteranno nelle mani del Luogotenente del Reich (*Reichsstatthalter*) nel competente Stato oppure al Presidente del Reich un giuramento di fedeltà secondo la formula seguente: "Davanti a Dio e suoi Santi Vangeli, giuro e prometto, come si conviene ad un Vescovo, fedeltà al Reich Germanico e allo Stato... Giuro e prometto di rispettare e di far rispettare dal mio clero il Governo stabilito secondo le leggi costituzionali dello Stato. Preoccupandomi com'è mio dovere, del bene e dell'interesse dello Stato Germanico, cercherò, nell'esercizio del sacro ministero affidatomi, di impedire ogni danno che possa minacciarlo"» (E. LORA, *Enchiridion dei concordati*, n. 1917).

9.3 *Haïti*:

Convenzione del 8 agosto 1984, art. 5: «In quanto cittadini haitiani, gli arcivescovi e i vescovi diocesani così come i vescovi coadiutori con diritto di successione, prima di entrare nell'esercizio della loro missione pastorale, confermeranno davanti al Capo dello Stato la loro fedeltà alla Nazione con le parole seguenti: "Io prometto e m'impegno a serbare rispetto e fedeltà alla Costituzione di Haiti in vista del perseguimento del bene comune del Paese e della difesa degli interessi della Nazione"» (E. LORA, *Enchiridion dei concordati*, n. 3588).

10. Pubblicazione ufficiale

Avviene tramite la pubblicazione del nome di nuovo vescovo ne «l'Osservatore Romano», nelle *Acta Apostolicae Sedis* e in un giornale ufficiale del Paese dove è stato nominato.

SIGLE E ABBREVIAZIONI

§/§§	paragrafo/i
AAS	*Acta Apostolicae Sedis. Commentarium Officiale*, Romae 1929 –
ad es.	ad esempio
art./artt.	articolo/i
Apoll.	*Apollinaris*
AS	*Apostolorum Successores*, direttorio per il ministero pastorale dei vescovi (24 febbraio 2004)
BAC	Biblioteca de Auctores Cristianos
can./cann.	canone/i
capov.	capoverso
Card.	Cardinale
CD	*Christus Dominus*, decretum de pastorali episcoporum munere in Ecclesia (28 ottobre 1965)
Cf.	confronta
CIC'17	*Codex Iuris Canonici* del 1917
CIC'83	*Codex Iuris Canonici* del 1983
CivCatt	*La civiltà cattolica*
COD	ALBERIGO, G. – DOSSETTI, G.L. – JOANNOU, P.-P., *Conciliorum Oecumenicorum Decreta*, Bologna 1996⁵.
col./coll.	colonna/e
Comm.	*Communicationes*
Conc.	*Concilium*
conc.	concordato
const.	*constitutio*
conv.	convenzione
cost. ap.	costituzione apostolica
decr.	decreto
ecc.	eccetera
ed.	curatore
EC	*Enciclopedia cattolica*

ED	*Episcoporum delectum*, decretum de promovendis ad episcopatum in Ecclesia latina (25 marzo 1972)
EDeusto	*Estudios de Deusto*
EF	*Episcopis facultas*, normae de promovendis ad episcopale ministerium in Ecclesia latina (25 marzo 1972)
ES	*Ecclesiae Sanctae*, motu proprio di Paolo VI (6 agosto 1966)
esort. ap.	esortazione apostolica
EV	*Enchiridion Vaticanum*. Documenti ufficiali della Santa Sede, Bologna 1981 –
FRIEDBERG	FRIEDBERG, AE., *Corpus Iuris Canonici*. Pars prior. Decretum Magistri Gratiani; Pars secunda. Decretalium Collectiones, Graz 1959².
GASPARRI	P. GASPARRI, *Codicis Iuris Canonici fontes*, Typis Polyglottis Vaticanis
JC	*Ius Canonicum*
JE	*Ius Ecclesiae*
ID.	*idem*
instr.	*instructio*
LG	*Lumen gentium*, constitutio dogmatica de Ecclesia (21 novembre 1965)
litt. ap.	*littera apostolica*
m.p.	*motu proprio*
MARTÍN DE AGAR	MARTÍN DE AGAR, J.T., *Raccolta di concordati 1950-1999*, Città del Vaticano 2000.
ME	*Monitor Ecclesiasticus*
MERCATI	MERCATI, A., *Raccolta di concordati su materie ecclesiastiche tra la Santa Sede e le Autorità civili*, I. *1098-1914*, Roma 1919; II. *1915-1954*, Tipografia Poliglotta Vaticana 1954.
n./nn.	numero/i
NDDC	C. CORRAL SALVADOR – V. DE PAOLIS – G. GHIRLANDA, ed., *Nuovo Dizionario di Diritto Canonico*, Cinisello Balsamo 1993
NEP	*Nota esplicativa praevia* alla costituzione dogmatica *Lumen gentium*
Norme	Normae *Episcopis facultas* de promovendis ad episcopale ministerium in Ecclesia latina (25 marzo 1972)
OR	*L'Osservatore Romano*
p./pp.	pagina/e (questa abbreviazione viene attribuita solo per le pagine della tesi)
PB	*Pastor Bonus*, constitutio Apostolica de Romana Curia (28 giugno1988)
PG	*Pastores gregis*, Adhortatio Apostolica (16 ottobre 2003)

PK	*Prawo Kanoniczne*
PO	*Presbyterorum ordinis*, decretum de presbyterorum ministerio et vita (7 dicembre 1965)
PCCICR	Pontificia commissio Codici Iuris Canonici recognoscendo
QDE	*Quaderni di Diritto Ecclesiale*
REDC	*Revista Española de Derecho Canónico*
Regno/Att.	*Il Regno Attualità*
SERÉDI	I. SERÉDI, *Codicis Iuris Canonici fontes*
Sess.	Sessione
SMC	*Spirituali militum curae*, constitutio Apostolica di Giovanni Paolo II (21 aprile 1986)
SOE	*Sollicitudo omnium ecclesiarum*, motu proprio di Paolo VI (14 giugno 1969)
TG.DC	Tesi Gregoriana. Serie Diritto Canonico
vol./voll.	volume/i

BIBLIOGRAFIA

1. Fonti

1.1 Documenti conciliari

CONCILIUM VATICANUM II, Constitutio dogmatica de Ecclesia *Lumen gentium*, 21 nov. 1965, *AAS* 57 (1965) 5-75.

———, Decretum de pastorali episcoporum munere in Ecclesia *Christus Dominus*, 28 oct. 1965, *AAS* 58 (1966) 673-701.

———, Decretum de presbyterorum ministerio et vita *Presbyterorum ordinis*, 7 dec. 1965, *AAS* 57 (1966) 991-1024.

1.2 Documenti dei Pontefici

LEO X, Constitutio *Supernae dispositionis*, 5 maii 1514, in P. GASPARRI, *Codicis Iuris Canonici fontes*, I, Typis Polyglottis Vaticanis, 1923, n. 65, 101-110.

GREGORIUS XIV, Constitutio *Onus Apostolicae*, 15 maii 1591, in P. GASPARRI, *Codicis Iuris Canonici fontes*, I, Typis Polyglottis Vaticanis, 1923, n. 171, 321-327.

CLEMENS XI, Constitutio *In supremo*, 24 aug. 1709, in P. GASPARRI, *Codicis Iuris Canonici fontes*, I, Typis Polyglottis Vaticanis, 1923, n. 266, 523-527.

BENEDICTUS XIV, Instructio *Eo quamvis tempore*, 4 maii 1745, in P. GASPARRI, *Codicis Iuris Canonici fontes*, I, Typis Polyglottis Vaticanis, 1923, n. 357, 890-903.

———, Epistula *In postremo*, 20 oct. 1756, in P. GASPARRI, *Codicis Iuris Canonici fontes*, II, Typis Polyglottis Vaticanis, 1924, n. 442, 538-549.

PIUS VI, Const. *Super soliditate*, 28 nov. 1786, in P. GASPARRI, *Codicis Iuris Canonici fontes*, II, Typis Polyglottis Vaticanis, 1924, n. 473, 663-671.

Pius VI, Epistula Encyclica *Charitas*, 13 apr. 1791, in P. Gasparri, *Codicis Iuris Canonici fontes*, II, Typis Polyglottis Vaticanis, 1924, n. 474, 671-682.

Pius IX, Littera Apostolica *Multiplices inter*, 10 iun. 1851, in P. Gasparri, *Codicis Iuris Canonici fontes*, II, Typis Polyglottis Vaticanis, 1924, n. 510, 855-857.

———, Allocutio *Acerbissimum*, 27 sept. 1852, in P. Gasparri, *Codicis Iuris Canonici fontes*, II, Typis Polyglottis Vaticanis, 1924, n. 515, 873-879.

———, Allocutio *Nunquam fore*, 15 dec. 1856, in P. Gasparri, *Codicis Iuris Canonici fontes*, II, Typis Polyglottis Vaticanis, 1924, n. 522, 911-916.

———, *Syllabus errorum* (a. 1864). *Propositiones*, in P. Gasparri, *Codicis Iuris Canonici fontes*, II, Typis Polyglottis Vaticanis, 1924, n. 543, 1000-1009.

———, Epistula Encyclica *Levate*, 27 oct. 1867, in P. Gasparri, *Codicis Iuris Canonici fontes*, III, Typis Polyglottis Vaticanis, 1925, n. 549, 14-18.

———, Constitutio *Romanus Pontifex*, 28 aug. 1873, in P. Gasparri, *Codicis Iuris Canonici fontes*, III, Typis Polyglottis Vaticanis, 1925, n. 565, 74-77.

Leo XIII, Littera Apostolica *Quemadmodum sollicitus*, 15 mart. 1887, in *Leonis XIII, Pontificis Maximi acta*, VII, Romae 1888, 38-53.

Pius X, Allocutio *Duplicem*, 14 nov. 1904, in P. Gasparri, *Codicis Iuris Canonici fontes*, III, Typis Polyglottis Vaticanis, 1925, n. 662, 626-631.

———, Constitutio *Sapienti Consilio*, 29 iun. 1908, in P. Gasparri, *Codicis Iuris Canonici fontes*, III, Typis Polyglottis Vaticanis, 1925, n. 682, 726-736.

Pius XII, Littera Apostolica *Ad Sinarum gentem*, 7 oct. 1954, *AAS* 47 (1955) 5-14.

———, Encyclica *Ad Apostolorum Principis*, 29 iun. 1958, *AAS* 50 (1958) 601-614.

Ioannes XXIII, *Allocutio Concistorium Secretum*, 15 dec. 1958, *AAS* 50 (1958) 981-989.

Paulus VI, Lettera Apostolica data *Motu Proprio* con la quale vengono stabilite le norme per l'applicazione di alcuni Decreti del Concilio Vaticano II, *Ecclesiae Sanctae – I*, 6 agosto 1966, *AAS* 58 (1966) 757-787.

———, Lettera Apostolica data *Motu Proprio* circa l'ufficio dei

Rappresentanti Pontifici *Sollicitudo omnium Ecclesiarum*, 24 giugno 1969, *AAS* 61 (1969) 473-484.

PAULUS VI, Constitutio Apostolica de Sede Apostolica Vacante deque electione Romani Pontificis *Romano Pontifici eligendo*, 1 oct. 1975, *AAS* 67 (1975) 609-645.

IOANNES PAULUS II, Constitutio Apostolica *Ut sit validum* qua Opus Dei in Praelaturam personalem ambitus internationalis erigitur, 28 nov. 1982, *AAS* 75 (1983) 423-425.

——, Constitutio Apostolica *Spirituali militum curae* qua nova canonica ordinatio pro spirituali militum cura datur, 21 apr. 1986, *AAS* 78 (1986) 481-486.

——, Constitutio Apostolica de Romana Curia *Pastor Bonus*, 28 iun. 1988, *AAS* 80 (1988) 841-930.

——, Littera Apostolica motu proprio data *Ecclesia Dei* quibus commissio quaedam ad plenam ecclesialem communionem Fraternitatis sacerdotalis a sancto Pio X sodalium vel eidem coniunctorum expediendam instituitur, 2 iul. 1988, *AAS* 80 (1988) 1495-1498.

——, Constitutio Apostolica de Sede Apostolica vacante deque Romani Pontificis electione *Universi Dominici Gregis*, 22 febr. 1996, *AAS* 88 (1996) 305-343.

——, Adhortatio Apostolica de Episcopus servus Evangelii Iesu Christi ad spem mundi *Pastores gregis*, 16 oct. 2003, Città del Vaticano 2003.

1.3 Documenti della Curia Romana

CONSILIUM PRO PUBLICIS ECCLESIAE NEGOTIIS, Decretum *Episcoporum Delectum* de promovendis ad episcopatum in Ecclesia latina, *AAS* 64 (1972) 386.

——, Normae *Episcopis Facultas* de promovendis ad episcopale ministerium in Ecclesia latina, *AAS* 64 (1972) 387-391.

SACRA CONGREGATIO CONSISTORIALIS, Decretum *Inter damna*, 30 apr. 1873, in I. SERÉDI, *Codicis Iuris Canonici fontes*, VI, Typis Polyglottis Vaticanis, 1932, n. 4225, 568-571.

——, Decretum de secreto servando in designandis ad sedes episcopales in Foederatis Statibus Americae Septentrionalis *Recta*, 30 mart. 1910, *AAS* 2 (1910) 286-187.

——, Decretum *Rogantibus* de secreto servando in designandis ad sedes episcopales, 2 iul. 1910, *AAS* 2 (1910) 648.

——, Declaratio *Dubitantibus* circa decretum de secreto servando in designandis ad sedes episcopales, 28 apr. 1911, *AAS* 3 (1911) 182.

——, Decretum circa proponendos ad episcopale ministerium in Foederatis

Americae Septentrionalibus Statibus *Ratio*, 25 iul. 1916, *AAS* 8 (1916) 400-404.

SACRA CONGREGATIO CONSISTORIALIS, Dubia de secreto servando ab iis, qui de informationibus requiruntur circa promovendos ad episcopatum, 25 apr. 1917, *AAS* 9 (1917) 232-233.

———, Decretum circa proponendos ad episcopale ministerium in Canadensi dominio et Terrae Novae Insulis *Inter suprema*, 19 mart. 1919, *AAS* 11 (1919) 124-128.

———, Decretum circa proponendos ad episcopale ministerium in Scotia *Maximam semper*, 20 nov. 1920, *AAS* 13 (1921) 13-16.

———, Decretum circa proponendos ad episcopale ministerium in Brasilia *Quae de eligendis*, 19 mart. 1921, *AAS* 13 (1921) 222-225.

———, Decretum circa proponendos ad episcopale ministerium in Mexicana Republica *Quo expeditiori*, 30 apr. 1921, *AAS* 13 (1921) 379-382.

———, Decretum circa proponendos ad episcopale ministerium pro dioecesibus ritus latini in Polonia *Ad proponendos*, 20 aug. 1921, *AAS* 13 (1921) 430-432.

———, Decretum de processu inquisitionum circa promovendos ad episcopatum *Regulas apprime*, 29 febr. 1924, *AAS* 16 (1924) 160-161.

SACRA CONGREGATIO DE PROPAGANDA FIDE, Decretum de electione episcoporum Angliae *Ut ecclesiae*, 21 apr. 1852, in *Collectanea S. Congregationis de Propaganda Fide seu decreta institutiones rescripta pro apostolicis missionibus*, vol. I (Ann. 1622-1866. Nn. 1-1299), Romae 1907, n.1075, 578.

CONGREGATIO PRO DOCTRINA FIDEI, Decretum circa quasdam illegitimas ordinationes presbyterales et episcopales, 17 sept. 1976, *AAS* 68 (1976) 623.

———, Notificatio *Exc.mus dominus* qua poene canonicae episcopis qui illecite alios episcopos ordinaverunt illisque hoc modo illegitmo ordinatis denuo comminantur, 12 mart. 1983, *AAS* 75 (1983) 392-393.

———, Protocollo *Moi, Marcel Lefebrve* di accordo tra il Vaticano e Mons. Lefebvre, 5 maggio 1988, *EV* 11/644-663.

———, *I fedeli chiamati* «Professio fidei» et «Iusiurandum fidelitatis» in suscipiendo officio nomine ecclesiae exercendo, 1 iul. 1988, *AAS* 81 (1989) 104-106.

SACRA CONGREGATIO PRO EPISCOPIS, Declaratio *Praelaturae personales* de Praelatura Sanctae Crucis et Operis Dei, 23 aug. 1982, *AAS* 75 (1983) 464-468.

———, Direttorio per il ministero pastorale dei vescovi *Apostolorum*

Successores, 24 febbr. 2004, Città del Vaticano 2004.

CONSILIUM PRO PUBLICIS ECCLESIAE NEGOTIIS, Decretum *Episcoporum Delectum* de promovendis ad episcopatum in Ecclesia latina, *AAS* 64 (1972) 386.

——, Normae *Episcopis Facultas* de promovendis ad episcopale ministerium in Ecclesia latina, *AAS* 64 (1972) 387-391.

SECRETARIA STATUS, Instructio *Secreta continere* de secreto pontificio, 4 feb. 1974, *AAS* 66 (1974) 89-92.

1.4 Atti della Pontificia Commissione della revisione del CIC

PONTIFICIA COMMISSIO CODICI IURIS CANONICI RECOGNOSCENDO, «Coetus studiorum "De clericis" (Sessio III, 4-7 dic. 1967)», *Comm.* 18 (1986) 54-110.

——, «Coetus studiorum "De clericis" (Sessio IV, 4-7 mart. 1968)», *Comm.* 18 (1986) 111-170.

——, «Coetus studiorum "De Sacra Hierarchia" (olim "De clericis") (Sessio V, 16-21 dic. 1968)», *Comm.* 19 (1987) 106-148.

——, «Coetus studiorum "De Sacra Hierarchia" (olim "De clericis") (Sessio VI, 14-19 apr. 1969)», *Comm.* 24 (1992) 32-55.

——, «Coetus studiorum "De Sacra Hierarchia" (olim "De clericis") (Sessio XIII, 9-14 apr. 1973)», *Comm.* 24 (1992) 300-350.

——, «Coetus studiorum "De Sacra Hierarchia" (Sessio XIV, 18-22 febbr. 1974)», *Comm.* 25 (1993) 49-75.

——, «Coetus studiorum "De Sacra Hierarchia" (Sessio XV, 2-6 dec. 1974)», *Comm.* 25 (1993) 76-121.

——, «Opera consultorum in parandis canonum schematibus», *Comm.* 5 (1973) 196-243.

——, «Transmissio schematum canonum consultationis causa (15 nov. 1977)», *Comm.* 9 (1977) 227-273.

——, *Schema canonum Libri II de Populo Dei*, Typis Polyglottis Vaticanis 1977.

——, «Coetus studiorum "De populo Dei". Examen animadversionum exhibitarum ex processu verbali lingua italica confecto (Sessio V, 12-16 febr. 1980)», *Comm.* 12 (1980) 236-269.

——, «Coetus studiorum "De populo Dei". Examen animadversionum exhibitarum ex processu verbali lingua italica confecto (Sessio VI, 10-15 mart. 1980)», *Comm.* 12 (1980) 269-319.

——, *Codex Iuris Canonici. Schema Patribus commissionis reservatum*, Libreria Editrice Vaticana 1980.

PONTIFICIA COMMISSIO CODICI IURIS CANONICI RECOGNOSCENDO, *Relatio compectens synthesim animadversionum ab Em.mis atque Exc.mis Patribus commissionis ad novissimum Schema Codicis Canonici axhibitarum, cum responsionibus a secretaria et consultoribus datis. Patribus commissionis stricte reservata*, Typis Polyglottis Vaticanis 1981.

———, *Codex Iuris Canonici. Schema novissimum iuxta placita Patrum commissionis emendatum atque Summo Pontifici praesentatum*, Typis Polyglottis Vaticanis 1982.

1.5 *Altre fonti*

ALBERIGO, G. – DOSSETTI, G.L. – JOANNOU, P.-P., *Conciliorum Oecumenicorum Decreta*, Bologna 1996⁵.

FRIEDBERG, AE., *Corpus Iuris Canonici*. Pars prior. Decretum Magistri Gratiani; Pars secunda. Decretalium Collectiones, Graz 1959².

LASPEYRES, E.A.T., *Bernardi Papiensis Faventini episcopi Summa decretalium ad librorum manuscriptorum fidem cum aliis eiusdem scriptis anecdotis*, Ratisbonae 1860.

LORA, E., *Enchiridion dei Concordati. Due secoli di storia dei rapporti Chiesa-Stato*, Bologna 2003.

MARTÍN DE AGAR, J.T., *Raccolta di concordati 1950-1999*, Città del Vaticano 2000.

MERCATI, A., *Raccolta di concordati su materie ecclesiastiche tra la Santa Sede e le Autorità civili*, I. *1098-1914*, Roma 1919; II. *1915-1954*, Tipografia Poliglotta Vaticana 1954.

MERRY DEL VAL, R., «Ordo servandus in Sacris Congregationibus Officiis Romanae Curiae. Normae peculiares», *ASS* 41 (1908) 683-746.

SANTA SEDE, *Nota informativa* sul caso Lefebvre, 16 giugno 1988, *EV* 11/765-775.

VIZZINI, I., *Bibliotheca Sanctorum Patrum Theologie tironibus et universo clero accomodata. Series prima: Patres Apostolici*, I (Doctrina Duodecim Apostolorum; Epistola I S. Clementis ad Corinthios), Romae 1901.

2. **Letteratura**

ABBO, J.A. – HANNAN, J.D., *The Sacred Canons. A concise presentation of the current disciplinary norms on the Church*, I, St. Louis 1960².

AIMONE BRAIDA, P.V., «Partecipazione del potere civile nella nomina dei vescovi in accordi conclusi dalla Santa Sede con i governi civili tra il 1965 e il 1976», *Apoll.* 50 (1977) 572-576.

AIMONE BRAIDA, P.V., *L'intervento dello stato nelle nomine dei vescovi con particolare riferimento a paesi non concordatari dell'Europa occidentale*, Roma 1978.

———, «Partecipazione del potere civile nella nomina dei vescovi (1976-1981)», *Apoll.* 54 (1981) 206-212.

———, «Nomina agli uffici ecclesiastici e cittadinanza europea», in FACOLTÀ TEOLOGICA DELL'ITALIA SETTENTRIONALE, ed., *«Auditor gaudii vestri»*. Fs. Card. G. Saldarini, Leumann (TO) 1995, 272-289.

———, «Elezione e nomina dei Vescovi in Svizzera», in SIMPOSIUM CANONISTICO-ROMANISTICO, ed., *Il processo di designazione dei vescovi. Storia, legislazione, prassi*, Città del Vaticano 1996, 533-559.

ALBERIGO, G., «Elezione – consenso – ricezione nell'esperienza cristiana», *Conc.* 8 (1972) 7, 17-30.

ALONSO LOBO, A., nn. 330-594, in M. CABREROS DE ANTA – A. ALONSO LOBO – S. ALONSO MORÁN, ed., *Comentarios al Código de Derecho Canónico con el texto legal latino y castellano*, I, BAC, Madrid 1963, 288-621.

ALONSO MORÁN, S., nn. 595-982, in M. CABREROS DE ANTA – A. ALONSO LOBO – S. ALONSO MORÁN, ed., *Comentarios al Código de Derecho Canónico con el texto legal latino y castellano*, I, BAC, Madrid 1963, 666-961.

ALVAREZ, A. – URRUTIA, F.J., «Elezione a un ufficio», in *NDDC*, 440-442.

———, «Postulazione per l'ufficio», in *NDDC*, 801-802.

———, F.J., «Presentazione a un ufficio», in *NDDC*, 833-834.

ANDRÉS GUTIERRÉZ, D.J., «La intericasterialidad del nombramiento de obispos según la "Pastor Bonus", y el secreto pontificio», in SIMPOSIUM CANONISTICO-ROMANISTICO, ed., *Il processo di designazione dei vescovi. Storia, legislazione, prassi*, Città del Vaticano 1996, 577-595.

ARRIETA, J.I., «Vescovi», in B. PARADISI, ed., *Enciclopedia Giuridica*, XXXII, Roma 1994, 1-12.

———, *Diritto dell'organizzazione ecclesiastica*, Milano 1997.

———, «Comentario a los cann. 146-156», in A. MARZOA – J. MIRAS – R. RODRÍGUEZ-OCAÑA, ed., *Comentario exegético al Código de Derecho Canónico*, I, Pamplona 1997², 919-951.

AUWERDA, R., «Diventare vescovi in Olanda dopo il Vaticano II», *Conc.* 16 (1980) 7, 162-171.

BARBERENA, T.G., «Commentario a nuevas normas sobre el nombramiento de los obispos. II. Comentario», *REDC* 28 (1972) 661-682.

BARTELINK, G., «"Electio" e "consensus" nella terminologia cristiana fino al VII secolo», *Conc.* 8 (1972) 7, 202-211.

BENSON, R.L., «Election by community and chapter: reflections on co-responsability in the historical Church», *The Jurist* 31 (1971) 54-80.

BERLINGÓ, S., «Ufficio ecclesiastico», in B. PARADISI, ed., *Enciclopedia Giuridica,* XXXII, Roma 1994 1-8.

BERNHARD, J., «Il Concilio di Trento e l'elezione dei vescovi», *Conc.* 16 (1980) 7, 55-67.

BERTOLA, A., «Provvista canonica», in J. PIZZARDO – P. PASCHINI – A. ALBAREDA, ed., *EC*, X, Città del Vaticano 1953, 224-230.

—, *La costituzione della Chiesa,* Torino 1958³.

BERUTTI, C., «De episcoporum nominatione in iure vigente», *ME* 89 (1964) 601-612.

BETTAZZI, L., «Come nominare un vescovo», *Regno/Att.* 15 (1970) 320-323.

BLAT, A., *Commentarium textus Codicis Iuris Canonici. Liber II De personis,* Roma 1921.

BOWEN, M., «La nomina dei vescovi in Gran Bretagna dopo il Vaticano II», *Conc.* 16 (1980) 7, 155-161.

CAPPELLO, F.M., *I diritti e i privilegi tollerati o concessi dalla Santa Sede ai governi civili,* Roma 1921².

—, *Summa Iuris Canonici in usum scholarum concinnata,* I, Romae 1932².

CÁRCEL ORTÍ, V., «Ejercicio del privilegio de presentación de obispos por el general Franco», in SIMPOSIUM CANONISTICO-ROMANISTICO, ed., *Il processo di designazione dei vescovi. Storia, legislazione, prassi,* Città del Vaticano 1996, 263-319.

CARDINALE, G., «Salus animarum suprema lex», (Intervista con il Prefetto del Supremo Tribunale della Segnatura Apostolica, S.E.R. Card. M.F. Pompedda), *30 Giorni* 22 (2004) 2, 20-23.

CAVALLI, F., «Il motu proprio "Solicitudo omnium Ecclesiarum" sull'ufficio dei rappresentanti pontifici», *CivCatt* 120 (1969) 3, 34-43.

CAVIGIOLI, G., *Manuale di diritto canonico,* Torino 1939².

CELEGHIN, A., «Prelatura personale: problemi e dubbi», *Periodica* 82 (1993) 95-138 (prima parte). 231-256 (seconda parte).

CHIAPPETTA, L., *Il Codice di Diritto Canonico. Commento giuridico-pastorale,* I-III, Roma 1996².

CIPROTTI, P., «De commendatione civilis potestatis in ecclesiasticorum officiorum provisione», in P. ANGYAL – J. BARANYAY – M. MÓRA, ed., *Liber ad honorandum Antonium Notter contienens dissertationes* ex Iure Canonico necnon ex disciplinis affinibus a collegis, amicis et discipulis magno magistro iuris ecclesiastici annum septuagesimum agenti oblatas, Budapestini 1941, 147-158.

CIPROTTI, P., *Lezioni di diritto canonico*. Parte generale, Padova 1943.

———, «La notifica preventiva delle nomine ecclesiastiche», *Apoll.* 23 (1960) 257-272.

COLELLA, P., «Considerazioni sulle nomine dei Vescovi nel Diritto Canonico vigente», *Conc.* 26 (1990) 4, 119-124.

———, «Considerazioni in tema di nomine dei vescovi nell'ordinamento della Chiesa», in SIMPOSIUM CANONISTICO-ROMANISTICO, ed., *Il processo di designazione dei vescovi. Storia, legislazione, prassi*, Città del Vaticano 1996, 473-486.

CONGAR, Y., «La ricezione come realtà ecclesiologica», *Conc.* 8 (1972) 7, 75-106.

CORRAL SALVADOR, C.M., «Libertad de la Iglesia e intervención de los Estados en los nombramientos episcopales», *REDC* 21 (1966) 63-92.

———, «Legati pontifici e nomine episcopali (risposta alla relazione di R. Metz)», in H. LEGRAND – J. MANZANARES – A. GARCÍA Y GARCÍA (ed.), *Chiese locali e cattolicità. Atti del Colloquio internazionale di Salamanca (2-7 aprile 1991)*, Bologna 1994, 309-317.

———, *Acuerdos España – Santa Sede (1976-1994)*, Madrid 1999.

CORBELLINI, G., «Le modalità per la scelta dei candidati all'episcopato nel Codice di Diritto Canonico con particolare riferimento alle proposte avanzate per la redazione dei nuovi canoni», in SIMPOSIUM CANONISTICO-ROMANISTICO, ed., *Il processo di designazione dei vescovi. Storia, legislazione, prassi*, Città del Vaticano 1996, 323-383.

A CORONATA, M.C., *Institutiones Iuris Canonici ad usum utriusque cleri et scholarum*, I, Taurini 1928.

COSTALUNGA, M., «La Congregazione per i Vescovi. Procedure con i Governi e privilegi in materia di nomine vescovili», in P.A. BONNET – C. GULLO, ed., *La Curia Romana nella Costituzione Apostolica «Pastor Bonus»*, Città del Vaticano 1990, 281-307.

DALLA TORRE, G., «L'intervento dello Stato nella designazione dei Vescovi. La prassi concordataria postconciliare», in SIMPOSIUM CANONISTICO-ROMANISTICO, ed., *Il processo di designazione dei vescovi. Storia, legislazione, prassi*, Città del Vaticano 1996, 489-510.

DE ECHEVERRÍA, L., «Funciones de los Legados del Romano Pontifice», *REDC* 25 (1969) 581-636.

———, «La nomina dei vescovi in Spagna dopo il Vaticano II», *Conc.* 16

(1980) 7, 139-146.

DE LA HERA, A., «Comentario a los cann. 381-390», in A. MARZOA – J. MIRAS – R. RODRÍGUEZ-OCAÑA, ed., *Comentario exegético al Código de Derecho Canónico*, II/1, Pamplona 1997², 731-766.

DE MAÑARICUA, A.E., «El nombramiento de obispos, el Concilio Vaticano II y el Concordato español», *EDeusto* 14 (1966) 221-244.

DE MEESTER, A., *Juris canonici et Juris canonico-civilis compendium*, II, Brugis 1923.

DE PAOLIS, V., «Consacrazione episcopale senza mandato pontificio, delitto di», in *NDDC*, 286-287.

DEL GIUDICE, V., *Sommario di diritto canonico*, Milano 1946.

——, *Nozioni di diritto canonico*, Milano 1970¹².

DELLA ROCCA, F., *Diritto Canonico*, Padova 1961.

DELGADO, G., «Elección y nombramiento de Obispos en la Iglesia latina», *JC* 14 (1974) 268-307.

D'OSTILIO, F., «La provvista degli uffici ecclesiali», *ME* 107 (1982) 51-78.

——, *Il diritto amministrativo della Chiesa*, Città del Vaticano 1996².

DUQUE BOTERO, G., *El nombramiento de los Obispos en Colombia y en disciplina general de la Iglesia*, Bogota 1943.

ERDÖ, P., «I criteri per la designazione dei vescovi nel Decreto di Graziano», in SIMPOSIUM CANONISTICO-ROMANISTICO, ed., *Il processo di designazione dei vescovi. Storia, legislazione, prassi*, Città del Vaticano 1996, 105-127.

——, «Quaestiones quaedam de provisione officiorum in Ecclesia», *Periodica* 77 (1988) 363-379.

ESPASA-CALPE SA, ed., *Enciclopedia universal ilustrada europeo-americana*, XXXIX, voce «Obispo»Madrid 1979, 291-340.

EUGUI, J., «La partecipazione della comunità cristiana all'elezione dei vescovi tra il I e il V secolo», in SIMPOSIUM CANONISTICO-ROMANISTICO, ed., *Il processo di designazione dei vescovi. Storia, legislazione, prassi*, Città del Vaticano 1996, 49-66.

FELICIANI, G., «Il Vescovo diocesano e la riforma del *Codex Iuris Canonici*», in F. FALCHI – G. FELICIANI – S. FERRARI, ed., *Ministero episcopale e dinamica istituzionale. I vescovi nella Chiesa del Vaticano II*, Bologna 1981, 25-60.

——, *Le basi del diritto canonico. Dopo il codice del 1983*, Bologna 1984.

——, «Vescovo», in F. CALASSO, ed., *Enciclopedia del Diritto*, XLVI, Milano 1993, 646-661.

FERME, B.E., «The election of bishops in the Middle Ages: the implication of the Canterbury election 1205-1206», in SIMPOSIUM CANONISTICO-ROMANISTICO, ed., *Il processo di designazione dei vescovi. Storia, legislazione, prassi*, Città del Vaticano 1996, 157-169.

FINNEGAN, J.T., «The present canonical practice in the Catholic Church», in W.W. BASSETT, ed., *The choosing of bishops*, Hartford 1971, 85-102.

FLORISTÁN, C., «L'elezione dei vescovi», in M. FABRI DOSANJOS, ed., *Vescovi per la salvezza del mondo*, Bologna 2001, 199-211.

GARCÍA MARTÍN, J., «La designación de los Vicarios y de los Prefectos Apostólicos», in SIMPOSIUM CANONISTICO-ROMANISTICO, ed., *Il processo di designazione dei vescovi. Storia, legislazione, prassi*, Città del Vaticano 1996, 397-417.

GAUDEMET, J., «Dalla elezione alla nomina dei vescovi», *Conc.* 16 (1980) 7, 31-41.

———, «La scelta dei vescovi. Una storia tormentata», *Conc.* 32 (1996) 5, 92-100.

GEMMITI, D., *Il processo per la nomina dei Vescovi. Ricerche sull'elezione dei Vescovi nel sec. XVII*, Napoli 1989.

GERMAIN, R., «Le responsabilità d'un Vescovo», *OR* 27 febbraio 1970, 5.

GEROSA, L., «"De electione episcoporum": un banco di prova della sinodalità secondo la tradizione orientale e latina», in R. COPPOLA, ed., *Atti del Congresso Internazionale: Incontro fra Canoni d'Oriente e d'Occidente*, II, Bari 1994, 209-228.

GHIRLANDA, G., «Natura delle prelature personali e posizione dei laici», *Gregorianum* 69 (1988) 299-314.

———, «Ordinariato castrense o militar (*Ordinariatus Castrensis vel militaris*)», in C. CORRAL SALVADOR – J.M. URTEAGA EMBIL, ed., *Diccionario de Derecho Canónico*, Madrid 1989, 427-430.

———, *Il Diritto della Chiesa mistero di comunione*, Cinisello Balsamo 1990.

———, «Ordinario militare o castrense», in *NDDC*, 733-736.

———, «Potestà sacra», in *NDDC*, 803-811.

———, «Vescovo», in *NDDC*, 1111-1113.

———, «La diocesi: canoni di difficile o dubbia interpretazione», *Periodica de re canonica* 88 (1999) 3-27.

GÓMEZ-IGLESIAS, V., «L'ordinazione episcopale del Prelato dell'*Opus Dei*», *JE* 3 (1991) 251-265.

———, «Circa l'elevazione all'Episcopato del secondo Prelato dell'*Opus Dei*», *JE* 7 (1995) 800-810.

GONZÁLEZ FAUS, J.I., *Ningún obispo impuesto. Las elecciones episcopales en la historia de la Iglesia*, Santander 1992.

GREEN, T.J., «Title I: Particular churches and the authority established in them», in J.A. CORIDEN – T.J. GREEN – D.E. NEITSCHEL, *The Code of Canon Law: a text and commentary*, New York, Mahwah 1985, 311-349.

GUT, W., «Coira, una controversa elezione episcopale», *Il Tetto* 27 (1990) 162, 576-608.

GUTIÉRREZ, J.L., *Estudios sobre la organisación jerárquica de la Iglesia*, Pamplona 1987.

GUTIÉRREZ MARTÍN, L., *El privilegio de nombramiento de obispos en España*, Roma 1967.

HAROUEL, J.L., «La designazione dei vescovi nel diritto concordatario», *Conc.* 16 (1980) 7, 117-123.

JEDIN, H., *Chiesa della fede, Chiesa della storia. Saggi scelti*, Brescia 1972.

JONE, H., *Commentarium in Codicem Iuris Canonici*, Padeborn 1950.

KOTTJE, R., «L'elezione dei capi ecclesiastici: storia ed esperienze», *Conc.* 7 (1971) 5, 134-145.

KÖLMEL, W., «In che modo le elezioni episcopali hanno offerto ai poteri politici motivi di manipolazione?», *Conc.* 8 (1972) 7, 107-119.

KÜNG, H., «La libertà dell'elezione del vescovo di Basilea», *Conc.* 16 (1980) 7, 172-179.

LE TOURNEAU, D., «Comentario a los cann. 375-380», in A. MARZOA – J. MIRAS – R. RODRÍGUEZ-OCAÑA, ed., *Commentario exegético al Código de Derecho Canónico*, II/1, Pamplona 1997², 712-730.

———, «Comentario a los cann. 1010-1023», *Commentario exegético al Código de Derecho Canónico*, III/1, Pamplona 1997², 902-928.

LEGRAND, H.-M., «Il senso teologico delle elezioni episcopali secondo il loro svolgimento nella Chiesa antica», *Conc.* 8 (1972) 7, 61-74.

LODA, N., «Sul concetto di nomina ed elezione dei vescovi nel CIC e nel CCEO. Confronto, teoresi e procedimenti», in SIMPOSIUM CANONISTICO-ROMANISTICO, ed., *Il processo di designazione dei vescovi. Storia, legislazione, prassi*, Città del Vaticano 1996, 445-471.

LONGHITANO, A., «I Vescovi», in GRUPPO ITALIANO DOCENTI DI DIRITTO CANONICO, ed., *Il Diritto nel mistero della Chiesa*, II, Roma 2001³, 304-331.

———, «Le chiese particolari», in A. LONGHITANO – D. MOGAVERO – P. URSO, ed., *Chiesa particolare e strutture di comunione*, Bologna 1985, 15-52.

LYNCH, J.E., «Co-responsibility in the first five Centuries: presbyteral colleges and the election of bishops», *The Jurist* 31 (1971) 14-53.

MARCHESI, F.M., *Summula Iuris Canonici ad usum Scholarum*, I, Alba 1954.

METZ, R., «I legati del papa e la nomina dei Vescovi», in H. LEGRAND – J. MANZANARES – A. GARCÍA Y GARCÍA, ed., *Chiese locali e cattolicità. Atti del Colloquio internazionale di Salamanca (2-7 aprile 1991)*, Bologna 1994, 283-308.

MIÑAMBRES, J., «Alcune riflessioni sulla provvista di uffici ecclesiastici per presentazione», in R. BERTOLINO – S. GHERRO – G. LO CASTRO, ed., *Diritto «per valori» e ordinamento costituzionale della Chiesa. Giornate canonistiche di studio – Venezia, 6-7 giugno 1994*, Torino 1996, 362-371.

―――, «Comentario al can. 157», in A. MARZOA – J. MIRAS – R. RODRÍGUEZ-OCAÑA, ed., *Comentario exegético al Código de Derecho Canónico*, I, Pamplona 1997², 952-956.

―――, «Comentario a los cann. 158-163», in A. MARZOA – J. MIRAS – R. RODRÍGUEZ-OCAÑA, ed., *Comentario exegético al Código de Derecho Canónico*, I, Pamplona 1997², 957-974.

―――, «Comentario a los cann. 164-179», in A. MARZOA – J. MIRAS – R. RODRÍGUEZ-OCAÑA, ed., *Comentario exegético al Código de Derecho Canónico*, I, Pamplona 1997², 975-1020.

―――, «Comentario a los cann. 180-183», in A. MARZOA – J. MIRAS – R. RODRÍGUEZ-OCAÑA, ed., *Comentario exegético al Código de Derecho Canónico*, I, Pamplona 1997², 1021-1033.

―――, *La presentazione canonica. Collaborazione nella provvista degli uffici ecclesiastici*, Milano 2000.

MONDELLO, V., *Quale vescovo per il futuro? La dottrina dell'episcopato nella Chiesa*, Roma 1984.

MONTAN, A., *Il popolo di Dio e la sua struttura organica*, Roma 1988.

―――, «Le modalità per la scelta dei candidati all'episcopato: nota», in SIMPOSIUM CANONISTICO-ROMANISTICO, ed., *Il processo di designazione dei vescovi. Storia, legislazione, prassi*, Città del Vaticano 1996, 385-396.

―――, *Lezioni di diritto canonico. Introduzione*, Roma – Anno accademico 1999-2000.

MORGANTE, M., *La chiesa particolare nel Codice di Diritto Canonico. Commento giuridico-pastorale*, Torino 1987.

MUNIZ, T., *Procedimientos eclesiasticos*, I, Barcelona 1925².

MÜLLER, H., «De episcoporum electione iuxta Concilium Vaticanum Secundum», in *Investigationes teologico-canonicae*, Roma 1978, 317-332.

NAGY, S., «Biskup (Zarys historyczny)», in W. GRANAT – F. GRYGLEWICZ, ed., *Encyklopedia Katolicka*, II, Lublin 1976, 587-589.

OLIVARES D'ANGELO, E., «Vescovo ausiliare», in *NDDC*, 1113.

OLIVERI, M., *Natura e funzioni dei legati pontifici nella storia e nel contesto ecclesiologico del Vaticano II*, Libreria Vaticana 1982.

———, «La diplomazia pontificia alla luce del Concilio Vaticano II», *JE* 14 (2002) 249-259.

OLMOS ORTEGA, M.E., «Requisitos de los Candidatos a los Sagrados Ordenes», *REDC* 40 (1984) 15-21.

O'ROURKE, J.J., «Bishop (In the Bible)», in B.L. MARTHALER – G.F. LANAVE – J.Y. TAN, ed., *New Catholic Encyclopedia*, II, The Catholic University of America, Washington, D.C. 2003, 410-411.

PASCHINI, P., «Vescovo (In Diritto canonico)», in J. PIZZARDO – P. PASCHINI – A. ALBAREDA, ed., *Enciclopedia cattolica*, XII, Città del Vaticano 1954, 1315-1319.

PAWLUK, T., «Przedstawicielstwo papieskie w kościele partykularnym i dyplomacja Stolicy Apostolskiej», *PK* 33 (1990) 3-4, 7-25.

PERUGINI, A., «De episcoporum electione in iure concordatario tempore decretalium», in PONTIFICIUM INSTITUTUM UTRISQUE IURIS, ed., *Acta congressus iuridici internationalis. VII saeculo a Decretalibus Gregorii IX et XIV a Codice Iustiniano promulgatis. Romae 12-17 novembris 1934*, Romae 1936, 173-186.

PETRONCELLI, M., *La provvista dell'ufficio ecclesiastico nei recenti diritti concordatari con particolare riguardo al diritto italiano*, Pubblicazioni della Università Cattolica del Sacro Cuore, serie 2, Scienze giuridiche 039, Milano 1933.

———, *Diritto Canonico. VI Edizione riveduta*, Roma 1963.

———, *Diritto Canonico. Ottava edizione aggiornata con il nuovo codice*, Napoli 1983.

PETRONCELLI HÜBLER, F., «Comentario a los cann. 362-367», in A. MARZOA – J. MIRAS – R. RODRÍGUEZ-OCAÑA, ed., *Commentario exegético al Código de Derecho Canónico,* II/1, Pamplona 1997^2, 656-674.

PIOLANTI, A., «Vescovo», in J. PIZZARDO – P. PASCHINI – A. ALBAREDA, ed., *Enciclopedia cattolica*, XII, Città del Vaticano 1954, 1312-1315.

PISANO, P., «Vescovo», in G. MARCONI – G. TRECCANI – G. GENTILE, ed., *Enciclopedia Italiana*, XXXV, Roma 1937, 215-216.

PLÖCHL, W.M., *Storia del diritto canonico. Dalle origini della Chiesa allo scisma d'Oriente (1054)*, I, Milano 1963.

———, *Storia del diritto canonico. Il diritto canonico della civiltà occidentale (1055-1517)*, II, Milano 1963.

PORTERO SÁNCHEZ, L., «Los obispos y la potestad civil», in CONSEJO SUPERIOR DE INVESTIGACIONES CIENTIFICAS, ed., *La función pastoral de los Obispos. Trabajos de la XI Semana de Derecho Canónico, Salamanca 1967*, 195-239.

PRIMETSHOFER, B., «La nomina dei vescovi nell'Austria, Germania e la Svizzera», in SIMPOSIUM CANONISTICO-ROMANISTICO, ed., *Il processo di designazione dei vescovi. Storia, legislazione, prassi*, Città del Vaticano 1996, 511-531.

PROVOST, J.H. – WALF, K., «La nomina dei Vescovi», *Conc.* 24 (1988) 11-13.

RAMIREZ LASTARRIA, L., *Comentarios del Código de Derecho Canónico promulgado por la santidad de Benedicto XV el 27 de mayo de 1917, por la constitución «Providentissima Mater Ecclesia», y en vigencia desde el 19 de mayo de 1918, día de Pentecostés*, I, Santiago de Chile 1920.

RAMOS, F.J., *Le Diocesi nel Codice di Diritto Canonico. Studio giuridico-pastorale sulla organizzazione ed i raggruppamenti delle Chiese particolari*, Roma 1997.

REMY, J., «Collaborazione del popolo di Dio alla scelta e alla designazione dei vescovi», *Conc.* 16 (1980) 7, 124-136.

RIVELLA, M., «Modalità speciali di designazione di alcuni vescovi», *QDE* 12 (1999) 35-45.

ROSA, E., «Il concordato della Santa Sede con la Germania», *CivCatt* 4 (1933) 331-346.

SABBARESE, L., *La costituzione gerarchica della chiesa universale e particolare. Commento al Codice di Diritto Canonico libro II, parte II*, Roma 1999.

SARZI SARTORI, G., «La designazione del Vescovo diocesano nel diritto ecclesiale», *QDE* 12 (1999) 7-34.

SCARVAGLIERI, G., *L'assunzione ai ruoli ecclesiastici*, Roma 1993.

SCHIMMELPFENNIG, B., «Il principio della "sanior pars" nella scelta dei vescovi nel medioevo», *Conc.* 16 (1980) 7, 42-54.

SCHNACKENBURG, R., «La cooperazione della comunità mediante il consenso e l'elezione nel Nuovo Testamento», *Conc.* 8 (1972) 7, 33-46.

SIPOS, S., *Enchiridion iuris canonici*, Romae 1954[6].

SOBAŃSKI, R., «Comentario a los cann. 403-411», in A. MARZOA – J. MIRAS – R. RODRÍGUEZ-OCAÑA, ed., *Commentario exegético al Código de Derecho Canónico*, II/1, Pamplona 1997[2], 820-839.

SOUTO, J.A., *La noción canónica de oficio*, Pamplona 1971.

STOCCHIERO, G., *Il beneficio ecclesiastico. In provisone*, II, Vicenza 1946.

STOCKMEIER, P., «La scelta del vescovo da parte del clero e del popolo nella chiesa primitiva», *Conc.* 16 (1980) 7, 19-30.

SULLIVAN, F.A. – WOOD, S.K., «Bishop (In the Church)», in B.L. MARTHALER – G.F. LANAVE – J.Y. TAN, ed., *New Catholic Encyclopedia*, II, The Catholic University of America, Washington, D.C. 2003, 411-417.

SZTAFROWSKI, E., «Biskupi koadiutorzy i pomocniczy», *PK* 22 (1979) 3-4, 55-79.

———, «Kuria Rzymska Jana Pawła II», *PK* 33 (1990) 21-81.

TALAMANCA, A., «I procedimenti concordatari di nomina», in F. FALCHI – G. FELICIANI – S. FERRARI, ed., *Ministero episcopale e dinamica istituzionale. I vescovi nella Chiesa del Vaticano II*, Bologna 1981, 61-125.

TOCANEL, P., «Conventio inter Apostolicam Sedem et Rempublicam haitianam», *Apoll.* 58 (1985) 33-37.

TOSO, A., *Ad Codicem iuris canonici Benedicti XV Pont. Max. auctoritate promulgatum commentaria minora comparativa methodo digesta concinnavit*, II, Romae 1933.

TREVISAN, G., «Le buone qualità del candidato all'episcopato», *QDE* 12 (1999) 58-69.

TUCCI, R., «La scelta dei candidati all'episcopato nella Chiesa latina», *CivCatt* 123 (1972) 2, 422-439.

ULLMANN, W., «I re di Francia e l'elezione dei vescovi nei secoli IX e X», *Conc.* 8 (1972) 7, 123-129.

URRUTIA, F.J., *De normis generalibus. Adnotationes in Codicem: Liber I*, Romae 1983.

———, «Provvisione dell'ufficio», in *NDDC*, 884-886.

VALLINI, A., «De figura episcopi coadiutoris et auxiliaris secundum doctrinam Concilii Oecumenici Vaticani II recognoscenda», *Apoll.* 40 (1967) 177-214.

VERMIGLIOLI, P., *Lezioni di diritto canonico esposte secondo l'ordine dei titoli delle decretali di Gregorio IX*, Perugia 1835.

VERMEERSCH, A. – CREUSEN, I., *Epistome Iuris Canonici cum commentariis*, I, Romae 1949⁷.

VIANA TOMÉ, A., *Organización del gobierno en la Iglesia según el derecho canónico latino*, Pamplona 1995.

VISCOME, F., *Origine ed esercizio della potestà dei vescovi dal Vaticano I al Vaticano II. Contesto teologico-canonico del magistero dei «recenti Pontifici» (Nota Esplicativa Previa 2)*, TG.DC 21, Roma 1997.

WERNZ, F.X. – VIDAL, P., *Ius Canonicum. De Personis*, II, Romae 1943³.

WÓJCIK, W., «Biskup (Zarys historyczny)», in W. GRANAT – F. GRYGLEWICZ, ed., *Encyklopedia Katolicka,* II, Lublin 1976, 589-591.

WOYWOD, S. – SMITH, C., *A practical commentary on the Code of Canon Law*, New York 1957[7].

WROCEŃSKI, J., «Nominacje biskupów w świetle Prawa Kanonicznego i praktyki dyplomatycznej», *PK* 40 (1997) 1-2, 71-101.

ZAPP, H., «La nomina del Vescovo secondo il diritto vigente e lo schema del Liber II de populo Dei (1977)», *Conc.* 16 (1980) 7, 107-116.

ЮРКОВИЧ, И., *Каноническое право. О народе Божием*, Москва 1995.

163 TEOLOGI, «Dichiarazione di Colonia del 1989», *Regno/Att.* 24 (1989) 71-76.

INDICE DEGLI AUTORI

a Coronata: 10, 52, 54, 55, 62, 75, 85, 122, 123, 124, 126
Abbo – Hannan: 52
Aimone Braida: 9, 14, 15, 16, 17, 19, 21, 30, 32, 34, 35, 36, 37, 47, 48, 57, 61, 63, 64, 65, 67, 68, 69, 70, 71, 72, 73, 75, 76, 77, 82, 83, 92, 93, 94, 95, 96, 97, 98, 99, 105, 106, 113, 118, 192, 196
Alberigo: 10, 24
Alonso Lobo: 52, 53, 54, 55, 62, 123
Alonso Morán: 115, 123, 124, 125
Alonso Morán – Cabreros de Anta: 54
Alvarez – Urrutia: 142, 144, 195
Andrés Gutierréz: 186, 188
Arrieta: 139, 140, 142, 144, 180, 181, 183, 184, 185, 189, 192, 193, 195, 198, 205
Auwerda: 76, 192
Barberena: 56, 77, 133
Bartelink: 10, 12
Benedictus XIV: 58, 119
Benson: 14, 15, 16, 19, 20, 21, 23, 24, 25, 28, 30
Berlingó: 140
Bernhard: 39, 41, 42
Bertola: 53, 54, 55
Berutti: 12, 64, 66, 69, 78, 82, 120

Bettazzi: 191
Bihlmeyer – Teuchle: 10, 12, 16, 17, 22, 23, 35
Blat: 53, 54, 57, 58, 60, 119
Bowen: 76
Cappello: 49, 52, 54, 55, 62, 125
Cárcel Ortí: 115
Cardinale: 213
Cavalli: 131
Celeghin: 147, 245
Chiappetta: 140, 142, 143, 144, 147, 179, 184, 185, 190, 192, 195, 206, 210
Ciprotti: 48, 63, 64, 75
Clemens XI: 101
Colella: 57, 126, 128, 180, 200, 212, 213
Congar: 24
Corbellini: 56, 126, 129, 131, 136, 145, 146, 148, 150, 151, 152, 153, 154, 155, 156, 158, 160, 161, 163, 164, 165, 167, 171, 173, 174, 175, 176, 177, 195
Corral Salvador: 63, 64, 65, 71, 82, 104, 106, 107, 108, 110, 112, 113, 117, 195, 202, 203
Costalunga: 115, 118, 188, 189, 192, 199, 200, 202, 203, 205, 215
D'Ostilio: 53, 54, 55, 56, 62, 85, 121, 122, 123, 125, 126, 142, 143, 144, 145

Dalla Torre: 70, 74, 117, 118, 121, 137, 214
De Echeverría: 43, 115
de la Hera: 210
De Mañaricua: 115, 126
De Meester: 12, 56, 122, 123, 124
De Paolis: 206
Delgado: 126, 129, 131, 132, 133, 134, 135, 136
Duque Botero: 9, 13, 15, 16, 21, 59, 60, 63, 64, 78
Erdö: 23, 24, 25, 30, 53
Espasa-Calpe SA: 9, 12, 13, 14, 17, 60, 114, 120, 123, 124, 125
Eugui: 11, 12, 14
Feliciani: 56, 57, 129, 179, 184, 185
Ferme: 30
Finnegan: 12, 77, 126, 129, 131
Floristán: 12, 13, 14, 16, 48, 179, 212
Friedberg: 23, 24, 25, 28, 33, 57, 58, 86, 100, 118, 119
García Martín: 147, 195, 205
Gasparri: 39, 43, 44, 45, 47, 58, 59, 60, 61, 101, 102, 103, 118, 119
Gaudemet: 11, 17, 18, 19, 22, 23, 24, 30, 32, 33, 34, 35, 37, 57, 84, 106
Gemmiti: 9, 22, 23, 30, 31, 33, 34, 39, 40, 41, 42, 43, 44, 45, 46
Gerosa: 128, 129, 180
Ghirlanda: 13, 125, 146, 147, 179, 185, 195, 206, 210, 211
Giovanni Paolo II: 191
Gómez-Iglesias: 147
González Faus: 9, 11, 12, 13, 14, 15, 16, 17, 18, 19, 23, 30, 33, 35, 39, 42, 43, 46, 48
Green: 179, 184, 185, 195, 210
Gregorius XIV: 43, 118, 119
Gut: 99, 196, 213, 232
Gutiérrez Martín: 64, 71, 76, 77, 78, 90, 106, 107, 110, 113, 114, 115

Harouel: 63, 64
Jedin: 33, 39, 40, 41, 42, 43, 44, 45, 46
Jone: 53
Kölmel: 20, 22, 32, 34, 35, 36, 37, 47, 106, 115
Kottje: 9, 20, 22, 57
Küng: 92, 196
Laspeyres: 26, 27, 28, 29
Le Tourneau: 176, 179, 184, 185, 188, 195, 198, 206, 208
Legrand: 12, 84
Leo X: 118
Leo XIII: 113
Loda: 62, 180, 181, 195
Longhitano: 14, 57, 179, 182, 184, 185, 192, 195, 210
Lora: 68, 106, 110, 120, 201
Lynch: 13, 14, 16
Martín de Agar: 69, 70, 71, 72, 73, 74, 92, 93, 112, 115, 117, 118, 198, 199, 200, 232, 233, 234
Mercati: 20, 21, 35, 36, 64, 65, 66, 67, 68, 69, 72, 73, 76, 82, 83, 84, 87, 88, 89, 90, 91, 92, 93, 94, 95, 96, 97, 98, 105 107, 108, 109, 110, 111, 114, 115, 116, 117, 120, 199, 230, 231, 234
Merry Del Val: 61
Metz: 88, 90, 96, 98, 99, 128, 129, 131, 132, 135, 136, 179, 184, 185, 186, 187, 195, 196, 212
Miñambres: 76, 105, 106, 118, 141, 142, 144, 145, 163, 181, 182, 189, 192, 198, 202, 203
Montan: 142, 144, 145, 180, 182, 184, 185, 192, 197, 198, 200, 212
Morgante: 179, 184, 185, 192, 195
Müller: 126
Muniz: 9, 114, 123, 124, 125
Olivares D'angelo: 192
Oliveri: 131, 185
Olmos Ortega: 195

INDICE DEGLI AUTORI

Paschini: 9, 10
Pawluk: 185
Perugini: 20, 21
Petroncelli: 65, 66, 67, 184, 195
Pius IX: 59, 60, 102, 109, 110
Pius VI: 101
Pius X: 61, 103
Pius XII: 207
Plöchl: 9, 13, 15, 16, 17, 18, 19, 20, 21, 22, 23, 30, 32, 34, 36, 37, 38
Portero Sánchez: 78, 85, 104, 115
Primetshofer: 77, 88, 90, 91, 92, 96, 97, 98, 99, 196
Provost – Walf: 212, 213
Ramirez Lastarria: 120, 124, 126
Ramos: 9, 11, 12, 13, 14, 19, 24, 32, 33, 34, 35, 36, 37, 179, 182, 183, 184, 185, 189, 191, 195, 198, 200, 204, 205, 206, 209, 210
Rivella: 73, 76, 77, 84, 88, 90, 94, 96, 97, 99, 105, 106, 118, 146, 147, 191, 196, 198, 200, 202, 203
Sabbarese: 179, 184, 185, 195, 209
Sarzi Sartori: 60, 126, 143, 179, 184, 185, 187, 189, 195
Scarvaglieri: 195
Schimmelpfennig: 20, 21, 31, 32
Schnackenburg: 10, 11
Serédi: 101
Sipos: 62, 63, 75, 76, 77, 122, 124, 125
Sobański: 210
Souto: 52
Stocchiero: 65, 66, 67
Stockmeier: 11, 12, 13
Sztafrowski: 63, 189
Talamanca: 60, 126, 128
Tocanel: 199
Toso: 77, 101, 119, 123
Trevisan: 195
Tucci: 12, 13, 14, 17, 20, 21, 48, 51, 126, 129, 131, 132, 133, 134, 135, 136
Ullmann: 17
Urrutia: 139, 140, 141, 142, 144, 145
Vallini: 63
Vermeersch – Creusen: 52, 54, 55, 56, 62, 85, 125
Vermiglioli: 9, 13, 18, 31
Viana Tomé: 184, 195
Viscome: 207
Vizzini: 10, 11
Wernz – Vidal: 10, 12, 13, 14, 15, 16, 17, 56, 62, 75, 77, 120, 123, 125
Wójcik: 9
Wroceński: 14, 62, 78, 125, 184, 185, 189
Zapp: 56, 57, 126, 129, 131, 133, 134, 135, 136, 171
Юркович: 146

INDICE GENERALE

INTRODUZIONE 5
CAPITOLO I: *Designazione dei vescovi nella storia fino al Codice del 1917* .. 9
1. Dai primi secoli al Concordato di Worms (1122) 10
   1.1 La scelta nel Nuovo Testamento 10
   1.2 La partecipazione del clero e del popolo 11
   1.3 Intervento delle diverse autorità nelle elezioni 12
   1.4 La lotta della Chiesa contro gli abusi nelle elezioni 15
   1.5 La pluralità delle pratiche elettive 16
   1.6 Elezioni nel periodo della lotta per le investiture 19
2. Dal Concordato di Worms allo scisma d'occidente (1378-1417) 21
   2.1 Situazione dopo il Concordato 21
   2.2 Capitolo della cattedrale come unico elettore 22
      2.2.1 Elezione nel Decreto di Graziano 23
      2.2.2 Decretisti sulla nomina dei vescovi 25
      2.2.3 Stabilizzazione delle norme elettive 29
   2.3 Passaggio dall'elezione alla nomina 32
3. Dal secolo XV al Codice del 1917 34
   3.1 Sviluppo delle nomine regie 34
   3.2 Diritto di prima rogazione 37
   3.3 Processi informativi nel periodo del Concilio di Trento 38
      3.3.1 Situazione alla vigilia del Concilio 38
      3.3.2 Il Concilio di Trento (1545-1563) 39
      3.3.3 Processi informativi post-conciliari 43
   3.4 La designazione dei vescovi fino al Codice del 1917 46
4. Conclusione 48

CAPITOLO II: *Designazione dei vescovi dal Codice del 1917
               fino al Codice del 1983* 51

1. Normativa generale 52
   1.1 Normativa sulla provvista degli uffici ecclesiastici 52
   1.2 Normativa sulla designazione dei vescovi 56

2. Designazione del candidato all'episcopato 57
   2.1 Libera nomina da parte del Romano Pontefice (can. 329 §2) 57
      2.1.1 Analisi delle fonti 57
      2.1.2 Analisi della norma del §2 61
      2.1.3 Diversi procedimenti della libera nomina 63
         a) Diritto di prenotificazione ufficiosa 63
         b) Diritto di previa raccomandazione 75
   2.2 Elezione da parte del capitolo cattedrale (can. 329 §3) 84
      2.2.1 Analisi della norma del §3 84
      2.2.2 Elezione secondo le concessioni dello *ius eligendi* 86
         a) Austria 87
         b) Germania 88
         c) Svizzera 91
   2.3 Nomina o presentazione dalle autorità civili (can. 332 §1) 99
      2.3.1 Analisi delle fonti del §1 99
      2.3.2 Analisi della norma del §1 103
         a) La presentazione uninominale 104
         b) La presentazione in terna 113
         c) La forma di presentazione mista 114
   2.4 Idoneità dei candidati all'episcopato 118
3. Conferimento del titolo 120
   3.1 Atti antecedenti il conferimento del titolo 120
   3.2 Atto stesso del conferimento del titolo 121
   3.3 Atti susseguenti il conferimento del titolo 123
4. Presa di possesso 124
5. Questione della designazione dei vescovi nel periodo tra i due Codici 126
   5.1 Disposizioni conciliari sulla nomina 126
      5.1.1 Decreto *Christus Dominus* 127
   5.2 Legislazione post-conciliare 128
      5.2.1 Motu proprio *Ecclesiae Sanctae* 128
      5.2.2 Motu proprio *Sollicitudo omnium ecclesiarum* 129
      5.2.3 Norme sulla promozione all'episcopato *Episcopis facultas* 131
         a) La composizione della lista generale dei candidati 132
         b) La composizione della lista relativa dei candidati 135
6. Conclusione 137

CAPITOLO III: *La designazione dei vescovi nel Codice del 1983* 139

1. La normativa generale sulla provvista dell'ufficio episcopale 139
   1.1 La normativa sulla provvista dell'ufficio ecclesiastico 139
   1.2 La normativa sulla designazione del candidato 140
      1.2.1 La collazione libera 141
      1.2.2 La collazione necessaria 143

2. Designazione del candidato all'ufficio episcopale 145
   2.1 Iter di formazione dei cann. 364, 4°, 377 e 403 147
      2.1.1 Atti della Pontificia Commissione della revisione del
             Codice 148
         a) Proposte avanzate nella fase preparatoria 148
         b) Proposte prevalse durante il percorso della revisione del
             Codice 155
      2.1.2 Schemi 170
         a) Schema canonum Libri II «De Populo Dei» (1977) 170
         b) Schema CIC (1980) 173
         c) Schema novissimum CIC (1982) 176
   2.2 Libera nomina da parte del Romano Pontefice (can. 377 §1) 179
      2.2.1 Analisi della norma del §1 (prima parte) 179
      2.2.2 Procedura della presentazione dei candidati all'episcopato 182
         a) Formazione della lista generale (elenco triennale) 183
         b) Formazione della lista relativa (terna) 184
      2.2.3 Idoneità dei candidati all'episcopato (can. 378) 192
   2.3 Legittima elezione (can. 377 §1) 195
   2.4 Intervento delle autorità civili (can. 377 §5) 196
      2.4.1 Rinuncia ad alcuni diritti e privilegi 196
      2.4.2 Attuali diritti e privilegi delle autorità civili 198
         a) Diritto di prenotificazione ufficiosa 198
         b) Semplice comunicazione 200
         c) Diritto di presentazione-nomina 201
3. Conferimento del titolo 203
   3.1 Una norma «mancante» 203
   3.2 Norme ulteriori 205
      3.2.1 La consacrazione episcopale 205
      3.2.2 Professione di fede e giuramento di fedeltà 209
4. Presa di possesso 209
5. Rilievi critici sulla procedura della designazione dei vescovi 211
6. Conclusione 214

CONCLUSIONE 217

APPENDICE: *L'iter della procedura per la nomina dei vescovi* 223

SIGLE E ABBREVIAZIONI 243

BIBLIOGRAFIA 247

1. Fonti 247
   1.1 Documenti conciliari 247
   1.2 Documenti dei Pontefici 247

1.3 Documenti della Curia Romana 249
   1.4 Atti della Pontificia Commissione della revisione del CIC 251
   1.5 Altre fonti 252
2. Letteratura 252

INDICE DEGLI AUTORI 265

INDICE GENERALE 269

TESI GREGORIANA

Dal 1995, la collana «Tesi Gregoriana» mette a disposizione del pubblico alcune delle migliori tesi elaborate alla Pontificia Università Gregoriana. La composizione per la stampa è realizzata dagli stessi autori, secondo le norme tipografiche definite e controllate dell'Università.

Volumi pubblicati [Serie: Diritto Canonico]

1. RUESSMANN, Madeleine, *Exclaustration. Its Nature and Use according to Current Law*, 1995, pp. 552.
2. BRAVI, Maurizio Claudio, *Il Sinodo dei Vescovi. Istituzione, fini e natura. Indagine teologico-giuridica*, 1995, pp. 400.
3. SUGAWARA, Yuji, *Religious Poverty. From Vatican Council II to the 1994 Synod of Bishops*, 1997, pp. 412.
4. FORCONI, Maria Cristina, *Antropologia cristiana come fondamento dell'unità e dell'indissolubilità del patto matrimoniale*, 1996, pp. 200.
5. KOVAČ, Mirjam, *L'orizzonte dell'obbedienza religiosa. Ricerca teologico-canonica*, 1996, pp. 368.
6. KAKAREKO, Andrzej, *La riforma della vita del clero nella diocesi di Vilna dopo il Concilio di Trento (1564-1796)*, 1996, pp. 248.
7. KUBIAK, Piotr, *L'assoluzione generale nel Codice di Diritto Canonico (Cann. 961-963) alla luce della dottrina del Concilio di Trento sull'integrità della confessione sacramentale*, 1996, pp. 212.
8. AMENTA, Pietro, *Partecipazione alla potestà legislativa del Vescovo. Indagine teologico-giuridica su chiesa particolare e sinodo diocesano*, 1996, pp. 272.
9. LORUSSO, Luca, *Gli strumenti di comunicazione sociale nel diritto ecclesiale. Aspettative, problematiche e realizzazioni alla luce dell'insegnamento magisteriale*, 1996, pp. 272.
10. PÉREZ DIAZ, Andrés, *Los vicarios generales y episcopales en el Derecho Canónico actual*, 1996, pp. 336.
11. ZEC, Slavko, *La tossicodipendenza come radice d'incapacità al matrimonio (Can. 1095). Scienze umane, dottrina canonica e giurisprudenza*, 1996, pp. 288.
12. SERRES LÓPEZ DE GUEREÑU, Roberto, *«Error recidens in condicionem sine qua non» (Can. 126). Estudio histórico-jurídico*, 1997, pp. 232.

13. MINGARDI, Massimo, *L'esclusione della dignità sacramentale dal consenso matrimoniale nella dottrina e nella giurisprudenza recenti*, 1997, pp. 320.
14. MARGELIST, Stefan, *Die Beweiskraft der Parteiaussagen in Ehenichtigkeitsverfahren*, 1997, pp. 226.
15. D'AURIA, Andrea, *L'imputabilità nel diritto penale canonico*, 1997, pp. 240.
16. ZADRA, Barbara, *I movimenti ecclesiali e i loro statuti*, 1997, pp. 200.
17. MIGLIAVACCA, Andrea, *La «confessione frequente di devozione». Studio teologico-giuridico sul periodo fra i Codici del 1917 e del 1983*, 1997, pp. 336.
18. SERENO, David, *Whether the Norm Expressed in Canon 1103 is of Natural Law or of Positive Church Law*, 1997, pp. 292.
19. SEMBENI, Giulio, *Direttorio Ecumenico 1993: sviluppo dottrinale e disciplinare*, 1997, pp. 260.
20. KAMAS, Juraj, *The Separation of the Spouses with the Bond Remaining. Historical and Canonical Study with Pastoral Applications*, 1997, pp. 360.
21. VISCOME, Francesco, *Origine ed esercizio della potestà dei vescovi dal Vaticano I al Vaticano II. Contesto teologico-canonico del magistero dei «recenti Pontefici»* (Nota Explicativa Praevia 2), 1997, pp. 276.
22. KADZIOCH, Grzegorz, *Il ministro del sacramento del matrimonio nella tradizione e nel diritto canonico latino e orientale*, 1997, pp. 276.
23. MCCORMACK, Alan, *The Term «Privilege». A Textual Study of its Meaning and Use in the 1983 Code of Canon Law*, 1997, pp. 444.
24. PERLASCA, Alberto, *Il concetto di bene ecclesiastico*, 1997, pp. 428.
25. ZVOLENSKÝ, Stanislav, *«Error qualitatis dans causam» e «error qualitatis directe et principaliter intentae». Studio storico della distinzione*, 1998, pp. 264.
26. GARZA MEDINA, Luis, *Significado de la expresión* nomine Ecclesiae *en el Código de Derecho Canónico*, 1998, pp. 192.
27. BREITBACH, Udo, *Die Vollmacht der Kirche Jesu Christi über die Ehen der Getauften. Zur Gesetzesunterworfenheit der Ehen nichtkatholischer Christen*, 1998, pp. 292.
28. ZANETTI, Eugenio, *La nozione di «laico» nel dibattito preconciliare. Alle radici di una svolta significativa e problematica*, 1998, pp. 404.
29. ECHEBERRIA, Juan José, *Asunción de los consejos evangélicos en las asociaciones de fieles y movimientos eclesiales. Investigación teológico-canónica*, 1998, pp. 274.
30. SYGUT, Marek, *Natura e origine della potestà dei vescovi nel Concilio di Trento e nella dottrina successiva (1545-1869)*, 1998, pp. 356.
31. RUBIYATMOKO, Robertus, *Competenza della Chiesa nello scioglimento del vincolo del matrimonio non sacramentale. Una ricerca sostanziale sullo scioglimento del vincolo matrimoniale*, 1998, pp. 300.

32. BROWN, J. Phillip, *Canon 17 CIC 1983 and the Hermeneutical Principles of Bernard Lonergan*, 1999, pp. 436.

33. BAFUIDINSONI, Maloko-Mana, *Le munus regendi de l'évêque diocésain comme munus patris et pastoris selon le Concile Vatican II*, 1999, pp. 280.

34. POLVANI, Carlo Maria, *Authentic Interpretation in Canon Law. Reflections on a Distinctively Canonical Institution*, 1999, pp. 388.

35. GEISINGER, Robert, *On the Requirement of Sufficient Maturity for Candidate to the Presbyterate (c. 1031 §1), with a Consideration of Canonical Maturity and Matrimonial Jurisprudence (1989-1990)*, 1999, pp. 276.

36. VISIOLI, Matteo, *Il diritto della Chiesa e le sue tensioni alla luce di un'antropologia teologica*, 1999, pp. 480.

37. CORONELLI, Renato, *Incorporazione alla Chiesa e comunione. Aspetti teologici e canonici dell'appartenenza alla Chiesa*, 1999, pp. 456.

38. ASTIGUETA, Damián G., *La noción de laico desde el Concilio Vaticano II al CIC 83. El laico: «sacramento de la Iglesia y del mundo»*, 1999, pp. 300.

39. OLIVER, James M., *Ecumenical Associations: Their Canonical Status, with Particular Reference to the United States of America*, 1999, pp. 336.

40. BRUGNOTTO, Giuliano, *L'«aequitas canonica». Studio e analisi del concetto negli scritti di Enrico da Susa (Cardinal Ostiense)*, 1999, pp. 284.

41. TINTI, Myriam, *Condizione esplicita e consenso implicitamente condizionato nel matrimonio canonico*, 2000, pp. 220.

42. KALLENBACH, Gerald A., *Ein Kirchenamt im Dienst der Verkündigung. Die Rechtsstellung des Religionslehrers*, 2000, pp. 388.

43. MIRAGOLI, Egidio, *Il Consiglio Pastorale Diocesano secondo il Concilio e la sua attuazione nelle diocesi lombarde*, 2000, pp. 260.

44. ROMANO, Maria Teresa, *La rilevanza invalidante del dolo sul consenso matrimoniale (can. 1098 C.I.C.): dottrina e giurisprudenza*, 2000, pp. 252.

45. MARCHETTI, Gianluca, *La curia come organo di partecipazione alla cura pastorale del Vescovo diocesano*, 2000, pp. 556.

46. MALECHA, Pawe , *Edifici di culto nella legislazione canonica e concordataria in Polonia*, 2000, pp. 328.

47. GHISONI, Linda, *La rilevanza giuridica del metus nella consumazione del matrimonio*, 2000, pp. 212.

48. MOSCARIELLO, Giovanni, *«Error qui versetur circa id quod substantiam actus constituit» (can. 126). Studio storico-giuridico*, 2001, pp. 284.

49. RAVA, Alfredo, *Il requisito della rinnovazione del consenso nella convalidazione semplice del matrimonio (can. 1156§2). Studio storico-giuridio*, 2001, pp. 340.

50. FERNÁNDEZ CONDE, María Teresa, *La misión profética de los laicos del Concilio Vaticano II a nuestros días. El laico, «signo profético» en los ámbitos de la Iglesia y del mundo*, 2001, pp. 356.

51. SALVATORI, Davide, *L'oggetto del magistero definitivo della Chiesa alla luce del m.p.* Ad Tuendam Fidem: *il can. 750 visto attraverso i Concilî vaticani*, 2001, pp. 466.
52. ZAMBON, Adolfo, *Il consiglio evangelico della povertà nel ministero e nella vita del presbitero diocesano*, 2002, pp. 400.
53. CELIS BRUNET, Ana Maria, *La relevancia canónica del matrimonio civil a la luz de la teoría general del acto jurídico. Contribución teórica a la experiencia jurídica chilena*, 2002, pp. 396.
54. PAW OWSKI, Andrzej, *Il «bonum fidei» nella tradizione canonica e la sua esclusione nella recente giurisprudenza rotale*, 2002, pp. 408.
55. GRAZIAN, Francesco, *La nozione di amministrazione e di alienazione nel Codice di Diritto Canonico*, 2002, pp. 324.
56. BOLCHI, Elena Lucia, *La consacrazione nell'Ordo Virginum. Forma di vita e disciplina canonica*, 2002, pp. 450.
57. MULLANEY, Michael J., *Incardination and the Universal Dimension of the Priestly Ministry. A Comparison Between CIC 1917 and CIC 1983*, 2002, pp. 276.
58. CABRERA LÓPEZ, Rubén, *El derecho de asociación del presbítero diocesano*, 2002, pp. 236.
59. HEINZMANN, Marcelo Cristian, *Le leggi irritanti e inabilitanti. Natura e applicazione secondo il CIC 1983*, 2002, pp. 232.
60. UGGÉ, Bassiano, *La fase preliminare/abbreviata del processo di nullità del matrimonio in secondo grado di giudizio a norma del can. 1682 § 2*, 2002, pp. 368.
61. SAJE, Andrej, *La forma straordinaria e il ministro della celebrazione del matrimonio secondo il Codice latino e orientale*, 2003, pp. 276.
62. COLOMBO, Giovanna Maria, *«Sapiens aequitas». L'equità nella riflessione canonistica tra i due codici*, 2003, pp. 452.
63. SEQUEIRA, Domingos, *Os presbíteros diocesanos e o seu envolvimento na política: proibição e excepção. Estudo histórico-canónico-teológico*, 2004, pp. 384.
64. GAVIN, Fintan, *Pastoral Care in Marriage Preparation (Can. 1063). History, Analysis of the Norm, and Its Implementation by Some Particular Churches*, 2004, pp. 240.
65. BESSON, Éric, *La dimension juridique des sacrements*, 2004, pp. 386.
66. WALKER VICUÑA, Francisco, *La facultad para confesar*, 2004, pp. 270.
67. TKHOROVSKYY, Mykhaylo, *Procedura per la nomina dei Vescovi. Evoluzione dal CIC 1917 al CIC 1983*, 2004, pp. 276.